广视角·全方位·多品种

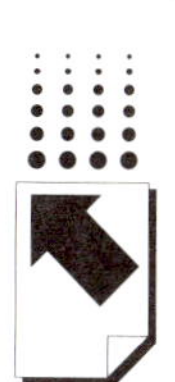

BLUE BOOK

权威·前沿·原创

2010年
中国文化产业发展报告

ANNUAL REPORT
ON DEVELOPMENT OF CHINA'S CULTURAL INDUSTRIES
(2010)

顾　问／江蓝生　谢绳武
主　编／张晓明　胡惠林　章建刚
中国社会科学院文化研究中心
上海交通大学国家文化产业创新与发展研究基地

社会科学文献出版社
SOCIAL SCIENCES ACADEMIC PRESS (CHINA)

法律声明

《中国文化产业发展报告》编委会

《2010年中国文化产业发展报告》
课　题　组

课题组负责人　张晓明　胡惠林

课题组成员　谢　锐　章建刚　齐勇锋　李康化
吴江波　周建钢　惠　鸣

《2010年中国文化产业发展报告》撰稿人名单

（按文序排列）

张晓明　胡惠林　章建刚　高书生　徐世丕
兰　培　杨雪睿　黄京华　宋建武　张宏伟
杨玉英　郭丽岩　何志平　喻国明　苏林森
施惟达　孙文涛　王莹莹　徐升国　郝振省
尹　鸿　牛兴侦　胡正荣　李继东　黄　炜
黄升民　邵华冬　陈　怡　林日葵　赵子忠
王　炬　宋革新　王　琳　熊澄宇　傅　琰
张　铮　叶　皓　张　俊　陈光亚　樊小林
邓立新　陈伯君　周　膺　吴　晶
艾瑞克·布劳恩　玛丽安吉娜·拉万卡
任　珺　贾旭东　祁述裕　杜晋华　路晓琳
张　磊　王亚南　刘　婷　高玉亭

主要编撰者简介

张晓明 中国社会科学院文化研究中心副主任、研究员。上海交通大学兼职研究员。《文化蓝皮书：中国公共文化服务发展报告》、《文化蓝皮书：国际文化产业发展报告》和《中国少数民族文化发展报告》主编。中宣部《文化体制改革总体方案》和《十一五时期文化发展纲要》起草小组专家组成员。“扶持动漫产业发展部际联席会议专家委员会”委员，“国家动漫产业基本战略研究组”组长。

胡惠林 上海交通大学教授、博士研究生导师，国家文化产业创新与发展研究基地办公室主任。《中国文化产业评论》执行主编；中宣部《文化体制改革总体方案》和《十一五时期文化发展纲要》起草小组专家组成员。国家哲学社会科学基金项目艺术学科终评专家。

章建刚 中国社会科学院哲学所研究员、博士生导师，院文化研究中心理事、副主任、兼职研究员。上海交通大学兼职研究员。《文化蓝皮书：中国公共文化服务发展报告》执行主编。

中文摘要

《文化蓝皮书：2010 年中国文化产业发展报告》是由中国社会科学院文化研究中心和文化部、上海交通大学国家文化产业创新与发展研究基地合作共同编写的第九本年度性国家文化产业报告。

本书秉承一贯的编辑方针，将产业分析与政策分析相结合，既有对 2009 年发展形势的评估，也有对 2010 年发展趋势的预测。本书也延续了以往的栏目安排，既有对全国文化产业宏观形势的评估，也有文化产业中不同行业的年度报告；既有政策解读，也有专家视点。

由总课题组撰写的“总报告”依然构成全书的核心内容。总报告认为，2009 年堪称是中国文化产业发展的“转型之年”。在宏观经济复苏的大背景下，文化产业不负人们的高度期待，在多数领域实现了超常增长，成为国民经济发展中最为亮眼的领域。文化体制改革继续保持强力推进态势；数字新媒体受到经济危机时期消费者替代性选择的影响，在 3G 拉动下出现了多业联动的发展态势，继续高速增长；文化产业和传统产业实现联姻，开始展现出了一个文化经济大融合的美好前景。总之，国际金融危机凸显了文化产业的特殊优势，文化产业已经登上了国家战略性产业的位置。

总报告认为，根据中央经济工作会议精神，2009 年经济工作的重点是保增长，2010 年将会转向调结构，文化产业承担着参与经济结构调整的历史性职责。但是目前存在着与经济领域同样性质的“GDP 挂帅”和“增长主义”倾向，只有转变发展方式和调整产业结构才能获得新的发展动力和增长空间。基于此，本报告提出中国文化产业五大结构调整任务：调整产品结构，要满足最终消费需求，更要满足生产消费需求；调整企业组织结构，要打造“战略投资人”，更要鼓励中小企业发展和个人创业；调整所有制结构，要壮大国有文化经济，更要加大开放准入力度，发展民营文化资本；调整技术结构，要迅速提高文化产业的整体数字技术装备水平，也要大力发展富含文化符号和创意设计的民族民间工艺品产业；以及调整区域布局结构，在全国统一市场环境中合理配置产业资源。

总报告提出，要以改革的全面深化来推动文化产业发展模式转型，为我国文化产业的可持续发展奠定稳定的制度基础和形成完善的政策保障。总报告认为，目前中国特色社会主义建设的伟大实践，已经从建立基本经济制度以保护公民经济权利，走向了建立基本文化制度以保护公民文化权利阶段。我们必须以十七大精神为指导，在新形势下对宪法赋予公民的文化权利予以重新强调，围绕公民文化权利构建起适应我国社会主义市场经济制度环境的法律体系，在此基础上全面梳理和完善有关政策，才能奠定我国文化产业发展繁荣的坚实基础。

Abstract

Blue Book of China's Culture: Report on Development of China's Cultural Industries 2010 is the ninth annual report about the cultural industries in China, jointly prepared and produced by the Research Center of Humanities of CASS, the Ministry of Culture, as well as the National Cultural Industries Innovation and Development Academe of the Shanghai Jiaotong University.

This book follows its consistent principle of combining industrial analysis with policy analysis, providing both evaluation of cultural development in the past year and prediction for the coming year. This book has also maintained its established categories, including assessment of the overall situation of national cultural industries as well as the authoritative reports on different fields of cultural industries, and the interpretations of policies as well as visions of scholars.

The Main Report produced by its special group is still the core part of the whole book. The report holds that 2009 can be called the Year of Transformation of China's cultural industries. Under the circumstance of overall economic recovery, the cultural industries, as expected, became the highlighted fields in the national economic development by achieving usual growth in different fields. The reform of cultural systems kept forging ahead. Digital media, affected by the alternative choice of consumers in financial crisis and propelled by 3G technology, maintained a rapid growth by combining different industries. The combination of cultural industries and traditional industries presented a bright prospect of integration of culture and economy. In conclusion, the privilege of cultural industries has come out during global financial crisis and cultural industries have acquired a national strategic position.

The report concludes that 2009 was a year of maintaining growth while 2010 will be a year of restructuring, in which the cultural industries shoulder the historic responsibility of participation. But there is also the same tendency of "putting GDP the first" and "growism" as in other economic fields. Only by transformation of development mode and industrial restructuring can cultural industries gain new momentum and growth. Based on the above understanding, the report proposes five tasks of restructuring of China's cultural industries, including the restructuring of products to meet the needs of productive consumption as well as ultimate consumption, restructuring of organization of enterprises to create "strategic investors" and encourage the development of small and medium-sized enterprises and personal business setup, restructuring of ownership to lower the barrier of entrance and develop capital development in private cultural sector, restructuring of technology to rapidly improve the overall digital technology of cultural industries and the development of the national crafts industries rich in cultural content and creative designs, and the restructuring of regional arrangement to reasonably allocate the industrial sources within the national marketplace.

It is pointed out in this report that we should deepen the overall reform to push the transformation of development mode of cultural industries to lay a solid foundation of policy for sustainable development and provide perfect policy insurance for cultural industries of our country. The main report holds that the great practice of building a socialist country with Chinese characteristics has moved forward from protecting the economic rights of citizens by establishing basic economic system to protecting the cultural rights of citizens by establishing basic cultural systems. We should reemphasize the cultural rights empowered to citizens by the constitution under new circumstances with the guidance of the spirit of Seventeenth Congress of the CPC. A legal system adapted to the socialist market-economy system of our country should be set up based on citizens' cultural rights, on the basis of which related policies can be clarified and improved to lay a solid foundation for the prosperity of China's cultural industries.

目　录

总　报　告

宏 观 视 野

专 家 论 坛

行业报告

区域报告

国际文化产业

个案研究

统计指标研究

大 事 记

皮书数据库阅读使用指南

CONTENTS

Main Report

Overview

Specialist Forum

Industry Report

Regional Report

Foreign Cultural Industries

Case Study

Statistical Topic

Chronicle of Events

总　报　告

MAIN REPORT

以结构调整为主线，加快发展文化产业，促进国民经济发展方式的转变

总课题组　张晓明　胡惠林　章建刚*

2009 年堪称是中国文化产业发展的“转型之年”。国际金融危机推动了中国经济发展方式的转型，凸显了文化产业的特殊优势，为中国文化产业参与国民经济发展方式转型，发挥其“保增长、扩内需、调结构、促改革、惠民生”的重要作用提供了重大契机。9 月 26 日，新华社全文发布国务院常务会议审议通过的《文化产业振兴规划》，这是继十大产业振兴规划后出台的又一个重要的产业振兴规划，标志着文化产业已经完成从传统的文化行业到新兴产业部门的转型，

---

* 张晓明，中国社会科学院文化研究中心副主任、研究员；胡惠林，上海交通大学国家文化产业创新与发展研究基地办公室主任，教授；章建刚，中国社会科学院哲学所美学研究室研究员、中国社会科学院文化研究中心副主任。

本报告撰写过程中，中国社会科学院文化研究中心惠鸣博士对统计数据进行了整理；以下同志参与讨论并提供了宝贵意见：中国社会科学院文化研究中心李河研究员、贾旭东研究员。

上升为与钢铁、汽车、纺织等一样重要的国家战略性产业。

我国的文化产业是“战略性产业”，但更是“战略性短缺”产业。在历年蓝皮书总报告中，我们多次谈到我国文化产业存在的“战略性短缺”问题，根据我们的测算，在人均3000美元的发展水平上，我国的文化产业大大低于世界各国平均发展水平（根据目前我国不完善的统计数字，大约仅及世界各国平均水平的1/5）。自从2000年十五届五中全会第一次提出发展文化产业的战略思路以来，中国的文化产业在两个五年计划的时间里经历了疾风骤雨式的发展，年均增速达到15%～20%。文化体制改革的全面推动以及各种优惠政策的全面实施，令我国文化产业释放出巨大的潜力和活力。这一切都大大缓解了我国文化产业发展不足的困境。但是，“战略性短缺”的现状并未从根本上解决。

我国文化产业的“战略性短缺”是宏观经济结构性问题和矛盾的集中反映，也是社会主义市场经济体制建设尚不完善的集中反映，需要在发展中予以解决。但是现在的问题是，文化产业在获得重大进展的同时也造成了新的问题，降低了发展的效率，也削弱了进一步发展的动力。比如说，过于看重和强调文化产业的“增长”和占国民经济GDP的“比重”，对发展文化产业在推动思想解放和落实人民群众文化权利方面的积极作用强调不足；过于依赖投资，特别是大型国有企业投资对产业增长的推动作用，对文化消费市场和贴近于百姓生活的中小企业研究和支持不足；政府主导色彩过于强烈，对市场本身的作用认识不足，等等。于是，我国文化产业在总体发展水平不高的情况下，却在若干领域出现了过热，一种低水平基础上的结构性过剩正在显现。对发展文化产业的负面评价开始悄然流行，不利于深化改革的消极因素在悄然增长。

发展需要新思路，改革需要新动力。2010年2月3日，胡锦涛同志在中央党校省部级主要领导干部专题研讨班开班仪式上发表讲话，指出“国际金融危机对我国经济的冲击表面上是对经济增长速度的冲击，实质上是对经济发展方式的冲击”，因此，要在加快转变经济发展方式上下工夫。在加快经济发展方式转变的8项重点工作中，“加快发展文化产业”醒目地位列其中。

在胡锦涛同志的讲话中，我们不仅看到了党和国家对发展文化产业重大意义的再度强调，也看到了发展文化产业的新思路——我国文化产业也需要转变发展方式，才能获得新的发展动力，加快发展速度，更好地参与国民经济发展方式的转变。

一　总体形势：基本判断和主要特点

刚刚过去的 2009 年，中国经济走出了 V 字形的复苏曲线，最终实现了 8.7% 的增长目标，文化产业最终不负人们的高度期待，在多数领域实现了超常增长，成为国民经济整体性复苏中最为亮眼的领域；文化体制改革继续保持强力推进态势，既着眼于盘活体制内存量，也通过开放准入而进一步实现增量发展；数字新媒体受到经济危机时期消费者替代性选择的影响，在 3G 拉动下出现了多业联动的发展态势，继续保持高速增长；文化产业开始和国民经济战略性产业实现联姻，展示出了一个新的“文化经济”或者“创意经济”时代的美好前景。

（一）2009 年文化产业的宏观数据：从私人需求、公共需求、出口三个角度分析

由于我国文化产业统计工作的滞后，到目前为止都还没有可以支撑年度形势分析的比较可信的文化产业统计数据。特别是关于产出的统计数据，除了各种行业性统计和地方性统计之外，国家统计基本上付诸阙如。而行业数据与国家统计数据有很大的差异，地方统计口径也多有不同，难以汇总为全国性数据。因此，课题组今年试图根据消费面的数据，从我国城乡居民文化消费、政府公共文化消费以及出口文化产品和服务以满足国外市场消费需求三个方面，对于中国文化产业发展现状做尽可能接近于真实的估算。

关于我国城乡居民文化消费数据。去年，课题组曾经根据国家统计局年初发布的我国城乡消费品零售额增长幅度（20% 左右），推算我国文化产业从消费面看有 6931 亿元左右。但是，从后来公布的最后核定数据看，2008 年我国城乡居民家庭文化娱乐用品及服务消费实际支出只有约 5600 亿元。这个较大的差异说明，尽管我国消费品零售额增幅很大，但是文化消费依然疲软，远未真正启动。今年，国家统计局目前依然只公布了 2009 年我国社会消费品零售总额和增幅，以及城乡居民收入和增幅，为了避免去年出现的误差，我们改为只依据城乡居民收入增幅推算文化消费。也就是说，我们假定：2009 年我国城乡居民文化娱乐用品及服务消费支出增幅与家庭人均现金收入增长幅度持平，增长速度为 8.5%

左右，再加上人口增长因素和城市化水平的提升因素，估算出2009年我国城乡居民家庭文化娱乐用品及服务支出总额约6076亿元。

政府公共文化消费数据应该比较准确。根据国家统计局公布的信息，2008年，我国中央和地方财政支出中文化体育与传媒的支出为1095.74亿元，占国家财政支出总额（62592.66亿元）的1.75%。2009年，我国财政收入增长达11.7%，假定用于文化体育与传媒的支出与国家财政收入同步增长，可估算出2009年我国政府部门的文化消费支出约1224亿元。

关于出口文化产品和服务的情况，据国家商务部2009年5月在深圳文博会上发布的《文化产品及服务进出口状况年度报告》称，2008年我国核心文化产品进出口规模稳步扩大，总额达158.4亿美元，同比增长22.6%。跨境文化服务贸易实现进出口48.16亿美元，同比增长29.5%。即使2009年受到国际金融危机影响出口增幅大幅下降，按照大约200亿美元规模估算我国文化产品和服务进出口应该不会有太大误差。由于商务部公布的数字没有区分进口和出口，我们只能假定大约50%，可以在我国年度文化产业总量规模上再加700亿元人民币左右。

上述三项相加得出，2009年我国文化产业的市场规模大约为8000亿元人民币。

在文化产业的国际贸易领域，我们发现以上数据和联合国新公布的数据有很大差异，非常值得引起关注。我们在去年的蓝皮书中曾经介绍过，2008年4月，联合国贸发会议（UNCTAD）和联合国开发计划署（UNDP）南南合作局共同发布了《2008创意经济报告》，该报告第一次对全球创意经济的发展状况进行了评估。根据报告，2000～2005年，中国创意产品和服务出口增长幅度为年均17.6%，2005年达到613.6亿美元，占全球市场18.29%，是全球创意产品和服务最大的出口国。引人瞩目的是，该报告显示，我国最大宗的出口创意产品是“设计”类产品（包括室内用品、绘图、首饰、玩具、时尚饰件等5类），2000～2005年期间年增率为21.9%，2005年出口470亿美元，占我国创意产品出口额76%左右，占全球市场21.58%，如果加上香港则达到689亿美元，占全球市场30%以上。

联合国贸发会议报告认为，“设计”类的创意产品是人类将创意内容、文化价值和市场目标结合在一起的知识经济活动的产物，对经济和社会发展有重大的溢出效应，发展中国家设计师将少数民族特有的原始物料与各种各样的时尚设计结合，正在积极开拓世界市场。中国的设计类商品是国际市场最有发展前景的创意产品贸易领域，中国是当之无愧的领先国家，具有样板和示范作用。

（二）文化体制改革：存量和增量领域出现联动，改革取得突破

2009 年文化体制改革的最大特点是，宏观经济形势的要求、数字和网络技术的进步、文化消费需求的释放以及民间创业激情的迸发，对体制改革形成“倒逼”机制，引发了存量和增量领域出现联动态势，推动体制改革走向突破。

出版体制改革依然走在前列，非公出版工作室参与出版成为突破口。2008 年 12 月，新闻出版总署署长柳斌杰在接受《南方周末》采访时指出，民营出版从业者是文化生产力的一部分。2009 年 1 月，柳斌杰署长在全国新闻出版局长会议上表示：“要积极研究民营文化工作室参与出版的通道问题，对于规模大、实力强、导向正确的民营文化工作室要积极支持、正确引导，加强管理，发挥好新兴文化生产力的作用。”2009 年 4 月 6 日，新闻出版总署发布《关于进一步推进新闻出版体制改革的指导意见》，“积极探索非公有出版工作室参与出版的通道问题”被正式列为重大改革措施。

在民间出版准入问题上的破冰之举是对于人民群众文化权利的一次空前的落实，实际上是增量改革的伟大实践，并从客观上推动体制内存量出版机构改革进入快车道。2009 年 4 月 6 日发布的《关于进一步推进新闻出版体制改革的指导意见》明确规定了 103 家高校出版社 2009 年底完成转制的期限，2009 年 4 月 29 日，中办、国办联合发出《关于深化中央各部门各单位出版社体制改革的意见》，确定了 158 家中央在京出版社 2010 年底完成转制的期限。到 2009 年底，已有 268 家地方出版社、100 多家高校出版社、101 家中央部委出版社完成了转企改制。

广电业的改革更为广泛和深刻，尽管一直勉力推进的“制播分离”改革略显疲态，被认为“还处在初步探索阶段”（广电总局新闻发言人朱虹语），以“三网合一”为主题的这一轮发展，却显示出更为实质性地推动改革的可能。早在 2008 年 1 月 21 日《国务院办公厅转发发展改革委等部门关于鼓励数字电视产业发展若干政策的通知》中，就已经提出“以有线电视数字化为切入点”，推进三网融合的思路，突破了广电和电信互不进入的禁令。2009 年 3 月 5 日，温家宝总理在政府工作报告中首次将“三网合一”列入推进国民经济结构战略性调整的重大科技研发和产业化项目。2009 年 5 月 25 日，《国务院批转发展改革委

关于2009年深化经济体制改革工作意见的通知》明确提出了“落实国家相关规定，实现广电和电信企业的双向进入，推动‘三网融合’取得实质性进展”。2010年1月13日，国务院总理温家宝主持召开国务院常务会议，正式作出决定，加快推进电信网、广播电视网和互联网三网融合。我们看到，2009年，在最高决策层的多次推动下，地方电信和广电部门已经行动起来，打破了当地广电和电信互不进入的政策壁垒：江苏省已经向省广播电视网络股份有限公司发放了ICP和ISP经营许可证，上海电信和上海文广集团已经开始合作发展IPTV用户。我们相信，围绕三网融合这一重大发展课题将出现一轮体制改革和政策创新高潮，广电行业将联手电信行业在市场化改革方面迈出新的步伐。

（三）数字化和网络化进展迅猛，新媒体新业态开始唱主角

2009年的发展证明了经济危机加速新技术大规模商用的规律，在3G的推动下，媒体汇流并走向移动终端的趋势日益明显，并罕见地出现了出版、广电、通信多行业联动的局面，越来越成为发展方式转型和经济结构战略性调整的亮点。

广电部门维持了常规性业务增长平稳、新兴业务增长加速的态势。2009年全国广播电视综合人口覆盖率比2008年分别增长了0.35个和0.28个百分点，达到96.31%和97.23%。其中有线广播电视用户达1.74亿户，数字电视用户达6199万户，付费数字电视用户达705万户，分别比2008年增长了6.10%、36.94%和57.02%。其中数字用户是2006年以来增幅最大的一年。从收入上看，2009年，广播电视总收入预计1665亿元，增长5.18%。其中广告收入预计752亿元，增长7.15%；有线电视网络收入预计391.01亿元，增长5.82%；有线电视收视费预计269亿元，增长7.61%；付费数字电视预计收入25.42亿元，增长78.89%。

电信行业2009年发生了整体格局变化。全国电话用户年增7946.7万户，总数达到106107.2万户。引人瞩目的是，2009年固话用户减少了2667万户，移动电话用户净增10613.8万户，达到74738.4万户，是增长最多的一年，在电话用户总数中所占的比重达到70.4%。这个数字不仅贡献了全部新增电信用户数量，还弥补了固话用户减少的数字，结果是进一步拉大了固定电话和移动电话用户的差距。

互联网与电信行业在这一年出现了明显的融合与相互推动的态势。根据《第25次中国互联网络发展状况统计报告》数据，截至2009年12月，我国网民

规模达3.84亿人，较2008年底增长8600万人，增长率为28.9%，普及率达到28.9%，增势略有放缓。但是，在3G等概念的推动下，手机网民一年增加1.2亿人，达到2.33亿人，占整体网民的60.8%，手机上网已成为我国互联网用户的新增长点。此外，在网络应用中，从娱乐化向消费商务型转型的趋势越加明显，商务交易类应用的用户规模增长最快，平均年增幅68%。其中，网上支付用户年增幅80.9%，在所有应用中排名第一，旅游预订、网络炒股、网上银行和网络购物用户规模分别增长了77.9%、67.0%、62.3%和45.9%。

手机上网人数的骤增昭示了移动网络时代的来临，3G无疑为这一发展趋势提供了最强大的动力。与此同时，另一个不太为人注意的事件可能会带来更为深远的影响，这就是被称为“中国下一代广播电视网（NGB）”的启动。2009年广电行业最大的热点是NGB的启动，可以看做是加快实施有线电视数字化整体转换和加快发展移动多媒体广播电视（CMMB）的一个战略性举措。2008年12月4日，科技部与广电总局共同签署《国家高性能宽带信息网暨中国下一代广播电视网（NGB）自主创新合作协议书》，提出构建以有线电视数字化和移动多媒体广播电视（CMMB）的成果为基础，以自主创新的“高性能宽带信息网”核心技术为支撑，“三网融合”的、有线无线相结合的、全程全网的下一代广播电视网络。2009年7月31日，科技部、广电总局和上海市政府共同签署了《中国下一代广播电视网（NGB）启动暨上海示范网合作协议》，标志着我国NGB建设正式启动。考虑到广电在带宽、频率、内容甚至于体制方面的优势，NGB的建设对中国数字新媒体发展未来的影响不可不被关注。

出版行业本来被认为是“夕阳产业”，但是在“3G”的影响下，2009年中国出版业却掀起了“数字化”的浪潮，迎来了“拐点”。有数据表明，我们历年来图书阅读率下降的趋势（1999年是60.4%，到2003年只有51.7%，2005年为48.7%，到2007年，如果将样本缩小到18～19岁的年轻人时，没有读书习惯的高达45.9%），在2009年出现了转折。2009年我国包括在线阅读、手机阅读、手持式阅读器阅读等方式的数字图书阅读开始普及，国民各类数字媒介阅读率达到24.5%，全国约有2.8%的成年人只阅读各类数字媒介而不读纸质书。据统计，2009年数字出版业的整体收入将超过750亿元，并首次超过传统出版业产值。此外，2009年数字出版实现了业态多样化，电子书业务早已在大多数出版社不同程度地展开，75%的报社涉足网络报，55%的报社拥有手机报，全国手机

报数量将突破1500种，手机成为人们的主要阅读终端之一，用手机看电视、上网、阅读书报成为时尚。未来几年数字出版用户每年将增长30%，收入每年将增长50%。①

（四）产业融合迅猛推进，制造业升级机遇凸显

2009年度的总报告中，我们将“生产性服务业”发展方向看做是中国文化产业未来十年四大发展空间之一，一年来，这个趋势日益显现。

最引人瞩目的变化发生在动漫产业与相关衍生产品和授权产品行业。2009年9月1日，广东奥飞动漫文化股份有限公司（以下简称“奥飞动漫”）首发申请获得证监会发行审核委员会批准通过，中国动漫第一股诞生。9月10日，奥飞动漫正式在深交所中小板挂牌上市，收市时价格为40.95元，涨78.66%，涨幅排在第一位。奥飞动漫是从做玩具发展到做动漫，走了一条与传统动漫产业相反的发展道路。评论认为，这不仅表现出市场对“动漫”题材的认可，也显示出市场对于“产业文化化”这一发展趋势的认可，动漫产业和玩具产业在奥飞动漫这个平台上实现了融合。

2009年另一个成功的动漫产业案例是广东原创动力出品的《喜羊羊与灰太狼》。据报道，电影《喜羊羊与灰太狼之牛气冲天》总票房超过1亿元，刷新了国产动画片的票房纪录。最值得关注的是，《喜羊羊与灰太狼》的衍生品授权合作商目前已达到五百多家，衍生产品范围从主题音像图书、毛绒公仔、食品、日用品到MSN表情、手机桌面、屏保等。在《喜羊羊与灰太狼》的收入中，播出版权收益占30%，其余70%来自衍生产品的形象授权等方面，首次在中国完成了动漫产业经典的营利模式。

玩具产业只是可以通过与动漫产业联姻提升价值的一个产业，已经具有可观的产业规模（根据中投顾问发布的《2010～2015年中国动漫产业投资分析及前景预测报告》，中国玩具产业每年销售额为人民币200亿元左右），可以做动漫衍生产品的产业还有儿童食品（每年的销售额为人民币350亿元左右）、儿童服装（每年的销售额达900亿元以上）、儿童音像制品和各类儿童出版物（每年的

---

① 《2010年中国数字出版业将迎来拐点》，引自中国网，http：//ganzhi. china. com. cn/economic/txt/2010－03/09/content_ 19569175. htm。

销售额达人民币100亿元)。如果再扩展到广义的授权商品，按照去年蓝皮书中有关数据，创造价值的空间可以远远超过目前我国文化产业年度增加值的总量，我国文化产业的广阔发展空间正在打开。

二　趋势与问题：中国文化产业面临发展方式的转变

2009年12月5日，召开了中央经济工作会议，会议明确了2009年经济工作的重点是保增长，2010年将会在转变发展方式、调整经济结构，提高经济增长质量和效益上下更大工夫。2010年2月3日，胡锦涛同志在中央党校省部级主要领导干部专题研讨班开班仪式上指出，综合判断国际国内经济形势，转变经济发展方式已刻不容缓。我们必须见事早、行动快、积极应对，“在加快上下工夫”，转变经济发展方式、为保持经济平稳较快发展增添推动力。

宏观经济运行从“保增长”向“调结构”的重点转变凸显了以文化产业为代表的新兴服务业的重要性，对文化产业既是机遇也是压力。文化产业是代表经济发展方向的产业，承担着参与经济结构调整的历史性职责，必须保持一个快速增长的基本势头；文化产业又是一个转型中的产业，自身也面临重大的结构调整任务，必须从转变发展方式中获得新的推动力和增长空间。我们不能陶醉在2009年中国文化产业“逆势增长”的喜悦之中，看不到中国文化产业存在着与宏观经济运行中同样的矛盾和问题。

实际上，已经有越来越多的有识之士谈到，我国文化产业一些领域目前存在泡沫化趋势，这是一种与经济领域同样性质的“GDP挂帅”和“增长主义”倾向导致的。比如说动漫产业，2009年，经国家广电总局备案公示的全国国产电视动画片达到428879分钟，同比增长32.81%。播出总量17万分钟，大大超过了世界第一动漫大国日本，但是效益如何却不问可知（有一种说法是，按照现下每分钟动画片的制作费计算，我国政府目前出台的各种财政支持的资金已经足可以买下当年出产的全部动画产品）。这种倾向是由地方政府主导的，是受到政绩动机推动的，是地方间相互攀比的，因而同样具有盲目扩张和重复建设的特点。

显然，中国文化产业是否能够持续发展，承担起参与经济结构调整的责任，很大程度上取决于结构调整是否有效，发展方式转型是否到位。因此，我们必须按照《文化产业振兴规划》提出的“以结构调整为主线，着力提高文化产业发展的质量和水平”这一基本原则，高度关注以下（但不限于）结构调整的问题。

（一）调整产品结构，既要满足消费需求，更要满足生产需求

在我国传统的“宣传文化体制”下，文化部门的基本功能是宣传和教育，2000年以来文化产业的发展，基本上完成了绝大部分文化产品的市场化过程，再往下的发展依赖于在市场机制作用下形成合理的产品结构，以满足多方面的消费需要。2008年国际金融危机来袭，国家开始加快经济结构调整，大力发展服务业以推动新一轮工业化发展。如何有效地优化文化产品结构，以便既满足人民群众不断增长的消费需求，也满足国民经济结构调整新出现的生产需求，成为摆在我们面前的重要任务。

我们以前说过，文化产业既是“消费者服务业”，也是“生产者服务业”，前者是作为消费品满足最终消费需求，后者是作为投资品满足中间产品需求（“创意产业”强调设计产业，就是突出了文化产业作为生产者服务业的功能）。“中间产品率”是一个产业成熟度的重要指标，一个成熟的产业是与其他产业相关度较高，产业间投入产出关系密切的产业；一个幼稚的产业则相反。从国际经验看，现代文化产业就是从一个主要满足最终消费需求的产业，越来越走向主要满足生产需求的产业，成为与相关产业关联性强、融合度高、相互促进作用大的“大文化产业”，而不是越来越局限于某些管理部门特别在意的行业权限之内。

我们对调整现阶段产品结构的基本看法是：尽管我国文化产业的发展水平较低，远远没有满足人民群众消费需求，但是由于种种原因，文化消费启动比较缓慢，但是与此同时，由于国家经济发展方式转型实质性启动，新的市场空间已经由于制造业升级加速而迅速形成了，采取措施及时调整产品结构，大大加强我国文化产业的生产性服务功能，使我国文化产业在作为最终消费品和作为中间产品之间有一个合理的比例，将为我国文化产业的快速发展提供重要的动力。

（二）调整企业组织结构，关键不是做大规模，而是促进竞争和鼓励创造

2003年以来，文化产业的发展受到文化体制改革的强力推动，以打造市场主体为中心环节，目前已经接近完成绝大部分文化事业单位回归市场主体的目

标，再往下的发展将依赖于市场化竞争形成合理的组织结构，在提高市场集中度和实现充分竞争之间建立平衡，最大限度地鼓励个人的创造精神。2007 年底，辽宁出版集团整体上市，突破了政策障碍，文化产业界掀起了上市的热潮。2008 年以来，趁着国际金融危机，中国文化产业逆势上扬之势，文化产业以更积极、更主动的态势融入资本市场，在兼并重组、直接融资、间接融资等方面接连实现了重大突破。中国文化产业界在近几年内出现一批百亿级以上规模的“战略投资人”已经毫无悬念。现在我们需要考虑的是，在我国目前的发展阶段上，在一个相对开放的市场环境里面，什么样的文化企业组织结构是合理的，如何能够在提高市场集中度同时促进竞争和有效地鼓励个人的创造精神?

经济学家一般认为，企业组织规模是在竞争中形成的，是实现效率的手段。文化经济学家则认为，文化企业规模选择的关键是能否有效促进个人的创造性的实现。文化创意产业在数字技术的基础上，出现了组织形态区域布局的变形：产业链前端的内容原创环节采取了低集中度的市场竞争模式，分散化的中小企业和个人工作室是主体；产业链后端的制作和传播环节采取了高集中度的模式，大型企业集团是主体；由少数传媒巨头和大批中小企业以及自我就业的专业化个人形成“准市场化”关系，又逐渐构建起了地域性“团块式”结构。现在所谓“文化创意产业集聚区”，就是建立在这种特殊的市场组织形态之上，谋求在提高市场集中度和最大限度地鼓励个人的创造精神之间建立平衡。

我们对现阶段调整企业组织结构的基本看法是：文化体制改革取得决定性胜利，为我们提供了一个重大的契机，在市场经济基础上真正造就一批优秀的文化企业，承担起引领中国文化产业发展的历史使命。但是，如果我们只是停留在相对封闭的市场环境中，且过度依赖“做大”国有文化企业，而不是进一步开放市场，鼓励创建中小型文化企业，就可能使原有的行政垄断还没有摆脱又形成市场垄断，对文化产业发展产生不利影响。今后几年对于中国文化产业来说，既是大企业盘活存量、重新洗牌的机遇期，也是个人创业，建立中小企业的最佳时期。我们唯有不失时机地大力推动开放市场，拆除一切不利于企业发展的障碍，盘活一切有利于企业发展的资源，才能抓住这个机遇。

（三）调整所有制结构，形成多种所有制共同发展的良好格局

前一阶段的发展受到文化体制改革的巨大推动，在存量改革方面以“事转

企”为中心环节；在增量改革方面以推动扩大准入为主，鼓励民营资本进入文化投资领域。这些重大措施从根本上改变了我国文化产业领域国有机构独撑天下的不合理局面，初步调动了全社会发展文化产业的高昂积极性。随着2008年“整体上市”对于在“事转企”改革中“剥离改制”的不当限制的突破，以及2009年出版体制改革的突破性进展，组建大型国有文化企业越来越成为主导性的趋势和政策性的重点，国有文化经济扩张的速度大大加快，在一些领域甚至出现新的垄断趋势，多种所有制共同发展的格局有所削弱，产业发展效益有所降低。

我们对现阶段调整所有制结构的基本看法是：我国经济、社会已经发展到了一个新的阶段，广大人民群众中正在孕育着巨大的文化创造精神，文化权利的落实重点已经从满足个人平等的文化消费需求，走向了满足个人的文化表达和创造愿望。建立起一个国有、民营、外资并存，多种所有制共同发展的良好格局对于解放国民的创造精神，实现文化大发展大繁荣有重要意义。但是，目前我们面临的主要问题还是，国家从文化产业竞争性领域的退出还很不充分，国有文化产业机构改革还不彻底，有些行业领域民营文化资本尚未准入或虽有所进入但是发展不足，配套政策还不完善，因此，一个多种所有制共同发展的合理格局还远未形成，这极大地制约了我国文化产业的现实潜力的充分发挥。调整所有制结构意味着增加准入领域，扩大准入空间，创造准入条件，意味着解放广大人民群众的文化创造积极性，将释放出大量产业发展空间。

（四）调整技术结构，要有一个合乎我国经济社会发展现实要求的、多层次的技术结构

我国文化产业总体上技术装备水平不高，生产力不够先进，年轻一代消费者喜爱的数字化终端需要的数字内容产品的提供还不够丰富。尽管十年来文化产业的发展始终与信息技术的迅猛发展相伴而行，而且经济危机将极大地加速数字化信息技术的大规模商业应用，进一步提升我国文化企业的整体技术水准，但要应对全球性的新技术革命的挑战，我国文化产业依然要加大对于新技术和新业态的研究，以解决实现产业高端化的问题。

与此同时，我国文化产业发展在不同地区之间、城乡之间还很不平衡，不是所有地方都适合发展高技术装备的文化产业类型（如动漫游戏产业）。上文我们提到，根据联合国贸发会议《2008创意经济报告》提供的数据，我国出口国际

市场最多产品是“设计”类产品（类似的还有“工艺美术品”），这些产品往往产自乡村或不发达地区，是艺术作品和工业产品的结合，创意设计投入很高，富含民族文化符号，同样以技术和版权为基础，但是现代科技含量可能并不高。且不说这类产品的经济和社会的“正面溢出效应”，仅就其出口产量而言，已经足以成为国家政策的支持对象。

我们对现阶段调整技术结构的基本看法是：中国是一个经济持续高速发展、居民消费不断升级，但是发展极不平衡的国家。一方面，我国具有全世界最大的广电和电信消费群体，最大的上网人口规模，近两年来，在第三代手机（3G）和“移动多媒体广播电视”（CMMB）带动下，“三网合一”迅速推进，数字内容产业呈现爆发式增长态势。另一方面，我国具有广大的农村人口和深厚的地方文化资源，民族民间文化产品和服务形态多样，一直有传统的出口优势。我们既有机会抓住经济危机推动科技创新大规模应用带来的发展机遇，在数字化信息技术有关的新兴文化产业领域赶超发达国家，成为世界领先国家，也有机会抓住国际创意产品贸易蓬勃发展的机遇，推动我国民族和民间文化产品走出去占领更大的国际市场。

（五）调整区域布局结构，在全国统一市场环境中合理配置产业资源

在很大程度上，我国文化产业是体制转型的产物，原有的文化生产单位都是行政机构的附属物，基本的机构布局和资源布局形成于计划体制时期，十年来，文化生产单位和行政机构初步分离，而且很大程度上有赖于中央和地方政府的大力扶持，文化产业实现了长足的发展。但是，总体上来说文化生产单位对行政主管部门还是有较大的依赖性，这样就在地方政府“攀比”作用下，出现了在经济建设领域常见的“投资饥渴症”，甚至在一些地方导致了显而易见的重复建设，浪费了宝贵的经济文化资源。在三十多年改革开放中影响了中国现代化速度的地方政府竞争模式，也开始影响到文化产业领域。

我们对现阶段调整区域布局结构的基本看法是：从传统区域性资源配置机制的行政体制走向市场化的资源配置体制是必然的发展过程，我国文化产业依靠政府政策“投资推动”的阶段必将走向依靠市场内生动力和消费拉动的新阶段，在市场的作用下，以往不合理的产业布局将被调整，中国文化产业将面临大规模洗牌和资源重组，并形成新的区域布局结构。对于近年来在文化体制改革中完成

“事转企”的文化产业机构来说，这轮区域布局结构的大调整和大重组将创造重大的产业发展机会。

以上结构调整的五个方面中的每个方面都包含了重大的发展机遇，都为下一阶段中国文化产业的发展提供了健康的增长动力，值得引起高度关注。

三 政策建议：围绕结构调整推动改革完善政策

2010年是“十一五”最后一年。“十一五”以来，我国宏观经济发展方式转型不力，结构调整政策大部落空，经济发展中的一系列矛盾和问题有所恶化，存在于这些问题背后的深层制度性缺陷凸显。在“后危机时代”来临，世界范围内经济结构大调整趋势出现的形势下，我国正在拟定“十二五”发展规划，谋求通过体制改革的“战略性突破”，推动经济结构的“战略性升级”，实现国民经济平稳较快发展。文化产业在2009年首次位列国家“战略性产业”，应该以结构调整为主线，实现新的发展，对“十二五”期间国家发展有所贡献。

因此，我们的建议是：以结构调整加快文化产业发展，以体制机制改革推动结构调整。按照胡锦涛同志2010年2月3日在中央党校省部级主要领导干部研讨班开班仪式上的讲话的精神，要将思路从加快文化产业“增长”转到加快文化产业发展模式转型上来，从数量型、外延式增长转向质量效益型、内涵式发展，从结构调整获得新的发展动力。

文化产业发展方式转型与结构调整有赖于改革的全面深化。为了使我国文化产业的发展具有可持续发展和内生性增长性质，不随着政治周期的更迭而起伏，不随着领导人的职务的变化而变化，不随着主要领导人注意力转移而转移，就必须奠定稳定的制度基础和完善的政策保障。

（一）明确改革目标，围绕公民文化权利构建基本文化制度，形成文化体制改革的基础

转变发展方式，实施结构调整，首先要从制度建设上做起。在文化产业领域的“粗放式增长”模式根本上源于政府过度干预，解决对文化建设的过度行政干预，首先要明确谁是文化建设的权利主体，从而消除这种干预的合法性。

在十七大报告中，胡锦涛同志指出，要充分发挥人民群众在文化建设中的主

体作用，调动广大文化工作者的积极性，更加自觉、更加主动地推动文化大发展大繁荣，实现中华文化繁荣兴盛。这个讲话明确了人民群众在文化建设中的主体地位，是在新形势下对我国宪法赋予公民的文化权利予以重新强调，具有极为重要的意义。

重提公民文化权利是我国改革开放以来经济社会发展的必然产物。我国改革开放是以“放权让利”（工业改革）和“所有权和经营权分离”（农村改革）为开端的，但是直到2004年3月，第十届全国人大二次会议才修改宪法，提出“公民的合法的私有财产不受侵犯”，才以宪法的形式将私有财产权作为基本权利确定下来。2007年3月出台“物权法”，明确地将公有财产和私有财产列为平等保护的对象，我国公民的基本经济权利第一次获得了法律形式的保护。紧接着半年后，2007年10月召开的党的十七大提出了“充分发挥人民群众在文化建设中主体作用”的论断，说明我国中国特色社会主义建设的伟大实践，已经从建立基本经济制度以保护公民经济权利阶段，走向了建立基本文化制度以保护公民文化权利阶段。

在新形势下对宪法赋予公民的文化权利予以重新强调，对于明确改革目标，构建基本文化制度，实现文化产业发展的战略性突破具有重大意义，也已经具备现实可能。改革开放前20年，我国文化在（以“双轨制”为名的）持续性的政策调整中获得了稳步的发展。近10年来，国家提出建设公共文化服务体系和发展文化产业的战略，基于政府职能转变（转向公共服务型政府）的现阶段改革要求，强调公民作为文化消费主体享受文化成果的平等权益，并开始逐步承认公民作为文化创造主体自由进行文化艺术创造的权利。从宪法的角度看，上述所有体制机制和政策创新都只有一个目的，就是保护和尽可能扩大公民的文化权利。从内容取向角度看，上述体制机制和政策创新越来越少了对公民权利限制性“义务”的强调，越来越多了对保障性“权利”的伸张。这些改革和政策创新顺应了新形势的要求，为我国文化产业实现战略性的突破奠定了基础。

（二）调整改革重点，转变政府职能，充分发挥市场的资源配置的基础性作用

明确了文化建设的主体，就具备了立法的基础。前几年，随着文化产业发展渐入高潮，有关部门已经制定了有关文化发展的立法规划。十七大后，发展文化产业的立法工作已经启动。在以结构调整为中心的下一轮发展中，围绕如何发挥

人民群众主体创造作用的法制建设变得更为紧迫。我们只有在宪法规定的个人文化权利基础上构建起适应我国社会主义市场经济制度环境的法律体系，才能奠定文化发展繁荣的坚实基础。

在市场经济条件下，法律是调整个人文化经济利益的规范，因此，推动法制建设的前提就是转变政府职能，使市场机制充分发生作用。我们需要在文化体制改革取得阶段性胜利的时候，不失时机地将改革的重点逐渐从微观改革（所谓"事转企"，打造市场主体）转向微观改革与宏观改革并重，将"政府职能转变"和文化市场建设提上日程，逐渐将资源配置机制从政府真正转向市场，这样才能根据市场本身的发展建立起调节个人文化经济利益的法制体系。

新闻出版产业已经率先完成了宏观改革与微观改革并重的布局。在2010年1月13日召开的全国新闻出版工作会议上，柳斌杰同志宣布，2010年是新闻出版体制改革决胜之年，有四项主要工作，前两项涉及微观主体改革，分别是全面完成经营性出版单位转制任务、在2010年底前完成中央和中央各部门各单位首批经营性报刊的转制工作。后两项涉及宏观市场改革，分别是打造中国新闻出版业的"航空母舰"、加大非公有资本准入。后两项工作的意义非常值得关注，前一项旨在盘活存量、提高市场集中度，对于突破体制内资源配置的行政性壁垒（所谓"条条块块"）有重大意义；后一项旨在开放市场，扩大增量，对于突破体制内外资源配置的体制性壁垒有重大意义。

新闻出版产业位于现代文化产业原创性的前端，改革率先突破具有重大示范作用。我国文化体制改革已经取得了重大突破，基本完成了公益性文化事业单位和经营性文化企业的区分和转制，但是文化市场依然充满了各种行政性的和体制性的壁垒，产业发展所需的各种资源和信息仍然被切割与瓜分得支离破碎，以至于无论是转制完成的文化企业还是有志于投资文化产业的个人想有所作为都会遭遇重重障碍。因此，只有实施微观和宏观并重的改革措施，形成"政府调节市场，市场调节企业"的新型体制性格局，才能极大地拓展产业发展的空间。应该配合经济体制改革的前进步骤，在下大力气完成经营性文化事业单位转制的同时，逐渐拆除阻碍形成统一文化市场的所有制壁垒、行业管理系统壁垒以及地方行政管理壁垒，创造有利于文化企业通过市场（而不是依赖于政府）自主配置文化资源的新环境。

从行政性的资源配置体制走向市场化的资源配置体制是一场艰巨的改革。在

长期的转型过程中，我国的文化企业处于既想依赖政府又试图挣脱行政束缚的矛盾和博弈之中，其以前的发展得益于文化主管部门和各地政府的优惠政策和财政支持，以及地方市场封闭形成的垄断优势，其以后的发展也有可能受制于这种过分的关爱。如果不拆除这些保护伞和隔离墙，即使“转企改制”完成后也不具有成长为“战略投资人”的能力。即使开放了民营文化资本准入，也会使得这些文化产业的“草根”阶层染上国有企业的弊病。

（三）梳理产业政策，完善政策衔接，充分利用国民经济结构调整的战略机遇期

厘清了政府与文化企事业单位的关系，拆除了资源配置的体制性、行业性、区域性壁垒，就真正具备了在市场基础上以产业政策调整经济运行的条件。接下来要做的事情就是完善政策。

首先是要完善文化产业的振兴政策。在 2009 年 9 月发布的《文化产业振兴规划》中，确定了文化创意、影视制作、出版发行、印刷复制、广告、演艺娱乐、文化会展、数字内容和动漫等产业为重点支持产业，并将实施重大项目带动战略、培育骨干文化企业、加快文化产业园区和基地建设、扩大文化消费、建设现代文化市场体系、发展新兴文化业态和扩大对外文化贸易等列为重点工作任务，形成了明确的政策着力点。我们认为文化产业面临发展方式转型和结构调整的任务，还需要在这些选定的重点产业中进一步形成更为具体的结构调整型政策，对于产品结构、组织结构、所有制结构、技术结构以及区域结构等对于提升发展的质量效益的重要问题予以充分研究，制定有针对性的政策。

其次要制定文化产业与相关产业的融合政策。《文化产业振兴规划》引人瞩目地将文化创意列为重点支持产业，在我们看来，除了关注文化产业内容原创的前端之外，就是强调了文化产业与相关制造业的交叉领域（主要是近年来在上海和深圳等城市被高度重视的设计产业）。目前国际前沿的研究认为，文化创意产业与一系列相关产业关联度越来越高，产业边界越来越模糊，以至于需要在做文化产业的统计时，不仅要将文化产业本身列入统计，而且应该将相关产业中与文化创意有关的个人及其产值列入统计，才接近于文化产业发展的现实。这表现出将文化产业与相关产业的政策进行整合的明确取向，我们要学习和充分吸取国外的有关研究成果和实践经验。

第三是要关注文化产业与城市化发展的衔接政策。我国经济在“十二五”期间面临整体转向内需型经济的重任，其中一个主要的拉动领域是城市化。按照国际一般标准，当人均 GDP 达到 3000 美元以上，开始进入工业化中后期，城市化率大概是 60%。2008 年，我国人均 GDP 突破 3000 美元时，城市化率只有 45.68%，同国际一般标准差 15 个百分点左右。近几年，由于全国高速铁路客运系统建设提速，将出现新一轮城市化迅猛发展的形势，将文化产业发展纳入城镇化的基本战略组成部分，为此而制定相关政策，既是出于打造现代城市生活环境，也是出于发展“低碳”、“绿色”产业需要，是极其必要的。在这个意义上说，“文化创意产业集聚区”的蓬勃发展与以前的“工业园区”、“高新技术产业开发区”一样，为新一轮城镇化发展增添了高文化附加值，有着重大的积极意义，而“文化地产”或者“创意地产”这样的发展策略如果加以正确引导，也并非没有可取之处。

第四是要高度重视文化产业与外贸出口政策的衔接。世界经济在后危机时代已经呈现出结构性调整的趋势，我国的传统产业出口将可能面临长期不振的形势，应对这一变化，我们一方面要调整经济结构，将经济整体上转向内需主导型经济，另一方面也要大力调整出口产业结构，加大高文化附加值和高科技附加值产品的出口。正如我们以上已经提到的，在联合国对国际创意经济的统计中，我国已经被认为是世界上主导性的文化产品和服务出口国，创意产品占有全球市场份额接近 20%。尽管由于统计指标的区别，这些出口产品中包含有我国传统出口商品（如工艺品等），但是国际社会对于发展中国家富含传统文化符号的工艺类出口产品的高度重视，说明这类产品已经成为国际文化贸易主流产品。我们要利用国际市场创意产品进出口（特别是发展中国家的出口）迅猛增长的形势，特别是利用我国在创意产品市场上已经形成的优势地位，合理处理文化产业的外贸和内需关系，将文化产业作为新的出口增长点看待，使用“出口导向产业”相关政策加以鼓励。

本书截稿正值全国“两会”召开之际，温家宝总理的政府工作报告中，“大力加强文化建设”作为八项重点工作之一单列出来，显示出本届政府对文化发展的高度重视。我国文化产业已经成为落实科学发展观，转变经济发展方式，调整经济结构的重要抓手，其自身也将在深化改革和推动发展方式的转变中获得新的发展机遇。

宏观视野

OVERVIEW

数字化和网络化时代文化产业发展的策略问题

高书生*

以《文化产业振兴规划》发布为标志，我国文化产业已提升为国家重点扶持的战略性产业，并将在拉动内需、调整结构以及应对国际金融危机过程中发挥越来越重要的作用。大力发展文化产业，除了需要在战略上尽可能采取多种措施予以扶持与保护外，对于文化产业自身而言，更应当讲究发展的策略。本文选取数字化和网络化时代若干文化新业态，对文化产业发展的策略问题进行初步探讨。

一　广电有线网络的差异化发展

文化产业同其他产业的交融性、关联性甚至依赖性都很强，要大发展，不但

* 高书生，中宣部改革办。

要在产业内部打破地区封锁和行业壁垒、引入竞争机制，而且更需要在同其他产业的竞争中增强活力、壮大实力。文化产业在竞争中发展，需要认真对待的一个重要问题，就是搞清楚自身的优势和劣势。当下，广电与电信的竞争就面临这样的问题。

（一）广电与电信的差距越拉越大

同电信比，广电的优势非常明显，主要体现在技术和内容上。单从技术上看，无论是有线还是无线，广电都比电信占据优势：有线在带宽上，广电的带宽可达1GHz，传输速率是一般电话线的50倍；无线在信道上，广电占用了国内信号传输最好的频率。至于内容资源，广电比电信的优势更明显，特别是视频内容资源。

同广电比，电信的优势也是显而易见的，主要体现为体制和经营人才。经过重组—上市—再重组，电信营运商已经成为真正的市场主体，严格按照现代企业制度实行集约化经营，全程全网、全业务，产业集中度高。

应当说，在网络建设上，我国的广电有线网络同基础电信网基本处于同一起跑线上，几乎是同时建设。但是，在不到20年的时间里，两者的差距越拉越大，呈现“天壤之别”，原因在于电信体制上的优势弥补了技术上的劣势。

20世纪90年代初，电信业拥有的电话用户数量为8000万户、电信业收入为200亿元，广电有线用户为6000万户、收入60亿元，两者用户数量的差距并不大，收入差距为3∶1。但到20世纪90年代末，电信业拥有的电话用户数量为3亿户、收入为2000亿元，广电有线用户为9000万户、收入为150亿元，收入差距扩大为13∶1；到2008年，电信业拥有的电话数量（含移动）达到了10亿户、收入8000亿元，而广电有线用户为1.64亿户、收入为350亿元，收入差距进一步扩大到23∶1。

表1　广电有线网络与电信业的差距

单位：万户，亿元

	20世纪90年代初		20世纪90年代末		2008年	
	用户数	收入	用户数	收入	用户数	收入
广　电	6000	60	9000	150	16400	350
电　信	8000	200	30000	2000	100000	8000
比　值	1∶1.3	1∶3	1∶3.3	1∶13	1∶6.1	1∶23

（二）广电有线网络的非电信业务开发

在文化体制改革大潮下，广电有线网络正在按照“一省一网”的要求突破体制束缚，同时加速数字化改造。一旦体制问题解决后，除了传输广播电视节目，有线网络未来的发展方向究竟是什么？是紧跟电信运营商开发所谓的增值业务，还是另辟蹊径实施同电信运营商不同的差异化发展思路，这是个策略问题。

目前，部分广电有线网络运营商在完成数字化改造过程中，正在开发可视电话、互联网接入等方面的电信增值业务，尽管凭借技术和成本优势可以实现一时获利，但从策略上看并非上策。特别值得引起重视的是，电信营运商之所以按照全业务（固话+移动）重组，一个很重要的原因是固话业务收入持续下滑，即使工业和信息化部“网开一面”，允许有线网络公司开展固话业务，又能有多大的发展余地，很值得深思。

其实，只要把目光回归宣传文化领域，将广电有线网络定位于文化传播渠道，更加注重文化资源与内容的集成与整合，从看电视转向用电视，广电有线网络的商业价值将是巨大的。从目前看，至少以下方面的功能开发值得引起重视。

1. 电视互联网

提起互联网，人们一般只会想到基于电信网的那张互联网（以下简称“电信互联网”）。从技术手段上看，完全有可能形成另一张互联网——电视互联网，即基于广电有线网络的互联网。目前，全国拥有1.64亿有线电视用户，如果每户按3口人估算，广电有线网络覆盖人口将近5亿，在数量上已超过电信互联网用户。单从技术上看，互联互通就是互联网，从这个意义上讲，广电有线网络只要在技术上能够实现全国范围内的互联互通，形成技术上的“全国一张网”，那么不同于电信互联网的电视互联网，在理论上就是成立的。

同电信互联网相比，电视互联网具有诸多优势：首先，电视互联网的内容可控可管，因而一开始就是绿色的。其次，电视互联网具有全媒体或现代媒体的特征，文字、图片、音视频等应有尽有，特别是视频要胜出互联网电视一筹。再次，电视互联网的营利模式是成熟的，基于有线网络的任何商业活动，都可以通过目前的有线电视用户收费渠道获得相应回报。

广电有线网络一旦在技术上变成“全国一张网”，就能创造出电视互联网，有线网络公司就能自然获得类似于电信互联网的增值业务执照。随着电视互联网的发展，获取互联网国际出口的条件会更成熟。

2. 电视图书馆

如果把电视机作为公共图书馆的终端，就会形成电视图书馆的新概念。未来，市民可以足不出户，通过电视机就能浏览甚至借阅公共图书馆的藏书，从而延长公共文化的服务半径，最大限度地利用公共藏书的效用。目前，新版图书已经数字化，公共图书馆正在进行数字化改造，电视图书馆的建设并不遥远。

2009 年，辽宁省已经通过广电有线网络建设文化资源共享工程，使海量的图文并茂的文化资源进入千家万户。国家图书馆同北京歌华联手开通国图专业服务频道，使用户可以在网络上阅读国图的藏书，同时还可以收看视频讲座。这两个案例证明，电视图书馆的概念是成立的。

3. 电视剧院

过去，艺术表演往往只在剧场进行。随着广电有线网络的数字化改造，特别是高清电视的出现，在电视机上也能像在剧场一样，欣赏到高水平的艺术表演。目前，剧场一般都有多机位的高清摄像设备，如果把精彩的艺术表演录制成高清电视节目，通过支付一定的版权费，将舞台艺术表演搬到荧屏上，不但使居民不用进剧场同样欣赏到高水平的艺术表演，而且能为广电有线网络运营商创造新的营利项目。如果到剧场看演出的票价为 200 元/张，在电视机上看只需支付票价的 1/10，甚至更低，同时还可以全家一起观赏。另外，剧场的容量总是有限的，演出场次再多，也不能实现人人都进剧场。但有线电视却不受场次和时间的限制，同一台演出或许会有上亿人次在电视机上同时观看，也可能在不同时间点播。

如果电视剧院的概念能够成立，那么就可以为文艺院团增加收入来源，即除了剧场收入外，艺术表演也能像影视剧一样有了版权收入。当前至少杂技表演可以进入电视剧院，因为我国杂技表演是世界一流的，深受观众的喜爱，但由于国内杂技团常常在国外演出，国内观众很少能欣赏到高水平的演出。如果先从杂技表演开始，还可以逐步培养起电视剧院的观众群。

如果每个有线电视用户一年点播一场电视剧院节目，每次按 10 元估算，全国 1.64 亿用户，仅此一项，就能为全国广电有线网络公司增加 16 亿元以上的收入。

4. 电视报刊

在电视机上阅读报刊，将随着广电有线网络的数字化改造而不再是天方夜谭，在技术上所需解决的只是报刊的格式与样式。党报党刊可以首先进入广电有线网络，作为公共文化服务项目，供市民免费阅读。同时，生活类、体育类、科技类、保健类、时尚类等报刊，可以开发适合电视阅读的新品种，甚至可以将其电子版平移到电视机上。

如果电视报刊的概念也可以成立，无疑为数字出版打开一片新天地，在平面媒体面临生存危机的形势下，不失为一种拯救方略。

如上所列只能算作广电有线网络功能开发的一小部分，一旦商家真正发现了其商业价值，所开发的功能将是无限的，广电有线网络公司同电信运营商实现差异化发展就成为现实。在这种条件下，即使有线电视收视费不变，但通过增加新的服务项目和收费，不仅用户觉得物有所值并且愿意支付，而且也会得到物价部门的认可。即使仅仅开发以上四项功能，在基本收视费之上每月再增加 20 ~ 30 元是完全有可能的，这对于广电有线网络公司而言，增量收入至少增加一倍以上，全部收入将达到 750 亿 ~ 940 亿元。如果 5 ~ 10 年内，在基本收视费之外的增量收入达到 100 元/（月・户），增量收入年均可逼近 2000 亿元。

二　传统出版与数字出版对接的载体

如果说广电有线网络同电信实行差异化发展属于“内敛”式，即作为文化传播渠道立足于集成和整合文化资源与内容，那么，数字出版的发展则要同广电有线网络实行反向策略，即尽可能向外拓展，搭载已成熟的载体或渠道。在数字化和网络化时代，两者之所以采取反方向的策略，根本的原因在于广电有线网络属于文化传播渠道的范畴，而出版则属于文化内容生产的范畴。作为文化传播渠道，类似于“高速公路”：道路越畅通，在路上跑的车就越多；车越多，车载量越大，渠道的商业价值就越大。而作为文化内容生产，类似于“大工厂”，产品营销渠道越广泛，销量越大，生产成本就越低，经济效益就越高。

（一）“倾斜”的数字出版

近年来，我国出版产业规模一直徘徊在五六百亿元左右，并过分依赖、受制于教育部门，特别是中小学教材的政府采购与循环使用，而面对邮政争夺教材发行份额的局面，越来越多的地方出版发行企业遇到生存危机。正是在这样的大背景下，数字出版日益引起关注，并被当做突破发展瓶颈的一把利剑。数字出版似乎天然地承担起“拯救”出版产业的使命。

根据中国出版科学研究所在《2007～2008 中国数字出版产业年度报告》中的测算，2007 年我国数字出版产业的整体收入超过 360 亿元，具体构成如下（笔者按收入规模从大到小重新排列）：

——手机出版（含手机彩铃、手机铃声、手机游戏、手机动漫）150 亿元；

——网络游戏 105.7 亿元；

——互联网广告 75.6 亿元；

——数字报纸（含网络报和手机报）10 亿元；

——博客收入 9.75 亿元；

——互联网期刊和多媒体网络互动期刊 7.6 亿元；

——电子图书 2 亿元；

——在线音乐 1.52 亿元。

数字出版的上述构成基本体现了数字化和网络化的特征，但有两个问题需要引起特别关注：一是传统新闻出版单位的贡献率非常低，加总在一起占比约为 5.4%（数字报纸、电子图书、互联网期刊等三项）。二是对基于电信网的互联网和手机产生了过分依赖。

（二）拓展数字出版的载体

数字出版不是传统出版的平移，更不是简单地把已出版的书、报刊转换格式，上传到互联网和手机上。传统出版同数字出版实现对接，关键要寻找传承与传播文化的新载体。在目前的技术条件下，实现传统出版与数字出版对接的载体，可分为三大类，即数码产品、无线移动和有线网络。

1. 数码产品

首推各类电子阅读器。电子阅读器也被称作电纸书，采用电子墨水新技术。目前较为著名的，国外有亚马逊的 Kindle、索尼的阅读器，国内有汉王等。近期传出，美国五大出版巨头（包括时代公司、新闻集团）联合开发电子阅读器，以对抗 Kindle。电子阅读器除了带来阅读革命，同时也为图书出版商找到了新的商业模式。据汉王总裁分析，电纸书的定价权在出版社，如果一本书下载 1 次 1 元钱，下载 200 万次，出版社或作者可分账 160 万元，比畅销书赚钱还多。同时，电子阅读器都有无线下载功能，可以更新图书。电子阅读器厂商可供图书的数量很大，如 Kindle 为 25 万种，索尼阅读器则超过 100 万种。

除了书报刊用电子阅读器外，视听类节目以 MP4 等数码产品为载体的前景也非常广阔。在这方面，苹果公司的 Ipod 堪称典范，它采用 iTunes 软件，有效解决了版权问题，为视听节目在线销售创造了商业或营利模式。越来越多的视听节目将借助 MP4 等载体获得发展机遇。

通过数码产品开发教材教辅市场，应引起出版发行企业的高度关注。特别是随着中小学教学设备的更新改造，义务教育的教与学将逐步进入无纸化时代。出版发行企业应未雨绸缪，及早谋划应对之策。

2. 无线移动

除了 3G 手机，在我国手机家族中，还有移动广播电视（简称 CMMB）。在 2008 年北京奥运会期间，CMMB 已在奥运会举办城市试运行。按照覆盖计划，到 2011 年底，CMMB 将覆盖全国 337 个地市级以上城市和百强县，覆盖 5 亿以上城市常住人口。单从技术上看，CMMB 优于 3G。目前，CMMB 开展的业务包括广播电视频道业务（包括中央、省、市的电视与广播）、数据广播业务（包括定时推送的图文、音视频业务和实时推送的交通路况、股市行情等）以及互动业务（包括与播出内容相关的投票互动、互动购物、背景资讯等）。

随着手机技术的日益成熟，手机作为移动终端，已成为生活必需品，无论工作、学习，还是生活、娱乐，手机承载的功能越来越多，传承与传播文化将成为其重要功能。数字出版必须盯住手机这一新载体，开发适合手机阅读的新产品。

目前，手机的文化传承与传播功能开发尚处于初级阶段。电信营运商偏重于娱乐与资讯，如手机动漫、手机游戏、手机音乐、手机报；CMMB 运营商则偏重于将传统广电节目平移到手机上，如手机电视、手机广播、手机电影。从发展趋势看，适应手机的移动、便捷、短平快特性，应在文化传播的格式、样式等方面大胆创新，为手机“量身打造”文化内容。比如，真正的手机报不能是目前电信营运商开发的“叠加短信”，更不能把报纸的电子版搬到手机上，而应当专门开发适合手机阅读的格式与样式；又如，手机电影不可能把在影院放映的大片搬到手机上，而应适合手机用户短平快的特性，专门制作类似于小小说的手机电

影；再比如，手机书也不能仅仅把目前已出版图书换个格式上传到手机上，也应当面向手机开发专门的图书。

面对特定人群开发文化产品，走个性化、小众化之路，应当引起文化企业的格外关注。比如，为高校教师提供科研资讯服务，就可以通过手机来实现。这种个性化服务，可以分基本服务和特殊服务两个方面。基本服务就是每周为高校教师提供其定制领域的最新的科研资讯，商业模式是收取年费（如500～1000元）；特殊服务就是高校教师如需要科研成果全文，可链接专门的数据库，按篇收取费用（如每篇5元至10元）。再如，为医生或护士提供诊疗视频服务，也可以比照上述商业模式运作。将来的趋势或许是：越小众化、个性化，发展前景越广阔。

3. 有线网络

同无线移动一样，有线网络实际上也有两张网，一张是电信网（目前的互联网就基于这张网），一张是广播电视网。前者的营运主体是电信营运商，后者的营运主体是广电有线网络公司。

目前，基于电信网的互联网已引起广泛关注，越来越多的文化企业立足于互联网谋求发展，其中不乏成功的案例，但商业或营利模式困扰着文化企业，因为在网民的心目中，互联网是免费的，这也是互联网在我国迅猛发展的重要原因。如果类似于电子商务，主攻方向在网下，仅仅把互联网看做是一个渠道，或许可以找到商业或营利模式。

同电信网相比，广电有线网络往往被“冷落”或“遗忘”。随着“一省一网”目标的实现，从看电视转向用电视，这张网在聚合文化资源与内容方面的价值会越来越大，商业开发价值巨大。可预见的是，顺应用电视的发展趋势，出版企业可以充分利用其在教育类、教辅类图书上的优势，积极开发适应电视和家庭教育的视频节目，抢占未来电视教育市场。

三　拓展动漫产业的发展空间

动漫是文化与科技融合的典型形态，也是数字化和网络化时代具有良好发展前景的新兴产业。近几年，动漫产业备受关注，动漫园区或基地“遍地开花”，动漫企业已达数千家。然而，尽管动漫产量很高，资金循环却不畅甚至断裂，营

利模式始终困扰着动漫产业界。动漫产业要突破“瓶颈”，探索发展策略、拓展发展空间显得十分必要与紧迫。

（一）动漫产业的“瓶颈”

近几年，以动画片和网络游戏为代表的动漫产业取得了长足发展。以动画片为例，1993～2003年，全国动画片的总产量仅为4.6万分钟。自2004年以来，动画片产量年年都有飞跃，2005年一年的产量几乎相当于1993～2003年产量的总和，2008年全年的产量达到了249部、13万余分钟。

同其他文化业态一样，动漫产业也遭遇了营利尴尬。仍以动画片为例，一分钟三维动画片的制作成本大约1万余元，但在电视台播映后只能收回五六百元（央视最高1000元左右），投入与产出不成比例。国内动漫企业也学国外动漫企业走形象授权、衍生品开发之路，通过播映以外的渠道收回成本并获利，但深受侵权之苦，甚至出现自己的专卖店出售假冒本企业产品的怪现象。

营利是产业兴旺的基础条件，营利模式不存在，很难吸引更多的资本和人才，也就只有产品、没有产业。国际上已存在的动漫产业营利模式，这几年在国内都能看到一些动漫企业在模仿。概括起来，国际上动漫产业营利模式至少有以下三种：一种是美国模式，特点是投巨资制作动画片在影院放映，然后以成功的动画形象兴建主题公园、开发衍生品。前几年，深圳一家动漫企业仿效美国模式投资1亿元制作了《魔比斯环》，但最终没有成功。另一种是日本模式，特点是先做漫画，再做连环画，将连环画中影响较大的制作成动画片，通过电视播映创造成功的动画形象，继而开发衍生品。国内动漫企业目前主要采取这种模式。还有一种是韩国模式，特点是基于互联网开发网络游戏，选取其中影响较大的制作电影或动画片。相比之下，网络游戏比动画片的营利模式更为成熟。这也是网络游戏近年发展较快的重要原因。

很显然，目前动漫或动画企业营利的“瓶颈”主要是电视播出环节，资金循环在这里出了问题。但根据国际经验，即使在电视播出环节，动画企业也只能收回部分而不是全部成本（日本收回70%的成本）。换句话说，即使随着电视台制播分离改革，电视台不再自产自销，非新闻类电视节目主要依靠社会化提供，动画企业要实现赢利，也需要另辟蹊径突破“瓶颈”。

（二）动漫产业突破“瓶颈”的策略与思路

概括起来，当前动漫产业突破“瓶颈”要实现“三个跳出”。

1. 跳出电视

国内大多数动漫企业常常只盯着电视，尽管很清楚通过电视播映只能回收很小比重的制作成本。其实，电视之外的需求与市场非常大。比如，房地产商在营销中用动画的方式展现其楼盘的特色与价值就引人入胜。又如，随着轿车进入家庭，厚厚的纸质使用手册如换成动画光盘，用形象化的语言讲解复杂的技术，必定会令用户喜爱。动画光盘作为轿车标配，其市场规模就是无限的。

一旦跳出电视，动漫产业就会视野开阔：在内容生产上，从专供电视台播映的动画片，拓展到立足于服务国民经济各行业和人民生活各方面的专题片；在传播载体上，从电视机到互联网、手机、数码产品。果真如此，动漫产业的策划空间就是无穷大的，市场需求就是无限量的，营利点自然就会是无止境的。

2. 跳出少儿

目前动漫企业特别是动画企业常常只盯着少儿，以开发与生产适合低龄化儿童观看的节目为主。殊不知，出生于改革开放年代的年轻人，漫画书、动画片相伴其孩童时期，与动漫有着难以割舍的联系。即使中老年人也对动漫情有独钟。但目前面向青年、中老年制作的动漫节目还是非常有限的。比如，面向中老年人的健康保健及慢性病治疗，开发相应的动画片甚至网络游戏，其市场需求也是无限的；又如，面向育龄青年，开发旨在普及育儿知识的动画片甚至网络游戏，也会深受青年人的喜爱。总之，一旦跳出少儿，动漫产业又将开拓一片新天地。

3. 跳出娱乐

娱乐是文化产业的表征，但不是唯一功能。“寓教于乐”是手段，如果文化产品与服务过于娱乐化，必将极大地制约文化产业的快速发展。目前，动漫产业倚重娱乐化的倾向，对动漫产业的长远发展是非常不利的。其实，动漫产业开发娱乐之外的市场，潜力也是非常大的。比如，从基础教育到职业教育，许多教材教辅甚至课堂教学都可以采用动漫产品作为辅助手段，尤其是抽象化的知识用动漫产品更形象直观；又如，大众教育及科学知识普及，同样可采用动漫产品形式。

只有跳出娱乐，走向科学动漫、科教动漫，我国动漫产业才能够发掘更多的营利点，真正走向成熟。

国有演艺院团改革：模式分析与政策建议

徐世丕*

2003年全国文化体制改革试点工作会议以来，我国国有艺术表演团体体制改革步入新阶段。五年艰难而又卓有成效的探索凝结成2009年7月中宣部、文化部联合下发的《关于深化国有文艺演出院团体制改革的若干意见》（以下简称《若干意见》），由此掀起中国演艺领域新一轮改革大潮。

国有艺术表演团体的深层次改革正由点到面，宏观推进，微观活跃，我国演艺业结构调整和演艺市场的发展，呈现出令人鼓舞的态势。具体表现为：改革政策逐步明确与配套完善，党政部门主导改革的趋势明显加强，文化部门孤军奋战推进体制改革的状况得到改观；试点改革的新经验与新模式获得了演艺业发展实践的检验和社会认可，来自剧院团内部因担忧个人和剧团利益受损的阻力、来自外部相关部门间各自为政的干扰，逐渐转化为深化改革的动力；改革的经验和模式被认可与效仿，国有演艺机构转企改制步伐加快。据文化部统计，进入全国新一轮改革试点名单的剧院团最终达到172家，目前已有114家院团完成转企改制；专业演出团体数量逐年递增，2008年达到5114个，社会办剧团的数量已经超过文化系统，同时，演艺市场呈现逆“潮流”上扬的态势；高新技术的广泛应用促使演艺产品表现形式不断创新；“走出去、引进来”成效显著，中国演艺已初步形成一批国内外知名品牌。

一　国有院团转企改制模式类型分析

认真考察这些年来艺术表演团体改革的实践，可以分为以下几种有代表性的改制类型。

---

* 徐世丕，中国动漫集团监事会主席。

（一）国有独资或国有控股模式

这是近年来中央和省市级剧院团转企改制的主要模式，以北京儿童艺术剧院有限公司、北京歌舞剧院有限公司、中国东方演艺集团有限公司为代表。此类国有演艺企业分为国有控股和国有独资演艺有限公司两类：北京儿童艺术剧院有限公司由北京儿童艺术剧院、北青报、北京文化设施中心、北京电视台、北京高校房地产、北京市文化发展中心联合持股，北京歌舞剧院有限公司由北京歌舞剧院、首旅集团、歌华集团与北京电视台联合持股，而中国东方演艺集团有限公司则是中国东方歌舞团独资公司。

作为“敢吃螃蟹”的全国第一个转企改制的国有演艺团体，北京儿艺除了有北京市儿童剧市场的巨大观众需求，也获得了政府“扶上马、送一程”的特殊支持，如中央和北京市委市政府的强大政策“绿灯”、北青传媒的管理运营团队的加盟等，这是一般剧院团转企改制时较难具备的条件。

而北京歌舞剧院有限公司在转企改制后演出场次和观众人数分别递增547.66%和577.04%，收入递增134%，5年后资产总值与改制前的2003年比较，增值510.41%，已达9500余万元。

从目前发展情况来看，他们的转企改制不是走过场、摆样子，而是真正按照企业模式组建，实行了完全市场化的股份制体制与机制，在遵循市场营销法则的同时，尊重艺术生产规律，坚持“一业为主、多业态经营”，已尝到真正作为文化市场主体的甜头，以业绩证明了艺术表演团体转企改制的可行性。

（二）民营参股并控股模式

中国木偶剧院有限公司采用了该模式进行转企改制。该公司现任董事长赵令庄曾担任国有保利剧院的CEO多年。2006年8月28日，原中国木偶艺术剧团转企改制，国资民资共同持股，成为民营资本参股并控股的第一家“中国”字头演艺企业。新剧院定位于“高端、外向、综合”，目标是形成木偶剧目创作演出、儿童动漫、图书、网络、玩具、食品等产业一体化的文化创意产业链和产业基地。两年多来，他们推出大型奇幻剧《猴王·花果山》1台、双语魔幻剧木偶小戏系列剧目11部，实现经营收入5209万元，比改制前增长482%，职工收入增长40%；改制当年国有股本即分红632万元，增值效益明显。

（三）事业与企业混合经营模式

该模式主要有两类。一类是由多个不同艺术品种的剧团联合组建而成，其代表案例是宁波市艺术剧院。2002 年 9 月，宁波市按照其确定的国有剧院团实行“委托经营、民主管理、政府扶持”、“以市场带事业”的改革方案，将市文化局直属的宁波越剧团、甬剧团和歌舞团三个剧团合为一个综合性演出机构，组建成宁波市艺术剧院。该院三个剧团中两个戏曲剧团仍为事业单位，保证政府资助，只有歌舞团于 2003 年 9 月转企改制，成立了宁波市歌舞团有限公司，其资本结构为：剧院控股 54.5%，经营者和职工持股 45.5%。转企后，歌舞团年均演出场次、演出收入分别从 2003 年的 70 场、100 余万元增至 2008 年的 120 余场、1506 万元。2008 年该公司可支配纯收入超过 600 万元，职工年均收入达到 6.5 万元，固定资产增加 800 余万元。这种以事企共处、“三合一”为壳、“一带二”为质的模式，具有“以市场带事业”的探索性，经营者与职工持股比例接近五成，有利于调动其积极性，但两个戏曲剧团容易失去自主性和主动性。

另一类是以多家演出公司、国有剧场组合扩展而成，以成都演艺集团为代表。成都演艺集团有限公司前身为成都演艺（集团）公司，是成都市人民政府于 1999 年投资 2 亿元建立的以大型演艺文化设施为基础的大型事业性质、企业运作的演艺集团，主要构成单位是演出公司、艺术培训学校、艺苑宾馆等文化服务机构，以演出项目经营为主要业务。2007 年经市委、市政府批准，成都演艺集团转企改制为股份制有限公司，2008 年增资扩股，引入四川报业集团和成都传媒集团的股份，拥有成都艺术中心、沙河电影公司、艺博文化艺术培训学校、成都碧洞道教文化发展有限公司等十几家机构，成为一家社会化的股份制演艺企业。不过，由于此类机构业务较为单一，以演出活动项目承办为主要业务，资源整合力度较小，集团优势尚不明显。

（四）多团合一、分步转制、整体置换模式

该模式以西安秦腔剧院有限公司为代表。其改革进程分三步：第一步，实行同类项合并，以整合资源、优化结构。2005 年初西安推行“消肿、松绑、减负、放开、搞活”文化体制改革，将多家剧院团体机构整合，将易俗社、五一剧团、秦腔一团、秦腔二团合并，组建西安秦腔剧院，下辖两个独立剧社（易俗社、

三意社）；第二步，将剧院中条件成熟的业务机构实行部分转企改制。2007 年 6 月，剧院整建制移交国家级文化产业示范区——曲江新区管理，并以《梦回长安》剧组为基础，由曲江文化产业投资公司控股组建西安秦腔剧院有限公司；第三步，资源对接资本，产权置换转移。2009 年 5 月，曲江投资公司以 3000 万元置换原秦腔剧院固定资产，并注册 1000 万元使之成为曲江文化产业集团全资子公司，下辖易俗社、三意社与《梦回长安》剧组三个非法人演出分公司。这种产权置换转移的模式由于涉及多个国有剧院团资产资源价值评估、业务重组和人员安置，需要谨慎处置，更需要实践检验。

（五）国有股份合作“X+1”模式

该模式以郑州歌舞剧院为代表。“X”是指多家非文化产业类国有企业，“1”是指国有演艺机构。国企与国有剧院实行合作持股，风险共担、利益共享。2004 年初，河南省按照市场化规则，由河南建业、河南宇通公司与郑州市歌舞剧院合资共同组建国有股份制演艺企业。新组建的演艺实体实行股东会确定的六大经营原则，即“投资主体股份制、市场运营项目制、演出活动代理制、创作人员委托制、主要演员签约制、演职人员聘用制”。成立 5 年来，郑州歌舞剧院以市场需求定产，以资本为支撑，先后推出大型舞剧《风中少林》、《云水洛神》、《清明上河图（青春版）》等高水平舞台剧目，巡演国内外 40 多个城市，演出 280 余场，收入超过 2200 万元。这种全新型非政府投资的演艺企业展示的市场活力，从一个侧面证明了改革的方向和前景。

（六）区域性国有剧院团转企改制、优化组合分营模式

该模式以广州市 2008 年以来的市属剧院团体制改革实施方案为代表。2008 年，广州市先后将市属 8 个国有剧院团剥离不良资产，注销事业法人，全部转企改制，重组为 7 个企业法人，并在演艺资源整合、资本资产配置、市场环境优化组合等方面推出剧院团与国有剧场、旅游机构、影视媒体“三捆绑”或“三联姻”的改革措施，分别完成了“团场捆绑”、“团台捆绑”、“团旅捆绑”等组合拳动作。广州市剧院团改革的启示在于：不仅以完成转企改制为目标，而且是更长远地着眼艺术发展，从国有文化资源大整合与优化市场资源配置的角度，期望实实在在地为演艺产业的可持续发展拓宽道路。需要注意的是，由于大幅度地实

施8个剧院团全部转企改制，难免出现“夹生饭”，甚至可能出现“名”改而“实”不改的情况，因此改革配套措施等后续工作必须尽快跟上。

二 国有剧院团改制“集团化”类型分析

据不完全统计，截至2009年底，全国已经挂牌的演艺集团总数为22个，其中中央级1个、省和省辖市级19个、县级2个（其中一个为民营演艺集团，即河南宝丰演艺集团）。这些集团大部分组建于最近两年，历史相对较长的是1999年成都市组建的演艺集团和2001年江苏省组建的演艺集团。在市场条件下，并非演出机构合并、资产叠加、人员处置完成，就可以完成向市场化的演艺集团的“华丽转身”，而是必须按照演艺生产经营活动的规律，科学合理地实行全部资源的体制性转换重组，解决好演艺机构新陈代谢的主要矛盾，使之成为真正独立自主的演出生产经营活动的市场主体，才有可能获取演艺产业集群的集团化效应。因此，有必要对当下各种演艺集团的类型进行认真评析：

（一）媒体托管方式组建集团

这是上海采用的方式，可以分为两个阶段：

第一阶段：媒体托管，体制照旧。2000年，上海市文化体制改革将原市文化局、市广播电视局、市电影局三局合一，同时对三局原来的直属单位也进行管理体制的变更。原市文化局所属的一批国有剧院团中相当一批是国内著名的演出名团、名剧院，如上海京剧院、上海话剧中心、上海歌剧院、上海芭蕾舞团、上海交响乐团、上海轻音乐团、上海越剧团、上海沪剧团、上海滑稽剧团、上海歌舞团等18个专业艺术表演团体全部划归市文化广播影视集团，并将其分别挂靠在广播影视集团与报业传媒集团旗下。这种模式的优点是有利于解决剧院团的媒体宣传和资金周转的困难，缺点是没有从演出团体体制机制中转化出来，剧院团没有真正成为演艺市场的主体。

第二阶段：转企改制，重塑市场主体。2009年11月14日，上海文广演艺（集团）有限公司成立。集团下属上海话剧艺术中心、上海歌舞团、上海滑稽剧团、上海木偶剧团、上海轻音乐团也同时宣布转企改制，分别成立有限责任公司。应该说，上海是当代中国两大演艺中心城市之一，具有演艺产业充分发展的

条件，上海城市舞蹈公司可以称之为成功转型的代表。可惜大多数剧院团在实行媒体托管后，体制改革多年徘徊不前，贻误发展良机。上海的国有剧院团如果能够通过新一轮剧院团体制改革为中国演艺业创出新路，相信这将是许多人的期待。

（二）整体移出，先组建集团再转企改制

该模式以江苏演艺集团公司、陕西演艺集团公司为代表。其特点是文化厅所属院团全部转企改制组建国有演艺骨干企业，实行母子公司结构与市场化经营。江苏演艺集团的发展历程最具代表性。

2001 年，江苏省根据政事分开、管办分离的要求，将江苏省文化厅直属的所有剧院团整体移出文化厅行政管理系统，原来各个演出团体的内部行政业务部门实行“同类项合并”，新的集团办公大楼自成一体。原来由各院团自主决定艺术生产营销的机制改由集团决策，组建成立江苏省演艺集团。这在当时虽不失为创新之举，但并未真正解决原有剧院团体的体制性弊端。换言之，仅仅一种简单化的“整体移出一锅烩”模式触动的是机制而非旧体制，因而颇有争议。

2004 年 8 月 20 日，在江苏省委、省政府的领导和支持下，省演艺集团启动了事转企的改革步伐，所属 11 个院团整体转企改制，实行全员身份置换，按照建立现代企业制度的要求，完善法人治理结构，改革内部用人机制、分配机制，正式以市场主体——江苏省演艺集团有限公司身份参与竞争。改革后，由于变为真正的市场主体，投资者目光开始转向演艺集团，而演艺集团也迅速抓住机遇与多家民营企业强强联合，成立了江苏演艺文化产业股份有限公司。在增量扩股以后，注册资本较原有增长了 10 倍，业绩也有了显著增长，演出场次从 2003 年的 1736 场增至 2008 年的 5119 场。尽管如此，转制后集团仍然面对以下现实课题：各演艺子公司的创作生产、自主运营能力的培育，政府对国有演艺集团的扶持方式的转变以及转企改制后剧院团演职人员身份转换政策的落实，在这些方面需要进行更大胆的探索。

（三）在演艺企业基础上建构企业集团的模式

该模式以国有的北京演艺集团和民营的河南宝丰演艺集团为代表，主要区别是演艺企业的产权性质。2004 年初，北京在全国率先启动剧院团转企改制，在 5

年后的2009年5月27日组建演艺集团，应该说这是一种相对成熟的运作。北京演艺集团是在北京市完成转企改制并取得显著成绩的10家文化企业基础上以控股、参股的企业运作方式组建的集团式演艺母公司，其子公司包括：北京儿童艺术剧院股份有限公司、北京歌舞剧院有限责任公司、中国木偶艺术剧院有限公司、中国杂技团有限公司、北京市演出有限责任公司、北京保利紫禁城剧院管理有限公司等六家演艺企业，以及与之相关联的北京文化艺术音像出版社、北京市电影股份有限公司、北京对外文化交流公司、新剧本杂志四家文化企业。北京演艺集团成为了国内规模最大的融演艺影视创作生产、商演营销推广、国际文化交流、产品综合开发为一体的演艺集团。鸟巢版景观歌剧《图兰朵》、动漫人偶剧《喜羊羊与灰太狼之记忆大盗》、《梦幻水立方》、儿童剧《北京传说》就是北京演艺集团的奠基力作。如何充分利用、发挥北京作为中国首屈一指的演艺中心的影响力和资源优势，做大做强北京演艺产业，是新集团面临的战略课题。

河南宝丰演艺集团是目前为止国内唯一的以民营职业剧团为主体的演艺集团公司。2006年10月，宝丰县演艺集团（公司）正式挂牌运营，成为河南省第一家县级演艺集团（公司）。宝丰县拥有千余家民间职业表演团体，面对日益激烈的市场竞争，越来越多的民间职业剧团发现，靠单打独斗、相互争抢演出市场，根本不能实现自身的快速发展。只有整合资源、“抱团”打天下才能闯出市场，将宝丰的品牌越叫越响。在政府引导和支持下，宝丰通过强强联合，优势互补，挑选部分有实力的民营剧团组成了结构相对松散的民营演艺集团。据报道，演艺集团成立后，所属剧团从演出质量、品牌价值到收入都有了较大提升。宝丰县丁搏阳摇滚艺术团团长丁发生感慨道：加入集团后，我们的名气越来越大，经营也越来越轻松。仅半年多，该集团公司总演出场次高达3.1万场，演出收入突破上千万元。

（四）同类剧院团资源整合、优化、重组的模式

该模式以中国东方演艺集团有限公司为代表。中国东方歌舞团是由原东方歌舞团、中国歌舞团这两个历史悠久、国内外声誉卓著的国家级歌舞团在2005年实行“两团合并、整合资源”的改革而组建的国家歌舞团。2009年11月12日，中国东方歌舞团完成转企改制，正式挂牌成立中国东方演艺集团有限公司，其发展目标是：打造演艺产业链完备、股权多元化、具有强大国际竞争力的国有骨干

演艺企业集团。这在中直院团中首开先河，因此具有更为重要的示范意义。类似的地方演艺集团还有吉林歌舞剧院集团有限公司等。此类剧院团改革模式的特点是：改制的剧院团已在行业内领先，本体综合实力较强，相关合并剧团在艺术生产上属于同一类型，产品市场化程度较高，专业人才优势明显，与演艺相关的产业领域综合开发成绩卓著等。

此类集团中，有些并非真正实现了转企改制和真正的集团化，而是自我膨胀为“集团”，以某些地区在原剧院团基础上翻牌成立的演艺集团为代表。此类“集团”或者是一个剧团和一个剧院所有资源的配置性整合，或者原来就是一个单位，不过重新回归而已。坦率地说，此类“集团”似有名不副实之嫌。作为企业集团，它们既不符合《公司法》关于企业集团设立的规定，更没有真正解决剧团如何成为演出市场主体的问题。

三　深化我国演艺领域改革，振兴繁荣和发展中国演艺业

国有院团体制改革的主要目标应是符合科学发展观要求、符合经济文化发展实际、符合国家表演艺术事业发展需要的制度安排。它应该高度重视维护、改善和优化中国演艺业的生存发展环境，促进中国表演艺术的有效传承与可持续发展。在这方面，执政党与各级政府决策层尤其应拒绝短期和功利的思维。

结合当前国有文艺院团体制改革的实际，主管部门应密切关注和及时解决以下现实课题。

（一）必须抓紧制定改革目标模式和发展规划

目前改革的中心环节是使国办艺术事业机构从计划经济条件下的缺乏活力与动力的依附性主体，真正转变为市场经济中具有竞争与创新意识和综合实力的自主性主体，最终目标是继承弘扬、繁荣发展中国表演艺术，满足人民精神文化消费需求，适应社会主义精神文明建设的需要，壮大中国演艺产业实力，提升中国演艺产业的国际竞争力，扩大中国文化艺术的世界影响。必须根据这一目的，抓紧制定目标清晰、布局科学、体制健全、机制灵活、符合中国演艺领域实际的国有剧院团体制改革实施方案与中长期发展规划。

（二）必须改变多年来形成的“国有剧院团养人，影视行业用人”的非良性循环的演艺产业生态

从文化部到省市文化厅局的直属剧院团，过去、现在都拥有一大批高层次、有影响、有实力的名演员、名编导，但这些专业人才由于体制惯性或“历史成规”，大多数时间并未从事舞台演出的“正业”，而热衷于“院外业务”，其人才资源价值大多体现在影视演出方面。他们作为国有剧院在编的演职人员，对剧院的贡献有的甚至比普通演员少，但对非舞台演出的其他演艺项目贡献却很大，形成“墙内种花墙外开花”的奇特现象。剧院作为管理方只能对此实行“软性制约”。在这种情况下，国家财政每年给剧院的投入终因不对等的市场回报和经济效益的异质转移，造成剧院舞台艺术再生产难以有效延续，大多国有剧院团经费自给率逐年下降。国有剧院团发展战略上的这种体制性弊端和国有影视机构无偿使用演艺资源的现象长期得不到关注，更难以进入决策层的视野。

在市场经济条件下，国有剧院团“养人”，影视机构白“用人”的现象，应该得到关注，这种非良性循环的演艺产业生态给国有剧院团艺术生产和可持续发展带来的负面影响也不应该再继续下去。

（三）必须加快国有剧场改革，搭建演艺产品公平竞争、合理回报、反哺艺术的市场终端

国有剧场的改革事关艺术表演团体体制改革的成败，事关演艺产业的可持续发展，作为艺术院团体制改革不可或缺的组成部分不能再长期边缘化。现实问题是：一方面，演出公共平台数量不足，难以满足需求；另一方面，相当数量由国家财政投资建设的国有剧场、电视频道，或因年久失修，或因非公共化运营被迫“闲置”。资料显示，截至2008年底，全国各级文化部门管理的新旧国有剧场和影剧院共有1355座。这些剧场中既有因付不起高额广告费难以展开市场营销的，更有已经或即将“被开发”而失去公共性质变为房地产项目的。这些国有剧场，加上数量更多的非文化系统建设、但仍属国有的剧场和“类剧场”设施，不仅是国家财政投资建设的公共文化服务设施，更应是繁荣我国文艺事业和演艺市场的物质基础。

因此，应该抓紧进行我国近年来剧场发展现状的调研与存量资源的评估，运用新观念、新模式、新手段，加快推进国有剧场、影剧院的改革。国有剧场改革

目标的确定和政策取向、国有剧场存量资源的盘活与重振，不仅是政府调节演出市场供需矛盾、搭建和完善公共演出平台的现实课题，而且是优化剧院团体制改革环境，盘活演艺机构资产，为演艺产业繁荣发展扫清道路的紧迫课题。

（四）必须对基层尤其是县级剧团的改革拿出符合实际的可操作的对策方案

我国国有专业（职业）艺术表演团体总体上呈金字塔形，新中国成立以来并未发生根本性变化。它可分为四个层次：广大县市级剧团（地方戏曲剧团、文工团、文艺宣传队等）是基础，地市级剧团是第二层，省和副省级、省辖市级直属院团是第三层，文化部等中央部委和军队、武警系统直属的剧院团是第四层（以文化部 2008 年统计数字为例）。文化部最新调查数据显示，2007 年底，我国现存的县（市、旗）级剧团仍占全国艺术表演团体总数 66% 以上。我国农村演出市场的演出场次占全年演出总场次的比例，2007 年为 59.5%，2008 年为 60.9%，这表明农村演出市场的复苏势头明显。因此，我国基层剧团的存在价值不可忽视，他们对农村精神文化生活的贡献、产生的重大社会效益与经济效益不可忽视。如果我们的剧团体制改革政策与制度设计不认真关注这个部分，所谓树立新的演艺市场主体就不可能取得成功。

因此在现阶段，国家对于县市级剧团应当允许在演艺机构体制性质的确定上实行因地制宜、实事求是，避免“一刀切”的分类改革政策。尤其是对于地广人稀、演出基础基本不具备的西部、山区、草原、海疆等缺乏演艺市场环境的地方，应允许文艺轻骑兵（文工队）、小型演出机构实行国有文化事业体制。与此同时，国家应在较长的时期和特殊区域实行国有、民营两条腿走路和一视同仁的方针，发展民族表演艺术，培育基层演出市场，努力满足基层群众不断增长的文化消费需求。同时，抓紧研究制定我国基层职业剧团的阶段性改革和发展战略，研究制定我国演艺业的中长期发展规划，推动我国艺术表演机构最终真正成为自主性的表演艺术创作生产实体，成为市场经济条件下自主经营、自负盈亏、可持续发展的市场主体。

（五）正确处理国有剧院团转企改制中的若干政策性课题

一是正确处理剧院团改革中区别策略与重点选择的难题。思考这些年来剧院团体制改革的经验教训，我们应该继续坚持以下策略：以人为本，以艺为根；全面规划，分类指导；因地制宜，一团一策。应该充分认识：没有区别就没有政策；重点太多则无重点；保护不等于供养，转企不等于放弃；人才是第一资源，市场是发展动力。这些都是30年剧院团改革实践留给我们的重要启示。

二是警惕和克服不良倾向。应该避免：忽视艺术传承与发展，忽视演职人员的切身利益；变相的企业化，实质表现是换牌子不换本质；只注重政府投入管理方式的改变，不注重帮助剧团学会在市场中生存与发展；对转企改制过程“一地一策，一团一策”缺乏耐心，企图一蹴而就，毕其功于一役；忽视许多老牌名团名家的无形资产和知识产权，造成国有资产和国家利益的流失等问题。总之，切忌行政指令式的工作方式，以免煮成夹生饭，将来问题更多。

三是高度重视对非物质文化遗产舞台艺术的传承与保护。对于那些在传承方式、传承人才、传承剧本、传承曲牌、传承道具和音乐器材方面至今仍有现实与实践意义的地方剧种，特别是那些仍存传统艺术“种子”的“天下第一团”，国家应尽快拿出“一对一”的保护方案。

四是必须始终坚持正确的文化导向，引导艺术全面繁荣发展。综合运用经济、法律、舆论和行政管理的多种手段，建立健全国家对于城乡基层演出市场的管理监控体系，确保国家文化安全。

2008～2009年中国文化产业资本运作备忘

兰　培*

2008～2009年是国内外经济形势复杂多变的时期。国际金融危机经历了爆发、蔓延到逐渐减退的过程，国内经济发展面临着周期性调整和结构性调整双重压力，我国金融市场经受住了严峻考验，总体上保持了平稳发展态势。国际金融危机背景下的中国文化产业呈现了逆势上扬态势，为“保增长、调结构”作出了重大贡献。在此过程中，文化产业以更积极、更主动的态势融入资本市场，在兼并重组、直接融资、间接融资等方面实现了重大突破。资本市场在提高文化资源配置效率、优化文化产业结构、提升文化产业竞争力、推动文化产业跨越式发展方面发挥了更加重要的作用，文化产业的持续快速发展也为金融资本的介入提供了更加广阔的空间。

一　并购重组风生水起

（一）上市文化企业并购重组活跃

依托资本市场平台优势，上市文化企业展开了积极的兼并重组活动。2008～2009年，境内上市文化企业共披露了21起并购重组事件。其中，备受关注的华闻系重组出现实质性进展。2008年6月，人民日报社通过股权转让放弃对华闻控股的控股地位，人保投资成为华闻控股的控股股东。同时，华闻传媒积极进行战略架构调整，与控股子公司先后收购辽宁盈丰传媒、重庆华博传媒、天津华商

* 兰培，中信银行总行营业部投资银行部。

广告、北京华商盈捷广告、新海岸置业、精工钢构等公司股权，并将所持海口汇海典当行、深圳金兆典当行股权转让出售，完成了新一轮扩张与退出。2008年6月，作为上海市国有文化资本战略性调整的重要内容，新华传媒控股股东上海新华发行集团完成股权变更，上海精文投资及上海文广集团从新华发行集团退出，解放日报集团获得绝对控股地位。同期，新华传媒完成了对上海嘉美信息广告公司及上海杨航文化传媒公司的收购，进一步完善了其产业链条。出版传媒上市后整体收购其控股股东辽宁出版集团持有的辽宁少年儿童出版社、春风文艺出版社和辽宁音像出版社100%股权。同时向非文化领域积极扩张，出资1.98亿元认购中天证券新增的1亿份注册资本，并参股设立铁岭新星村镇银行，成为涉足金融领域的又一文化企业。

在上市文化企业兼并重组中，2009年末，时代出版以2572万元现金对安徽人民出版社100%股权的收购引起了业界的广泛关注。此次收购不仅表明控股股东安徽出版集团对上市公司支持的决心和力度，也是政策性新闻出版单位改革的新突破，体现了文化体制改革已向纵深推进。

（二）新兴文化业态行业整合加剧

在市场化程度较高，准入相对宽松的新兴文化业态，并购成为推动行业整合的有力工具。在互联网领域，根据ChinaVenture的统计，2008年11月～2009年11月，中国互联网行业共披露并购事件20起，涉及金额4.66亿美元。2008年以来的并购交易中，巨人网络收购51.com、联合网视收购百度影视、完美时空收购昱泉国际等事件均为行业内规模较大的并购事件。广告媒体是并购交易同样活跃的另一领域。2009年10月，户外数字移动电视广告运营商华视传媒宣布斥资1.6亿美元收购地铁视频媒体运营商数码媒体集团，成为2008年以来规模最大的广告媒体并购案。2008年5月，国内列车电视行业两大龙头公司广源传媒集团与亿品传媒集团宣布合并组建鼎程传媒集团，从而获得中国列车液晶市场超过80%的市场份额。此外，分众传媒与炎黄健康传媒、金众传媒，航空视频广告运营商航美传媒与Excel Lead、Flying Dragon Media Advertising等并购事件也进一步推动了广告细分市场整合。

在行业整合过程中，跨媒体融合趋势逐步加强。2009年，盛大网络宣布以约4620万美元的价格收购华友世纪51%股权。华友世纪则和视频网站酷6网进

行股权合并，形成了视频（酷6网）、音乐（盛大音乐）、无线增值（华友无线）架构体系。值得注意的是，随着行业集中的加剧，行业垄断日益显现，反垄断规制也首度引入文化产业。2009年，由于在商务部的反垄断审核中受阻，新浪与分众传媒宣布放弃业已达成的高达13.74亿美元的合并计划。事后，以新浪CEO曹国伟为首的新浪管理层以1.8亿美元的价格购入新浪560万普通股，上升为新浪第一大股东，成为中国互联网行业内的首例MBO案例。

中国文化市场的广阔空间也引起了国际资本的进一步关注，并购成为国际资本进入中国文化产业的便捷途径。2008年3月，韩国移动通信企业SK电讯宣布收购中国本土唱片公司北京太合麦田42.2%的股份，首次涉足中国娱乐产业。同年4月，汤姆森路透收购和讯网40%的股权，成为和讯网第二大股东。澳洲电讯先后收购皓辰传媒、泡泡网及手机内容服务提供商China M与手机音乐技术服务提供商Sharp Point，表现出境外资本对中国新兴文化产业的浓厚兴趣。

（三）跨地区、跨媒体、跨所有制兼并重组迈出重要步伐

自文化体制改革推进以来，几乎所有文化体制改革的重要文件均提及的推动我国文化企业跨地区、跨媒体、跨所有制兼并重组，在2008年以后取得了实质性推进。

2008年5月9日，江苏新华发行集团以现金并购海南新华书店集团资产，共同组建了海南凤凰新华发行有限责任公司，成为首个打破地域限制，实现跨地区战略重组的大型发行企业。北方联合出版传媒集团继2009年8月宣布以股权收购的形式收购内蒙古新华发行集团有关发行资产后，2009年11月再次宣布收购天津出版总社的主业资产，全面推进跨越省、区、市的业务重构。在跨地区资本运作中，中央与地方出版单位首次打破行政划属，实现了以资本为纽带的战略性重组。2008年3月，由江西出版集团80%控股并与中国宋庆龄基金会联合重组的中国和平出版社有限责任公司正式挂牌，成为首家由地方出版集团与中央出版单位合作推动股份制改造的中央级出版单位，被誉为中央出版单位改制的“和平模式”，为业界提供了广泛的借鉴经验。次年4月，吉林出版集团与中华工商联合出版社改制重组的中华工商联合出版社有限责任公司也在北京挂牌成立。2009年12月31日，中国出版集团与宁夏回族自治区人民政府签署协议，以现金、资源或股权置换的方式参股黄河出版传媒有限公司，成为2009年中国文

化产业跨地区兼并重组的收官之笔。

并购也是实现跨媒体经营的有力工具。2008年5月，烟台日报传媒集团旗下的光速影视文化传播公司收购烟台中联伟业文化传播公司在烟台的全部楼宇视屏终端和140多个营运点业务。借此契机，烟台日报的信息产品增值链条得以延伸，实现了从纸质报刊向互联网传播跨越之后的再次跨越。2009年6月，博瑞传播以4.41亿元人民币收购成都梦工厂。这是号称"中国报业第一股"的博瑞传播再度以A股市场第一股的身份进军网络游戏。值得一提的是，此项交易引入了其他行业并购中惯用的对赌协议，在股权转让款支付中提出了对赌要求。博瑞传播同时承诺在对赌协议完成后将梦工厂分拆上市，并将激励机制贯穿于并购后的日常经营。这为文化企业开展相关市场化运作提供了有益借鉴。

在跨所有制并购方面，江苏凤凰出版传媒集团进行了积极探索。在2009年年初整合民营制版公司的基础上，凤凰出版集团再次与省内优质民营印刷企业进行战略联合。通过增资扩股和股权收购的形式，对盐城印刷总厂、扬州鑫华印刷公司和南京通达彩印公司实现控股，形成了印刷板块完整的产业链。

（四）"走出去"战略取得积极进展

推动中华文化走向世界是中国文化产业肩负的重大历史使命，也是中国文化产业发展的内在需求。在国际金融危机背景下，一些具有竞争优势的企业尝试运用并购工具挺进国际文化市场，参与国际文化产业分工，"走出去"战略取得了积极进展。2008年4月，网络游戏的运营和开发商第九城市宣布以3800万美元入股韩国游戏开发商G10娱乐公司。同年6月，湖南出版投资控股集团收购韩国阿里泉出版株式会社，成为国内首起地方出版集团跨国收购事件。2009年7月，北京松联国际和天星际传媒联合购得美国洛杉矶天下卫视华语电视台。这是内地民营资本首次进驻美国传媒业。同期，因金融危机无法继续获得政府资助的英国本土卫星电视台PROPELLER被北京西京集团全资收购。2009年末，美国剧院也成为中国企业收购对象。北京天创公司以354万美元的价格收购美国布兰森市白宫剧院。将功夫剧《少林武魂》带进美国百老汇剧场的东上海集团也出资收购了美国田纳西州的两家剧院。当然，对于初步试水的中国文化企业而言，这几起并购的探索意义要远大于其经济价值。同时，海外并购的更大考验在于并购后的运营与整合。因此，并购的成效还有待更长时间的检验。

我们还注意到，随着我国内地与香港、台湾地区经贸联系日益紧密，文化产业发展较为成熟的香港、台湾地区也成为内地文化资本扩张的目的地。2008 年，橙天娱乐全面收购香港老牌电影公司嘉禾娱乐，成为其单一股东。2009 年 7 月，嘉禾娱乐收购橙天娱乐旗下影视公司智鸿影视，橙天娱乐将旗下优质资产注入上市公司嘉禾娱乐，并将公司更名成为橙天嘉禾娱乐（集团）。2009 年 8 月，在线旅游服务网站携程旅行网收购台湾最大的在线旅游网站——易游网，成为第一家推出台湾游的大型旅游网站。

总体来看，2008 年以来我国文化产业特别是国有文化资本的战略性重组取得了重大进展。文化产业资本运作的推进也逐渐触及文化体制改革的核心问题。2008 年 9 月，电广传媒公告拟采取发行股份的方式购买母公司湖南广播影视集团下属媒体的经营性资产，以做大和完善公司的传媒主业。但一个月后，公司再次公告宣称由于此次电视媒体资产的注资行为在国内媒体行业尚属首次，改制重组比较复杂，导致相关方案还不成熟，公司申请中止此次重大资产重组事宜。电广传媒与母公司重大资产重组搁浅，反映了国有文化企业产权制度、治理结构等方面的深层次问题，也将成为下一阶段推进文化体制改革和文化产业发展的重大课题。

二 境内外上市取得新突破

（一）A 股市场 IPO 备受追捧

2008～2009 年，我国共有 4 家文化企业在境内 A 股市场完成 IPO。股票上市地点均为深圳证券交易所，总共募集资金 24 亿元人民币。上市企业中，天威视讯为深圳广播影视集团控股企业，是继北京歌华有线和陕西广电网络之后，我国第三家上市电视网络公司。拓维信息是湖南省第二家文化传播类上市公司，作为国家数字媒体产业基地唯一的手机动画技术中心授牌企业，手机动漫项目成为其上市募集资金的重要途径。奥飞动漫集产业运营与动漫内容创作于一体，是国内唯一完全动漫产业概念的上市公司，被誉为“中国动漫第一股”。华谊兄弟是近两年文化企业 IPO 募集资金规模的最高者。作为首家在创业板上市的文化企业，也是首家境内上市的影视制作公司，上市无论对华谊兄弟自身的业务扩展、还是对整个文化娱乐产业发展都将产生深远影响。上述4只文化企业股票上市首日开盘价较发行价上涨均超过80%，天威视讯开盘涨幅更高达143%，表现了资本市场对文化传媒题材的强烈关注与期许。

此外，安徽新华传媒也于2009年12月25日发布首次公开发行股票招股意向书，拟发行不超过11000万股A股，募集资金7.12亿元。同日，深圳中青宝网IPO申请顺利过会，将成为首家以网络游戏为主营业务登陆创业板的网游公司。中影集团、江西出版集团、中南出版传媒集团、江苏凤凰新华书业、荣宝斋、央视网等文化企业上市工作也在积极推进。

（二）借壳上市再添新例

继博瑞传播、赛迪传媒、新华传媒、华闻传媒之后，2008年以来又有两家文化企业在A股市场成功借壳上市。2008年9月，安徽出版集团以其所持有的出版、印刷等文化传媒类资产认购科大创新定向发行股份，成为上市公司第一大股东，从而实现出版业务整体上市。借壳ST耀华的凤凰出版集团上市之路一波三折。2008年8月的股东大会上，由散户投资者主导的投票结果否决了凤凰出版集团旗下的凤凰置业借壳ST耀华的重组方案，为市场所罕见。直至经过多次的磨合与修正，“金融＋地产＋文化”的重组方案才最终赢得小股东们的支持。2009年末，凤凰出版集团完成借壳上市。成功推动凤凰出版集团实现跨越式发展的董事长谭跃位被评为中央电视台2009年中国经济年度人物。

在其他推进借壳上市的文化企业中，中原出版传媒集团已于2009年3月通过公开竞拍取得暂停上市企业焦作鑫安28.99%的股权，成为S＊ST鑫安第一大股东。中原出版传媒集团计划注入包括出版、印刷、物资等相关资产及业务，推动S＊ST鑫安恢复上市。而湖北日报传媒集团欲借壳ST国药则因重组条件不成熟而落空。

（三）境外上市逆市推进

2008年以来，为躲避国际金融市场动荡，多家原定在国际资本市场上市的中国企业纷纷推迟或取消了上市计划。在此背景下，仍有A8音乐、中视金桥、广而告之、畅游、盛大游戏及中国房产信息集团等6家文化企业先后登陆国际资本市场，总共募资5.4亿港元及14.29亿美元。此批境外上市企业均为民营文化企业，涉及网游、广告、互联网及无线增值行业。上市地点集中于美国和香港，并有3家企业选择了纳斯达克。上市企业中，A8音乐是香港资本市场上首只无线网络音乐概念股。中视金桥及广而告之均为央视广告代理公司，广而告之是首家在美国纽约证券交易所上市的中国电视媒体广告公司。盛大游戏IPO募集资金达到10.44亿美元，创下2009年美国IPO市场年度新高，也是中国网游企业IPO规模之最。

总之，2008年以来，尽管受国际金融危机影响，文化企业上市仍取得重要进展。在推进文化企业上市的过程中我们还应看到，上市的目的不仅仅在于融资，规范公司运营管理、实现企业的升级蜕变才是上市的深层次价值所在。2008年8月，在东京证券交易所上市仅一年的亚洲互动传媒公司因高管挪用资金而被勒令摘牌退市。这足以引发业界对优化公司治理结构与风险防范机制的思考。

三 信贷融资在创新中发展

（一）银政合作与银企合作双双提升

信贷融资是间接融资的重要手段，也是目前我国企业最主要的融资途径。2008年以来，各级党政相关主管部门纷纷出台政策，努力突破文化产业融资瓶颈，改善文化发展的金融环境，促进货币信贷政策和文化产业政策的有效对接。在中央层面，中国人民银行于2009年初召开“金融支持文化产业”专题座谈会，邀请中央和北京市文化管理部门、金融机构和在京文化创意企业的代表，就金融支持文化产业发展广泛征求意见和建议。中宣部、文化部联合金融监管部门组成的“金融支持文化产业发展跨部门工作小组”，深入北京、上海、江苏等地就化解文化企业贷款难题进行广泛调研。2009年4月，商务部会同文化部、广电总局、新闻出版总署、进出口银行出台了《关于金融支持文化出口的指导意见》，按照“各部门组织推荐，进出口银行独立审贷”的原则，全面支持文化贸易发展。在地方层面，北京市印发了《关于金融支持首都文化创意产业发展的指导意见》，积极支持北京市文化创意产业集聚区建设，支持文化创意产品的消费增长。湖南省下发了《关于进一步加大金融支持力度推动文化产业加快发展的指导意见》，从突出金融支持重点、加大银行机构金融服务力度、推动文化产业直接融资、健全配套政策体系四个方面提出了若干具体措施。杭州、青岛等地也出台了金融支持文化产业发展的相关政策。可以说，从中央到地方，一套推动银行授信进入文化产业领域的政策支持体系已初步构建。

同期，银行机构与相关政府部门、大型文化企业签署多项合作协议，银政、银企合作关系日益紧密。在政府层面，文化部先后与进出口银行和中国银行签订合作协议，建立全面长期的战略合作关系。新闻出版总署与中国银行签署合作备忘录，推动新闻出版业“走出去”。河南省、上海市政府分别与国开行签订合作备忘录，探索开发性金融与支持文化产业发展的新模式和新机制。其中，国开行今后5年对上海市文化产业支持的融资规模可达300亿元。在企业层面，中国银行与中国对外文化集团、交通银行与中南出版传媒集团、建设银行与湖南电视台、国开行分别与上海文广集团、电广传媒、出版传媒等企业签署了银企战略合作协议，北京银行则与中国电影集团、凤凰卫视、北京演艺集团、八一电影制片厂、央广传媒等多家文化企业签署相关协议，落实意向性授信额度，推动银企合作关系提升。其中，仅国开行与电广传媒签署的意向性授信金额就达197亿元。

（二）产品创新不断呈现

在文化产业与信贷资本结合的过程中，金融创新不断呈现，为文化企业量身定制的信贷产品逐渐丰富。北京银行在文化产业金融服务方面进行了积极的创新。该行经过对文化创意行业1年半时间的探索和实践，于2009年推出“创意贷”文化创意金融产品系列。该系列包含10项文化创意子产品，分别是文艺演出贷款、出版发行贷款、影视制作贷款、动漫网游贷款、广告会展贷款、艺术品交易贷款、设计创意贷款、文化旅游贷款、文化体育休闲贷款和文化创意集聚区建设贷款。北京银行还加紧研究开发集聚区商圈贷款、集聚区内文化创意组合联保贷款等新产品，以完善文化创意金融服务体系。在交通银行“展业通”中小企业金融服务产品的统一品牌下，交通银行北京分行推出了“文化创意产业版权担保贷款”。中国工商银行北京分行则推出了文化创意产业的专项金融产品——“融慧贷”，并将文化创意产业纳入重点行业进行统一管理。

在具体实践方面，2008年5月，北京银行以版权质押方式为华谊兄弟提供1亿元的多项目电视剧打包贷款，这是无专业担保公司担保的“版权质押”贷款第一单。2009年5月，天创演艺公司获得北京银行700万元一年期贷款，用以进行《功夫传奇》在英国伦敦大剧院的28场商业演出，成为舞台剧项目获得的首笔贷款。此外，电影《画皮》、《叶问》等文化项目也获得了北京银行的贷款支持。交通银行北京分行也向《宝莲灯前传》、《战地黄花》等电视剧项目和《黄石的孩子》、《花木兰》等电影项目提供了融资支持。工商银行北京分行也为华谊兄弟发放了项目贷款，用于华谊兄弟2009~2010年四部电影的摄制。2009年末，民生银行为包括张国立、李少红、杨亚洲在内的国内23名电视剧导演提供逾1亿元人民币的授信额度，用于导演创意、立项或合作的电视剧项目投资，开创“电视剧导演融资新模式”。

另外值得一提的是，2008年6月，国开行与建设银行、中国银行共组银团，为湖南省有线电视网络（集团）公司提供了33亿元人民币的银团贷款，用于有线电视用户的数字化整体转换和广播电视网络改造。这是迄今为止全国范围内金融机构支持文化产业单笔金额最大的项目贷款。

上述情况表明，近年来银行机构介入文化产业的积极性、主动性有了较大提升。但也应该看到，银行信贷对文化产业的支持仍仅限于点，尚未推广及面，主要集中于大型文化企业或部分具有较强品牌优势和市场竞争力的中小文化企业以及一些能带来广泛社会影响力的文化项目。对于以中小企业为主体的文化产业而言，化解广大中小文化企业融资难题仍将是今后一段时间内推进文化产业发展中的一项复杂和艰巨的任务。

四　股权投资基金拓展文化产业融资渠道

（一）文化产业主题基金成为股权投资基金新成员

2008年以来，文化产业股权投资方面最引人瞩目的就是一批以文化产业为主题的股权投资基金的筹备与设立。这其中包括由财政部注资引导、规模达100亿元的中国文化产业投资基金，由上海东方惠金公司、国开行和宽带基金发起成立的规模为50亿元的华人文化产业投资基金，由浙江日报报业集团牵头组建的首期规模为2.5亿元的东方星空文化产业基金，以及总规模为5亿元的天津一壹影视文化股权投资基金等。凤凰出版集团与山东出版集团已签署协议，将共同创立文化产业股权投资基金。北京、江苏、广东等地文化产业主管部门也正积极推动当地设立相关投资基金。

（二）股权投资进入传统文化行业

随着文化体制改革的推进，准入门槛逐步降低，股权投资已进入传统文化行业。2008年，江苏新华发行集团引入弘毅投资作为战略投资者，弘毅投资向发行集团增资4.8亿元，占增资后公司股权比例的10%。2009年7月，深圳达晨创投等5家战略投资者出资4.55亿元购买湖南出版投资控股集团旗下拟上市公司——中南传媒非公开定向增发股份。此次增资扩股采用新股发行询价的全新市场化发行，开创了中国出版传媒企业资本运营的新模式。这些逐步引入国有文化产业经营领域的股权投资基金将成为推动文化企业兼并重组，推进国有文化资源整合和结构调整的重要力量。

（三）新兴文化业态继续受到股权投资关注

新兴文化业态是股权投资的传统领域。2008年以来的互联网行业中，优酷网、第一视频、乐视网、蓝港在线、易传媒、共合网、九维网等获得了较大规模的融资。根据ChinaVenture的统计，仅2008年11月～2009年11月，中国互联网行业创投和私募股权投资市场共披露投资案例73起，投资金额达7.05亿美元。自2008年以来，在商业模式清晰、市场较为成熟的广告行业，易取传媒、阿拉丁传媒、天骏传媒、大贺传媒、世通华纳、触动传媒、香榭丽、活跃传媒、新动传媒、迪岸传媒、新邦广告传媒、触动传媒12家企业已披露获得共计约3.27亿美元投资。其中，2008年2月户外广告运营商天骏传媒获得的8300万美元战略投资是迄今为止中国户外广告企业获得的最大规模的一笔私募投资。随着我国进入3G时代，内容与3G终端结合渐成潮流。在无线增值领域，掌中无限、架势无线、优视动景、袖意无限、天下网、掌上明珠、百阅、索乐软件获得了总计约4600万美元股权投资。此外，影视企业东方风行传媒、保利博纳以及动漫企业神笔动画、宏梦卡通也获得了股权基金的投资。

（四）文化企业主动涉足股权投资

鉴于股权投资所能带来的广泛社会效益和良好经济效益，在文化产业积极吸引股权投资的同时，一些文化企业也主动涉足股权投资经营，开创了文化企业多元化经营的新领域。除前述华人文化产业投资基金、东方星空文化产业基金分别具有上海文广集团、浙江日报报业集团背景外，一些上市文化企业也积极介入股权投资。2000年即率先步入股权投资领域的电广传媒在2009年进入了集中收获期。在首批28家创业板上市企业中，电广传媒旗下达晨创投独中三家，成为首批创业板获批上市企业最多的创投公司。电广传媒已修改公司《章程》，将创投业务列为公司主业之一。除电广传媒外，2009年博瑞传播以现金方式对全资子公司北京瑞其公司增资2700万元人民币，并将其更名为北京博瑞创业投资有限公司，经营范围也由组织文化活动调整为主要从事拟上市项目的风险投资管理。同年，歌华有线以不超过1亿元人民币的自有资金认购绵阳科技城产业投资基金，成为基金有限合伙人。股权投资在文化企业中已初具规模，并日益成为部分步入成熟发展阶段的文化企业新的利润增长点。

五　债券融资再添全新工具

债券融资具有成本低、规模大的优点，是金融市场上重要的直接融资工具。随着“金融脱媒”日益显现，国内债券市场将呈现放量增长态势。自债券融资在近年引入文化产业以来。2008年以后又有两家文化企业在国内债券市场发行了5只债券，融资金额共计50亿元人民币。

2008年正式登陆债券市场的创新型金融产品中期票据在2009年也被引入文化产业。2009年11月和12月，江苏凤凰出版集团分别发行两期中期票据，发行量均为10亿元人民币。其中，首期期限3年，募集资金主要用于集团信息系统建设、物资公司物流配送中心建设及出版板块业务开发。第二期期限5年，主要用于印刷板块新建厂房、设备更新及偿还现有长期银行贷款。

除中期票据外，短期融资券继续为文化企业所运用。2008年1月和12月，电广传媒分别发行两期短期融资券，期限1年，募集金额共计10亿元人民币。东方明珠也于2008年8月发行了20亿元人民币短期融资券，成为迄今为止国内发行规模最大的文化企业债券。此外，新华传媒股东大会已通过公司择机在全国银行间债券市场发行总额度不超过8亿元人民币的短期融资券的议案。截至目前，除公司债外，国内债券市场上的各类企业债务融资工具均已有文化企业尝试。但出于企业资质、市场影响等方面的局限，目前文化产业中涉足债券融资的企业仍停留于大型文化企业，特别是上市文化企业。

六　信托成为文化产业金融创新平台

依托法律结构上的优势，信托已成为众多行业金融创新的平台。在发达国家，信托与文化产业的结合早有实践，并衍生出形式多样的金融产品。我国继 2004 年将信托产品初次引入文化产业以来，文化产业信托在 2009 年得到进一步创新和推广。

2009 年 1 月，结构化信托融资产品——杭州市文化创意产业小企业集合债权基金“宝石流霞”正式发行。该信托产品总额 6000 万元人民币，期限 1 年，利率为 8.39%。产品中，银行以理财产品发售 4700 万元；杭州市政府通过财政下属企业出资认购 1000 万元；私募股权投资机构认购 300 万元。29 家杭州市文化创意小企业从最初报名的 400 家文创企业中脱颖而出，成为信托贷款的最终受益者。其中的 15 家企业尚属首次获得贷款。在成功实践的基础上，杭州市又推出了 1 亿元规模的第二期文化产业信托产品“满陇桂雨”。

信托不仅是文化企业寻求资金融通的平台，也是业外投资者分享文化产业成长性的途径。2009 年 6 月，国投信托推出的国内首款艺术品投资集合资金信托计划——“国投信托·盛世宝藏 1 号保利艺术品投资集合资金信托计划”成功设立。该产品计划募集资金规模 4650 万元人民币，期限为 18 个月，信托资金主要用于购买著名画家知名画作的收益权。产品一经推出便得到了投资者的踊跃认购。金融工具成功实现了艺术品资产的流动性，为收藏家、艺术家和投资人构建了一个相互融通的平台。

与早期的尝试相比，文化产业信托产品的操作经验、市场影响已有较大提升。作为金融创新的有力平台，文化产业信托产品对破解文化产业融资难将发挥更加重要的作用。

七　结语

2008～2009 年的中国文化产业资本运作实现了多方位创新与突破，文化产业在融入资本市场的过程中展现出巨大潜能与活力。2010 年是我国“十二五”规划的布局谋篇之年，也是文化体制改革和文化产业发展承前启后的阶段。在多方因素推动下，中国文化产业资本运作将呈现日益活跃态势，成为中国文化产业实现跨越式发展的引擎。这些因素包括：推动文化产业资本运作的一系列政策文件陆续出台，政策红利逐步显现；文化企事业单位转企改制加速推进，社会资本和外资准入门槛降低，市场主体更加丰富；多家文化产权交易机构相继成立，创业板推出，资本运作平台更加广阔。我们要充分发挥各项有利因素，牢牢把握文化产业发展的战略机遇期，以文化产业资本运作的全面提速推动我国文化产业的大发展大繁荣。

推进我国文化产业资本运作，首先应立足于文化企业自身建设。文化企业只有苦练内功，建立科学的公司治理结构和规范的经营管理制度特别是财务管理制度，形成清晰的营利模式和独特的核心竞争力，才能赢得资本市场的青睐，推动企业步入良性发展阶段。在推进我国文化产业战略性重组的过程中，应避免盲目求大，而应着眼于企业竞争力的提升。要对并购的整合前景有足够的判断，对风险因素有足够的防范，从企业所处发展阶段、竞争优势出发，理性确定并购方略，通过并购真正实现协同效应、创造企业价值。金融创新是文化制度创新外文化产业资本运作的重要推动力量。要积极支持文化领域的金融创新研究，依托部分具有相关服务经验的金融机构，组建若干文化产业金融创新平台，对文化产业金融产品开展集成创新。建议设立文化产业金融创新奖，对在文化产业金融服务中作出突出贡献的机构与个人，在政治上给予荣誉，经济上给予奖励，舆论上给予宣传，营造金融机构关注文化产业、服务文化产业的浓厚社会氛围。总之，要大力推动金融机构投身文化产业服务，不断开发各种与文化产业运营特征相适应的金融产品，构建起完善的文化产业资本运作产品体系。

2009 年居民文化消费热点回望

杨雪睿　黄京华*

2008 年全球金融危机与国内突发自然灾害对我国经济发展和社会生活产生了诸多不利影响。为应对金融危机，国家相继出台了一系列政策措施。2009 年下半年，我国经济逐步出现企稳向好的态势，文化产业在危机中逆势而上，在政府相关部门的推动下呈现出较好较快的发展形势。2009 年 10 月出版的《2009 ~ 2010 IMI 城市居民消费行为与媒体接触研究报告》重点关注了城市居民的消费现状以及对传统媒体、网络媒体、户外媒体和手机媒体的接触情况，结合其他相关资料，本文从教育培训、新媒体、旅游、娱乐等方面对 2009 年居民文化消费热点进行回顾。

一　教育改革全民关注，教育消费持续升温

1999 ~ 2009 年是中国经济飞速前进的 10 年，也是中国教育持续发展的 10 年。如图 1 所示，进入 2000 年，城镇居民在教育文化娱乐服务方面的支出明显增加，在消费性支出构成中所占比例基本保持在 13% ~ 15% 之间。

1999 年，《面向 21 世纪教育振兴行动计划》提出了跨世纪的教育改革和 10 年发展目标。2009 年伊始，《国家中长期教育改革和发展规划纲要》面向全社会公开征求意见，这是进入 21 世纪以来中国第一个教育规划纲要，也是指导未来 12 年教育改革和发展的纲领性文件。回顾 2009 年，各地教育改革热点频出，从“封杀”奥数到立法禁止有偿家教，从高考造假事件频频曝光到北大试行中学校长实名推荐制，再到对公办中等职业学校全日制在校学生中农村家庭经济困难学生和涉农专业学生逐步免除学费，教育的均衡发展、教育的公平性再一次成为全

* 杨雪睿、黄京华，中国传媒大学广告学院 IMI 市场信息研究所。

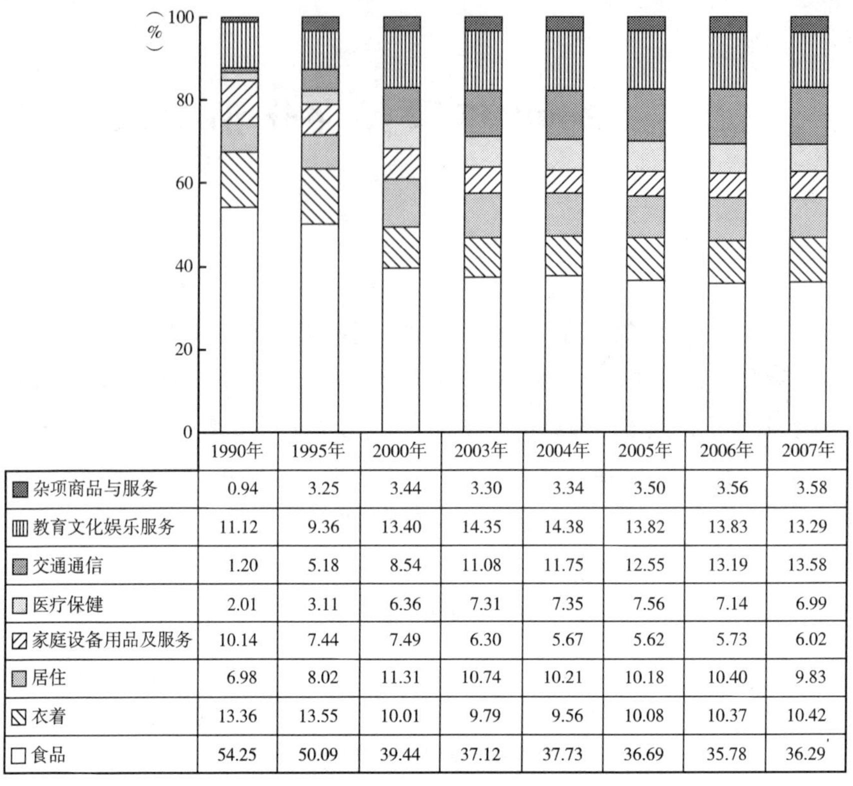

	1990年	1995年	2000年	2003年	2004年	2005年	2006年	2007年
杂项商品与服务	0.94	3.25	3.44	3.30	3.34	3.50	3.56	3.58
教育文化娱乐服务	11.12	9.36	13.40	14.35	14.38	13.82	13.83	13.29
交通通信	1.20	5.18	8.54	11.08	11.75	12.55	13.19	13.58
医疗保健	2.01	3.11	6.36	7.31	7.35	7.56	7.14	6.99
家庭设备用品及服务	10.14	7.44	7.49	6.30	5.67	5.62	5.73	6.02
居住	6.98	8.02	11.31	10.74	10.21	10.18	10.40	9.83
衣着	13.36	13.55	10.01	9.79	9.56	10.08	10.37	10.42
食品	54.25	50.09	39.44	37.12	37.73	36.69	35.78	36.29

图1　城镇居民家庭人均消费性支出构成

说明：人均消费性支出＝100%。
资料来源：2004～2008年《中国统计年鉴》。

民关注的焦点。①

就在教育改革不断发出新信号的同时，我国教育行业非但没有受到金融危机的影响反而呈现上升的趋势，各类技能性、职业性教育机构迎来了又一个春天。据统计，2008年教育行业的投资案例达18起，投资金额18.22亿元，无论从投资案例数量还是投资总额上看，2008年都是投资教育业的突破之年。而2009年这种增长势头随着金融危机的到来，呈现出更火暴的场面。

在经济形势不好的情况下，很多农民工返乡，如何让这上百万的农民工重新就业，教育培训是非常重要的一环；学生由于找不到工作，也纷纷进行培训、留学以

① 资料来源：http://news.xinhuanet.com/politics/2009-12/13/content_12639078.htm。

提高自己的求职竞争力；另外，政府为了应对就业问题，给予了前所未有的大力支持，这都使得教育行业持续升温。[①] 在刚刚结束的 2010 年全国硕士研究生统一入学考试中，据教育部统计，全国报考人数达到 140 万人，较 2009 年增加 13%。这也是 2001 年以来硕士研究生报考人数的最高纪录，是 2001 年报考总人数的 3 倍。[②]

无论是各类技能性、职业性培训，还是出国、考研，都是愈来愈严峻的就业形势的真实反映。教育不仅关系到个人的前途命运，也寄托了每一个家庭的希望，其结果必然导致教育消费的持续升温。

二　新媒体触及日常生活，改变人们的生活方式

新媒体是一个动态的概念，其内涵伴随着技术革新而不断发展，既包括新的媒体形式，也包括既有媒体的新应用。它们不断触及人们的日常生活，改变着人们的生活方式。

通信技术的不断发展赋予了手机超越通话交流功能之外的其他拓展功能。从即时通讯工具到手机上网，再到手机电视，手机已经逐步衍生成为一个可移动、个性化的传播载体。目前手机媒体所提供的主要业务类型为手机报、手机互联网、手机游戏和手机电视等。根据《第 25 次中国互联网络发展状况调查统计报告》统计，截至 2009 年 12 月，我国手机网民规模一年内增加了 1.2 亿人，已达到 2.33 亿人，占整体网民的 60.8%。其中只使用手机上网的网民有 3070 万人，占整体网民数量的 8%。[③]《2009 ~ 2010 IMI 城市居民消费行为与媒体接触研究报告》的数据结果显示，北京和上海两地居民利用过手机上网的比例分别为 38.6% 和 41.1%，如图 2 所示，利用手机上网的目的主要是浏览网页和聊天，排在第三位的是收发邮件。在利用手机看电视方面，北京拥有手机的 487 人中，看过手机电视的有 13 人；上海拥有手机的 426 人中，看过手机电视的有 19 人。两城市分别有 15.2% 和 17.4% 的人希望利用手机看电视。[④]

---

① 资料来源：http://www.ikongzi.com/News_Detail.aspx?NewsID=25988。

② 资料来源：http://edu.sina.com.cn/kaoyan/2010-01-09/1034232856.shtml。

③ 数据来源：http://www.cnnic.net/html/Dir/2010/01/15/5767.htm。

④ 数据来源：黄升民、丁俊杰、黄京华主编《2009 ~ 2010 IMI 城市居民消费行为与媒体接触研究报告》，中国广播电视出版社，2009 年 10 月。

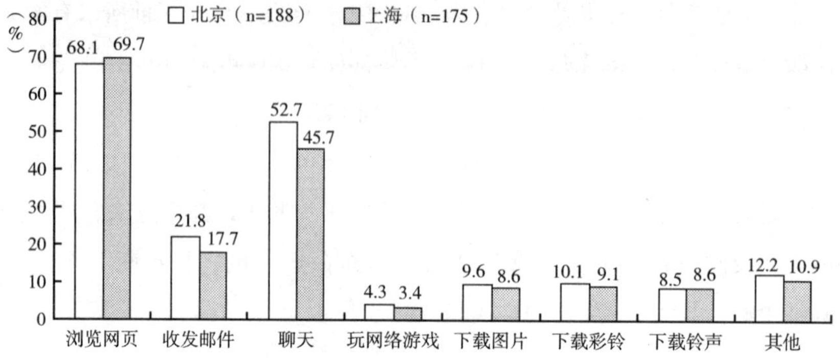

图 2　城市居民利用手机上网的目的

说明：本题为多选题，合计百分比超过 100%。

数据来源：黄升民、丁俊杰、黄京华主编《2009～2010 IMI 城市居民消费行为与媒体接触研究报告》，中国广播电视出版社，2009 年 10 月。

如果说手机媒体是由于技术革新催生的新的媒体形式，那么越来越普及的博客、网络论坛、网络视频、SNS 社区则是对网络媒体应用的推陈出新。表 1 显示了北京、上海居民的网络媒体应用情况。超过 80% 的居民使用过即时通信工具，而每天使用的比例在 70% 左右；北京有三成居民、上海超过二成居民拥有博客，而阅读过他人博客的比例分别为 71.6% 和 64.1%；半数以上居民登录过网络论坛；40% 左右居民玩过网络游戏。

表 1　北京、上海居民网络媒体应用情况

单位：%，人

网络媒体应用情况		北京		上海	
		百分比	样本量	百分比	样本量
博客应用情况	拥有博客	33.5	433	26.9	387
	阅读过他人博客	71.6	433	64.1	387
	至少两到三天更新一次博客	22.7	145	15.4	104
网络视频应用情况	收看过网络视频	80.9	439	74.1	390
	一周至少有三天以上收看网络视频	47.3	355	43.9	289
	上传过网络视频	11.2	439	9.2	390
网络论坛应用情况	登录过网络论坛	53.2	444	56.3	394
	经常登录三个及以上网络论坛	38.5	236	45.5	222
	至少两到三天在网络论坛上发帖一次	17.4	236	13.6	222

续表 1

网络媒体应用情况		北　京		上　海	
		百分比	样本量	百分比	样本量
即时通讯工具应用情况	使用过即时通信工具	81.5	444	84.8	394
	每天使用即时通信工具	67.1	362	74.3	344
网络游戏应用情况	玩过网络游戏	41.0	444	38.6	394
	一周至少有三天以上玩网络游戏	41.8	182	40.8	152

说明：表中的样本量为回答该问题的人数。

数据来源：黄升民、丁俊杰、黄京华主编《2009～2010 IMI 城市居民消费行为与媒体接触研究报告》，中国广播电视出版社，2009 年 10 月。

综合居民手机媒体接触情况和网络媒体应用两方面内容来看，无论是新的媒体形式还是既有媒体的新应用，都已不再停留于技术层面，而是全方位渗透到人们的日常生活中，逐步改变了人们的沟通方式、交往方式、信息获取方式以及自我表达方式。

三　旅游消费热度不减，政策支持带来新的发展机遇

旅游消费近些年来一直热度不减，在 2008 年国内经济形势不佳的情况下，2009 年我国旅游经济总体上保持平稳增长。日前国家旅游局发布《2009 年旅游经济运行报告》，预计全年旅游总收入约为 1.26 万亿元，同比增长 9%。三大市场“两升一降”。国内旅游市场持续快速增长，预计全年国内旅游接待量约为 19 亿人次，同比增长 11%；国内旅游收入有望突破 1 万亿元，增幅超过 15%。入境旅游市场整体处于低位运行状态，从全年态势来看，月度降幅不断收窄，整体入境旅游市场逐步恢复，预计全年入境旅游接待量约为 1.26 亿人次，同比下降 3%；其中过夜旅游接待量约为 5050 万人次，下降 5%；外汇收入约为 390 亿美元，下降 4.5%。出境旅游市场总体运行平稳，增长的总体趋势没有发生改变，预计全年出境旅游接待量约为 4750 万人次，同比增长 3.6%。①

① 数据来源：http：//www.cnta.gov.cn/html/2010－1/2010－1－6－9－47－75959.html，国家旅游局官网。

《2009～2010 IMI 城市居民消费行为与媒体接触研究报告》的调查数据如图3 显示，北京、上海两地居民旅游地区中，国内旅游占据主导地位。在国内旅游蓬勃发展的背后，政策支持的推动力量不容忽视。

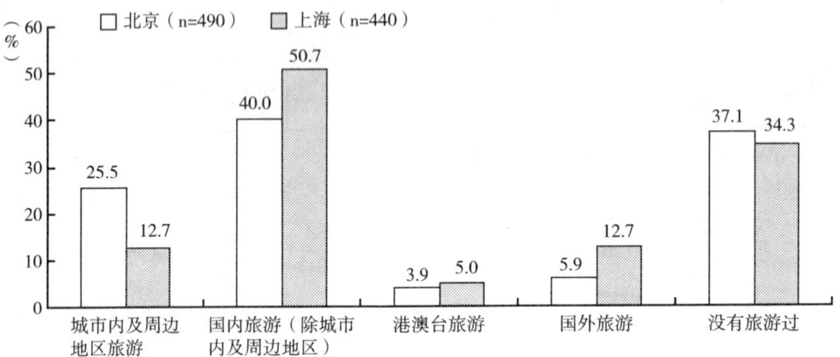

图3　过去一年内城市居民旅游地区

说明：本题为多选题，合计百分比超过100%。

数据来源：黄升民、丁俊杰、黄京华主编《2009～2010 IMI 城市居民消费行为与媒体接触研究报告》，中国广播电视出版社，2009 年10 月。

各地出台的政策归纳为两类，一类是支持产业发展的政策，如河南的旅游立省政策、广东的国民旅游休闲计划；另一类是扩大旅游消费的政策，例如一些省市发放旅游消费券等。这反映了旅游发展的新态势，即从供给管理到需求与供给管理并重的发展态势。① 2009 年12 月1 日，《国务院关于加快发展旅游业的意见》出台，旅游业被提升为国民经济的战略性支柱产业。②

目前，我国人均 GDP 已经达到3000 美元，这是世界旅游界公认的旅游业进入爆发性增长的关键节点。在未来5～10 年内，随着高速公路、高速铁路、民航等基础设施建设加快和社会公共服务体系不断完善，我国旅游业将步入快速发展的黄金期。③ 政府的政策支持则为旅游经济的快速发展创造了良好条件。

---

① 资料来源：《让旅游消费券“四两拨千斤”》，《中国旅游报》2009 年2 月27 日第004 版。

② 资料来源：http：//finance. sina. com. cn/money/roll/20100115/08523184091. shtml。

③ 资料来源：http：//finance. jrj. com. cn/biz/2010/01/0614586759511. shtml。

四　演出市场、电影市场繁荣，成为文化消费亮点

2009 年，国内演出市场并没有因金融危机而萎缩。整体来说，演出的总供应量不断增加，观众的需求量也有所增长。演出作为一个准奢侈类消费，在经济水平相对较高的城市发展空间较大。因此，北京、上海、广州等经济发达城市历来都是国内演出市场的重头，2009 年也不例外，据中国票务在线的统计，上述三个地方的演出市场占到全国的 70%。[①] 根据北京市演出协会和北京市广电局电影处相继发布的行业数据。2009 年北京市 61 家营业性演出场所全年演出收入为 9.33 亿元。[②]

电影市场方面，根据国家电影局公布，2009 年中国电影生产超过 450 部，其中约三分之一国产电影以不同规模、不同运作方式进入全国院线大银幕放映，加上全年发行放映各类型进口片 50 部，2009 年在国内放映市场发行放映的新片超过 200 部，是近年来新片上市最多的一个年份。[③] 2009 年全国城市的电影票房收入达到 62.06 亿元，在 2008 年电影票房增幅 30% 的强势基础上，2009 年同比增幅 42.96%。2009 年国产电影的海外销售收入 27.7 亿元，全国各电影频道播放电影的收入 16.89 亿元，全年电影综合效益 106.65 亿元，同比增幅 26.47%。尤为可喜的是，2009 年在美国大片集中喷发的猛烈势头中，国产电影表现出强劲的抗衡能力，占据全年票房总额的 56.6%。[④]

在这些令人惊叹的数字背后，品牌效应、五花八门的炒作宣传是 2009 年演出市场和电影市场繁荣不可或缺的助推力。国家大剧院、鸟巢作为重要的演出场所自身的影响力从某种程度上来说并不亚于在其中演出的节目。作为新中国建国 60 周年的献礼影片，《建国大业》的超强明星阵容，让观众在主旋律大片中“数星星”，创造了电影的全新时尚消费观念和模式。而《变形金刚 2》、《哈利·波特与混血王子》的热映则显示出它们在忠实影迷心中难以撼动的地位。

此外，由于金融危机引发的“口红效应”，2009 年国内演出市场、电影市场

① 资料来源：http：//yzdsb.hebnews.cn/20091226/ca929801.htm。

② 资料来源：http：//www.chinanews.com.cn/yl/news/2010/01－15/2074956.shtml。

③ 资料来源：http：//xian.qq.com/a/20100115/000070.htm。

④ 资料来源：http：//www.china.com.cn/info/2010－01/08/content_ 19204473.htm。

一跃而起，成为文化消费的亮点。这与20世纪美国经济大萧条时期好莱坞娱乐业异军突起，亚洲金融危机影响下韩国网游业和影视业的突飞猛进非常相似。越是经济不景气，文化娱乐业越是红火。

总之，对2009年居民文化消费的回望不仅局限于以上四个方面，其他方面如动漫产业持续稳步发展、广电总局大力推进广播影视数字化等都在不同程度影响着居民的文化消费生活。纵观近年来我国文化消费的发展，政府支持、政策引导至关重要，这是文化产业发展的重要保证，而居民文化消费水平的提高和文化消费观念的转变则是文化产业发展的基础与前提。

中国文化产业政策法规研究

宋建武　张宏伟*

一　引言

我国是具有五千年历史的文明古国，文化资源极其丰富，然而，我们对丰富资源的开发、利用和传播却不尽如人意。与发达国家甚至某些发展中国家相比，我国以文化资源为运用基础的文化产业在企业规模、资本实力、科技及应用水平、竞争力和创新能力等方面都存在着较大的差距。有数据显示，“我国的文化产业竞争力在世界 15 个主要国家中以 0.22 的竞争力指数排名倒数第一，比同属于第三世界国家的南非和印度还分别低 0.01 和 0.02。”① 可以说，我国的文化产业依然处于弱小产业和幼稚产业阶段。

政府是影响一国文化产业形成竞争优势的重要因素，从世界各国的产业发展经验来看，以政府为主体制定的文化产业政策法规将直接或间接影响文化产业的发展环境和资源配置，影响市场结构和市场机制的完善以及文化产品的生产与传播，在扶持、促进文化产业的发展中起到至关重要的作用。

1989 年，国务院批准在文化部设置文化市场管理局，全国文化市场管理体系开始建立；1991 年，文化部出台了《文化部关于文化事业若干经济政策意见的报告》；1996 年，国务院颁发了《关于进一步完善文化经济政策的若干规定》；2000 年，党的十五届五中全会通过了《中共中央关于制定国民经济和社会发展第十个五年计划的建议》，第一次正式提出了“文化产业”的概念，要求完善文化产业政策法规，加强文化市场建设和管理，推动有关文化产业发展。2008 年，中共中央办公厅、国务院办公厅印发了《国家“十一五”时期文化发展规划纲

* 宋建武、张宏伟，中国政法大学新闻与传播学院。

① 祁述裕主编《中国文化产业国际竞争力报告》，社会科学文献出版社，2004，第 24 页。

要》，确定了“十一五”期间重点发展的文化产业大门类，它们依次为影视制作业、出版业、发行业、印刷复制业、广告业、演艺业、娱乐业、文化会展业、数字内容和动漫产业。“文化产业”的正式提出标志着我国对文化产业属性的认可，而从“文化事业若干经济政策”到“文化经济政策”再到“文化产业政策法规”的用词和规定，也标志着文化产业政策法规在整个产业政策体系中获得重视，并开始作为一个独立的产业政策群自成体系。

二　文化产业政策法规管理的依据、目标和原则

文化产业有着与一般产业不同的特征，分析中国的文化产业政策法规首先要明确政府为什么要管理文化产业、管理的目标以及如何管理等问题。

（一）管理依据

产业政策是政府有关产业的所有政策的总和。一直以来，经济自由主义致力于推崇市场的自发调节作用，反对政府运用产业政策干预经济。但从世界各国的经济实践来看，产业政策在纠正市场失灵、增强产业竞争力、提高经济发展动力等方面充分体现了其有效性。美国、德国、日本和韩国等国家的产业发展实践都说明了产业政策的正面作用。此外，有研究表明，产业政策只对那些收入比较高、生产效率好、在国际贸易上有发展前途的产业有明显的效果，而对其他产业则并非如此。[①] 从国际产业发展规律和文化产业本身来看，文化产业无疑具备上述特征，这为文化产业政策法规的合理性和有效性提供了很好的依据。

（二）管理目标

就文化产业政策法规而言，尽管各国使用的概念名称和管理范围不尽相同，但核心都是希望通过产业政策法规的制定和实施推动基于创意和文化的产业的发展。文化产业政策法规在不同国家和产业发展的不同阶段都有着不同的内容，也有着不同的内涵和意义。相对于美国和欧洲的许多发达国家，我国的工业化和现

① 李伯溪、钱志深主编《产业政策与各国经济》，上海科学技术文献出版社，1990。

代化尚未完成，文化产业还处于起步和初级发展阶段。在很多情况下，我们既要保证现有工业、制造业的继续发展壮大，另一方面也要迅速发展文化产业，并利用后发优势实现跨越式发展，使整个国家能在国际竞争中立于不败之地。

1. 加快推进我国产业结构升级

产业结构升级是世界各国产业结构调整和优化的重要内容，对于推动一国经济的持续健康稳定发展具有决定性意义。2008 年，我国三次产业的比值结构已经达到 11.3∶48.6∶40.1，第三产业的比重有所提高，但是，从横向比较来看，美英等发达国家第三产业的比重都在 70% 左右，我国与其存在较大的差距；从结构来看，我国的第三产业只能说基本实现了从以传统服务业为主到传统服务业与现代服务业共同发展的转变，现代服务业的发展水平仍然有待提高。因此，我国文化产业政策法规的核心目标之一就应当是主动适应经济结构变动的趋势，把培育和发展具有增长潜力的文化产业放在优先位置，加快推进产业结构升级，在实现文化产业推动经济增长的同时，带动现代服务业和先进制造业的全面发展。

2. 尽快使文化产业从幼稚型产业成长为国家的支柱产业，提升文化软实力

1990～2008 年间，我国第三产业对经济增长的拉动作用不断增强，第三产业对经济增长的贡献率从 15.8% 提高到 42.2%。[①] 而与此同时，2007 年美国第三产业对经济增长的贡献率却已达到了 80% 以上。[②] 从第三产业中的文化产业本身来看，我国 2007 年文化产业增加值占 GDP 的比重为 2.6%，而近年来美国的版权产业增加值在 GDP 中的占比始终维持在 11% 左右。[③] 我国第三产业的结构性数据表明，尽管该产业的整体贡献度增强，但是，批发零售业、金融业、房地产业、交通运输、仓储和邮政业依然是服务业的支柱产业，信息传输、计算机服务和软件业，文化、体育和娱乐业等文化及相关产业占 GDP 的比重仅为 2.3% 和 0.6%（2007 年数据），[④] 尚未成为经济体中的主导性和支柱性产业。从微观层面

---

① 根据《中国统计年鉴 2009》计算，中国统计出版社。

② 董洋林：《新形势下我国的产业结构变迁与经济增长》，http://www.studa.net/china/091003/10332716.html。

③ 段桂鉴、王加胜、金铁鹰：《版权产业、版权保护与经济增长——来自美国的证据》，《中国版权》2009 年第 5 期。

④ 根据《中国统计年鉴 2009》计算，中国统计出版社。

来看，文化企业的竞争力也存在很大悬殊。例如，美国最富有的400家公司中有72家是文化企业，时代华纳、沃特迪斯尼、新闻集团等更是排在了前100强，而中国企业500强中找不到一家文化企业。因此，文化产业政策法规管理的另一个重要目标就是要在一定程度和范围内支持、保护和推进文化产业，促使中国的文化产业和文化企业尽快发展壮大起来，并形成核心竞争力，从幼稚型产业发展为国家的支柱型产业，在提升经济快速增长的同时增强整个国家的文化软实力。

3. 推动文化体制改革的进程

一般而言，成熟的市场经济国家产业政策的一个主要目的是解决市场失灵问题。但是，就现阶段中国文化产业发展的实际情况而言，我们更重要的任务应该是将资源配置的权利交给市场，促成竞争的微观基础的充分发育，促进市场机制发挥作用。我国文化体制改革的实质就是通过体制机制创新，解放和发展文化生产力，形成科学有效的宏观文化管理体制和富有活力与效率的微观运行机制，构建以公有制为主体、多种所有制共同发展的文化产业格局和统一、开放、竞争、有序的现代文化市场体系。同样，推进文化体制改革的进程，尽快建立起有秩序、有效率、有活力的市场机制也是文化产业政策法规管理必须特别重视的目标。

4. 提供公共管理服务，形成支撑文化产业发展的制度体系

文化产业生产和传播的内容决定了它具有不同于一般产业的特征，先前存在的有关一般产业的政策法规并不能完全适应文化产业的发展。特别地，文化产品的公共性、精神性、意识形态性、外部性和版权交易等特征需要政府构建具有系统性、规范性和科学性的制度体系。毫无疑问，文化产业政策法规本身的制定和实施就是该制度体系建设的关键和重要环节，因此，文化产业政策法规的管理目标还在于加强政府的公共管理职能，为文化产业的健康和有序发展提供一个合理有效的制度基础。

当然，文化产业政策法规的目标还有很多。例如，可以帮助提供公共文化产品，实现中华文化和文明的传承；可以繁荣文化市场，在我国消费水平提高和消费结构升级的背景下，促进精神文化产品和服务的生产和流通，满足人们精神文化生活的需要；可以给文化企业的成长以及参与激烈的国际竞争预留一定的空间；可以提高就业水平，等等。

（三）管理原则

文化产业政策法规管理的原则主要指政府的工作思路和职能界定问题，其核心内容是根据文化产业的独特特性，逐步明确政府的行为边界和职能范围，着力促成微观经济基础，制定切合实际并且明确市场导向的文化产业政策法规。我国制定文化产业政策法规，在借鉴国际经验的同时，也应当充分考虑自身的产业环境、产业基础、经济发展、文化资源等因素，注重文化产业政策法规的适用性。

从普遍意义上讲，与产业结构调整和产业发展相关的文化产业政策法规是政府对经济发展的长期性、系统性、广泛性的干预和规划，不同于短期的调节经济稳定运行的宏观经济政策，其制定和执行并不是孤立的，每个政策的指向和作用方式都可能会影响其他政策的制定和实施，也会影响各级管理主体和市场参与主体的经济预期、参与的积极性和具体发展规划与策略。因此，文化产业政策法规的制定和执行需要文化产业各相关部门相配合、中央和地方相配合、相关产业相配合等，这是为了实现文化产业政策法规的有效性、优化性、协调性所必须遵循的关键原则。

从具体的产业特性来看，文化产业政策法规必须平衡文化产业的双重特性，不能因为文化属于意识形态就缩手缩脚，严管严防，也不能因为产业的营利趋向就过度推崇文化商品化，而是需要对不同的文化产业、文化产品以及同一文化产业的不同产业环节进行分类管理，坚持社会效益优先，统一文化产业的社会效益和经济效益。

此外，在经济文化一体化趋势越来越明显的背景下，文化产业化和产业文化化已经成为不可回避的事实。文化产业政策法规的制定和实施不仅要关注和强调文化产业自身，也应当关注文化要素对国民经济的其他产业所产生的引领和促进作用，尤其是文化产业所形成的品牌价值对传统制造业产生的拉动和提升作用。

三　中国文化产业政策法规的管理体制和管理框架

中国文化产业政策法规的管理体制和管理框架是指负责文化产业政策法规制定和实施的有关部门、机构和组织形成的管理体系和组织架构。这一部分我们将重点从国家层面上总结中国文化产业政策法规主体的核心管理框架，区域或地方层面的管理体系基本与国家保持对应和一致。

文化产业是一个囊括新闻出版、广播电视、音像、电影、音乐、演艺、文化旅游、休闲健身、会展等诸多行业在内的产业集合，这决定了文化产业政策法规的主体的复杂性和多元性。如图 1 所示，在第②部分中，文化部、新闻出版总署、广电总局、工业和信息化部、体育总局和旅游局等分别管理文化演艺业、新闻出版业、广电业、互联网通信业、体育业和旅游业等；在第①部分中，中宣部负责对包括文化部、新闻出版总署和广电总局等在内的宣传文化系统进行指导和协调工作。例如，负责提出宣传思想文化事业发展的指导方针，指导宣传文化系统制定政策、法规，按照党中央的统一工作部署，协调宣传文化系统各部门之间的关系、制定文化体制改革政策和文化产业政策等；图中第③部分所列的部门和机构绝大多数属于所有产业的综合职能部门，应当在文化产业政策法规制定和执行中起到举足轻重的作用。

可以看出，长期以来，我国文化产业的管理制度的核心是分行业管理（图中第②部分所示内容），它们的职能不同，分工明确，这种管理框架下，所有为某个文化行业的特定服务职能都被纳入一个管理部门或机构中，而第①部分更多的是建立在协调基础上的分类指导和意识形态管理，对第②部分各行业管理的常规性、稳定性的紧密结合及融合发展的促成作用不甚明显；第③部分是在相对独立的第①部分和第②部分文化系统之外的关联性部门或机构，在绝大多数情况下，对文化产业政策法规的制定不起主导性作用，整个文化产业政策法规管理的制度框架是一种较为松散的混合型组织架构。

如果我们再加入区域和地方的组织体系，那么，国家、省（直辖市）、基层行政部门或机构分别构成类似的三个层面，每个层面与上一级的层面构成纵向管理的立式结构，从这个角度来看，整个文化产业政策法规管理框架带有明显的行政区隔特征。

在这种管理框架下，文化产业政策法规的制定和实施机制通常是在中共中央和国务院的宏观管控下，分行业、分部门地进行相对独立的专业性管理，在各自的行业系统内实行纵向的垂直管理，在不同行业管理部门之间采用横向协调管理，在文化系统之外与相关综合性职能部门进行跨部门性协调管理。

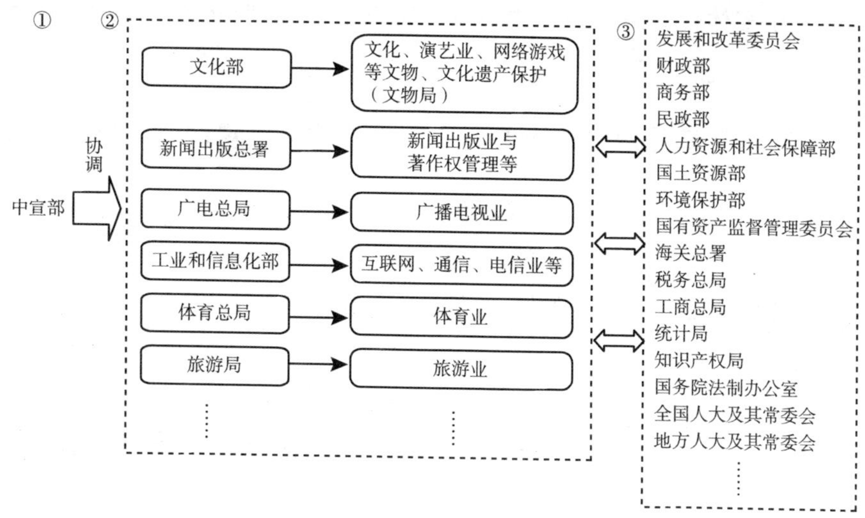

图1　中国文化管理体制框架（国家层面）

四　中国文化产业政策法规文本分析

2003 年6 月，我国启动了文化体制改革试点工作，9 个综合性试点地区和35家试点单位首先开始了改革进程，随后一系列大胆的探索和尝试积聚了我国文化产业的生力军，也切实推动了我国文化产业政策法规的制定和实施，使其朝着更加规范化、科学化和系统化的方向稳步推进。因此，我们重点选取了 2003 年文化体制改革试点以来颁布的中国文化产业政策法规作为样本，限于篇幅和资料搜集的原因，本文主要针对国家的文化产业政策法规进行文本统计和分析，希望能够找到中国文化产业政策法规的特点及存在的问题。①

根据文化产业的特点及其分类情况，我们将分别从文化产业政策法规的法律法规层级、制定部门、政策法规涉及行业、政策法规内容结构、管理类

① 本文的政策法规文本主要来自“北京市文化创意网”，少部分取自 Google 搜索的网页链接，为了保持政策法规的代表性和全局性，一些具体性和个性化的政策法规文本，例如，《文化部关于同意北京兆和世纪信息技术有限公司设立为经营性互联网文化单位的批复》、《文化部关于公布第一批国家级非物质文化遗产项目代表性传承人的通知》等并未列入。另外，由于我国文化产业政策法规文本非常多，因此，我们很难保证数据统计的完备性，仅希望尽可能地搜集具有代表性的文本以有利于问题的发现和分析。

别、政策法规体现的态度6个方面对128条文化产业政策法规进行分类统计。

（一）从法律法规层级来看，文化产业政策法规的效力层次偏低

文化产业政策法规的层级主要表现为5个方面，即国家法律、行政法规、部门规章、法规性文件和部门文件，其法律效力依次递减。统计结果表明，在2003年以来新出台的文化产业政策法规中，国家法律和行政法规分别仅占0.8%和5.5%，其政策法规内容多是公共设施、文物或名胜古迹保护以及演出和娱乐场所管理等，权利的管理仅限于《著作权集体管理条例》和《信息网络传播权保护条例》。而部门规章和法规性文件这两者的比重远超过60%，部门文件的比例也达到了近30%（见图2）。文化产业政策法规基本呈现出“上少下多”效力层次偏低的特点。

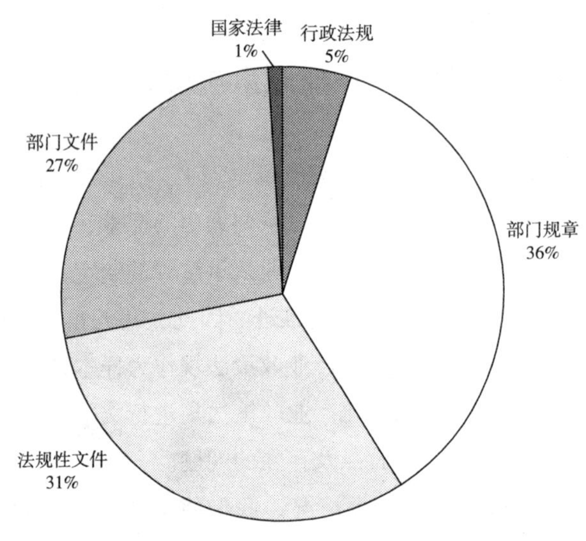

图2　中国文化产业政策法规的法律法规层级结构

（二）从制定和颁布文化产业政策法规的部门结构来看，分行业管理的特征非常明显

在政策法规样本中，文化部、广电总局和新闻出版总署制定和颁布的政策法

规均超过了10%（见图3）。与此同时，尽管联合部门制定和颁布的政策法规高达约43%，但是这些政策法规或者是由文化系统部门主导，或者虽然没有这些部门参与，但绝大多数是针对所有产业、服务业、整个文化产业、老字号或者高新技术产业的。因此，文化产业政策法规的制定和颁布充分体现了我国文化管理体制分行业管理的特征，专门化管理以及其他综合职能部门的辅助性特征也很明显。

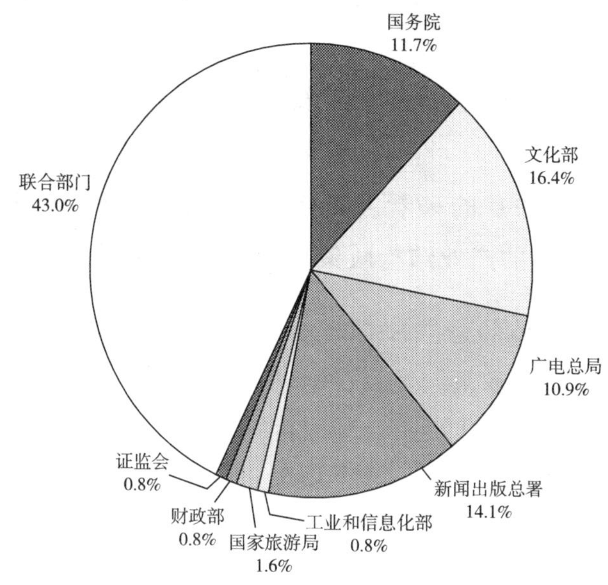

图3　中国文化产业政策法规制定和颁布部门结构

（三）从行业类别来看，文化产业政策法规牵涉的行业范围非常广泛，层次清晰，体现了国家对文化产业的关注方向

文化产业政策法规涉及范围从所有产业、服务业到整个文化产业，再到细分行业；从文化产业到文化事业或者公共文化服务；还包含了高新技术产业以及与信息技术结合紧密的互联网业、数字出版、数字电影等，政策法规的行业区分清晰。其中，针对新闻出版业和整体文化产业的政策法规最多，分别占到15.6%和13.3%，体现了国家对文化产业的关注方向和趋势。（参见图4）

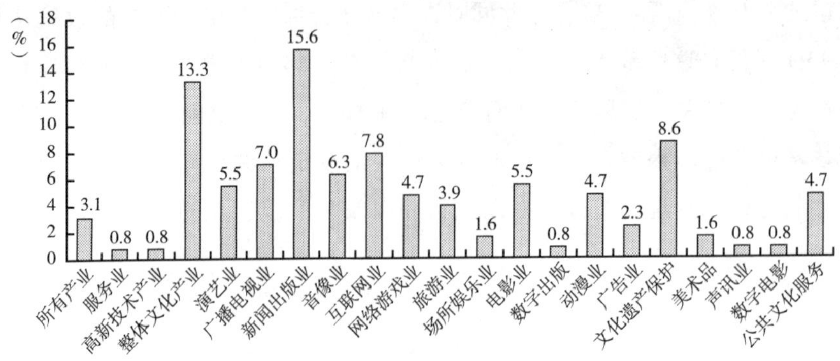

图4　中国文化产业政策法规的行业类别构成

(四) 从内容和目的来看，文化产业政策法规以产业发展政策为主，也包含了较多的产业结构政策和产业组织政策

同其他产业政策体系一样，我国的文化产业政策法规体系也包括了产业发展政策、结构政策和组织政策。产业发展政策的比重为64.1%，产业组织政策比产业结构政策高出6.3个百分点，与北京市的文化创意产业政策相比，国家重视产业组织政策的趋势更加明显。（参见图5）而从产业发展政策本身来看，超过一半以上的政策属于一般性的发展政策，内容主要是制度、企业设立经营、内容质量等方面的管理和规划，产业技术、金融和产业布局等政策内容较少，例如，相对较多的产业技术政策所占比重还不到10%；此外，产业可持续发展政策全部集中于对物质文化遗产和非物质文化遗产的保护上。文化产业结构政策主要有两方面的内容：一是引导社会资金流向文化产业的政策，旨在调整和优化三次产业结构和服务业产业结构；二是引导文化产业中主导产业（例如，数字电视产业、动漫产业、文化旅游业等）选择的政策。

(五) 从管理类别来看，文化产业政策法规呈现多元管理的特点，制度、规划、内容和市场准入等方面的政策法规比重最高，充分体现了文化产业初级阶段的管理特点

我们根据2003年以来的政策文本的实际管理内容进行了分类整理，将政策法规的管理类别分为规划管理、制度管理、体制改革、内容管理、标准管理、市

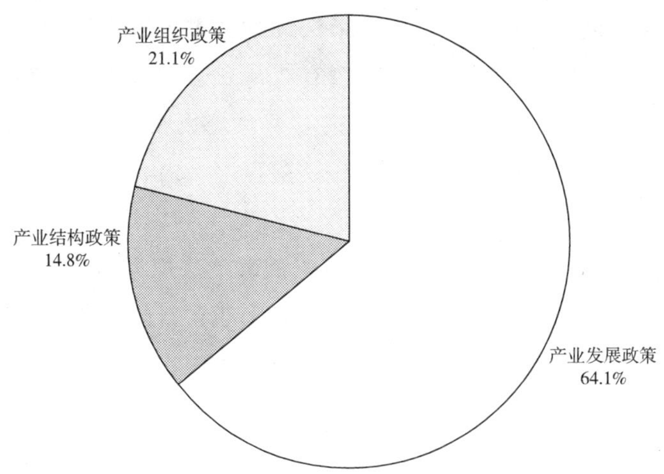

图5　中国文化产业政策法规的内容构成

场准入管理、专项基金或资金管理、知识产权管理、投融资管理、税收管理、财政支持、认定管理等内容。统计结果表明，涉及制度管理、内容管理、规划管理、市场准入管理、资源和设施保护及利用管理等内容的政策法规比重最高，总体达到67.3%，这与我国文化产业发展的初级阶段特征相吻合，需要建立一系列的制度和机制来推动我国文化产业的发展。（参见图6）

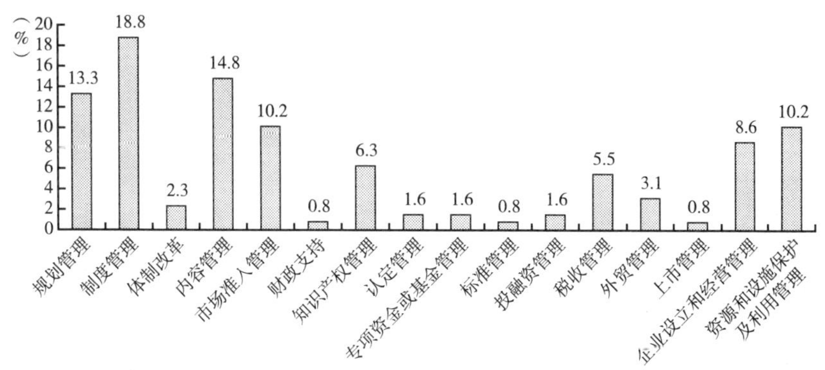

图6　中国文化产业政策法规的管理类别构成

（六）从政策法规体现的国家对文化产业发展的态度来看，整体上呈现为保护和支持的态势，但也注重对文化产业发展的管制

实际上，单从本文梳理的中国文化产业政策法规的数量就能看出国家对

文化产业发展的重视程度。同样，政策法规的文本内容也基本以支持文化产业发展为主，纯支持性的政策法规与兼有支持和管制或支持和禁止的政策法规总计达到50.8%；当然，纯管制性的政策法规也相对较多，约为46.1%，多是对细分行业许可制度、企业设立和经营程序、内容审查和规范、文化遗产保护的制度化规定和管理，这体现了文化产业的特殊性以及相应的文化产业政策法规的管理原则。除此之外，3.1%的政策法规为纯禁止性的，这些禁止性的政策法规全部为内容管理，主要是文化部和新闻出版总署针对新闻出版、演艺、声讯以及场所娱乐业等制定的政策法规，多为部门文件。（参见图7）

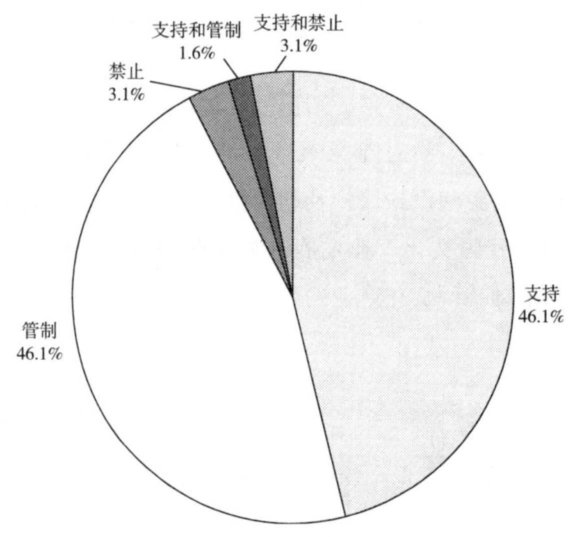

图7　中国文化产业政策法规的态度结构

五　中国文化产业政策法规存在的问题及改善建议

以中国文化产业政策法规文本为基础，通过设定不同维度的指标，我们分析了中国文化产业政策法规的特点，与此同时，我们也能看到政策法规中存在的一些问题，这些问题的改善和解决有利于提高政策法规制定和构建的规范性、科学性和系统性，也有利于提升政策法规的实施绩效。

（一）创新宏观文化管理体制，提高中国文化产业政策法规管理框架的科学性和规范性

从现有的文化产业政策法规管理框架来看，分行业的管理体制虽然有利于专业化分工管理，但却不利于推动跨行业的整合；纵向管理的立式结构带有明显的行政区隔特征，也不利于资源的整合管理；此外，文化系统之间、文化系统与非文化系统之间在通力合作、协调发展上也不够充分。尤其是随着媒介融合趋势的加强，行业之间的界限也变得模糊，而现行的管理体制结构分工较细，不免出现各级、各部门职责不清，条块分割，管理分散和管办合一等问题，势必导致文化产业政策法规出现政出多门、相互冲突的现象。以网络游戏的权限管理为例，由于该行业本身涉及视频、出版发行、网络秩序等问题，因此，国家广电总局、新闻出版总署、文化部等部门都会参与其中，也进而使得网络游戏的主管部门难以辨析，对网络游戏的政策法规难以统一，这无疑会影响网络游戏产业的发展。

所幸的是，文化产业的大发展已经开始推动各级政府部门探索管理体制上的改革。例如，浙江、广州、江苏、海南等省市已经开始将文化、广电和出版部门合并成一个管理机构；中央政府也开始用政策法规的形式推动宏观管理体制的改革，比如，《国务院关于同意建立扶持动漫产业发展部际联席会议制度的批复》中提到，“切实加强对我国动漫产业发展工作的领导，推动动漫产业又快又好地发展，建立由文化部牵头的扶持动漫产业发展部际联席会议制度”。然而，文化管理体制的改革远未完成。文化产业的发展不是孤立和分散的，其行业之间、与其他产业之间都必须协同发展，文化产业涉及的行业非常广泛，这也不仅仅是三个文化系统部门合一就能解决的，从这个角度来看，国家必须仔细调查和重新审视整个横向和纵向的立式管理框架中存在的问题，建立科学、合理、有效、稳定和协调的宏观管理体制，实现管理组织机构的创新。对我国文化产业的发展而言，尤其需要一个正式的、高级别的、综合性的、稳定的专门机构，去统一协调文化产业各行业之间、文化产业与相关产业之间、政府与社会力量之间的发展问题。

（二）文化产业政策法规效力层次偏低，多以管制为主，需加强对文化产业的引导和扶持

可以说，就目前国家颁布的政策法规而言，与文化产业相关的国家法律只有

《文物保护法》和《著作权法》，而2003年以来，只对《文物保护法》进行过一次修改。行政法规也只占5.5%的比重，主要包括《著作权集体管理条例》、《娱乐场所管理条例》、《信息网络传播权保护条例》、《营业性演出管理条例》，以及保护文化遗产资源和设施的《长城保护条例》和《公共文化体育设施条例》等。除此以外，文化产业政策法规大多停留在部门规章、法规性文件和部门文件层面上。

整体而言，文化产业政策法规的内容以管制和制度建设为主，与发达国家的文化产业法规相比，在引导、支持、保护文化产业上缺乏较高效力的立法支撑，在指导文化产业发展实践上相对滞后。而对文化产业发展非常重要的法律，例如《文化产业促进法》至今尚未出台，文化市场行政执法的政策法规极少。鉴于现有政策法规尤其是国家法律覆盖的只是文化产业很小一部分的内容，建议国家从文化产业的特性出发，制定《文化产业促进法》，并以该法为基础，联合相应主管部门梳理和规范现有的文化产业行政法规、部门规章等政策法规，通过“改、废、立”等手段构建具备整体性、超前性和科学性的文化产业法律法规体系。

（三）我国文化产业政策法规带有明显的转轨痕迹，必须要像重视高新技术产业那样重视文化产业，完善文化产业的政策法规体系

从我们搜集到的文本来看，我国文化产业政策法规的内容体系还不够完善，带有明显的滞后性和转轨痕迹。

第一，文化产业发展的导向性和协调性不够，绝大多数的文化产业发展政策法规以管制企业经营、推进文化体制改革、制度建设为目的，对新闻出版、电影、音像、动漫、演艺、旅游等诸多文化产业可谓均等用墨，缺乏连续性的对具有战略地位、关联效应大的文化产业进行导向和协调的产业发展政策法规。

第二，在文化产业发展的幼稚和初级阶段，指向规制性目标的文化产业组织政策法规偏多。从完善文化市场结构来看，当前的主要任务是借助有效的政策法规支持，推动文化体制改革和竞争性市场主体的形成，打破文化产业中的行政垄断，促进多元投资主体的出现和增多。而现有的政策法规对私人投资、团体投资等支持性政策欠缺。例如，在市场准入管理中，仅有4条产业组织政策是针对国内非公有制资本参与文化产业发展的，而且这些支持性行业主要涉及民营演艺业或是农村地区的电影院线领域。

第三，我国文化产业政策法规中的产业结构政策偏少，产业发展政策中的产业技术政策、产业布局政策和产业外贸政策以及金融政策不足。例如，在政策样本中，产业布局政策几乎没有，既缺乏全国性的统一规划，也缺乏中观和微观的产业布局政策。这些都在某种程度上说明今后文化产业政策法规的建设需要在加强中长期规划的同时，注重完善产业政策法规的结构。

第四，与美国等发达国家相比，文化产业政策法规在助推文化产业人才引进和培养等方面明显不足。文化产业急需多层次的人才，尤其是创意人才、文化产品营销策划人才、文化企业经营管理人才。《关于印发〈全国宣传文化系统“四个一批”人才培养工作意见〉的通知》等文件印发后，全国各地也评选出了一些优秀人才。但是，以文化产业人力资本需求特点、供给现状、结构建构等为基础的文化产业政策法规却不多见，建议在对现有人才状况进行摸底和深度调研的基础上，制定整体规划性和结构引导性产业政策以及具备可操作性的执行计划，尽快提高文化产业急需人才的数量，营造文化产业人力资本投资的优良环境，确保持续长期合理的人才供给。

（四）从文化产业发展的视角改善文化产业内容管理的政策结构，强化政策法规的引导和管理功能

文化产业具有不同于一般产业的特性，其产品是精神文化产品，这就涉及文化内容的问题。一提到内容管理，许多人都将其误解为一种意识形态的限制或管制行为。实际上，内容管理不仅仅是为了规制，也是为了促进文化产业的发展，提高文化软实力，引导包括旅游、餐饮、地产、制造业等产业的发展，这些都是文化产业的外溢效应。

但从我国的文化产业政策法规来看，一方面，凡是涉及文化内容管理的，例如，《电视剧审查管理规定》、《文化部办公厅关于进一步加强歌舞娱乐场所内容管理、有效维护内容安全的通知》、《文化部、中央文明办、信息产业部、公安部、国家工商行政管理总局关于净化网络游戏工作的通知》，文件的态度取向都是禁止或管制，而且内容管理集中在对文化各产业政治标准的规制。少数内容引导性的政策法规都是从公共文化服务或者文化传承的角度制定的，例如，《关于实施“中国民族网络游戏出版工程”的通知》、《关于进一步做好少年儿童电影工作的通知》、《关于进一步加强和改进未成年人出版物出版工作的意

见》等，缺乏从文化产业发展的视角下对文化内容的引导和管理。另一方面，除了少数政策法规诸如对图书质量的内容、等级进行的图书质量管理之外，现有政策文件对文化产品的内容并没有非常明确的管理和规定，更没有可以操作的评价体系。

这些政策法规的缺失不仅不利于文化内容的创新，也无疑会导致内容生产商的短视行为，他们可能更看重自身的商业利益，而不会更多地去考虑文化资源的充分利用对整个文化产业发展的推动作用，不利于文化产业链的构建，迫切需要政府通过内容管理方面的政策进行引导和调整。

（五）政府应当发挥政策法规的杠杆作用，以政策法规调动全社会参与文化活动的积极性，解放文化市场的消费需求和投资需求

从美英等发达国家的制定文化产业政策法规的经验来看，向文化发展提供充足的资金来源和支持，用以引导和激发全社会参与文化活动和投资文化的热情非常重要。我们建议，可以借鉴美国的经验，通过立法的形式，规范政府对文化艺术资金的投放行为，规定政府对非营利性的文化企业、团体或个人的财政支持和税收管理行为，并确保这些资金切实用于以公益性为主的文化事业或公共文化服务，而不是耗散在庞大复杂的管理机构的运行中。

专家论坛

SPECIALIST FORUM

文化业产品的类型、供需特征及定价机制研究

杨玉英　郭丽岩*

文化产业的产品可根据产品属性和成本结构分成四种类型：民族传统艺术、严肃和高雅艺术、大众娱乐消费品以及文化公共基础设施。大众娱乐消费品适用微观经济学的一般供给和需求模型，但是其他三类产品供给和需求的价格弹性较弱，拥有各不相同的供给和需求曲线。大众娱乐消费品一般按照完全市场竞争机制定价，但其他三类产品的定价除反映商业价值外，还应体现艺术价值或公共产品性质。

一　文化业产品的定义和分类

国家统计局《2004 中国文化及相关产业统计概况》（以下简称《统计概

* 杨玉英，国家发改委产业经济与技术经济研究所副所长；郭丽岩，国家发改委经济研究所助理研究员、博士。

况》）将“文化产业”的概念界定为：“为社会公众提供文化、娱乐产品和服务的活动，以及与这些活动有关联的活动的集合”。[①]《统计概况》还明确了《文化产业及相关产业分类》的标准，将文化产业的外延具体划分为“核心层”、“外围层”和“相关层”三个层次。新闻服务、出版发行和版权服务、广播电视电影服务、文化艺术服务是文化产业的“核心层”；网络文化服务、文化休闲娱乐服务、其他文化服务（含经纪代理、广告会展、艺术品拍卖等新兴产业）是文化产业的“外围层”；文化用品、设备及相关文化产品的生产与销售是文化产业的“其他相关层”。

按上述界定，文化产业“核心层”和“外围层”的全部以及“相关层”的主要部分均计入“第三产业”（又称“服务业”）进行统计核算。据此，本文将计入“第三产业”进行国民经济核算的文化产业称作“文化服务业”。

文化服务业是一个既包括“文化产业”也包括“文化事业”的概念。文化服务业当中生产、经营市场竞争性私人物品的部分是“文化产业”，而生产、经营公共产品、准公共产品的部分则是“文化事业”。因此，文化服务业的产品不仅包括大众通俗文化产品等私人物品，还包括作为民族和世界文化传播载体的公共物品、准公共物品，文化服务业的产品不仅具有自然属性、商品性质，还具有社会属性、公共属性。本研究根据产品属性、成本构成、工业化程度、生产消费特征将文化服务业产品划分为五大类。

第一类是民族传统艺术（古乐、京剧、昆曲等地方戏曲、少数民族地区独特艺术表现形式）及纯粹手工类文化艺术品（如藏传佛教的酥油花等）。这类文化公共产品涉及民族传统文化的继承与弘扬，是社会进步的标志。如果任由这些体现文化多样性和传统文化价值的公共产品在商品市场上参与价格竞争，可能会导致传统技能的失传，产生传统文化危机。所以国家有责任、有义务维护这类文化公共产品的发展，应当对民族传统艺术传播过程中的正外部性进行必要的补偿。

第二类是图书馆、博物馆、档案馆、纪念馆等公民皆有使用权利的公共文化基础设施，以及群众文化服务、社会人文科学研究等社会公益性项目。这类产品的供给需要体现公共服务均等化原则，不应具有排他性，属于公共文化事业管辖

① 参见国家统计局文化产业统计研究课题组相关研究成果。

的范畴。这类文化公共产品与第一类公共产品在文化传播功能上具有相似性，同样不能单纯用市场价格来体现文化价值和社会价值，而且在生产成本和组织模式上具有较大独特性。

上述两类产品具有公共产品或准公共产品性质。

第三类是高雅与严肃艺术，包括美声、芭蕾、交响乐、歌剧、舞剧等国际化的文化艺术形式，属于文化产业“核心层”文化艺术服务的组成部分。这类文化产品对消费者有严格要求，它们有自己特定的目标群体，属于文化产业的中高端产品。高雅与严肃艺术的市场需求有望随着文化传播、社会文明程度的不断提高而扩大。未来社会更多消费者懂得消费、也能够消费得起高雅艺术，将会显著提升整个国家的文化品位，有利于社会和谐发展。为此政府应加强培养、宣传和教育，并规范高雅艺术演出的商业环境。

第四类是可以批量化、规模化生产的大众文化娱乐类产品。相当于国家统计局界定的文化产业“核心层”的大部分内容，包括新闻服务、出版发行和版权服务、广播电视电影服务的全部以及文艺创作与表演的中低端大众化产品。具体到产品既包括报纸、杂志、图书、宣传册、光碟等发行和出版物；也包括电影、电视、广播、动漫、网络游戏等商业化制作的娱乐产品；以及录音、播放、剪辑设备、动漫制作软件等生产工具。这类产品是工业化的产物，其生产和消费已经完全分离，主要依靠标准化、规模化生产来降低物耗成本，通过提高市场占有率来获得经济效益。

第五类是大众文化娱乐类（第四类）产品的衍生产品与配套服务，如广告、会展、旅游、娱乐、演艺经纪、艺术品拍卖等服务环节已经演变成拉动文化服务业增长的新兴产业。第五类产品不同于前四类产品，前四类产品均属于国家统计局定义的文化产业“核心层”，而第五类产品属于文化产业“外围层”，不具有公共产品性质，此类产品的消费和使用具有排他性、可竞争性，政府应充分放开市场竞争。

综上，本研究将文化服务业产品分成了五大类，基本涵盖了国家统计局《文化产业及相关产业分类》的第一部分“文化服务”，即包括文化产业的“核心层”和“外围层”。[①]《文化产业及相关产业分类》的第二部分“相关文化服

① 参见国家统计局文化产业统计研究课题组相关研究成果。

务"，包括文化的其他"相关层"，"文化用品、设备及相关文化产品的生产与销售"在国民经济核算过程中有一部分属于第三产业，而另有较大部分属于第二产业，因此不是本文文化服务业研究的重点。

二 文化业产品的需求模型

起初，文化业产品并非人类生存的必需品，但随着衣食住行能够满足人类基本需要后，开始出现了对文化业产品的多样需求，发展到现代社会某些文化业产品已经演变成人们生活的必需品。比如，近年来大众化的文化娱乐产品与服务，随着市场经济的不断发展，需求迅猛增长。

（一）大众文化娱乐类产品适用一般需求模型

在文化服务市场上，消费者所购买的文化产品的数量取决于不同类文化产品的价格，当文化产品价格高于某一限值时，消费者会选择不购买文化产品或者购买其他类型可以替代的文化产品。比如，某中低收入家庭看一场电影的预算是40元，如果某部心仪的电影超过40元，他们很可能会选择买影碟回家欣赏或看电视。影碟和电视节目一定程度上能够替代电影，而且价格要低很多。如果电影票价格降得低一些，比如逢周二半价，消费者也许会连看两部电影。如果办影院会员卡或上网订票可以获得更低折扣，消费者可能会一次性充值十部电影，送给朋友或在未来三四个月内慢慢欣赏。

在文化服务市场里，不同的消费者对电影的喜爱程度并不一致。针对同一部电影有的消费者愿意支付很高的价格，而其他消费者则会等待票价优惠时再购买。单一购买决策是不连续的，但综合数量足够多的消费者的需求特性，最终可以得到类似图1所示的连续曲线，即电影这种商品的需求函数（inverse demand function）。其中，Q表示电影的消费数量，P表示电影票的价格，可以得到电影的需求函数 $Q = D(P)$。

需求曲线反映了消费者所认定的商品边际价值（marginal value）。典型需求曲线的形状是向下倾斜的，它表明消费者为了购买同样数量的商品，与拥有商品数量比较多时相比，他们在拥有数量较少时往往愿意支付较高的价格。在一段时间内，消费者购买商品的边际意愿会随着消费量的增多而递减。

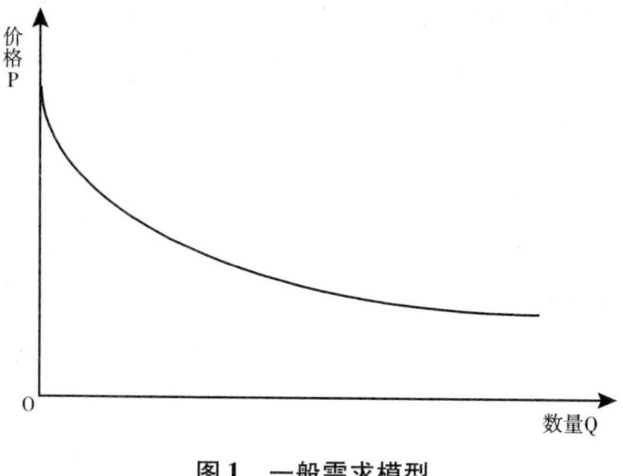

图1　一般需求模型

如图2所示，需求函数曲线、市场价格水平与纵轴所围区域对应的是“净消费者剩余”（net consumer's surplus）。在微观经济学领域，净消费者剩余表示的是消费者在特定价格水平下能够获得的“额外收益”。比如，由于电影票价从 P_1 升至 P_2，消费水平由 Q_1 下降到 Q_2，原来的净消费者剩余是 A + B + C，现在因为涨价、消费数量降低而减少到 A。

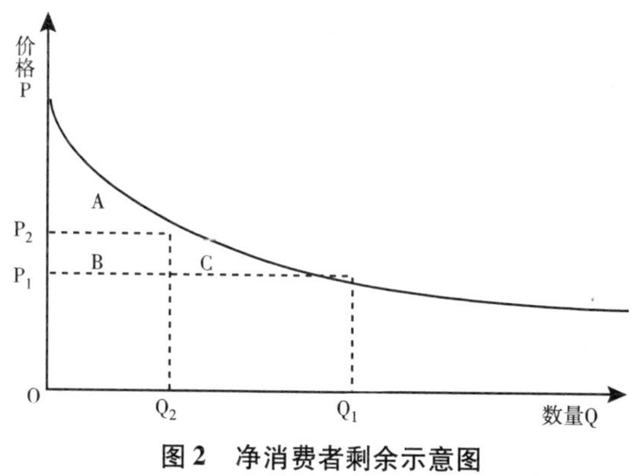

图2　净消费者剩余示意图

需要进一步研究需求的价格弹性（price elasticity of demand），即需求相对变化与价格相对变化两者之间的比率，简称需求弹性。对于给定的价格变化百分比值，如果需求变化百分比大于它，则称此商品的需求是有弹性的（elastic）；相反，则称此商品需求缺乏弹性。商品的需求弹性在很大程度上取决于其替代品（substitute）的可获得性。比如，在电视和影碟尚未问世之前，消费者只能看电影，当时电影的需求弹性比现在小得多。随着大众文化业规模化发展，电影的需

求弹性越来越小。可见，如果两种商品是替代品，一种商品价格上升会刺激其他替代商品的需求；如果两种商品是互补品（complement），一种商品的需求变化和另一种商品的需求变化是相似的。比如，电影和影碟就是替代品，两者交叉弹性为正；影碟和播放机是互补品，两者交叉弹性为负。

$$E = (dq/q)/(dp/p) = p/q * dq/dp \text{(需求弹性函数)}$$
$$Eij = (dqi/qi)/(dpj/pj) = pj/qi * dqi/dpj \text{(交叉弹性)}$$

综上，大众文化娱乐类产品适用一般需求模型，即消费者的购买数量会恰好使得他们从商品中得到的边际收益等于支付的市场价格。

（二）现代社会对民族传统文化和艺术的需求是不断萎缩的

民族传统技艺反映的是传统社会与农耕文明的特征，身处现代工业社会的人群比较难于理解和接受，传统技艺的现实需求不旺，直接影响了传统技艺的传承和弘扬，很多传统技艺因此失传或根本无法保留原汁原味，又进一步影响了需求。近年来，通过民族地区特色旅游项目，将部分传统技艺重新包装起来，降低了欣赏传统技艺的时空成本，一定程度上恢复了传统技艺的需求，但是作为旅游的附属项目，对传统文化技艺的需求仍然无法产生显著的经济效益，难以支撑这类艺术形式的发展与壮大，不足以扭转需求萎缩的趋势。

民族传统技艺的需求曲线明显不同于大众文化娱乐类产品的需求曲线，其需求数量与价格基本没有相关性，或者说需求的价格弹性极小。传统艺术需求数量的萎缩表现在，无论价格高还是低，随着时间推移，都有从 A—B 段（较高需求）向 C—D 段（更少需求）演变的趋势（见图 3）。

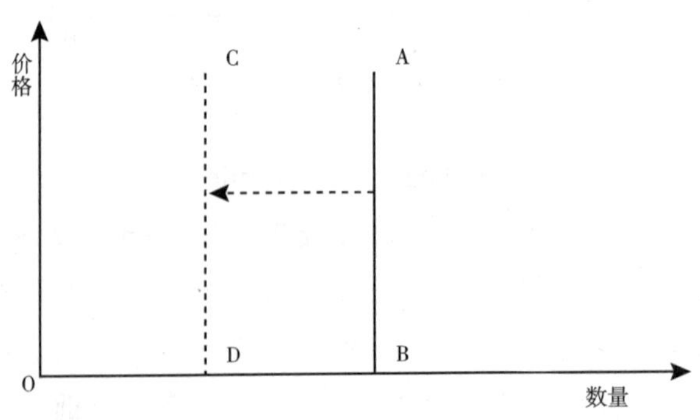

图 3　需求弹性较小的需求模型

（三）严肃和高雅艺术的市场需求相对固定而且增长缓慢

芭蕾、交响乐、歌剧等文化形式的起源与西方社会的贵族传统密不可分，它们作为“文化舶来品”对东方消费者素质有较高要求。与欧美发达国家相比，我国目前仍处在工业化加速发展阶段，经济发展水平比较低，社会财富积累比较少，普通民众的消费需求仍然停留在衣食住行和大众化娱乐的阶段，没有能力支付“天价”来欣赏这类高雅艺术，而且即使有能力支付，相当一部分人的理解和接受水平都相当有限。到目前为止，我国严肃和高雅艺术的消费群体仍然局限在艺术界、政府外交界和部分商界成功人士。

高雅艺术的需求曲线，明显不同于民族传统技艺或大众传媒产业的需求曲线。在高雅艺术高昂价格有所下降的情况下，能够刺激出一部分市场需求，这部分人是喜欢欣赏高雅艺术但经济实力不强的人群。图 4 中 A 到 B 段的需求曲线表示随着产品价格下降需求数量有所上升。但是，我国社会懂得欣赏高雅艺术只是苦于囊中羞涩的人群毕竟是少数，当这样一个人群的消费潜力都得到释放后，即使高雅艺术还有降价空间，也恐怕难以吸引更多的消费者。如图 4，B 到 C 段的需求曲线基本变成直线，说明需求刚性，高雅艺术基本无法靠降价来提高需求。

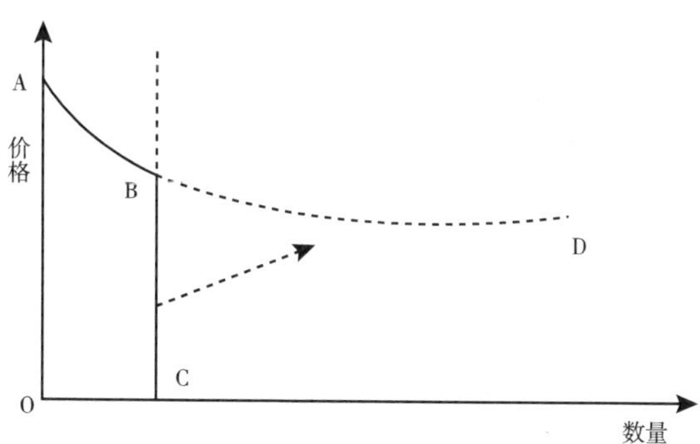

图 4　需求模型：从较小的需求弹性变成需求刚性

从长期来看，能够改变高雅艺术需求曲线形状的是社会经济发展水平的较快提升，更多的人将从生存型消费转向发展型消费，开始懂得欣赏并愿意接受高雅艺术的熏陶。届时，高雅艺术一定程度上降低价格有望吸引更多的消费者，消费曲线 B—C 段逐渐向 B—D 段靠拢（如箭头所示）。

（四）近年来图书馆和博物馆作为公共文化基础设施，其社会需求呈现大增趋势

随着国民生活水平的不断提高、社会知识分子阶层人数不断增加，群众的消费需求尤其是节假日的需求会出现暴涨的局面。此外，图书馆、博物馆这类公共设施的消费比较特殊，有明显的时空条件限制，与价格相比，开放时间和交通线路更能够影响公众需求。一开始随着图书馆年费和博物馆门票的降低，消费人数会有缓慢增加，见图5中A—B段曲线。但是，随着大中型城市图书馆和博物馆纷纷延长开馆时间，周边城市交通得到明显改善，使用和参观人数开始大规模膨胀，即使服务价格不再下调，群众消费也会持续增加，届时需求的价格弹性将变得无限大，见图5中的B—C段曲线。

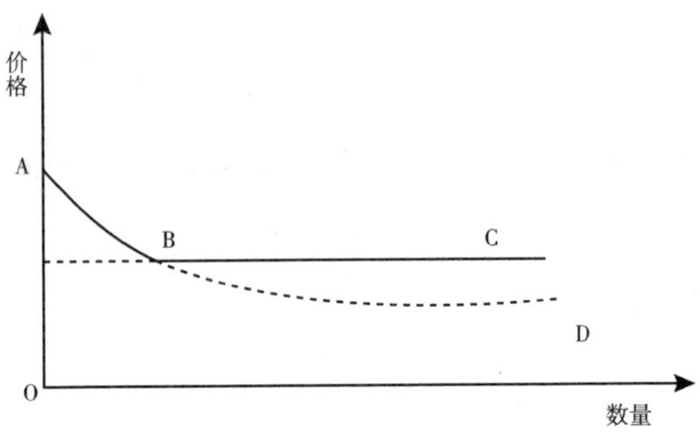

图5　需求模型：从较小的需求弹性变成无限弹性

三　文化产品的供给模型

下面从文化产品的需求转向分析生产者成本结构及供给模型。

（一）大众娱乐类文化产品适用一般供给模型

以电影院引进国外艺术片为例，如果电影票价低于一定的值，那么影院将认为放映收入太少，播放该电影得不偿失。这是因为：放映收入可能比艺术片引进成本还要少；影院认为将播放国外艺术片所需的资源（场地、放映设备等）

用于播放国内喜剧片，可能会产生更好收益。在这种情况下，播放国外艺术片的放映收入少于做这件事的机会成本（opportunity cost）。因为不同的生产者拥有不同的机会成本，所以他们将会在不同阈值上调整某种产品的供应量。通过将足够多的生产者的供应量进行汇总，可以得到向上倾斜的供应曲线（supply function），它表示市场上商品的供应数量与价格之间的函数关系：Q = S（P）（见图6）。

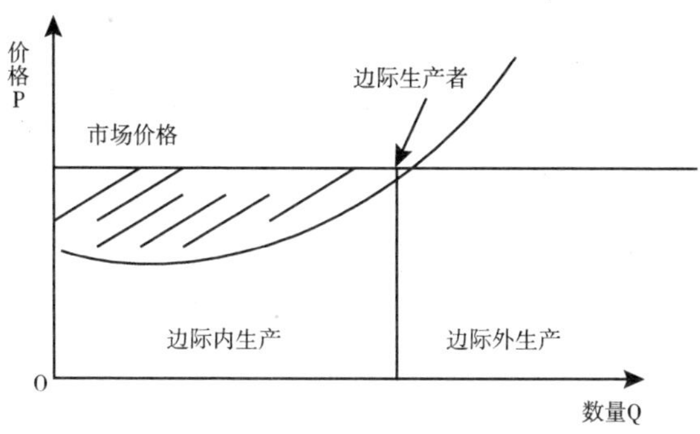

图6　边际生产的机会成本恰好等于市场价格

如果某个生产者的机会成本恰好等于市场价格，那么他是边际生产者（maginal producer），此时只要价格稍低，他都会觉得不值得继续生产，因为他无法获得利润。与边际生产者相比，边际内生产者的机会成本低于市场价格，他们能够获得利润，而边际外生产者的机会成本高于市场价格，他们将会亏损。生产者利润（producer's profit）也称生产者净剩余（producer's net surplus）会随着商品价格上涨而增加。生产者供应的价格弹性（price elasticity of supply）能够量化这种联系。供应弹性一定是正数，而且商品供应者会不断改进生产方法，因此长期供应弹性要比短期弹性更高一些。

企业理论的基本概念：大众娱乐类产品属于依靠完全市场竞争机制来调节投入与产出，生产的目的是追逐超过行业平均利润的超额利润，即尽可能多的“净生产者剩余”。

（二）大众娱乐产品规模化生产的成本结构

在一般供给模型的基础上，需要进一步分析规模化生产的成本结构，并引入多种曲线以标示出各类成本的不同特性。

在短期内，一部分生产要素是固定的。此类生产要素的成本与实际生产数量无关，可以被称为固定成本（fixed cost）。举例来说，音像制品公司厂房和设备的成本并不取决于影碟的生产量。但是制作影碟的材料耗损与其生产量密切相关。材料和人力成本是一种变动成本（variable cost）。还有第三类成本，即类固定成本（quasi-fixed cost），如生产排污成本，只要音像公司进行生产就会发生，但与产品产量多寡没有关系。

在长期过程中，企业可以决定它的各种生产要素采购成本，因此没有一种成本是固定不变的。极端情况下，若是企业决定停产并退出该行业，则它的长期成本就是零。假设企业购买了某一生产要素，一段时间后又将其出售，那么它的购买支出与回收收入之间的差额即为沉没成本（sunk cost）。以某一音像制品企业为例，它建造厂房使用的土地不是沉没成本，因该土地能够重新售出以回收当初的投资，所以土地成本是一种可回收成本（recoverable cost）。另一方面，如果该厂的生产不能赢利，则该厂的建造成本和资产设备残值之差即为沉没成本。（见图 7）

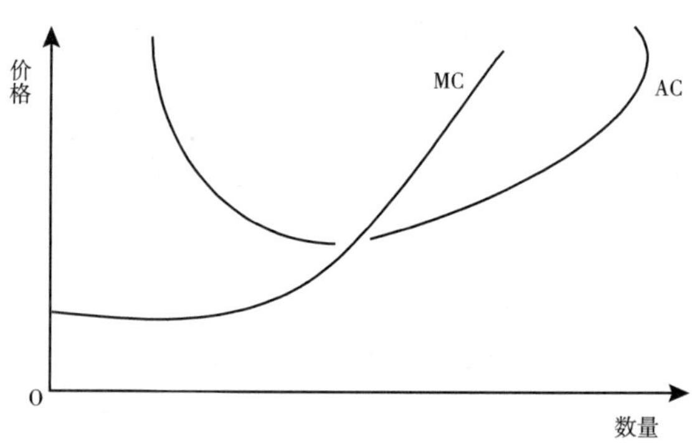

图 7　平均成本曲线（AC）与边际成本曲线（MC）的典型关系：MC 经过 AC 的最低点

成本函数可以表示为产出水平 y 的函数：C（y）＝Cv（y）＋Cf。Cv（y）表示变动成本，Cf 表示固定成本。平均成本函数（average cost function）能够反映单位产量的成本，它等于平均变动成本（average variable cost）与平均固定成本（average fixed cost）之和（见图 8）：

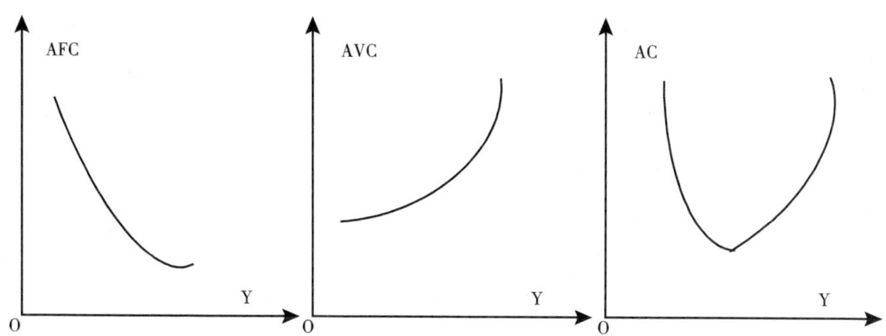

图8　平均固定成本（AFC）与平均变动成本（AVC）叠加后形成平均成本AC

$$AC(y) = c(y)/y = cv(y)/y + cf/y = AVC(y) + AFC(y)$$

由于固定成本与产量无关，在产出为零时，平均固定成本会趋向无穷大；随着产量的增加，固定成本的分摊基数也越来越大，所以平均固定成本曲线是一个单调递减函数。在一般生产水平下，变动成本通常会随着产量的增加而线性递增，所以平均变动成本为常数。如果生产效率会随着产量的增加而上升到更高水平的话，平均变动成本就可能会随着产量的增加而出现一定的下降，但随着产量的增加，平均变动成本最终会不可避免地出现上升。平均变动成本上涨的原因很容易理解，因为随着变动要素数量的增加，固定要素与之不匹配，它进而会约束商品的产量。平均成本曲线是平均固定成本和平均变动成本的总和，它的典型形状是U形。

十分有必要区分平均成本与边际成本之间的差异。尽管两者的计量单位相同，但是边际成本反映的仅是最后一单位生产的成本，而平均成本则反映了全部生产量的成本。由于固定成本为常数，因此它不会影响边际成本。在产量较低时，由于固定成本的影响，边际成本低于平均成本。与之对应，在产量达到比较高的水平时，边际成本将大丁平均成本，平均成本与边际成本在它们的最小值处相交。

可以建造生产能力不同的工厂，只有当各生产工厂的产出等于它的设计生产能力时，短期平均成本才会等于长期平均成本。因此长期平均成本曲线为短期平均成本曲线的下包络线。只有在固定生产要素得到最优化的产出水平点上，长期边际成本才等于短期边际成本。在长期平均成本最小的产出水平上，长期边际成

本等于长期平均成本。只要长期边际成本低于长期平均成本，长期平均成本就会继续减小。只要平均成本下降，生产就具有规模经济性（economics of scale）

不同文化产品因为它们的生产特性和成本结构截然不同，所以具有不同的供给特征，供给曲线也不同于大众传媒消费品的典型供给曲线。相比较而言，决定文化公共产品和高雅艺术供给的重要因素不是价格，价格升高不能大规模刺激供给，或者说供给的价格弹性比较差。(见图9)

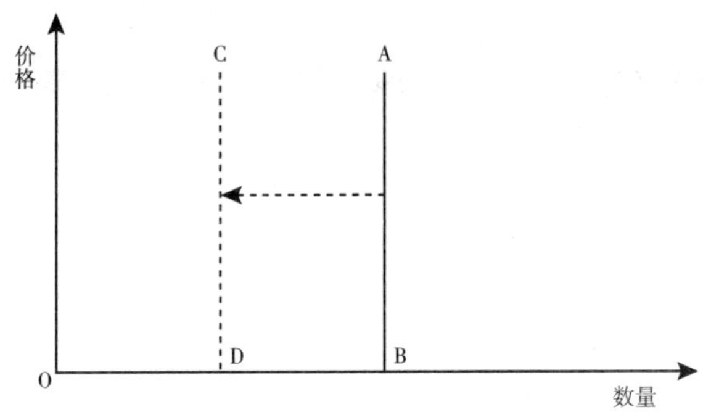

图9　供给弹性极小的供给曲线

(三) 制约民族传统文化供给的关键因素是艺人技能的传承

民族传统文化节目和艺术品最重要的特点是依赖民间艺人和手工艺技能，主要是“师父带徒弟”的口传心授，没有标准化的工艺文件和表演规定，这类艺人和技工需要数十年时间才能够成为传统技艺的“熟手”，而且同一技能领域“熟手”的数量相当少。这种民间艺人和技工培养的过程一旦中断，会直接导致民族传统文化节目的失传，供给将变为零。

民族传统技艺最关键的生产特征是，在民族地区生产和生活的真实情景中进行演绎，所用的服饰和道具乃至乐器都是极具民族色彩的物件，在其他地区很难获得。所以，通过把民族传统技艺搬到大城市的现代舞台来扩大民族传统技艺的供给数量，基本上是行不通的。此外，民族传统技艺需要在当地的传统文化氛围当中进行欣赏，很多时候观众就是节目的组成部分。当然，音像公司可以通过录播的方式将民族传统技艺批量化制造，但是这类产品一旦能够被标准化传播，就失去了传统文化的符号意涵。

可见，这类产品的供给曲线基本上与需求曲线形状相似，无论价格多高都很难刺激供给，因为生产要素难于获得而且十分昂贵，只能依靠手工单件生产。在现代社会，对民族传统技艺的市场需求是不断萎缩的，这样会直接打击艺人和技工的供给积极性，民族传统技艺和文化的供给量可能会进一步减少，直至失传。鉴于这种原因，这类产品供给的保障与扩大，只能依靠政府相关部门拨付专门经费进行抢救性帮扶，以保持少数民族地区文化的多样性，并弘扬我国民族传统文化的精髓。

（四）国际化的严肃与高雅艺术供给不可能无限增加

严肃和高雅艺术的供给情况要好于我国民族传统文化产品，原因是这类产品是国际化传播的，而且适合在大城市的现代化舞台进行规范化演出。在懂得欣赏高雅艺术的人群当中，这类文化产品基本上是“有价无市”。如图 10 所示，随着观众增加，“高雅”艺术的供给有可能小幅增加（A—B 段曲线），但考虑到顶级艺术家们舞台演出的机会成本十分高昂，所以这类文化产品的供给不可能无限增加，如 B—C 段曲线说明供给的价格弹性较小。

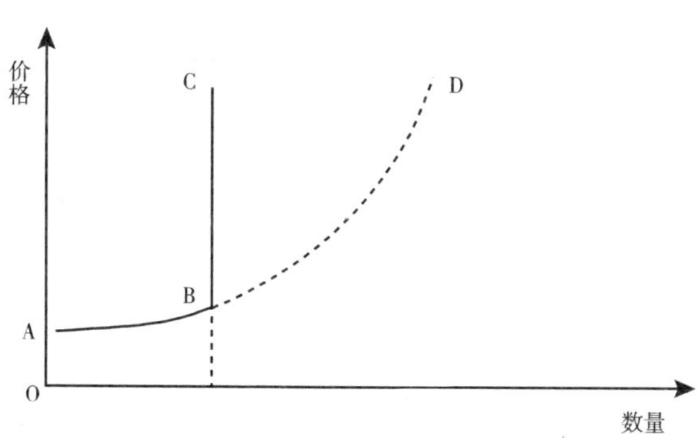

图 10　供给曲线：从较小供给弹性变成供给刚性

（五）图书馆、博物馆等公共产品供给不足问题日益突出

图书馆和博物馆服务的供给曲线接近高雅艺术，但是三类产品一段时间后供给的价格弹性明显减弱的原因并不相同。无论是民族传统技能还是严肃和高雅艺术，如果把它们看做不同类型的文化产品，生产它们的成本结构有一共同特点，即两者

作为生产和消费即时进行的舞台艺术，每次演出民间艺人和高雅艺术家的出场费、舞台道具租借费作为可变成本，占生产成本的绝大部分。与此不同，具有公共文化事业性质的图书馆和博物馆固定成本比如场馆建设、硬件设施投入等比较高昂，而且不断需要加固、维修，相比之下，日常运营的电费等可变成本比较少。

可变成本是随产量增加而递增的，由于舞台真人秀的演出成本是递增的，所以这类艺术产品需要减量供应。理论上而言，增加图书馆、博物馆等公共设施的利用率，有利于固定资产折旧费摊销。但是图书馆、博物馆不同于大众娱乐产品，它一般不以营利为目的，所以日常场馆收费根本无法弥补固定资产折旧和定期维护的巨额开销。此外，图书馆和博物馆的过度利用还可能加速场馆设施老化，需要增加维护成本支出。所以图书馆和博物馆不可能常年无休地供给服务。而且如果公共部门没有妥善机制补偿图书馆、博物馆运营和维护成本的话，很可能会导致这类公共品的“公用地”灾难。

四 文化产业主要产品的定价机制

文化产业的定价原则有三个主要方面：（1）具有强烈大众需求的通俗性娱乐，对这类文化产业的生产组织，一般强调其营利目的而不过分强调其艺术价值，这类产业需要按照市场定价机制进行商业化运作；（2）古典音乐、严肃的戏剧、诗词欣赏、古典与现代艺术舞蹈，高雅艺术等一般被认为属于不完全营利产业，强调产品商业价值的同时更强调其艺术价值；（3）公共图书馆、博物馆等文化基础设施，除了文化价值之外，更重要的是社会价值，即属于公共产品、准公共产品的范畴。民族文化传统技能和艺术兼具第二产业和第三产业属性，定价过程中应兼顾其艺术价值和准公共产品性质。

（一）大众娱乐消费品的定价完全依靠市场竞争机制

作为大规模工业化的产物，大众娱乐消费品的定价依据“市场价格 = 边际收益 = 边际成本”的原则。

上文分别对大众娱乐消费品的生产和消费进行了考察，假设每个生产者和消费者都不能通过他们的行为来影响价格，所有市场参与者面临固定不变的价格，该市场是完全竞争（perfectly competitive）市场。这样的市场会存在一个均衡价格（equilibrium price）或市场出清价格（market clearing price）p^*，它能够使生产者愿意提供的商品数量恰好等于消费者希望购买的商品数量，$D(p^*) = S(p^*)$（见图 11）。如果需求大于供给，则随着交易数量的增加，价格也会提高，直到恢复均衡状态；如果供给大于需求，则生产者会减少生产，直到价格回升到均衡水平。

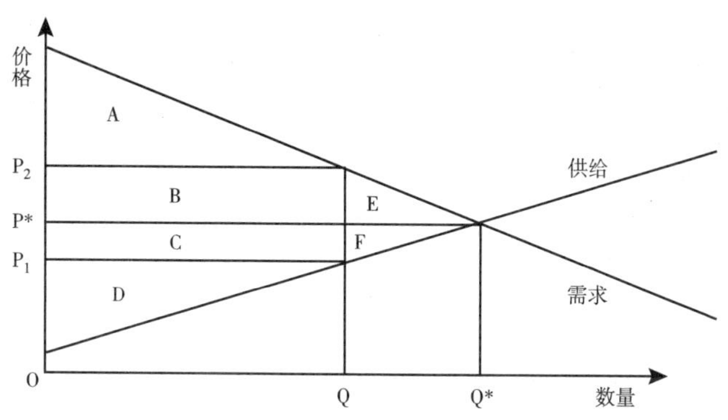

图 11　总体福利与无谓损失

前面提到的净消费者剩余和净生产者利润的总和称为总体福利（global welfare），它用来量化交易所产生的全部收益。在完全竞争市场，均衡状态下的商品交换数量以及商品分配结果都是帕累托最优的，这时总体福利达到最大值。

政府可能会对文化产品征税。假设所有的税收均会转嫁给消费者，它将使消费者的支付价格（如 P_2）与生产者的销售价格（如 P_1）产生差额。政府对每单位成交商品的征税额度为（$P_2 - P_1$）。在这种情况下，需求量从 Q^* 减少到 Q。消费者剩余将减少到区域 A 所对应的面积值，而生产者剩余仅为区域 D 对应的面积值。政府的税收总额等于区域 B、C 对应面积之和。

除了征收价格税之外，政府的最高限价、最低限价等外部干预手段也会构成对总体福利的重新分配，它可能有利于生产者、消费者或者政府。问题在于，无论哪种干预都会产生不良影响，它会减少总体福利水平，减少量等于 E、F 所对应的区域面积之和。总体福利的这一减少被称为是无谓损失（deadweight loss），它之所以会产生，原因是价格扭曲减少了交易的成交量。但是，考虑到不同文化产品的公共性质、文化价值和社会意义，很多时候这种对完全市场定价机制的扭曲是必要的。

（二）民族传统文化产品需政府最低限价

如果价格按照市场竞争机制来决定，民族传统文化产品的供给和需求将进一步萎缩，以至于失传。鉴于此，一般国家的政府会选择“最低限价”的政策扶持机制，并根据文化价值给予一定的配套补贴。

民族传统技能的供给和需求模型都是对价格缺乏弹性、垂直于X轴（数量）的平行线（见图12），理论上无法根据两线交点确定市场出清价格，也就是说单纯依靠市场力量无法确定有利于产业长期发展的价格。

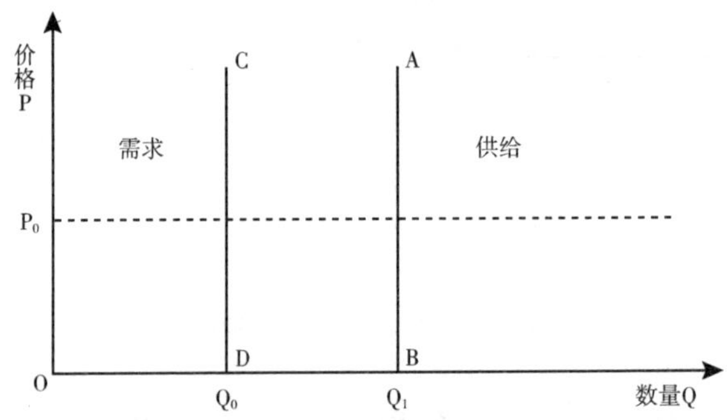

图12　定价机制：供给需求刚性情况下的政府最低限价

在这种情况下，政府应当给传统艺术和技能以抢救性定价，以保障其艺术价值能够实现，与之相关的民族传统能够传承并弘扬。这种抢救性定价，出于挽救供给、刺激需求的目的，一般会设定商品最低成交价格（如 P_0），消费者的购买量将是 Q_0，生产者供应量将是 Q_1，尽管供给大于需求，但是因为有政府补贴的因素，所以这种供给和需求关系会维持。

（三）严肃和高雅艺术应寻求完全市场竞争定价之外的艺术价值实现形式

如果严肃和高雅艺术完全按照“市场价格＝边际收益＝边际成本”的市场定价机制来定价的话，艺术价值将被低估，可能会打击供给积极性，使得稳定的目标客户群变得不再稳定。为此，有的国家政府通过征税来调节这类文化艺术领域的社会福利分配。此外，还允许通过拍卖等机制来决定艺术品价格。很多时候，高雅艺术出现“有价无市”、一票难求的局面，主要出于固定消费群对其艺术价值的热忱。

高雅艺术的市场化情况比较复杂，有一部分已经完全按照商业演出运作，另一部分则仍然不接受商业演出的运作模式。上文论述过，高雅艺术作为一种文化产品，其需求模型和供给模型比较特殊，在开始阶段，伴随价格升高，可能存在供给增加、需求减少的一般模式，但因为有特殊消费人群而且艺术家演出费等可变成本相当高昂，使得供给和需求对价格都明显缺乏弹性。如图 13 所示，如果供给曲线 C—E 段与需求曲线 A—F 段有一相交点 D，那么 D 点对应的价格有望成为出清价格。但是实际中供给和需求曲线的关系可能更加复杂，在两条曲线具有价格弹性的区间根本无交点，比如需求曲线 A—F 段与供给曲线垂直部分B—E 段相交，或需求曲线垂直段 F—G 与供给曲线 C—E 相交，或两条曲线的垂直段重合，那么就很难通过市场供需关系形成出清价格。

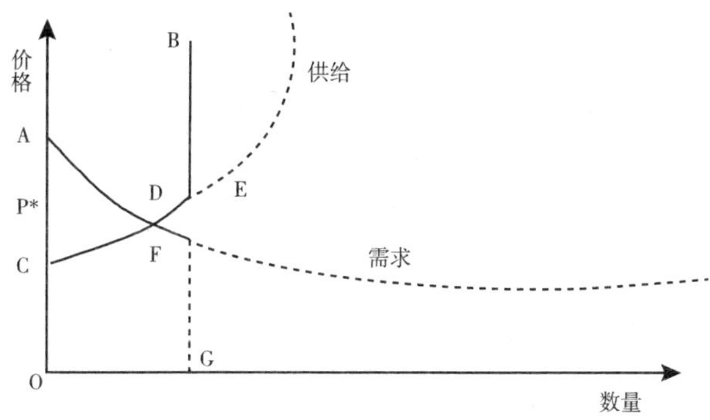

图 13　高雅艺术特殊供给需求曲线的价格决定

在这种情况下，可能依靠演出方（供给方）的成本定价或高雅艺术的拍卖竞价形式，本来就为数不多的特定消费人群只能被动接受价格，甚至宁可花高价也需要欣赏高雅艺术，在这种情况下，他们更多是愿意为艺术价值付费，而不是单纯的商业交易。

（四）文化公共基础设施应在制定最高限价的同时给予运营与维修补贴

如果公共图书馆、博物馆按照市场定价机制，价格越来越高，普通市民无法

享受。所以政府应当设定最高限价，而对于无法弥补的固定资产投入给予补贴。政府可能设定一个商品的最高成交价格。如果设定的最高价格为 P1，低于竞争市场出清价格 P^*，生产者将把产量削减至 Q。在这一情况下，消费者剩余为区域 A、B、C 所对应的面积之和，而生产者剩余仅为区域 D 所对应的面积（见图 11）。

根据上文对公共图书馆、博物馆这类文化产品供给和需求模型的分析可知，早期供给或需求的价格弹性都有适中的价格弹性。随着社会经济发展水平的不断提高，这类公共产品的价格是不断下调的，需求弹性是不断加大的，当价格下调到普通民众能够接受的程度，需求会大规模爆发。与此不同，早期供给具有一定刚性，因为具有公共产品性质，所以即使下调价格，供给并不会明显下降，但是当价格下降到服务所得加上政府补贴都难以抵扣固定资产折旧时，供给的价格弹性开始显现，随着价格下降而逐步减少供给。在政府不再加大补贴力度、而且不允许提价情况下，这类公共产品的供给也可能降为零。

如图 14 所示，先假定供给曲线有价格弹性的部分，与需求曲线有弹性部分、弹性为 1 的部分分别相交，两种情况的交点分别为 E、F。E 是需求曲线 A—B 段与供给曲线 S_1 的出清点，但因为公共产品最高限价为 P^*，所以供给方只能以 P^* 的较低价供给，那么生产者福利损失 $P1P^*EG$ 部分就只能由政府补贴。如果不仅要降低价格，而且要将供给量从 Q1 增加到 Q^*，那么生产者福利损失将增大到 $P1P^*EB$。如果供给曲线与需求曲线在需求弹性接近 1 的区间出现交点，如 S_2 交 B—C 于 F，那么供给者能够以 P^* 价格提供大于 Q^* 的数量，但是当要求供给超过 Q_2 时，公共产品供给就会出现需要政府补贴的亏损。

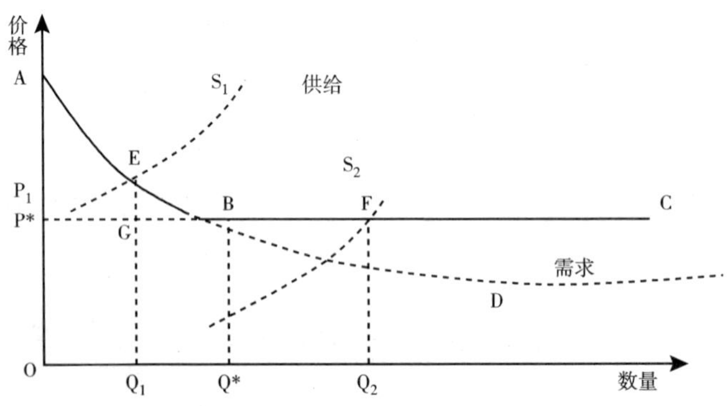

图 14　文化公共基础设施的价格决定机制

文化产业：产业为载体，文化为核心

何志平*

一　文化与文化创意产业

文化包罗万象，但最能深切反映一个国家的文化力量的，是教育、科技、公民社会以及文化创意产业。联合国教育、科学及文化组织（UNESCO）对文化的定义是："文化是一套体系，涵盖精神、物质、知识和情绪特征，使一个社会或社群得以自我认同。文化不单包括文学和艺术，也包括生活方式、基本人权观念、价值观念、传统与信仰。"

文化不仅是社会大众的生活方式，而且是社群的主导价值观和审美情趣，更是民族应付生活的思维和世界观，即伦理、道德、哲学、宗教和精神传统。"文化"可以有三个层面的解读，分别是日用文化、高雅文化以及精神文化。日用文化，乃社会大众的生活方式，包括服饰、饮食、风俗、习惯、节庆、休闲和娱乐，亦可称为大众文化或通俗文化；高雅文化，是艺术活动的创作与展示，包括音乐、文学、戏剧、视觉艺术等，需要一定教育及鉴赏品味的熏陶，反映社群的主导价值观和审美情趣；精神文化，是民族应付生活的思维和世界观，也就是伦理、道德、哲学、宗教和文化传统。

文化创意产业亦可有以上三个层面的解读。日用文化产业属于消费性的产业，譬如电玩漫画、电视电影、出版发行、广告设计、数码媒体等；高雅文化产业则比较难赚钱，例如画廊、美术馆、博物馆、艺术村、艺术品的拍卖零售和展览等；精神文化产业更是至今未曾有过的文化产业，亦是有待我们发挥的产业。

---

* 何志平，香港特别行政区民政事务局前局长。

二　中国文化创意产业输出的只是文化符号

中国科学院现代化研究中心发布的《中国现代化报告 2009——文化现代化研究》，指出中国的文化影响力（软实力）指数在全世界排名第七；而美国《新闻周刊》2008 年 11 月号亦指出 21 世纪以来世界最具影响力的 12 个国家中，中国只仅仅落后于美国，排行第二。

西方人眼中，中国文化是一串串的文化符号，包括汉语、北京故宫、长城、苏州园林、孔子、道教、孙子兵法、兵马俑、莫高窟、唐帝国、丝绸、瓷器、京剧、功夫、《西游记》、天坛、毛主席、针灸、中国烹饪，等等。近年来，中国亦通过学术研究、会议交流、祭礼、读经运动、孔子学院、推广传统服饰、礼仪、节庆等推动方式，复兴国学，向世界弘扬本国文化。迄今中国与 145 个建交国签订了文化合作协定及 752 个文化交流执行计划，在法国、韩国等国家建有中国文化中心，在各国举行中国文化节，全球 52 个国家和地区分别建立了超过 140 所孔子学院。

现时，中国不断发展文化创意产业，以产业承载文化输出国外。然而，中国的文化创意产业，大多都只输出文化符号，欠缺了作为核心内容的中华文化核心价值观。有文化内涵和思想深度的原创文化产品及作品太少，能展示中华文化内在魅力、代表国家形象的高端文化符号更是凤毛麟角，未能将中华文化应有的想象空间提供给世界。中华文化，就是这样一一被功利地解构成一个个抽象的符号。

今日，中华文化面临前所未有的困境：语言文字的隔阂，使得外国人未能进入汉字文化的灵魂去体会中国思想、艺术文化及物质文化的妙处；中国的文化输入比输出多，“文化逆差”难以改变。20 世纪中国翻译了不下 10 万册西方书籍，但西方翻译中国书籍仅几百册，且都是《唐诗三百首》、《孙子兵法》等历史名著；中国输出的文化内涵深度不够，过于着重文艺的形式和符号而忽略内在中华文化精神的深层次表述，文化交流停留于艺术表面，而不能在外国留下深远的影响及持续的发展；在社会科学、自然科学技术和文学艺术等方面，中国仍缺少原创性的、富有震撼力的成就；世界各地的唐人街均只是华人集社之地，没有很好地承担起推广中华文化的责任；孔子学院停留在语言学术及专科层面，还未能在当地积极地发挥文化的影响力。

中国对外的文艺演出，目前仍停留于免费演出的友好交流层次，且一直隶属于民间交流或宣传的领域，无法进入外国人的日常文化消费领域。有文艺演出，却无文化的效应。对外文化交流缺乏国家战略，缺乏有效的资源整合，缺乏现代化的包装，缺乏国际化的运作和推介，缺乏优秀的专业人才。

故而，迄今中国的文化产业，输出去的大多是高雅文化符号，未能向世界清楚展示中国文化的核心价值观。只有建立起能够承载、传播中华文化核心价值观的文化产业，才能发挥文化产业的文化影响力，激发全世界对中华文化的想象空间。

三　文化核心价值体系及21世纪的文化现代性

中共中央总书记胡锦涛在十七大报告中指出，“建设社会主义核心价值体系”是中国文化建设的重大任务。社会主义文化核心价值体系就是运用五千年来中国的传统文化价值观来解决当今社会、人民生活中、工作中所遇到的种种纷争与问题，是在新的时代条件下，赋予传统文化的核心价值观以“现代性”。

“现代性”是一个集体价值观系统，亦是一套道德准则，规范着人们的思想、建立人们的身份、推动经济、支配选择、引发期望。最重要的是，这些价值取向决定着社会大众对快乐、美丽、艺术、创意及幸福和尊严的认识。“现代性”支配消费者如何选择某项艺术表达形式、某类文化创意产品、某些文化商品，或观看某方向剧情的电影。简而言之，“现代性”塑造文化创意产业市场，而文化创意产业市场依靠文化滋长，讨论“现代性”就是讨论价值观和文化价值观。

我们应对现代社会的需要而制定策略和政策，因而令我们的社会受“现代性”驱策。近代西方散播了其所谓的“普世价值”的核心价值观，那就是个人权利、个人成就、效率、平等、自由和公义。

中国人一直强调集体权利与责任、社会意识、包容、忍耐、慈爱、团结、克己、和谐。亚洲价值观的精髓在于社会不是建立于个人主义之上，而是建立于根深蒂固的社会道德准则：这套道德准则是紧密的家庭关系、健全的社会结构及和谐的社会生活的重要基石。中国人尊重且信奉西方价值观，但同时亦重视社会承担与社会责任，而摒弃个人主义。东、西方两套价值观并非互不兼容，相反，它们能够互相补足、互相充实、互相完善。

东方和西方价值观并非两股对立力量，21 世纪的文化现代性，不再拘泥于纯粹东方或纯粹西方的表述，而是东、西方相互结合，在各方开辟自己的领域的同时，互相学习，相互吸取对方的思想营养，兼容并蓄，展现全球多极情势的现代性。

四　中国文化创意产业的使命

我们输出去的文化符号，必须包含中华文化核心价值观，那么这核心价值观究竟是什么？我认为，中华文化的核心价值观，就是“和”。中国人的思想离不开“和”。民间从崇尚“以和为贵”、“琴瑟和谐”，到“和而不同”，既追求社会整体和谐，又保留个性发展。“和”是中国人普遍认可的价值原则。

过去的 60 年，中国在经济和国力发展上已经取得显赫的成果。今后 60 年，中国必须要强调并输出中华文化核心价值观，发挥文化之软实力。一个国家通过吸引而非强制所能发挥的影响力，正是这个国家的软实力。文化是软实力的中流砥柱，是民族在精神和思想上的抵抗力、凝聚力，是缔造综合国力的基础和后盾，是抵御发展过程中逆境和挫折的精神力量，更是一个国家走向世界、影响世界、获得认同的根本力量。

然而近年以文化挂帅的文化产业，却是以“产业”为优先，欠缺了文化的内涵以及推动文化的使命。正如一个人的成长，除了骨骼方面的发育之外，精神和思想也应该与肉体一同成长，精神成长的速度应该比肉体成长的速度更快才对。“产业”只是肉体、载体，“文化”才是精神所在。

中国的国力发展，指数、盘子皆够大，硬实力开始具备，但说不上“强”。这个“强”是自强不息的“强”。有了“强”，“和”才有充裕的保障、发展的基础与环境。要达至“强”，达至“和”，中国人仍需努力。复兴中华文化核心价值观，振奋中国人的心灵，这是中国文化创意产业今后 60 年中的重要使命。

五　建立第三条“丝绸之路”

追溯历史，在两千年前的汉朝，张骞出使西域，开拓了第一条丝绸之路；在

15 世纪，郑和下西洋，开辟了第二条丝路，这是一条海上通道。

在 21 世纪，我们将开创第三条“丝路”。先前的两条“丝路”是茶叶、丝绸、香料、水果、珠宝、黄金贸易的重要通道。21 世纪的第三条“丝路”除了是新颖构思、创意产品、创意人才交流之路，亦是东方及西方文化价值交流之路。第三条“丝路”并非海上或陆上通道，也不会实质上连贯两地。第三条“丝路”穿过的是人脑精神领域中意识形态的网络联系，其动力就是在全球化的世界中把握和平竞争的优势。

这条“丝路”上，各地文化创意产业市场融为一体，文化政策互相配合，通过各地之间结盟，寻求文化和社会价值观的共通之处。在这条丝路上，各个城市和国家的公民也抱着相同的愿望，邀请彼此追寻共同的理想：以欣赏的态度接触不同文化，以欢愉的心情体验不同艺术，以开放的胸襟看待不同社群。在这条丝路上，人们互相尊重他人珍视的基本价值，共同尊重大家认同的核心信念。这条“丝路”就是中国回应文化需求全球化的答案。这条“丝路”并非旨在建立权力帝国，而是开拓人类的精神疆土。

在未来“弘扬中华文化，建设中华民族共有精神家园”的发展方向中，必须先要整合文化核心思想，深化对于中华文化核心价值观的讨论。只有将中华文化核心价值作为文化创意产业的核心内容，更深层次地去研究、发掘，文化创意产业才能提升中国人民素质，彰显中国的软实力，并为世界带来新的道德秩序。

中国媒介规制的发展、问题与未来方向

喻国明　苏林森*

“规制”是外来词，由日本经济学家对英文 regulation 的翻译引入，在 20 世纪 90 年代引入中国。也有学者将其译为“管制”，但是“管制”容易使人联想到统制和命令经济形式，而“规制”更接近英文原来的词义，它所强调的是政府通过实施法律和规章制度来约束和规范经济主体的行为，故译作“规制”更恰当。为了体现“规制”与“管制”的这一区别，一般在论及计划经济体制时，使用“管制”；在论及市场经济体制时，使用“规制”。正是从这个意义上，本文用“规制”来表示针对媒介的各种限制、禁止、鼓励和促进的政策。①

在西方经济学的发展中，一直有公共经济学和自由经济学两个流派，前者主张政府这只“看得见的手”在经济发展中起主导作用，而后者则主张市场这只“看不见的手”在经济发展中起主导作用。政府和市场的竞争成为经济学的一条永恒主线，从而形成国家干预主义和自由放任主义。从当代经济的发展实践来看，偏颇任何一种流派都是不完整的，在调节社会经济发展中，两者均不可缺少，相互弥补另一方的不足，政府规制行为弥补自由市场的失灵，而市场力量则用来弥补政府的规制失灵。

通常认为，实行传媒规制的主旨体现在以下两点：

一是防止媒介产品过度垄断而保护意见的多元化和多样性，保持媒介文化的生态平衡。媒介产品具有外部性，所谓外部性是指企业或个人向市场之外的其他人所强加的成本或收益。具体到媒介产业来说，媒介文化的平衡与偏态对社会具

---

* 喻国明，中国人民大学新闻学院教授、副院长；苏林森，中国劳动关系学院文化传播学院讲师、博士。

① 陈富良：《放松规制与强化规制》，上海三联书店，2001，第 2 页。

有重大影响，其影响不纯粹是市场交换的双方，而且会波及整个社会。因此政府规制的一个重要使命就是以限制过度垄断来保障媒介文化形态的平衡和多样性。此外，媒介产品具有公共产品的特性，政府以规制的方式保障媒介产品守住道德底线，限制有害的媒介产品的“溢出”。

二是传统意义上，无线电波频谱资源等是稀有资源，这种媒介产业的技术特征和传播特征使各国均认定其为国有公共资源，而有线电视和卫星电视投资大，收益慢，容易使其成为一种“高门槛”进入的垄断资源。为了保障有限的频谱资源最大限度地实现社会的普惠，防止其仅仅作为“一单生意”而向强势人群倾斜而罔顾弱势群体的需要，需要政府规制来调节这些资源的配置及使用的大体框架。①

市场这只“看不见的手”只有在完全竞争的时候才会导致最佳的经济效果，但是实际上完全竞争在现实中是很少存在的，尤其是传媒产业，在发展中离不开适当的政府媒介规制的干预和调节。

一　中国媒介规制的演变路径和特点

与西方发达国家的媒介规制的构建逻辑不同，中国的媒介规制是在政府绝对控制的背景下起步的，因此，伴随着改革开放，我国的媒介规制的构建是一个总体上不断放松管制的过程。改革开放 30 年来，中国媒介产业从无到有，从小到大，取得了辉煌的成就。有的学者认为，中国的媒介规制变迁大致分成三个阶段。第一阶段是事业单位调整时期（1978 ~ 2000 年）；第二阶段是以规制市场主体的经济活动为主的阶段（2001 ~ 2002 年）；第三阶段是以媒资融合和资本化整合为主的阶段（从 2003 年至今）。② 也有学者从制度变迁的主体、内容、方式、受益者四个关键因素的角度考察，将中国媒介制度的演进分成四个阶段：始于 1978 年的“财政成本拉动型”的企业化制度变迁；始于 20 世纪 80 年代末的“经济效益推动型”市场化制度变迁；始于 20 世纪 90 年代中后期的“行政力量

① 张君浩、刘寒娥、贺利艳：《媒介产业政府规制应注意的几个问题》，《北方经济》2007 年第 5 期。

② 胡正荣、李继东：《我国媒介规制变迁的制度困境及其意识形态根源》，《新闻大学》2005 年第 1 期。

控制型”的产业化制度变迁以及始于2003年“政治与资本合作型”的资本化制度变迁。① 无论哪种分法，从2003年至今，中国媒介都处于资本化的过程中。

从改革开放后中国媒介规制变迁可以看出，伴随着中国媒介从20世纪90年代末市场化提速，与之相对应的媒介规制也相应增多，特别是从2001年11月中国加入WTO以及中共十六大提出深化文化体制改革以后，各种媒介规制的文件、条文频繁出现。政府逐渐从主导媒介的所有活动到放松对媒介的直接干预，将媒介分成公益性事业和经营性产业两块，政府的规制主要体现在前者，即保证传媒的社会效益。

二　现阶段中国媒介规制存在的问题

长期以来，中国媒介属于行政机构的一个组成部分，媒介机构的领导由各级党委政府直接任命，媒介多强调其喉舌功能而忽视了经济功能，媒介产业化进程只是在20世纪90年代中期以后才从规制许可的意义上正式启动并逐渐深化的。因此中国媒介深深地打上了政府垄断的烙印，当长期定位为党和政府喉舌的中国媒介与市场化遭遇时，便导致了媒介业在其市场化的发展进程中的政企不分、效率低下、权力意志盛行等种种问题，表现在媒介规制上就是媒介规制的机构设置不合理、媒介规制不透明、媒介规制缺乏常规化、媒介寻租现象严重等弊端，几乎所有的政府领导都可以制定媒介方面的规制，对媒介指手画脚。这样使媒介规制缺乏一个透明化、常规化、程序化的规范，具体说来，现阶段中国的媒介规制与管理存在下列主要问题：

（一）条块分割、画地为牢的媒介管理模式造成媒介跨地区、跨媒介和上下游产业资源整合的困难，同时也是造成中国媒介产业无法做成“规模经济”和“范围经济”的一个主要原因

我国媒介形成了比较明显的纵横交错的“井状”结构。横向看，1983年就确定的“四级办电视”确定了中国电视的基础结构，依次是中央、省（直辖市

① 周劲：《转型期中国传媒制度变迁的经济学分析——以报业改革为案例》，《现代传播》2005年第1期。

或自治区）、市和县，不同级别的媒介受当地党委和政府的领导和管理，自上而下形成大而全、小而全的媒介网络结构，在不同层级的行政区域，中国媒介具有不同的级别。纵向看，不同类别的媒介受不同的媒介管理部门垂直领导，报纸、杂志、图书出版等平面媒体和音像制品的领导机关是国家新闻出版总署（局），广播、电视和电影等的领导机关是国家广播电视电影（总）局，管理文化艺术事业的部门是文化部（局），互联网的管理部门又是工业与信息化部（前国家信息产业部）。从政治上看，这些媒介均受各级党委宣传部的领导，而从经济上看，媒体的广告业务主要由各级工商行政管理部门进行管理。这种错综复杂的管理结构造成中国新闻媒介政策制定和执行的困难，在很多时候由于不同利益主体的出发点不同，造成了管理上的不一致甚至相互矛盾、画地为牢。

媒体不得相互进入的制度安排，致使跨媒体融合这一国际性的传媒产业发展大趋势在中国迄今为止鲜有作为。从横向上，各地区的党委和政府竭力保护自己所辖地媒介的利益，造成强大的地方保护主义，使得传媒业跨地区发展阻力重重。2002 年底，上海文广传媒集团计划通过宁夏卫视“借壳上星”，想让宁夏卫视白天承载上海电视台财经频道，晚上承载上海电视台体育频道，由于宁夏电视台的上级主管单位坚决反对，致使双方的协议最后成为纸上谈兵。① 从纵向看，由于不同类别的媒介归属不同主管部门管理，同一市场的媒介规制往往要涉及不同部门，导致部门利益难以协调，规制效率低下。部门保护主义和地方保护主义的双重影响为跨媒介融合、跨地区发展和跨行业经营制造了难以逾越的障碍，严重阻碍了中国媒介产业做大做强的步伐。2006 年 11 月 28 日，成都传媒集团成立，在跨媒体的融合方面进行了卓有成效的探索和尝试，但仅仅因为申报程序方面的某些瑕疵，便遭遇了国家广电主管部门的严厉打压：“这种做法违反了中央关于文化体制改革的政策和总局的相关规定，是错误的（广发〔2007〕87 号文件）。”相关部门甚至拒绝按照广播电视管理条例给予合法登记。

地区壁垒、媒体壁垒和行业壁垒就像“三座大山”压着中国传媒产业，这种条块分割、画地为牢的媒介管理模式造成媒介跨地区、跨媒介和上下游的产业

---

① 邵奇、张健：《省级广电集团跨地域经营策略探析——解读上海文广 2003 年跨地域经营的三大攻略》，《新闻传播》2004 年第 12 期。

资源整合困难，这也是造成中国媒介产业无法做成“规模经济”和“范围经济”的一个主要原因。

（二）既是事业单位又按企业经营的双重角色规定，造成了社会正义和公益逐渐被抽离，市场化中的恶行不能得到有效的制止，我们的媒介规制正在与其构建的初衷背离

从原本的意义上说，事业是为了公益目的使用公共资源、从而获得经济循环的一种方式；而企业化经营则是企业主体通过自己的努力和市场的规则来占有资源和获得经济回报的一种方式。但是，中国媒介所施行的“事业单位、企业化管理”的基本规制导致了媒介单位的角色错位，造成了媒介业的显规则和潜规则两套办法并行，进而导致宏观管理的某种失控状态：显规则是写在文件上、说给上级机关听的一种不真心去做的行为规范；而潜规则则是为自己谋取市场利益、心照不宣、闷声去做的行为规范。它在相当程度上造成了媒介的具体操控者对于实际部门管理中的阳奉阴违，说一套、做一套，致使相当的宏观管理决策在下达中大打折扣。

在实践中，某些媒体主管部门表面上在执行中央的政策，实际上是为本部门的利益而战，中国的媒介规制就像一块橡皮泥，需要什么样子就可以捏成什么形状，需要怎么解释就可作出相应解释。当报纸和电视进行跨媒介合并的时候，对自己有利了，就说融合在经济上促进媒介产业做大做强，在政治上可以实现高效的舆论引导，但当这种合并触及了自己的利益时，又可以说跨媒介合并不利于舆论的多元化，容易形成垄断。当某一部门想获取自身利益的时候，总能找到一个意识形态上的堂而皇之的尚方宝剑，诸如信息安全、舆论导向之类。

在这双重属性的规定中，原本的社会正义和公益在逐渐被抽离，而市场化中的恶行却未能得到有效的制止，我们的媒介规制面临着与其构建的初衷大相径庭的悖论式尴尬。

（三）中国媒介规制对于掌权者的限制性规定几乎为空白，导致权力者对于传媒规管的随意性极强，在实践上致使政治权力无法与经济利益分离，从而引发媒介寻租和腐败现象

按照现代法理，任何法律的规范首先是对于权力者行为的规范。但是，现阶段我国媒介规制的构建中，这一内容几乎为空白。从所出台的这些媒介规制发布程序

来看，中国的媒介规制多是行政性命令而少有法律条文，甚至有些规制就是一个会议上一位领导的讲话或者一个电话的招呼。有时候一个党政部门或是相关部门的领导一张批条或一个电话就可以对某一传媒横加指责，甚至给予没有制度与法规依据的处罚。于是便导致中国的媒介规制具有极大的随意性，缺乏规范性、权威性和连续性。这样也造就了媒介规制执行起来效率低下，往往需要通过行政上的三令五申、反复强调才能起到些许效果，而一些胆大的下级则出于种种原因可能屡屡犯禁。

目前我国的媒介规制对媒介业的产权制度的规定是极为模糊的。从经济学的角度看，只有产权明晰且具有排他性，才能带来责权利的统一，从而激励产权所有者寻求产权带来的最优价值。但实际情况是，正是由于中国媒介产权的非排他性，导致政治权力无法与经济利益分离，从而引发媒介寻租和腐败现象。①

（四）现阶段我国的媒介规制缺乏规范性和透明度，从而极易滋生暗箱操作

由于中国媒介规制缺乏规范性和连续性，在正式制度供应不足的情况下，给各种“潜规则”提供了盛行的土壤，寻租现象四处存在，销蚀传媒产业的整体利益。② 1982 年度诺贝尔经济奖得主、规制经济学的创始人施蒂格勒曾经分析过“管制俘获理论”（capture theory），他指出，政府规制是为满足产业对规制的需要而产生的，即立法者被产业所俘虏；而规制机构最终会被产业所控制，即执法者被产业所俘虏，从而导致管理者本身变成了管制的既得利益者，于是他们就会寻找到各种各样的借口，建立更多的规则。在这种情形下，媒介规制往往并不是提升最大的市场占有和资源利用，而是追求权力的最大化和职位的最多化，利用政府赋予的合法权利来创造出更多的管制，导致规制无效率。

三　中国传媒规制的改革方向

针对前述的中国媒介规制中存在的诸多问题，为促进媒介产业的进一步发展壮大，需要对我国现行的媒介规制进行全面深刻的改革。

---

① 张君浩、刘寒娥、贺利艳：《媒介产业政府规制应注意的几个问题》，《北方经济》2007 年第 5 期。

② 戴元初：《中国传媒产业规制的解构与重构》，《新闻与传播》2006 年第 5 期。

（一）要从中国传媒的制度设计上进行规管制度的改革，建立传媒业统一的国家规制与管理部门

条块分割的“井”字传媒布局以及由此带来的不同媒介间的平行结构（各类媒介平行发展，媒介之间融合度很低）和不同地区媒介的倾斜发展（媒介产业的空间布局极不平衡，包括东中西不平衡、城市与农村不平衡、中心大城市与中小城市不平衡）给我国媒介业的总体管理、规划及媒介产业化的发展带来了极大的困难，耗费了很大的人力、物力，但成效甚微、效率极低。

为提高规制效率，我国急需设立专门的媒介业的综合管理部门，尽可能避免政府部门之间画地为牢及衍生出寻租行为。从中国传媒业目前的现状来看，横向的不同行政级别媒介属地管理现状在政治体制基本不变的格局下难以打破，可以突破的是打破条块分割中的“条”，即取消各级广播电视电影、新闻出版、文化管理和信产部门的多头管理，代之以可以统领新闻出版、广播电视乃至整个文化产业的综合管理协调部门。这样既有利于协调部门分歧，实现产业融合，更有利于国家发展文化产业的大政方针的推进与落实。

在建立超越单一部门的媒介规制管理部门的时候，管理部门的规制制定者应该有超越小部门利益的眼光和思维，从文化产业发展的大局、从为国家和人民谋福祉的高度来考虑规制问题、制定对应的规制。不同媒介之间的融合和交叉是未来媒介发展的大势所趋，因此从规制上打破行业分割，促进相互渗透和融合，符合社会的最大利益及媒介业发展的内在逻辑。

在建立统一、精简、高效的媒介产业管理机构上中国已经做了一些有益的探索。2009 年 8 月 14 日召开的全国文化体制改革经验交流会透露，近年来全国开始试点“建立大部门体制、推动大文化发展”，包括北京、上海、杭州、南京等数十个城市被列为文化体制改革综合试点城市，在这样的背景下，在部分地区，文化、广电和新闻出版局都已实行“三局合一”，实行了“大部制”，[①] 但是三局合一在中央层面还没有改革的具体安排，要真正做到三局合一，理顺管理，中央层面的文化、广电和新闻出版机构合并要尽快提上日程。

---

① 蒋芳、刘巍巍：《全国文化体制改革经验交流会 8 月 14 日在南京召开》，引自 http：//www.gov.cn/ldhd/2009－08/15/content_ 1393079. htm。

（二）要建立科学有效的媒介规制效果的评价体系

在评价规制媒介的效果的时候，要从经济效益和社会效益两方面来衡量。社会效益就是媒介的社会影响力，社会影响力是指媒介对其受众在认知、倾向、意见、态度、信仰和行为等方面所起的一定程度的影响和控制作用。决定媒介社会影响力的关键因素是媒介的公信力（credibility），即媒介所具有的赢得社会公众信任的职业品质和能力。只有这样，媒介才能满足受众需要、引导社会舆论、整合社会和提升国家形象等一系列的社会效益。如果再进一步细化，其社会效益的评价指标就是公信力和影响力。

社会效益的指标评价目前很大程度上还停留在主观、定性的判断上；而经济效益指标相对更容易量化，即媒介生产过程中的投入产出比，反映一定时期媒介所生产的最终产品的消费水平，可简单地用公式表示为：经济效益的概率 = 产出量/投入量。

另外一类重要的评价标准就是规制本身的效率如何，即比较规制的成本和所带来的收益，如果规制的成本大于收益，这种规制无效率，反之则规制有效率。不过即使是规制带来的收益大于规制成本，还需要考虑的一个问题就是，在确定的规制收益下，有没有更小的规制成本或者在确定的规制成本下有没有更大的产业发展的收益，用公式来表示就是：规制效率 = 规制成本/规制带来的收益。而在过去，规制成本是较少被纳入到规制者的考虑范畴内的。如果将同一时期中国同类型媒体制度创新的成本视为一个常数，那么，潜在收益即成为制度创新概率的决定因素，也就是说，收益越高越可能进行媒介制度创新。①

（三）以健全的法制体系替代政策或临时性的规管，增强媒介规制的透明度、权威性和规范性

前面已经论及，我国当前媒介规制中存在着大量的缺乏规范性、媒介规制不够透明、缺乏连续性和常规化的现象，由此滋生暗箱操作的情形。要改变这种现状，除了前述要从规制和管理机制上建立统一、有效的综合协调管理部门外，还

① 陈怀林：《试析中国媒体制度的渐进改革——以报业为案例》，《新闻学研究》（中国台湾）第62期。

必须做到“有法可依”，就是说不能“换汤不换药”，要让新的综合规制管理部门在实际执行中有一套可操作的条例、法令。相对于在媒介规制中经常用到的部门规则、政府文件甚至会议宣布或领导讲话外，法律更具严谨性和权威性，只有从机构设置和法治建设两方面来健全，规范、持续的媒介规制才能建立起来。

当前，我国媒介技术、媒介管理手段日新月异、包括媒介在内的文化体制改革还在不断深化，媒介规制还处于探索阶段，技术融合导致不同媒介间的界限日益模糊，制定非常详细完备的媒介法律体系的条件还不够成熟，于是尽快制定一部横跨不同媒介的媒介规制的“根本大法”已成必要。在根本大法的框架下，可以逐步完善各媒介规制的子法律，最终形成一个比较完备的媒介规制法律体系。

（四）对不同地区、不同媒介要区别管理

中国不同地区的媒介发展差异大，媒介产业呈明显的倾斜式发展，东西部、内地和沿海、大城市和中小城市之间发展存在显著的差异，北京、上海和广东三地的广告业长期占据了中国广告业的半壁江山；再如以联合国教科文组织所规定的衡量传媒发展水平的常用指标千人日报拥有量计，2006 年上海地区的千人日报拥有量为 204.13 份，北京的千人日报拥有量为 184.86 份，但西部贵州的千人日报拥有量仅为 21.85 份，青海为 19.79 份，[①] 媒介发展的地区差异可见一斑，所以，针对不同地区的媒介规制不可一概而论。为保护舆论的多样性，同时要培养媒介集团的竞争力，在受众规模大、媒介集中度低的城市可以加强合并，媒介规制相应放松，反之则相反。

从不同媒介看，广播和电视因为其通过电波传播，传播范围广、速度快，媒介传播的无线电波、卫星和有线网络都是相对匮乏的公共资源，其影响也相对较大，这种特性使其与电信、互联网有相似之处，因此西方国家的媒介管制多集中于对广电媒体和电信业的管制，如美国、法国、墨西哥等国家的媒介规制主要是针对广播和电视，而对报纸和杂志的媒介规制相对较少。在美国，报纸和网络主要是受宪法第一修正案的保护享受高度的自由，FCC 主要管理广播和电视。[②] 中

① 喻国明主编《中国媒介发展指数报告 2008》，社会科学文献出版社，2008 年 3 月。

② McKenzie, R. (2005). Comparing Media Regulation Between France, the USA, Mexico and Ghana, Comparative Media Law Journal，引自 http://www.juridicas.unam.mx/publica/rev/comlawj/cont/6/arc/arc5.htm.

国的情况也类似，虽然为了打破管理部门和行政区域的条块分割，但对不同类别媒介的规制应该体现出差别。另外，从媒介的性质上分，目前我国媒介分成公益性事业和经营性产业两大部分，两者具有不同的功能，相应的管理方式也应当体现出差异，前者是保导向，需加强规制，后者是保市场，需要给予更多的自由空间。

四　结语：中国媒介规制的渐进式改革

经济和政治两股力量在中国的媒介发展中相互作用、相互争夺，形成“拔河”态势。但是随着经济因素的逐渐增强，媒介规制趋于放松，这是一种典型的渐进式改革的模式。

中国媒介规制的改革是在媒介和政府之间不断的互动中“摸着石头过河”的。中国媒介规制的改革常常是进两步、退一步，由于受到政治经济（特别是政治）形势的影响，中国的媒介规制呈不断的螺旋式（加强规制—放松规制—强化规制）发展。因此，改革开放以来我国媒介改革的基本特点是：微观业务机制层面的改革远远超前于宏观体制规则层面的改革；边缘资讯领域的改革远远超前于主流资讯领域的改革；增量传媒（即新增媒介）的改革远远超前于存量传媒（历史上已经存在的媒介）的改革,① 边缘调整成为制度创新的最佳选择。先以边缘突破、再带动中心变革，对涉及媒介内容和其他核心管理制度的核心改革举步维艰。

中国的媒介市场化历史比较短，我们的特殊国情导致西方国家媒介市场化的经验不能照搬过来，中国的媒介产业化只能遵循着“实践先行—理论跟进—政策追认”的模式，这些因素决定了中国媒介规制的改革是一个缓慢的、渐进的过程。当然，这种实验推广的渐进式改革路径选择也降低了媒介规制的风险。这种增量改革、微观变化和边缘突破的媒介变革模式还将在较长的一段时间内存在，也符合中国经济的整体渐进式改革的路线。

目前在我国媒介规制还有诸多不完善的情况下，在正式媒介制度之外存在的“灰色地带”，成为媒介成长的良好空间。要尽可能地利用制度灰色地带，国家

---

① 喻国明：《当前中国传媒业发展客观趋势解读》，《现代传播》2004 年第 2 期。

明文禁止的活动不能违背，但是如果国家没有明令禁止，媒介单位是可以尝试的。这是当前乃至今后较长一段时间我国媒介发展的一个逻辑。

基于以上渐进式改革逻辑，政府及其主管部门宜逐渐从规制中退位，开辟更多的媒介规制改革的“试验田”，即“灰色区域”。在放松媒介管制成为大势所趋的情况下，政府起的作用更多的是把握全局发展方向，而不能管得过死，如果管得太多，反而让媒介产业在改革的大潮中缩手缩脚，贻误了发展的良好时机。政府主管部门应该突破本地区、本部门的狭隘思维，从发展振兴民族文化产业的高度，尝试放宽外资、私营媒介的进入，尝试跨媒介融合、跨地区和跨行业经营，为传媒产业乃至文化产业的做大做强创造更好的制度空间。

2009：开启创意产业之年

施惟达*

创意产业是以文化创意、知识产权、自主品牌为核心的产业，是文化产业的重要门类，充分体现了文化产业跨界融合，渗透性、拉动性强的特点。创意产业经过多年酝酿，终于在2009年发轫，业界称为“创意产业元年”。回顾这一年，诸多标志性的事件展示着我国的创意产业站在了历史的出发点上。

一　创意产业国家战略地位的确立

2009年1月，为应对全球金融危机，国务院发布了汽车、钢铁、造船、石化、轻工、纺织、有色金属、装备制造、电子信息、现代物流十大重点产业调整和振兴规划，9月又发布了《文化产业振兴规划》。在这一规划中，首次明确提出创意产业，并把它置于优化文化产业结构、需较快发展的重点文化产业门类之首。对于创意产业，规划强调着重发展文化科技、音乐制作、艺术创作、动漫游戏等，同时特别指出要开发与文化结合的教育培训、健身、旅游、休闲等服务性消费，带动相关产业发展，支持优先选用拥有自主知识产权、产品质量水平高的文化设备及产品。这无疑从国家战略层面规划了创意产业的发展，极大地鼓舞了创意大军的士气。

创意产业以中小企业为主体，其无形资产的价值与风险不易评估，因而缺乏融资渠道，长期制约企业发展。以文化部与中国银行签订《支持文化产业发展战略合作协议》为表征，文化产业成为国内银行信贷投放热点的趋势已经显现出来。其中北京银行最得风气之先，至2009年末，北京银行的文化创意企业贷款涉及了影视制作、设计创意、广告会展、出版发行、动漫网游、文艺演出、文

* 施惟达，云南大学国家文化产业研究中心主任，教授。

化旅游、文化体育休闲、古玩与艺术品交易等九大类文化创意领域，在北京市文化创意金融市场中，北京银行文化创意企业贷款占金融机构发放总额的90%以上。除银行外，其他金融机构也对创意产业表现出极大热情。中关村科技担保有限公司以“文化北京”为品牌的第一期北京市文化创意产业集合信托融资计划已经全部完成出售。上海建立了国内首家综合性文化产权交易所，形成全国性文化产业与金融资本对接平台。在第四届北京文博会上，共签订协议322个，总成交金额达55.2亿美元，其中亿元人民币以上的项目32个，占签约总数的10%，北京签约总额占55%。华谊兄弟成为中国内地第一家登陆创业板的影视公司，奥飞动漫作为中国动漫第一股在深交所中小板上市，等等。所有这些，都显示文化创意产业在2009年迎来了一个前所未有的发展机遇。

二　从“中国制造”到“中国创造”

自2009年11月23日起，一则“中国制造，世界合作”的形象广告在美国有线新闻网（CNN）的美国频道、美国头条新闻频道和国际亚洲频道播放，与此相映，中国工人群体上了美国时代周刊封面人物榜单。这不仅展示了“中国制造”的正面形象，而且意味着中国制造的“软实力”，由“中国制造”向“中国创造”蜕变。因为在这一形象的背后，是越来越多的中国自主知识产权和专利技术的产品走向国际市场。例如世界著名消费市场研究机构公布了2009年全球白电品牌企业最新数据：海尔以5.1%的份额占据全球白电品牌第一，首次超越了占据这一领域多年第一的美国品牌惠而浦。黑电方面，华旗爱国者数码摄像机也成为欧洲市场上的著名品牌，等等。

支撑中国制造产品向中国创造品牌提升的，是科技、是文化、是创意。海尔在全球建立了8个综合研发中心，所有产品都是以用户的需求为研发渊源，这正是海尔取胜的关键。2009年的创意设计得到了空前的重视。“2009北京世界设计大会暨首届北京国际设计周”的举办是一个影响力非常大的事件。设计大会所包括的“设计创造力”展览、“世界设计发展（北京）高峰论坛”、“北京设计之旅”成为创意设计活动的品牌。中国创新设计红星奖已成为中国优秀设计的标准，得到了国际工业设计联合会（ICSID）的认证，并与德国红点奖签订了战略合作协议。红星奖将从评奖走向推广、普及和国际化。创意设计水平的提升是创造中国品牌的关键因素。

2009 年的动漫游戏产业火热发展。广东原创动力文化传播有限公司生产制作的《喜羊羊与灰太狼》为国产原创作品树立了一个成功的典型范例，其衍生产品及完整产业链的形成也使我国的动漫游戏产业有了成熟的形态。

创意产业还向农业延伸，使传统的农产品变身为创意农产品，从而大大提高其附加价值。在第七届中国农业产品交易会上，方形西瓜、情侣苹果、创意农产品礼篮等等争相亮相，引起人们极大兴趣，昭示出创意产业发展的广阔空间。

三　时尚消费迅速升温

随着国家扩大内需、刺激经济发展计划的实施，2009 年我国的经济发展走出了“V”型结构，下半年的经济增长比较快。2009 年的国内消费稳步增长，其中文化消费市场也同样有良好的表现，已经达到了 GDP 40% 的水平。

国家广电局宣布，2009 年全国电影总票房高达 62.6 亿元，首次突破了 60 亿元，比 2008 年增长了近 19 亿元。我国电影市场的票房收入与其衍生产品及相关收入闯入了世界前 10 名。

文物与艺术品交易，中国保利、中国嘉德、北京翰海、北京匡时、中贸圣佳、杭州西泠、北京华辰、北京荣宝八大文物与艺术品拍卖公司全年共拍出文物与艺术品 26928 件，成交总额 866734.1 万元，与 2008 年相比提高了 59%。其中 4 件高端中国古代书画成交额超过 1 亿元。继传统的字画、瓷器之后，仿明清家具、葡萄酒也成了新的流行收藏品。据美国波士顿咨询公司发布的《后地盘争夺战时代的中国奢侈品市场》研究报告称，通过对 2550 名中国消费者针对 18 个奢侈品品类的调查，中国奢侈品的消费总额与去年相比增长了近 30%，其中奢侈品服装及其配饰增长最快。

与消费升温相同步，从事相关创意的活动、机构和人数都有明显增长。仅就提供设计、文案、编程、策划、翻译等威客（Witkey）服务的威客网站猪八戒网发布的统计指数看，2009 年该网在创意活动方面的交易金额、交易数量、人才数量、有收入者几项指标都有较大幅度的增长。交易金额一年新增 5900 万余元，交易数量新增 58000 余个，人才数量新增 136 万余人，有收入者新增 94400 余人。

2009 年还有值得一提的事件是 3G 业务和产品的上市。虽然 3G 的消费在 2009 年并未火暴，但是，一部分人认为 2010 年 3G 有可能厚积薄发，在消费领域出现井喷。3G 的普及无疑将为创意产业提供更为广阔的发展平台。

创意产业经过 2009 年的开启，2010 年政策效能将进一步释放，相关的举措也将发挥更大的作用，而消费市场空间的上升也将给创意产业的发展提供坚实的基础。但是，有必要进一步明确创意产业的内涵和外延，突出它对传统产业和产品的提升作用，探索对创意内容和设计的价值评估方法和指标，加强知识产权保护等，为创意产业的发展提供更为良好的市场环境。

新媒体发展现状概览

孙文涛*

引言：传统媒体和新媒体

美国《连线》杂志对“新媒体”有一个近于意识流的定义：“所有人对所有人的传播。这就是新媒体。”传统媒体电视、广播、报纸、杂志等，均属于大众媒体，网络也不是新媒体的代名词，门户网站就其特性而言，仍然属于大众媒体。

大众媒体的特性在于，它可以将完全相同的内容传达到所有的接受者，并且内容发送者对于内容拥有绝对的控制。但是大众媒体的缺点是其内容不能针对接受者的独特需求和兴趣而个性化，接受者对内容没有控制。

在这种前提下，“新媒体”应运而生，它融合了人际媒体和大众媒体的优点：信息是完全个性化的，并且可以送达几乎无数的人；每个参与者，不论是出版者、传播者，还是消费者，对内容都拥有对等的和相互的控制。Web2.0 强调“网民自己发布信息，并可自选地接受其他网民发布的信息”。因此以它为基准的网站、无线工具、移动媒体等，可以说是新媒体的代表性表现形态。

下面我们详细介绍新媒体的表现形式，以及 2009 年中国新媒体的最新动向和发展现状。

一　即时通信（IM）：锁定细分用户群并拓展 SNS 网站

（一）ICQ 开启了互联网的“聊天时代”

20 世纪 90 年代，中国民众第一次接触到网络，最早给中国人带来“网络

---

* 孙文涛，中国体育报业总社《网球天地》杂志副主编。

化”革新理念的不外乎两大标志：门户网站和腾讯公司旗下的 OICQ 软件。这款即时通讯软件诞生于 1999 年，初时只是以国际交互聊天工具 ICQ 为模板，模仿研发的一款简单的聊天工具。

1996 年，三个以色列年轻人维斯格、瓦迪和高德芬格合作开发了 ICQ，目的在于实现人与人通过互联网快速地交流。这就是大名鼎鼎的“互联网即时通信服务”（Instant Messenger，简称 IM）。仅仅用了两年时间，ICQ 的用户数量就已经突破了 1 亿大关。然而 ICQ 的辉煌却没有在中国国内延续，从初期占据全亚洲 IM 领域 70%、中国 80% 的市场份额，到 2007 年在中国国内的所有 IM 软件中仅排名第八。老师傅被后来的“学生们”一举超出。

（二）QQ 是中国即时通信软件的代名词

OICQ（QQ 的前身）扮演了最重要的“抢班夺权”的角色，1999 年同期诞生的如 PICQ、RICQ、TICQ、QICQ、MICQ、PCICQ、OMMO、新浪 UC、网易泡泡、搜狐搜 Q 等同类型 IM 软件，如今大都湮没，OICQ 成为唯一的赢家，至 2007 年最新统计，它占领了中国在线即时通信软件 74% 以上的市场。

目前在中国国内，微软旗下的 MSN（Microsoft Service Network）Messenger 和腾讯 QQ 是应用最广泛的即时通信软件。相较于 QQ，MSN 进入中国市场较晚，因此份额少了许多，但是它独创的 Space（MSN 空间）、相册、家长控制、共同浏览 Web、垃圾邮件保护器等高级功能，使它拥有了不少忠诚度很高的固定用户。此外，新浪 UC 凭借在互动娱乐领域的独树一帜而占领了一片山头。

（三）即时通信软件已经进入全面转型期

2008 年，即时通信软件全面步入转型期，因为单纯的“通信、语音聊天、视频聊天、发送文件”等功能已经无法满足网民越来越广泛的需求。在技术还没有进入到全面升级的阶段中，“拓展”成为最重要的符号。

还是以腾讯 QQ 举例，依托庞大的通信工具用户群，QQ 广泛拓展了业务范围及功能，如手机绑定、移动 QQ、短信服务、炫铃、钻石会员、高级交友、空间、相册、电子宠物、大型网络游戏、微视频、网络支付系统、音乐、网络杂志、博客、下载工具、杀毒软件、网络硬盘等，足迹几乎遍布 SNS 的所有衍生领域。（SNS：Social Networking Services 的简称，意即社会性网络服务）无论这些服务项目是否有效、实用，但是 IM 运营商对于综合类网络文化消费市场的觊觎昭然若揭。

2008 年，刚刚成立 3 年的 51. com 注册用户突破 1 亿，用户超过 2500 万户，这是即时通信的时代即将过去的信号，51. com 并不是传统意义上的 IM 平台，虽然它的初衷也是给用户提供一个更便捷沟通的平台，但从特性来说，它是一个严格的 SNS 网站。目前，腾讯也已经将 51. com 在内的多家 SNS 平台列入直接竞争对手的行列。

可以预计的是，在未来 3 ~ 5 年的时间内，即时通信软件的触角将逐步涉足白领人群的垂直领域、城市垂直领域、直接消费领域。具体来说，锁定并细分用户群及大力拓展 SNS 网站将是 IM 运营商们在未来不遗余力的两件大事。

二　网络视频：高清是唯一发展方向

（一）网络视频是新媒体对文化产业的最大贡献

视频网站全面兴起是 2003 年之后的事情，2006 ~ 2007 年达到高峰，刚刚过去的 2008 年则是视频网站的“洗牌年”。我们定义“网络视频”的概念，是以流媒体为标准的，也就是说，一切采用流式传输的方式在 Internet 播放的可视化的媒体格式都可以纳入网络视频的概念。

流媒体的范式非常广泛，主要可分为声音流、视频流、文本流、图像流、动画流等，网络视频正是利用了视频流、声音流和动画流，呈现给网民多姿多彩的娱乐生活。

小到利用 IM 工具，用户相互间进行可视化聊天，大到专业视频网站在线视频播放服务为成千上万的用户同时提供视频欣赏。看电影电视剧、可视电话、赛事网络直播、演唱会、自制家庭 DV、企业产品发布、视频教育培训，这些形形色色的网络视频内容大大丰富了民众的文化生活。可以说，网络视频是各种形态的新媒体中贡献最大的一类。

时至今日，不知道 IPTV（交互式网络电视）的网民已经凤毛麟角，简单来说，这是一项结合了电视和计算机数字技术两者优点的全新技术概念。因为其在视频压缩技术和用户选择性上的不可比拟的优势，俨然已经成为“网络视频”领域中的皇冠。

实际上，在网络下载和以 YouTube 为代表的微视频网站逐渐成熟之后，将核心定位在“电视”功用而非“网络”功用的 IPTV 就无可避免地需要在画质上下足工夫，并且将其电视服务与互联网浏览、电子邮件以及多种在线信息咨询、娱乐、教育及商务功能捆绑起来。多元化和高清化是坚定的发展方向，而从目前的发展来看，因特网上的视频直播、远距离真视频点播是网友们最为看重的 IPTV 的亮点。

（二）P2P 的诞生就是为网络视频的诞生做准备

P2P（对等联网）本身是一个概念，但是如今它已经衍生成为一种标志性的技术。简单地说，P2P 的目的是直接将人们联系起来，让人们通过互联网直接交互。P2P 使得网络上的沟通变得容易，真正地消除了中间商（如门户网站）。它使网民直接连接到其他用户的计算机来交换文件，而不是像过去那样连接到共享服务器去浏览与下载。而这正是“Web2.0”的精髓，同时也是“新媒体”的根本价值所在。

就目前的互联网而言，只有 P2P 可以真正做到“非网站中心化”和“非门户化”，网民是真正的权利拥有者。德国互联网调研机构 ipoque 统计显示，截至目前，P2P 已经彻底统治了当今的互联网，网上 50% ~90% 的总流量都来自 P2P 程序。

我们耳熟能详的 BT 程序（BitTorrent）正是 P2P 程序中的一个传奇，它超越了 eDonkey（含 eMule，即电骡），占据 P2P 流量的 50% ~70%。除了 BT 和 eDonkey，另外一种下载方式就是利用 Usenet 上的资源，这种下载方式在国内并不为人所知，但在国外非常流行。综上所述，我们可以认为 P2P 几乎就是当今网民在互联网上的文娱生活的全部内容。

在中国，P2P 从 2000 年起风起云涌，升级换代之快可以日为计量单位。人们不知不觉间感受到了 P2P 作为高科技发展载体带来的快乐，即时通信软件 QQ 和 MSN 是 P2P，分享软件 eMule 是 P2P，音乐软件酷狗（KuGoo）是 P2P，下载软件迅雷（Thunder）还是 P2P。

而最重要的就是基于 P2P 平台诞生的网络视频，甚至可以这么说，当 1998

年 P2P 概念第一次在美国波士顿大学诞生以来，这个划时代的技术理念就是为了日后的网络视频做准备的。这不是夸夸其谈——如果说网络文化消费是块大蛋糕，那么网络视频就是鲜奶，而 P2P 则是做蛋糕的巧手师傅。

2007 年和 2008 年是 P2P 网络视频在国内形成规模的标志性年份，据统计，已经有超过四成的网友正在或曾经接受过在线网络视频的服务。PPLive 和 PPStream（连续播送）是目前国内知名度最高、用户数最多、覆盖面最广的两款 P2P 网络视频软件。有了它们，人们就能够享受大多数网络视频带来的乐趣了。

（三）微视频网站的影响力

细分新媒体的发展之路，有一个网站不能不提。那就是 YouTube——设立在美国的一个视频分享网站，它也许将在未来被证明是互联网发展进程中的里程碑。

从最初的 3 位年轻人提供一个网友上传视频并相互欣赏的平台的单纯动机，到后来发展为互联网巨擘，这段神话仅用了一年时间。有几组数字耐人寻味，截至目前，YouTube 每天大约可以吸引近 900 万人浏览；而在它成立后的短短 15 个月时间，它就已经超越了 MSN Video 和 Google Video 等竞争对手，成为 21 世纪最多人浏览的视频网站。2006 年 10 月 9 日，Google 公司以 16.5 亿美元的天价收购了 YouTube 网站。

YouTube 成功的秘诀仅仅在于两个词——“分享”和“交互”，这也是网络新人类的文化生活中最重要的元素。他们需要的不是看一部大牌明星们演的电影，而是自己导演拍摄一部视频，或记录下生活中的点滴，提供给无数的网友们欣赏、评论。在 YouTube 之后，中国国内诞生了许多家采用相同或相近内核运行的视频网站，在一味模仿的前提下，其中的许多家依然获得了境内外风险投资的青睐，最著名的例子就是土豆网。

这些视频后来被业内人士赋予了一种新名词加以概括——微视频。意思是“短则 30 秒，长则不超过 20 分钟，内容广泛，形态多样，涵盖小电影、纪录短片、DV 短片、视频剪辑、广告片段等视频短片”。微视频的特点是时间短、缓冲快、内容精到。因为它与传统影视内容惊人的互补性，很快在娱乐爆炸、注意力稀缺的时代缔造出一段段神话。

很难用数据来解释视频网站对于中国人的文化生活的影响，这里以网络大事为标志，一窥微视频的能力。

自2006年起至今，在中国引起过广泛影响的网络事件中，有超过30%是通过微视频曝光或引发关注的，仅次于BBS论坛，而超越博客。2006年虐猫事件、胡戈馒头视频、巴士判官、雅阁女事件、扬州公交妹妹；2007年黑砖窑虐工视频、华南虎真伪事件、海淀艺校辱师事件；2008年雪灾视频、汶川地震各地网友赈灾表现、艳照门、倪震湿吻门等事件，都是通过这些微视频网站传播、转载并引起轰动的。（参见表1）

微视频网站对中国人的文化生活功劳卓著，这是一个能够迅速聚集人气的网络模式，但它们也并不是高枕无忧，庞大的资金投入使在线视频市场充满了风险，成功者只是少数。据专业行业机构分析，一家能够实现对在线视频较好支持的网站一年的运营费用至少需要2亿人民币，“入不敷出”是最直接形象的形容词。

2008年对微视频来说是堪称终结性意义的一年。随着全球金融危机的到来，微视频模式在创造了无数辉煌之后，终于在反复的洗牌之后轰然倒下。和最顶峰期相比，2008年中文微视频网站的规模缩水了五成。网络视频的出路在哪里？就目前而言，正是我在前文中提过的P2P，它比微视频出色得多的画质特性使它毫无疑问会成为未来互联网的主角。在这其中，无论是P2P直播还是P2P点播，目前都已经成为互联网视频的主力军。

由于P2P技术颠覆了基于流媒体服务器的传统视频播放模式，以一种全新的视频资源切片和分享的方法来完成最终的下载和播放，因此不仅在播放的流畅性方面显露出明显的优势，而且将视频流媒体的运营成本降低了90%以上。然而P2P也不是无懈可击，它相对于微视频网站而言失去了交互性，网友无法随心所欲，在实际操作中网站和网友都可能丧失自己的话语权。

（四）“迅雷看看”在国内风生水起

2008年，一款名为“迅雷看看”的软件打破了互联网的平静，虽然它并不是诞生于这个年份，但是这一年却给迅雷看看带来了无数荣耀，而这正是一款基于P2P Streaming技术的播放软件。迅雷看看和土豆网可以被看成是中国网络视频发展过程中“P2P时代”和“微视频时代”的代表性网站。

所有的用户都可以在迅雷看看的网站上收看到包括电影、电视剧、动漫、综艺、体育、电视台直播在内的视频内容。这些内容首先是完全免费的，其次它们的清晰度非常高，最后用户还可以实现点播的功能。网络视频真的营造出了一个人们从前不敢想象的娱乐王国。试想一想，有了这样的收视平台，DVD、VCD 的竞争力荡然无存，也许从此人们不再会购买电影碟片，无论它是正版还是盗版——因为互联网上在线收看的电影画质、音效完全不比电视上的差！

对中国网民来说，在线看视频经历了从“Flash 短片”到“微视频”再到“P2P”的过程，技术的更迭在于更适宜地满足民众的需求。因此我们可以认为，我们对于网络视频的需要，从最原始的猎奇，发展到原创和交互，再到后来的清晰、快速。时至今日，实时直播和高清是最重要的硬性标准。至于未来网络视频的方向，IPTV 什么时候能达到它创立伊始的初衷，还需拭目以待。

表 1　国内点击率最高的微视频网站及网址

土豆网	http://www. tudou. com/	56	http://www. 56. com/
YouTube	http://youtube. org. cn/	6 间房	http://6. cn/
新浪播客	http://v. sina. com. cn/	琥珀网	http://www. hupo. tv/
酷 6	http://www. ku6. com/	图酷网	http://www. uume. com/
QQvideo	http://video. qq. com/	偶偶网	http://dv. ouou. com/
优酷网	http://www. youku. com/		

三　无线数字技术：3G 是镜花水月吗

（一）手机为载体的无线增值服务

手机是新媒体家族中人丁最兴旺的一支，除了最初打电话的功能之外，如今人们在购买和使用手机之前，总要不自觉地衡量它的通话以外的功能，铃声是否好听、待机时间长短、画质分辨率、摄像机像素等，而这些硬件标准的目的在于衡量这款手机能否承载起无线增值服务带来的娱乐乐趣。

简单来说，传统 SP 业务（移动网增值电信业务）包括短信、语音、彩铃，基于 3G 的 SP 业务包括 WAP、网络游戏、彩信、JAVA 应用等。在传统 SP 业务最辉煌的2003~2005年度，国内著名门户网站的年度收入总额的60%以上均来自于SP收费。无数手机使用者陶醉在一条条迷人的短信、动听的彩铃带来的乐趣中。

据统计，2004年一位以创作短信为生的年轻人，在当时的佣金收入超过6000元人民币/月，大大领先于北京市的人均实际收入。然而随着手机3G时代的逐渐到来，他不得不换个职业。通过手机是否可以在线看电影、玩大型的网络游戏才是时下年轻人最关心的话题。

（二）手机的3G时代也许将改变公众的文化生活

3G是3rd Generation的简称，中文含义就是指第三代数字通信。通俗地解释，手机发展至今一共经历了三代，第一代手机（1G）只能打电话（1995年）；第二代手机（2G）可以接收数据，如短信、彩铃、电子邮件、接受网页等（1996~2006年）；第三代手机（3G）实现了在全球范围内更好地无缝漫游，并处理图像、音乐、视频流等多种媒体形式，提供包括网页浏览、电话会议、电子商务、网络游戏、无线搜索等多种信息服务。

2008年4月1日，中国移动在全国8个城市放号，“中国3G元年”之称叫开；2009年1月7日，3G发牌开始，我国正式步入3G时代。3G牌照发放后，将逐渐形成一条包括3G网络建设、终端设备制造、运营服务、信息服务在内的通信产业链。对中国用户而言，3G意味着无线通信领域更广阔浩瀚的多媒体体验和服务。从此以后，在出租车里进行视频会议、在火车上用手机看直播的连续剧、在奥运会现场直接发送比赛画面给身边没有电视的朋友，这一切都成为了可能。

一定意义上说，3G意味着新媒体的一切。相对于移动多媒体而言，包括笔记本电脑在内的个人计算机的局限性不言而喻，你不可能背着一台打开的笔记本电脑边爬雪山边和同事进行视频会议，而3G手机可以做到。当3G技术真正成熟起来以后，人们的文化生活将出现翻天覆地的变化，文化消费也将迎来颠覆性的变革。

3G手机的功能大致分为如下几项：①宽带上网；②视频通话；③手机电视；④无线搜索；⑤手机购物；⑥手机网游。

四　电子商务：B2C 和 C2C 改变了中国人的消费心态

（一）当当网和卓越网

将现实状态下消费的模式移植到网络上，这就是“电子商务”的雏形。在中国，“阿里巴巴模式”几乎可称电子商务的代名词，它是基于企业对企业之间的一种网络营销关系。需要指出的是，电子商务只是现代 B2B（Business to Business）市场的一种具体的表现形式。根据统计预测，2010 年全球电子商务市场的规模将达到 26 万亿美元。

当然，B2B 和人们的文化生活的关系并不大，和 B2B 相对应的 B2C 模式才是渗入当今人类生活的重要互联网元素。B2C（Business to Customer）中的 B 是 Business，意思是企业，C 是 Customer，意思是消费者，所以 B2C 是企业对消费者的电子商务模式。这种形式的电子商务一般以网络零售业为主，主要借助于 Internet 开展在线销售活动。企业在网上开设商城，将商品卖给单一的消费者。

在中国，目前最具代表性的 B2C 网站是当当网和卓越网，它们都是以销售图书和音像商品为主的——这也是我们需要强调的一点，网上直接出售的商品个性特征非常明显，一般多集中在图书、音像制品、数码类产品等，这些商品对购买者视、听、触、嗅等感觉体验要求较低，而类似服装、音响设备、食品、香水需要消费者特定感官体验的商品不适宜在商城出售。

（二）淘宝模式

结合上文，C2C（Customer to Customer）就是消费者通过网络平台和其他消费者进行一对一或一对多的电子商务。很简单的例子，一位消费者有一台旧电脑想卖，他把电脑的图片资料放到网上拍卖，并通过网络的支付模式将它卖给了另外一个消费者。这种模式今日看来十分普通，但在诞生伊始，没有人想到它将会对中国人的文化生活起到如此巨大的影响！

B2C 所欠缺的，C2C 都能够做到。企业卖商品，当买家数量太大，其个性化需求必然得不到满足，因为企业仓库中的商品是有限的。但是用户个人卖商品，每个人既是卖家，又都是买家，商品的数量是无限的，每个人都享受到体验式服务，这就是网店的秘诀所在。因此在 C2C 的地盘，小到卖一枚曲别针，大到法拉利跑车，这些都已经真切地实现了。

毋庸置疑，淘宝网在 C2C 领域的领先地位暂时还无人能够撼动。在中国的 C2C 市场，淘宝网的市场份额最高时达到 76%。2008 年的最新统计表明，这个数值仍然超过 60%。对年轻的创业者而言，在淘宝网上开一家网店是创业的最方便快捷的方式，省了房租、水电费、人工费，只需要将购买者订购的物品通过快递等方式直邮过去，一手交钱一手交货。而对于同样年轻的消费者而言，网上的货品性价比高、浏览量大（所谓货比三家）、购买方式直接。因此有人预言，“只要一台电脑一根网线，现代人就可以在家中一过十年”。除了淘宝网，国内知名的 C2C 网站还有易趣、拍拍、一拍、123 拍等。

五　搜索引擎：每个人的家中都有一个图书馆

（一）搜索引擎改变了什么

在搜索引擎诞生之时，没有人能够想到它竟能发展到今日的地步。说它改变了人们的生活并不为过。从使用者的角度看，搜索引擎十分简单，这只是一个简单的网页，搜索引擎提供一个包含搜索框的页面，在搜索框输入词条，通过浏览器提交给搜索引擎后，页面会显示与用户输入的内容相关的信息列表。

新的搜索引擎仍然在开发诞生的过程中，就搜索引擎的特性区分，截至 2008 年末，已经存在的搜索引擎大致可分为六类：

1. 全文索引（如：Google、Lycos、百度）；2. 目录索引（如：Yahoo、新浪分类目录）；3. 元搜索引擎（如：InfoSpace、Dogpile、Vivisimo）；4. 集合式搜索引擎（如：HotBot）；5. 门户搜索引擎（如：MSN Search）；6. 免费链接列表。

搜索引擎的种类五花八门，它的出现给人类的生活带来了无数的福音。在学习、工作和生活中，每个人随时随地拥有了属于自己的好助手。搜索引擎的价值并不在于我们可以从此少上几次图书馆，而是我们对于这个世界的看法得到了根本的改变。在网络时代，博学强记不是受到推崇的，在繁杂的信息中强悍的提炼能力才是这个时代最为看重的品质，这也是搜索引擎定义的人才准则。

（二）大百科全书

搜索引擎发展到一定程度，人们开始想象，如果将互联网上形形色色的信息归纳总结起来，并形成一套准确的、对所有网民都有作用的百科辞典，那么搜索引擎的“信息庞杂”的缺点将得到克服。于是在线百科全书应运而生。

在 Web1.0 的时代，大英百科全书在线（Britannica Online）可以说是网络百科全书的雏形。大英百科全书是由一个相对小的集团创造、总结、整理，然后提供给无穷大的网民使用，就性质而言和网络门户没有区别。

直到 2001 年 1 月 15 日，维基百科诞生了，这是一个自由、免费、内容开放的百科全书协作计划，参与者来自世界各地。Wiki，这意味着任何人都可以编辑维基百科中的任何文章及条目。从定义上来说，有多少使用者，就有多少创造者。于是我们可以象征性地说，大英百科全书在线是 Web1.0，而维基百科是 Web2.0。

每天都有来自世界各地的许多参与者进行数千次的编辑和创建新条目，截止 2008 年 4 月 4 日，中文维基百科已拥有 171446 个条目。此外还设有其他独立运作的中文方言版本，包括闽南语维基百科、粤语维基百科、文言文维基百科、吴语维基百科、闽东语维基百科及客家语维基百科等。

习惯使用百度搜索引擎的中国人，也开始积极参与百度百科的建设。无论是百度百科还是维基百科，用户都可以通过这个方式进行自主学习，增长见识，也可以参与编写分享智慧，将头脑中的隐性知识重新组织，不断累积成全人类共同的开放知识库。因为有了搜索引擎，确保了人们可以找到百科全书上的所有内容，这就好像是“每个人的家中都有了一个智能化的图书馆”。

（三）人肉搜索引擎

人肉搜索的意思是利用现代信息科技，变传统的网络信息搜索为人找人、人问人、人碰人、人挤人、人挨人的关系型网络社区活动，变枯燥乏味的查询过程为“一人提问、八方回应，一石激起千层浪，一声呼唤惊醒万颗真心”的人性化搜索体验。

它的可怕之处是可以在最短时间内揭露某件事情的真相，在网络无法触及的地方探寻并发现最美丽的丛林少女，而不顾及是否有人受到了被动的伤害。从技术层面说，人肉搜索借助的全部工具就是开放式的搜索引擎，而搜索过程则是全人工的，猫扑网是国内人肉搜索的发源地。

2006 年 4 月的魔兽“铜须门”大概是可以回顾到的人肉搜索引擎的第一次最大规模的发动，不久之后的“虐猫事件”更是直接干涉到了事件当事人的生活。到了 2007 年，“钱军打人”事件将人肉搜索的威力展露无遗，几个小时之内，殴打老人者钱军和其妻子的电话号码、身份证号码、家庭住址、工作单位、孩子上学的学校全部曝光。“网络暴民”一说甚嚣尘上。

到了 2008 年，随着政府和各门户网站的积极干预，“人肉搜索”引发的网络暴力事件有一定程度的遏制，但其广泛的社会影响力仍不容忽视。2008 年 3 月爆发的“郑州天价头”事件经过人肉搜索，引发全民性的声讨；而“史上最牛小三”事件，更使天涯人肉搜索引擎的力量发挥到极致；其后，“谭静坠楼”事件经过神通广大的人肉搜索，上升为一起涉外的群体性事件。

2008 年底，英国 BBC 重点介绍了在中国屡次引发轰动的“人肉搜索”，直接把“人肉搜索”翻译成“human flesh search engine”，为了便于西方读者理解，BBC 还加注了“witch hunt”（搜捕女巫），形容在中国如火如荼发展的“人肉搜索”，就像当年人们群起围剿女巫的行动。而在美国，媒体为形象表达中国的“人肉搜索”，甚至专门创造了一个短语“Chinese style internet man hunt（中国特色的网上追捕）”。

应该说，人肉搜索在威力强大的同时，也给互联网的道德制约制造了难题。每一个强大的人肉搜索事件都需要网站管理者的帮助，至少是纵容，比如管理员的反复置顶推荐等。而中国网民群体的特点决定了这里更容易诱发“网络暴力”的出现。我们必须认识到，在新媒体的发展过程中，类似于人肉搜索而引发的公共文化生活层面的道德标准的缺失是值得引起广泛反思的问题。

文化企业融资难的理论研究综述

王莹莹*

一　理论研究文献概况

文化企业融资难问题，正在成为我国文化产业研究中的热点问题。1999 年 4 月，中共北京市委宣传部张爱军在《新视野》上发表了一篇题为《文化产业发展呼唤金融业的支持》的文章，成为中国学术期刊网来源期刊中关于这一问题研究的首篇学术文献。2002 年，党的十六大明确提出我国文化体制改革的目的和任务后，这一问题的研究文献开始呈逐年上升趋势。1999 ~ 2009 年，以"金融支持、文化产业"为关键词检索到的文献 18 篇，以"金融、投资、融资、文化产业、文化创意企业"为关键词检索到的文献 476 篇，文献的作者主要来自政府部门、研究机构和大学的学者、金融机构的负责人和记者等。（见图 1、图 2）

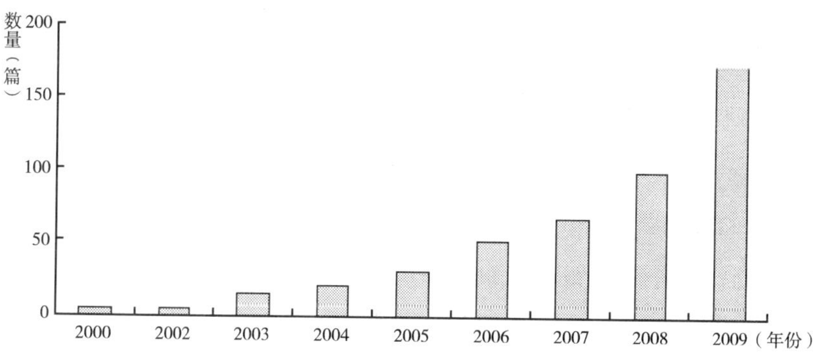

图 1　文献数量年度分布表

* 王莹莹，中国社会科学院研究生院哲学所硕士研究生。

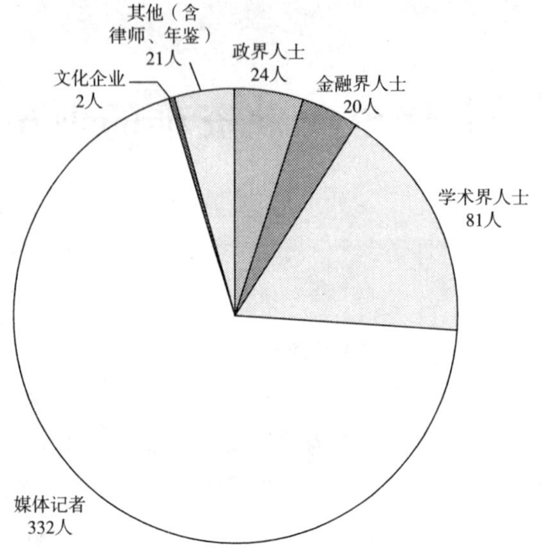

图2　文献作者分布图

文化企业融资难，究竟难在何处？通过对相关文献进行比较研究，我们发现，文献作者们阐述的文化企业融资难的难点，主要集中在文化企业的融资能力、金融机构的金融服务、政策与体制的限制以及政府的服务等四个方面。

二　文化企业融资难的因素分析

（一）难在文化企业的融资能力低

第一，文化产业企业自有资金少，规模小，缺少抵押担保品。因为文化企业不需要太多固定资产，即使没有大量的房屋和土地，仅租一个办公场所就可以进行办公，因而对银行来说没有可靠的抵押品，而且受规模的限制，它也难以在股票市场和债券市场融资。

第二，文化企业经营分散，集中程度不高，而单个文化企业又资历有限，因此争取贷款难度大。

第三，经营时间短，信誉度低。文化企业大多组建时间较多，信誉度低。但银行需要稳健经营，因此那些信誉记录较少，信誉度不高的企业，一般达不到银行贷款要求。

第四，文化企业收益期长且收入不稳定。文化产业领域的投资无论是用于形成固定资产的文化基本建设投资，还是用于形成流动资产的文化的事实产权投资，还是用于培育文化战略后备资源的投资，其建设、创作、培养周期和成型期都比较长。文化企业大多在策划阶段就需要融资，风险与收益极度不匹配，罕有商业银行跟进支持，且很多文化企业都是“项目性”的，不能产生稳定和持续的现金回报。出于投资回报率的考虑，金融机构、企业、私人投资不愿轻易涉足。

第五，文化企业产权结构不清晰，融资规模不匹配。文化企业绝大多数是民营企业，产权结构复杂，且资本金较少，影响了企业的经营和偿债能力。如某公司注册资本只有100万元，却要斥资6000万元筹拍电影，潜在的风险可见一斑。

第六，文化创意企业产业化程度较低，市场化运作程度低，现代化管理体制不健全。不少中小民营文化企业为家族式管理，财务体制不健全，信息透明度低，无法提供备查的资料，预期收益的评估难以进行，不能形成贷款依据。

第七，中小文化企业缺乏经营特色和比较优势，同业竞争异常残酷，企业发展无长期战略和稳定规则可循，短期营利压力剧增，迫使企业对近期问题制定权宜之计，导致企业的生命力不强。面对这样的市场环境，银行贷款更为审慎。

第八，文化产品政策性风险大，市场不确定性强。以影视作品为例，经常有因为没通过政治审查而难以收回成本的情况发生，即使通过政治审查，其艺术性也受到多方面因素制约，比如作品的风格、流派，作者、导演、演员等创作团队的审美观、价值观、艺术修养等决定着其市场销售情况，较多的不确定性使商业银行望而却步。

第九，文化企业的创意人才缺乏，特别是将内容通过产业化方式转化成市场需求的创意人才，即文化创意产业经理人不足，使文化资源难以充分转化成经济资源，也影响着文化企业的融资。

第十，无形资产评估难，这几乎是目前学术界公认的文化企业获取金融支持的最大障碍。中小企业和文化个体的担保物始终解决不了，文化企业主要以知识产权和品牌价值这样的无形资产作为资产存在的表现形式，难以评估质押，在财务报表上无法明确反映，资产负债表不直接反映品牌、客户资源与受众的价值，资产负债表承认硬件不承认软件，这使得资金供给方有关债权充分保障的要求无法满足。

（二）难在金融机构的金融服务

第一，金融机构支持文化产业观念淡薄，对文化产业的发展规律和特点认识不足，服务意识不强，服务体系不健全。文化产业的蓬勃发展，文化资源的整合使商业银行面临新挑战。在过去很长一段时间，文化企业与银行打交道的机会不多，信息沟通少，银行等金融机构没有针对文化企业的内部信用评级，贷款条件设定缺少差异化处理，缺乏可依据的经验和风险评估体系，大多数银行也没有针对文化产业的信贷指引，影响了金融对文化企业的了解和支持力度。

第二，金融部门对文化产业的投入不足，贷款总量偏小，且信贷波动大。从金融机构贷款的数据情况看，与我国文化产业发展不相协调。金融业如何加大对文化产业发展的资金支持力度，是众多金融机构面临的重大课题。

第三，金融机构的信贷结构不均衡。一方面体现在信贷对象的不均衡，在国内银行业加强风险管理的形势下，贷款资金多向大城市、大企业、大项目集中，而中小城市、中小型文化企业、小文化项目贷款难；另一方面体现在信贷领域的不均衡，影视业贷款相对多，而其他如动漫、数字媒体等金融支持乏力。

第四，金融机构提供的融资方式单一，传统的金融服务模式已远远不能适应文化产业发展的需要，缺乏适合中小文化企业融资的金融工具。当前银行提供的金融服务主要还是担保、有形资产抵押等传统信贷方式，缺乏针对文化企业知识产权、版权、收费权等无形资产进行质押的金融产品。对于这一问题的研究始终是学术界、金融界探讨的重点所在，也是各界人士在解决文化产业投资难问题上的热点和症结所在。

第五，银行对文化企业的审查监督成本和潜在收益不对称，造成银行“惜贷”和“惧贷”，且对于中小文化企业来说，银行贷款的资金成本高，使得中小文化企业融资难。

第六，银行为文化企业提供融资的速度慢。银行对中小文化企业的贷款审批手续烦琐、程序复杂、周期过长，很难满足文化企业对融资的时效性要求。一些商业银行对文化企业的业务开展不全面，经办人员业务不熟练，进一步增加了中小文化企业的融资难度。

第七，融资方式本身有局限。股权融资需要企业的高成长性做支撑，大多数中小文化企业难以企及。债权融资是中小文化企业融资的必由之路，目前的供给远远不能满足市场需求。民间借贷，在资金压力下，为尽快返还投资人的本金与回报，企业往往要放弃后期衍生品的市场开发，提前出售版权以收回投资。这就降低了产品的附加值，限制了企业的持续发展，恶性循环限制了企业融资。

第八，中介服务及相关配套措施亟待完善。我国存在知识产权抵押登记和托管制度不完善、保险介入不深等问题，缺乏专门从事文化产品推广策划和市场运作的组织，风险分担机制和评估、担保等文化中介机构发展缓慢，银行、保险、担保、评估等机构无法形成合力，难以有效解决文化产业信贷抵押担保难的问题，从外部环境上制约了金融机构进行创新的动力。

（三）难在政策与体制的限制

第一，我国的文化体制改革不到位，投融资机制不健全，现行的文化体制对投资主体仍存在种种限制，文化产业大多实行“出身准入制”，即“部门出身”、“行业出身”、“地域出身”和“所有制出身”，导致民间资本进入文化产业壁垒高，社会闲散资金难以向文化产业靠拢，无法公平地分享文化资源，企业间的竞争性不充分。民间资本和外资的引进仍与市场的要求相差甚远，金融介入缺乏适合的投资主体。传统机制仍一定程度上束缚文化领域存量资本的盘活和增量资本的扩张。

第二，社会诚信体系建设和金融立法滞后。由于我国还没有建立起全社会统一的企业与个人诚信系统，导致金融市场上形成了违约收益大于违约成本的心理预期，造成一些企业缺乏诚实守信的动力和维护自身商业信誉的积极性。金融立法和金融监管也相对滞后，文化产业法规体系还不完善，诸如民间资本和外来资本所关注的法律地位、权益保护、退出机制等核心问题都还没有得到很好的解决，导致人们对文化产业融资主体缺乏信任。

第三，我国资本市场发育不完善，尚未建立多层次的资本市场，现行上市标准中关于企业规模、赢利记录与融资额度和净资产规模挂钩等规定，均有利于规模较大的国有企业上市，对于大多数中小文化企业来说，难以实现上市融资，即使上市，中小文化企业规模小，其融资能力也难以与众多大企业竞争。

第四，文化创意项目或企业缺乏科学公正权威的评价机制，文化创意及知识产权价值评估也具有不确定性。

第五，尚未建立全国统一的文化产业统计指标体系，文化产业统计还没有纳入国民经济统计，难以满足决策需要。

第六，风险投资引进平台缺乏。

（四）难在政府职能没有理顺

第一，地方政府重视不够，间接化的宏观调控滞后。长期以来，很多地方政府围绕第二产业制定经济发展战略，对第三产业重视不够，发展文化产业思路不清晰。因此，导致金融机构把第二产业作为支持重点，忽视第三产业，尤其是文化产业的支持。

第二，政府在实施国有文化企业重组时多采用行政手段，缺乏资本的纽带，重组后的文化企业的体制和机制没有相应改变。

第三，政府过多介入文化产业的运作，实际上阻碍了文化产业的发展。很多学者都赞同，在文化产业发展初级阶段，必须有大量政府投入，这在初级阶段是有好处的，尽管如此，政府投入文化产业的时间不应太长，否则形成垄断、不公平，导致低效率。

第四，部分文化部门对一些项目的资金投入缺乏明晰的终端目的，往往造成投入与产出不相协调和不对称，缺乏科学的投资意识。

第五，政府政策的不确定性导致了投资的风险成本急剧攀高，令投资者望而生畏。

第六，政府的管理机构设置不合理。部门所有、条块分割文化资源状况依然突出，不适应文化产业的发展需要。

三　结语

金融支持文化产业发展已经越来越受到政府、学术界和金融界的关注，很多相关研究可以帮助我们从更广泛的意义上，更深入更全面地了解我国当前文化产业融资难的现实。其中一些研究也为我们进一步地解决问题提供了新的视角。但是，目前国内对于文化产业融资困难问题，多集中在共性问题的分析上。笔者认为，应加强对不同类别的金融机构投资不同文化领域的情况作分类研究，从而发现不同金融机构、不同文化领域融资难的个性问题，并以此为依据积极开展有针对性的研究，为金融更好地支持文化产业的发展提供有力保障。

参考文献

1. 罗靓：《发展文化产业与金融支持》，《经济观察》，2008.5，第21~25页。
2. 人民银行丽江市中心支行课题组：《金融支持丽江文化产业的现状、问题与建议》，《西南金融》，2005.12，第28页。
3. 孙斌：《金融支持文化产业发展中面临问题及建议》，《金融经济》，2008.6，第134~135页。
4. 段爱明：《金融支持张家界旅游文化产业发展的难点及对策》，《金融经济》，2009.6，第160~161页。
5. 李永和：《加大金融支持力度助推文化产业发展——金融支持四川文化产业发展的调查与思考》，《西南金融》，2009.6，第18~20页。
6. 周晓强：《金融支持湖南文化产业发展的实践与思考》，2009年8月3日第6版《金融时报》。
7. 常晔：《金融支持文化产业发展问题研究》，《经济研究导刊》2009年第12期，第84~85页。
8. 欧培彬：《文化产业金融支持研究述评》，《财政监督》，2009.1，第76~78页。
9. 刘亚力、李瀛：《无形资产评估——创意产业融资的核心》，2007年8月27日第A04版《北京商报》。
10. 肖钢：《以全方位金融服务推动文化产业升级》，2009年6月6日第7版《人民日报》。
11. 周正兵、郑艳：《发展文化产业投资基金的思考》，《宏观经济管理》，2008.4，第56~57页。
12. 杜广中：《文化产业的投融资体制研究——兼论福建省文化产业投融资问题》，《东南传播》，2008.9，第143~145页。
13. 喻文益、向勇：《中国文化产业融资的冷静思考》，《投资北京》，2008.3，第22~23页。
14. 花建：《中国文化产业投资战略的思考》，《上海社会科学院学术季刊》，2002.2，第139~147页。
15. 李培元、魏亚平：《基于新型文化产业视角的直接融资模式研究》，《山西财经大学学报》，2008.11，第66、154页。
16. 彭礼堂、周亮：《试论文化产业投资不足问题之克服》，湖北省科技厅科技攻关项目，《中国文化产业振兴法律环境分析》。
17. 刘丹萍：《推动文化投融资体制改革，促进首都文化产业发展》，《首都经济贸易大学学报》，2006.2，第67~70页。

18. 谭震：《我国文化产业融资方式的创新研究》，《现代管理科学》，2003.9，第54～55页。
19. 张倩、苑晓东：《我国文化创意产业融资问题初探》，《华商》，2008.8，第83页。
20. 肖云钢：《文化创意小企业融资难的5条对策》，《中国科技投资》，2008.11，第30～31页。
21. 张伟、周鲁柱：《我国文化产业投融资存在的问题及基本对策》，《现代传播》，2006.4，第106～112页。

2008～2009年中国出版产业发展报告

徐升国　郝振省*

2009年以来，面对世界经济危机，我国出版业发展一反世界各国危机局面，成绩显著，成为世界出版业的一个亮点。这一年的中国书业，“转企改制”、“兼并联合”、“走出国门”、“数字出版”、“国有民营合作”都是值得浓墨重彩的话题。在2010年度，改革与发展齐头并进，中国出版业产业化格局初步显现。

一　2008～2009年出版业发展状况

2008年以来，虽然全球经济危机不断蔓延和恶化，但中国出版业却一反往年平稳发展的态势，呈现出快速发展的特征，在世界各国出版业深受经济危机冲击的背景下显得一枝独秀。

据新闻出版总署统计，虽然受到金融危机冲击，我国新闻出版业2008年仍

* 徐升国，中国出版科学研究所应用理论研究室主任；郝振省，中国出版科学研究所所长。

保持持续增长、稳中有升的态势。2008 年全国图书生产定价总金额为 791.43 亿元，期刊生产定价总金额 187.42 亿元，报纸生产定价总金额 317.96 亿元，录音制品发行总金额 11.21 亿元，录像制品发行总金额 7.23 亿元，出版物印刷工业销售产值 976.90 亿元。这些数据各自口径不同，无法得出新闻出版业总体规模数据。但如简单累加，则新闻出版业产业规模大概为 2300 亿元。数字出版行业和网络游戏出版业由于未纳入新闻出版统计之中，因此未能纳入计算，而出版物发行业营业额由于间接隐含在出版物总定价中，因此未进行统计以避免重复计算。

具体到各类出版物发展情况，在图书出版方面，2008 年全国共有 579 家出版社（包括副牌社 34 家），与 2007 年相比，出版社总量没有变化。在 2008 年全国共出版图书 275668 种，其中新版图书 149988 种，重版、重印图书 125680 种，总印数 69.36 亿册（张），定价总金额 791.43 亿元。与 2007 年相比图书品种增长 12.16%，总印数增长 10.21%，总印张增长 15.26%，定价总金额增长 16.95%。图书业各个方面都实现了两位数的增长，显示出图书出版业快速增长的势头。

从一般图书与课本两大类图书出版情况看，一般图书与 2007 年相比种数增长 13.35%，总印数增长 22.78%，定价总金额增长 22.81%。课本与 2007 年相比种数增长 3.44%，总印数下降 0.66%，定价总金额增长 7.67%。

从一般图书与课本的关系看，一般图书品种数、总印数和定价总金额均保持着近年来少有的高速增长，而课本种数、定价总金额有小幅增长，而总印数则再次出现下降。一般图书的各项指标以近年来少有的速度大幅增长，而课本增幅则小得多，这使一般图书与课本的比例进一步出现变化，一般图书的比例在进一步上升，行业对课本的依赖度越来越低。到 2008 年，一般图书与课本的比例：种数比为 80∶20，总印数比为 52∶48，定价总金额比为 65∶35。一般图书种数、总印数和定价总金额均超过了 50%，成为图书市场的主体。

从分类图书出版情况看，2008 年全国共出版图书超过 27 万余种，各类图书中，文化、科学、教育、体育类图书出版品种位居第一，环境科学、航空航天、农业科学出版品种增幅分别位列前三，体现了我国出版界对于汶川地震、神七飞天、农家书屋等社会热点的关注。

从销售环节看，虽然有汶川特大地震、国际金融危机的影响，2008 年出版物销售仍然持续增长。2008 年全国共有出版物发行网点约 161256 处，与 2007 年相比减少3.59%，其中主要是集体和个体零售网点，共有105563处，比2007年减少8.18%。全国共有出版物发行业从业人员约67.91万人，与2007年相比减少11.63%，其中集体和个体零售网点从业人员35.65万人，比2007年减少20.97%。

从经营情况看，2008年全国新华书店系统、出版社自办发行单位纯销售67.09亿（册、张、份、盒）、539.65亿元，与2007年相比数量增长6.27%，金额增长5.3%。全国新华书店系统、出版社自办发行单位2008年末库存51.08亿（册、张、份、盒）、672.45亿元，与2007年相比数量增长14.05%，金额增长18.83%。库存金额再次超过了纯销售金额。

2008年图书出版业中也存在一些值得关注的现象，其中最突出的是，图书出版数量无论是册数还是定价总金额，增幅都远远超过了纯销售册数和纯销售金额，而库存则继续出现较大幅度增长。同时，全国图书发行网点、从业人数均出现下降，其中尤其是民营发行网点数和从业人数更是出现近年来少有的大幅下降。这显示出出版上游大幅增产，销售环节增幅较小，尤其是民营销售环节大幅下降，则体现了一般图书零售市场明显不畅、效益下滑。出版上游的大幅增产并未有效转化为下游的销售，而更可能是转化为了库存，这将为未来出版业的发展埋下极大的隐患。日本和我国台湾地区出版业出现的滞胀，都是因此而触发的。

报纸出版方面，2008年全国共出版报纸1943种，平均期印数21154.79万份，总印数442.92亿份，总印张1930.55亿印张，定价总金额317.96亿元。与2007年相比，种数增长0.26%，平均期印数增长2.97%，总印数增长1.13%，总印张增长13.51%，定价总金额增长3.73%。总体上看，报纸出版实现了平稳增长。

期刊出版方面，2008年全国共出版期刊9549种，平均期印数16767万册，总印数31.05亿册，总印张157.98亿印张，定价总金额187.42亿元（含高校学报、公报、政报、年鉴1742种）。与2007年相比，种数增长0.86%，平均期印数增长0.42%，总印数增长2.1%，总印张增长0.03%，定价总金额增长9.65%。

音像电子出版方面，从总体上看，2008年全国录像制品出版是降幅最大的一个领域，全国录像制品出版品种、数量、发行数量和金额都出现了大幅下降，显示出在网络时代，录像制品出版进入显著的衰退期。从具体数据看，2008年全国共出版录音制品11721种，出版数量2.54亿盒（张），发行数量2.49亿盒（张），发行总金额11.21亿元。与2007年相比，品种下降了23.46%，出版数量增长了23.49%，发行数量增长了24.53%，发行总金额下降了2.69%。全国共出版录像制品11772种，出版数量1.79亿盒（张），发行数量1.61亿盒（张），发行总金额7.23亿元。与2007年相比，品种下降了29.26%，出版数量下降了37.37%，发行数量下降了31.92%，发行总金额下降了63.74%。2008全国共出版电子出版物9668种、15770.64万张。与2007年相比，品种增长了11.74%，数量增长了16.10%。

受国际经济危机影响最大的是出版物进出口业务。2008年，全国出版物进出口经营单位的图书、报纸、期刊出口种次、数量及金额都比2007年有不同幅度下降，分别为下降18%、21.9%、7.9%。其中，期刊出口的数量和金额与上年相比降幅最大，为60.9%、38.5%。而海外出版物进口影响不大，图书、报纸、期刊进口数量、金额分别增长了44.7%、14%。从具体数据看，2008年全国出口书报刊947204种次、801.81万册（份）、3487.25万美元，与2007年相比种次下降18.05%，数量下降21.99%，金额下降7.93%。在进口方面，2008年书报刊共进口703787种次、3452.54万册、24061.40万美元，与2007年相比种次下降13.67%，数量增长44.70%，金额增长14.01%。

在版权贸易方面，2008年全国共引进出版物版权16969种，共输出各种出版物版权2455种，版权贸易逆差的局面又有所扩大。统计显示，大陆与台湾地区出版界交流日益活跃。2008年的版权贸易中，台湾地区位居大陆版权输出、引进品种数的首位。版权引进方面，台湾地区以6040种位列大陆引进品种数之首，美国则从2007年的第一降至第二。版权输出方面，大陆向台湾地区输出达603种，韩国和我国香港特区位列第二和第三。

2009年，在全球金融危机不断蔓延、实体经济受到严重冲击的背景下，全国图书出版业仍然保持着增长的势头。2009年上半年，全国图书销售增长20%，新媒体出版增长40%以上，产值增长30%左右，投资增长大约36%，一批出版工程项目相继建成投产，新闻出版产业逆势上扬，整体实力进一步增强。为了应对金融危机，上半年，中国出版业还出台了一系列促发展、保增长的政策措施，加快了产业调整，增强了出版行业战胜金融危机冲击的信心：2009年北京图书订货会订货码洋同比增长18%、图书馆采购同比增长26%；第十九届全国图书交易博览会订货码洋和销售额双双创下新高，拉动地区消费近30亿元；“国家数字复合出版工程”、“数字版权保护技术研发工程”、“中华字库工程”等重大工程不断推进，手机出版和数字出版印刷等新兴业态呈现蓬勃兴旺的发展态势。

二 2008～2009 年出版业主要特征

近年来，产业化成为出版业的主要趋势。随着这几年改革的不断深入，由计划经济向市场经济的产业转型开始明显地体现出来。一方面是出版机构的企业化转型向纵深推进；另一方面是以资本为纽带，以产业发展为动力的跨地区、跨所有制甚至跨国兼并、重组、合资合作，以及国有民营出版单位的合作越来越活跃，出版业开始走上产业整合的道路；“走出去”及“农家书屋”的发展，为出版业协调发展，提供了新的方向；以电子阅读器为代表的新型数字出版模式不断出现，则显出出版业正面临历史性技术与商业模式变革。

（一）出版单位体制改革继续全面推进，改革对产业发展的推动作用逐渐显现出来

2009 年以来，全国出版体制改革全面深入推进，中央部委出版社改制工作也全面启动。2009 年 5 月 21 日，中央各部门各单位出版社体制改革工作会议在北京举行，拉开了部委社改制大幕。6 月 26 日，中央在京出版单位新闻出版领域体制改革培训班在京举行，部委社改制成为 2009 年工作重中之重。

为进一步推进新闻出版体制改革，新闻出版总署 2009 年 4 月 6 日发布了《关于进一步推进新闻出版体制改革的指导意见》，（以下简称《意见》）《意见》指出，除明确为公益性出版单位外，所有地方和高等院校经营性图书、音像制品和电子出版物出版单位 2009 年底前完成转制，所有中央各部门各单位经营性图书、音像制品和电子出版物出版单位 2010 年底前完成转制。制定经营性报刊转制方案，推动经营性报刊出版单位逐步实行转制。已经完成转制的新闻出版单位要按照《公司法》的要求，加快产权制度改革，完善法人治理结构，建立现代企业制度，尽快成为真正的市场主体。《意见》再次明确了各类出版单位转制的时间表和具体转制要求，进一步推动了转制工作全面开展。到 2009 年底，500 多家经营性图书出版社中，超过半数已完成改制，组建的省级出版发行集团达 20 多家。按计划，268 家地方出版社、100 多家高校出版社、101 家中央部委出版社要求在 2009 年年底

完成转企改制，其余47家中央部委出版社将于2010年年底前完成。

在改革改制政策的推动下，出版单位的跨地区、跨所有制兼并重组开始拉开了产业整合的大幕。2008年底，由贵州省店和四川新华文轩合资组建的贵州新华文轩发行有限责任公司挂牌。2009年6月26日，天津出版总社、内蒙古新华发行集团股份有限公司和辽宁北方联合出版传媒三方代表在京签署《战略合作框架协议》，宣告三地出版业将跨地区联合打造大型出版传媒产业集团和战略投资者，显示出全国出版、发行业的重组进入一个新的历史阶段。中国出版集团也与山东出版集团、时代出版传媒分别签署了战略合作协议，凤凰出版传媒与山东出版集团也结成了战略合作联盟。

（二）民营文化工作室列入政策支持领域，国有、民营书业走向战略合作

2009年1月，政府首次正式提出对民营文化工作室的积极评价。新闻出版总署署长柳斌杰在全国新闻出版局长会议上的工作报告中表示，“要积极研究民营文化工作室参与出版的通道问题，对于规模大、实力强、导向正确的民营文化工作室要积极支持、正确引导，加强管理，发挥好新兴文化生产力的作用。”4月，新闻出版总署颁布《关于进一步推进新闻出版体制改革的指导意见》（以下简称《指导意见》），进一步明确了非国有出版工作室为“新兴出版生产力”的地位，将“非公有出版工作室”定位为“新闻出版产业的重要组成部分”，对民营出版策划机构在满足人民群众精神文化需求、促进出版生产力发展中所发挥的积极作用，给予了充分的肯定，并提出要“在特定的出版资源配置平台上，为非公有出版工作室在图书策划、组稿、编辑等方面提供服务”。虽然也有人表示，《指导意见》只是给了一个大方向，对具体操作细则却含混不清。但就中国民营书业30多年的发展看，这份文件的出台，至少在政策层面已经开始扫清障碍。至于民营书业何时能够获得与国有出版同等的“国民待遇”，或许只是时间问题。

《指导意见》为中国民营出版业的快速发展搭建了平台，打通了通道，提供了新的思路。就在该文件出台后几天，在山东举办的全国图书交易博览会上，诸多民营策划公司第一次大规模地出现在书博会上，多家民营策划公司与国有出版机构展开了多方面、多角度的合作。在第十九届全国图书交易博览会上，凤凰出版传媒集团宣布，江苏人民出版社和北京共和联动图书有限公司进行战略合作，

注资 1 亿元组建的北京凤凰联动文化传媒有限公司成立。与此前民营与国有合作时以资源出资的形式不同，该新公司由双方共同出资成立，江苏人民出版社占有 51% 的股份。经过多年的相互竞争发展，国有民营在竞争中开始进入融合时代。

（三）法兰克福中国主宾国活动的成功举办，推动了出版业走出去的发展

近年来，出版业围绕“走出去”的持续探索在 2009 年结出硕果。2009 年 10 月，中国首次以主宾国身份在法兰克福国际书展亮相，在文化展示和版权交易上获得了双丰收。国家副主席习近平出席了开幕式，中国作协主席铁凝率 121 位知名作家密集举行了数十场关于中国文学、文化、历史和出版的专题论坛与对话。报名参展的中国出版单位达 227 家，展品总计 7600 余种，输出版权 2417 项，图书总码洋达 87 万余元。2500 平方米主宾国主题馆、1000 余平方米中国展区展台、612 场活动，此次主宾国互动形式之丰富、阵容之强大，令许多外国出版人睁大了眼睛。通过版权输出、合作出版、资本合作，中国出版业正以越来越多的形式融入世界出版舞台。

为有效推动中国图书“走出去”，新闻出版总署还组织实施了“经典中国国际出版工程”。“经典中国国际出版工程”采用项目管理方式资助外向型优秀图书选题的出版和翻译，重点资助社会科学、自然科学、文学、艺术、语言、少儿类优秀选题。选题应是各自领域最高水平的重要作品，以反映中国传统经典文化和当代中国政治、经济、科技、文化、社会等方面发展变化内容的精品图书为主。重点扶持“中国学术名著系列”和“名家名译系列”。作为新闻出版总署为推动中国图书“走出去”而直接抓的一项重点骨干工程，首批进入公示的资助出版项目名单于 2009 年 11 月确定。来自全国 56 家出版单位的 113 个申报项目入选。

（四）农家书屋工程，促进农民阅读的有力推手

农家书屋是新闻出版总署的一号工程。截至 2009 年 6 月，全国已建成农家书屋 9.2 万家，计划 2009 年底建成近 30 万家，覆盖全国近半行政村。以每个农家书屋 1000 册图书、30 种报刊、100 种（张）电子音像制品的要求计算，每个农家书屋的建设标准约为 2 万元，30 万个农家书屋需投入 60 亿元。

如此巨大的新市场，又有国家专项资金和地方配套资金支持，必将引起各家

出版社的激烈竞争。由于实行两级目录推荐、地方政府招投标采购，除了争取进入总署制定的国家目录外，各社还绞尽脑汁寻求进入地方目录，由此催生的竞争与合作屡见不鲜。建设农家书屋的主要目的还是要满足广大农民的需求，但据调查，除了农业科技类图书，文化、生活、政经类图书也广受欢迎，中华书局、商务印书馆、人民文学出版社等还被农民读者票选为最喜爱的出版机构。

（五）以电子阅读器为代表的数字出版呈现爆发式增长势头

随着数字出版技术和互联网应用水平的持续提高，国民阅读习惯和阅读环境的逐步变化，我国的数字出版产业开始进入高速发展期。在2009年7月7日召开的第三届中国数字出版博览会上，孙寿山副署长宣布，2009年全国数字出版产业整体收入规模预计将达到750亿元，数字出版产业规模将超过传统图书出版业规模。

在2009年的数字出版产业中，电子阅读器是最为突出的产品。国际上，亚马逊在Kindle阅读器和电子书方面的年度收入将达到2.66亿美元，占其北美总收入的10%；国内，汉王电纸书2009年全年销量估计突破30万台，方正的文房、金蟾的易博士、津科的翰林、福昕的eSlick等都纷纷推出各自的国产电子书阅读器，华硕、宏基等IT巨头也表现出对这一市场的兴趣。

各家致力于电子阅读市场的企业对内容资源的争夺越来越激烈，中文在线、盛大文学重金购买数字版权，中国移动则推出了“手机阅读基地项目”。同时，技术领域的格局也发生了变化，台湾元太科技2009年一举收购了美国E-ink公司，将电子书阅读器的核心显示技术收入囊中，台湾几大主要代工厂商纷纷表示要进军这一市场，寻求产业链的上下游整合。

技术进步正在改变读者的阅读习惯，电子书阅读器越火爆，对内容的渴求就会越强烈，这对手握丰富内容资源的传统出版单位而言意义重大。如何利用自身优势，找到一种满意的数字出版赢利模式，进而在这轮新的数字浪潮中掌握主动，这是真正要深入考虑的问题。

三　2010年前景预测

近年来，出版业的改革进程有目共睹，产业化发展迅速。但是，展望未来，可以发现，出版业的发展也还存在一些问题与不足。主要体现为：新闻出版业的市场化程度依然比较低，许多出版资源的配置还依靠行政的手段，整个新闻出版业还处在半市场化或准市场化阶段；在出版体制上，出版单位事业性质企业化管理的问题依然没有解决，转制以后的单位又出现企业单位事业化管理的弊端，出版单位的市场主体地位没有确立起来；在投融资体制上，出版单位的投融资渠道单一，吸纳社会资本特别是非国有资本的限制很多。同时，各类出版单位准入退出机制尚未形成，许多有条件、有实力的单位想进入新闻出版领域由于严格的审批不能进入。随着改革的深入，这些问题将逐步得到解决。展望2010年，中国出版业的发展将在2009年的基础上，继续保持较快发展和加快转型。

（一）深化改革、国有民营合作将是2010年出版业的重点

展望2010年，中国出版业的发展将在2009年改革全面深化的基础上，基本完成全国出版机构的企业化转制，因此，2010年被称为改革决胜年。从2008~2009年改革的进展看，由于时间原因，许多出版社的转制主要以注销事业身份、注册企业身份为标志，但实质意义上的企业化运营、管理，以及产权制度改革，则并未真正完成。因此，可以说改革实际上刚刚拉开帷幕，真正实质层面的改革深水区还尚未开启。在此过程中，一些出版社充分利用历史机遇，全面加大内部机制改革的力度，并在一些以前无法实施的改革方面不断突破，如进行产权制度改革，全面实行企业化运营等，这将直接导致图书市场竞争局面不断重新洗牌，也对其他改革不力的出版社形成越来越大的压力。预计将会有越来越多出版社由于缺乏市场竞争力而关门停业，还有一些出版社则采取与大型出版集团或上市公司结盟方式实现市场化重组。

在市场化进程中，民营书业由于具备先天的市场运营优势，对一些出版社形成强大的吸引力，不少出版社将加入对优秀民营书业资源的争夺战中来。而对民营书业来说，完全脱离国有出版社，获得独立的出版资质的路途看来仍然遥不可及，最现实的路径是与国有出版社进行资本层面的深入合作来获得出版资质。两相情愿将使国有民营合作在2010年更加活跃，甚至不排除出现一些出版社在实质上被民营企业控股的局面。

（二）数字出版改写出版业游戏规则的时刻越来越近

多年来，数字出版虽然热闹非凡，但真正在市场层面上却收获有限。对许多出版社来说，数字出版仍然仅仅是“看起来很美”，能贡献的实际利润和产生的

市场份额冲击仍然非常有限。

然而，经过了2009年以来的若干方面的重大历史性变化，数字出版改写出版业游戏规则的时刻正越来越临近。盛大文学在2008年完成了网上出版的重组后，2009年又通过收购华文天下图书公司，实现了网上网下出版的互动。中文在线宣布开展全媒体出版以来，人民军医出版社等越来越多的出版机构也加入了全媒体出版的阵营。方正番薯网也以实现全媒体出版为突破方向。汉王电纸书通过将80%数字图书发行利润让渡给出版社的方式，短短时间内就吸引了100多家出版社的加盟。种种迹象显示，数字出版对传统出版的洗牌时刻将越来越近，这对更多的出版社来说，未来可能并不是看上去那么美。

（三）大中型书店经营压力开始凸显

2009年底，刚刚开业3年的北京第三极书局宣布破产，同时，经营多年的风入松书店也再次传出经营出现困境的消息。这些信号，再次显示出民营企业经营大中型书店的举步维艰。第三极书局的破产，一方面显示了深受价格战的伤害，另一方面，也体现了网络书店和网络阅读对传统书店的巨大冲击。

2000年以来，全国各地兴起一股建设城市地标性大型书城的热潮。这些城市地标书店基本上都是由当地新华书店投资建设的。既然市场化程度更高的民营书店经营大中型书店无以为继，何以新华书店就可以呢？其实背后的主要原因是新华书店有教材经营权作铺垫，不在乎书城是否赢利。但如果长期书城无法实现赢利，我们相信这对许多新华书店来说都将形成巨大的经营压力。

（四）国家将进一步促进包括出版业在内的文化创意产业逆势发展

为应对金融危机，国家提出了保增长、扩内需、调结构的转型措施，转型的方向是有利于文化产业发展的。因为文化产业科技含量高、环境污染小、发展潜力大、资源消耗少，符合科学发展要求，符合国家产业政策。为此，2009年7月22日，国务院常务会议通过了《文化产业振兴规划》，这是继纺织、轻工等规划之后的第十一大产业振兴规划。规划中，国家提出将重点推进的文化产业包括：文化创意、影视制作、出版发行、印刷复制、广告、演艺娱乐、文化会展、数字内容和动漫等。对此，包括出版业在内的文化创意产业，应当抓住机遇，乘势而上。出版业中尤其是数字出版业和传媒娱乐业，将面临历史性发展机遇。

2009 年中国电影产业备忘[*]

尹 鸿[**]

金融危机、经济危机、失业危机、就业危机……没有能挡住中国电影一路狂奔的脚步。借助 7 年来电影产业改革的加速度，2009 年中国电影以超出人们想象的方式逆势“大牛”，具有市场竞争力的影片和类型越来越丰富，单片票房过亿的国产影片多达 11 部，内地多位导演相继跨入亿元票房“俱乐部”，院线电影票房收入增幅高达 43%，国产电影在进口大片威胁下仍然守住了市场份额优势，依赖品牌优势和资本市场的核心电影企业开始浮出水面。中国已经开始从电影生产大国走向电影产业强国。

一 数字解读：电影产业方兴未艾

（一）电影产量稳定增长，中国已成世界电影生产大国

电影社会影响日益广泛。社会各种资金纷纷投资、赞助、资助拍摄各种不同成本、不同模式的电影，包括数字电影，使中国电影产量保持了 10 年增长。2009 年故事片产量达 456 部（参见图 1），居印度、美国之后的世界第三位。此外，还生产动画片 27 部，纪录片 19 部，科教片 52 部，电影频道节目中心供电视播映的数字电影 110 部。由于市场容量有限，影院放映空间接近饱和，全年越来越多的时间排片拥挤，导致部分具备一定商业品质的影片难以获得充分的市场放映空间。近年来电影产量增速也因而开始正常放缓。

---

* 本文为教育部哲学社会科学重大攻关课题“全球化背景下的中国影视文化发展战略”研究成果。

** 尹鸿，清华大学传媒学院。

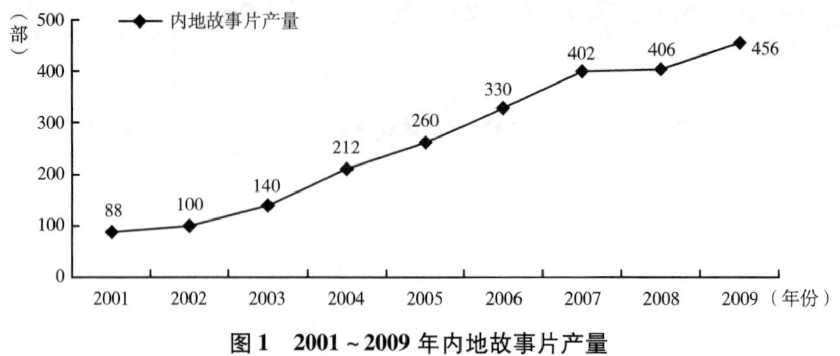

图1　2001～2009年内地故事片产量

（二）电影票房增幅达42.96%，中国成为全球增幅最快的电影市场之一

尽管受到经济危机影响，2009年全国GDP一直努力增长“保八”，但电影市场的票房同比增幅却高达42.96%，全国城市院线票房收入达62.06亿元。近年来全球电影市场平均增长幅度在8%左右。中国是全球增长最快的票房市场之一。此外，国产电影全年海外销售和票房收入达27.7亿元。全国各电影频道广告收入16.89亿元。全年电影综合效益106.65亿元，同比增幅达26.47%。（参见图2）

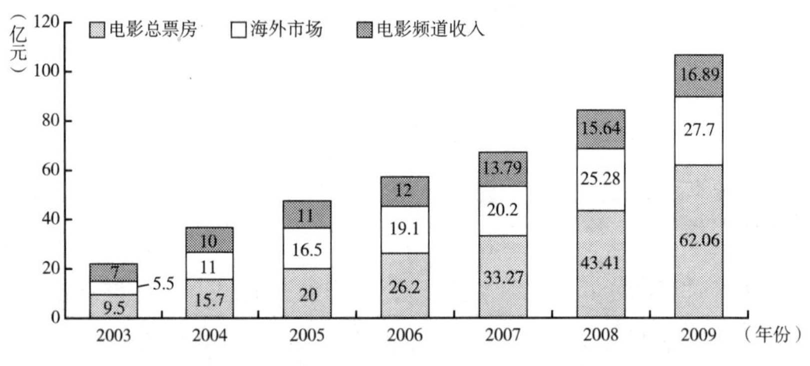

图2　2003～2009年中国电影产业综合效益

（三）全年票房过亿的国产影片达11部，国产片连续7年票房份额超过进口影片

在进口分账发行影片数量增加、票房提升的情况下，全年票房过亿的国产影片达到11部（不含跨年发行的《非诚勿扰》），创历史纪录，甚至高于从2001～

2007 年的 8 年中票房过亿国产影片的总和。其中，出现了首次超过 4 亿票房的国产片，5 部影片超过 2 亿（参见表 1），国产影片市场竞争力明显提升。

表 1　2009 年票房过亿国产影片*

单位：万元

排名	2009 年影片名	上映日期	总票房
1	建国大业	9 月 16 日	41500
2	十月围城	12 月 18 日	27300
3	赤壁(下)	1 月 7 日	26000
4	三枪拍案惊奇	12 月 10 日	25600
5	风声	9 月 30 日	22500
6	南京！南京！	4 月 22 日	16600
7	游龙戏凤	1 月 26 日	11300
8	疯狂的赛车	1 月 20 日	11000
9	大内密探灵灵狗	7 月 30 日	10300
10	非常完美	8 月 14 日	10000
11	喜羊羊与灰太狼	1 月 16 日	10000

* 根据《中国电影报》相关数据整理。

（四）院线银幕数量增长 15.3%，保障了票房市场规模持续扩展

2009 年主流市场新增影院 142 家，银幕 626 块，平均每天增加 1.7 块银幕。全国主流院线银幕总计达 4723 块（参见图 3）。在新建影院中，数字影厅 500 多个，约占新增影厅的 80%，部分影院实现全数字化放映。中档数字院线逐渐普及，初步形成了覆盖全国主流市场、二级市场和农村市场的梯次发行放映网络，电影消费终端的发展为电影市场繁荣提供了保障。

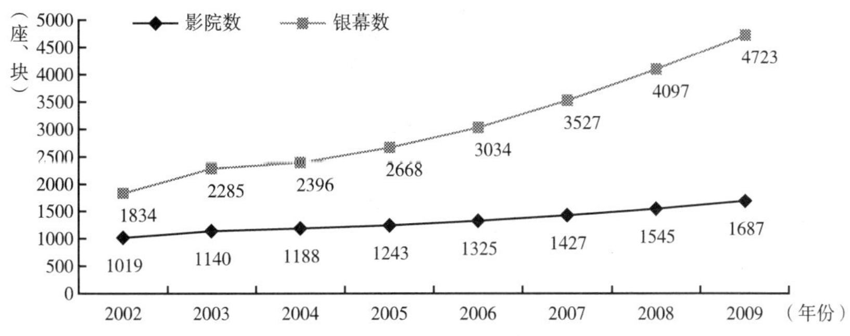

图 3　2002 ~ 2009 年中国内地影院和银幕数量

数字反映出中国电影产业活跃，市场繁荣，各产业要素逐渐壮大。中国电影正处在“黄金机遇期”，也因此进入了“高速发展期”，这已经成为2009年的国内外行业共识。

二　产业格局：市场主体的分化重组整合

经过几年高速发展，中国电影产业进入从产量增加到质量提升、从自由竞争到有序竞争、从分散经营到集中经营、从急功近利到规模经济、从粗放营销到精耕细作的时期。2009年，电影产业在政策和市场的双重推动下，以建立具有竞争力的市场主体，建构合理有序的市场秩序，提升企业的经营效率，推动产业升级为目标，通过转制、改制、合作、上市等方式进行了相对频繁的垂直纵向和平面横向的产业重组，尽管还远远没有完成企业的最终整合和扩张，但行业分化开始越来越明显，核心企业的雏形已经浮出水面。

（一）国有电影制片厂转企改制，积极塑造市场主体

中国内地电影业曾经完全是国有电影厂的天下。随着电影业开放，除身份特殊、资源丰厚的中影集团和上影集团以外，大多国有电影制片厂在市场化大潮中都被边缘化。国有电影企业尽管拥有地产、房产、设备、专业人员以及有限的品牌价值等资源，但长期以来受事企难分的体制机制影响，生产能力和经营能力普遍较弱。2009年，在相关政府部门统一部署下，国有电影制片厂限期进行了转企改制。天津、内蒙古、宁夏等16家国有电影制片厂完成了转制改革，成立集团化、股份制有限公司。这些转制企业与已成立的中影、上影、长影、西影、峨影、珠影等集团公司形成了国有电影制片企业组群。

国有电影制片厂改制主要有四种类型：一是电影厂独立转企，完成基本的体制机制转变。二是电影厂与发行放映公司等本行业内的其他企业重组转企。如上海电影集团不仅是三个制片厂的集合，而且还包括电影发行放映公司、电影院线重组，部分完成垂直整合。三是电影企业与电视等其他关联行业的重组。如天津北方电影集团，涵盖了10多家关联企业，拥有近10亿元资产，形成了跨行业、跨媒介的交叉协作。四是电影厂与广电行业外的企业合作。以业外资金、资源和经营能力来促进电影本业发展，如西影集团与陕西文投、曲江集团的合作。总体

上讲，国有电影厂在改制过程中，大多在探索跨环节、跨媒介、跨行业重组和整合的模式，以期形成核心竞争力。如珠江电影集团“以内容生产为核心，以终端建设为重点，以平台打造为依托，形成影视创作、发行放映、电影频道、新媒体、园区基地五大板块齐头并进”的思路，体现的就是国有电影企业的普遍趋势。

国有电影制片厂的合作、重组、整合还刚刚开始。越来越高的市场门槛，越来越强的传统惰性，使姗姗来迟的国有电影制片厂转制不仅代价巨大而且前途难卜。国营体制机制和观念惯性严重影响着国有企业的市场适应能力。当年国有电影厂是“事业体制企业管理”，转制以后有可能陷入“企业体制事业管理”的怪圈。经济学理论早就指出，“当一个组织的所有权和管理权分离时，它的经理人可能会追求利润和股东回报最大化以外的目标”,① 更何况在国有企业中，所有者本身也可能追求利润以外的目标。资产归属不清，市场主体不明，管理者与被管理者利益差异，既得利益与新增利益的冲突，存量资源与增量分配的冲突，计划体制与市场体制的混杂，国家救济与市场运作的矛盾，纠缠不清，内耗不断，为国有电影企业的未来蒙上阴影。转制往往只是形式，只有解决了体制问题，有了利益驱动，有了经济目标的单一性，有了经营管理的合法责任、权利和义务，有了资产的流通可能，国有电影企业才能真正解决跨区域、跨行业、跨国之间的融合机制，进入资本市场进行产业整合，创造产生企业活力和企业生机。

（二）华谊兄弟整装上市，中国电影企业进入资本市场

借助资本市场做大做强是中国电影产业的必然选择。在千呼万唤之后，华谊兄弟传媒股份有限公司在创业板成功上市意义重大。首先，这表明中国影视制作业开始大张旗鼓走上资本市场，提升市场的控制能力和资源配置能力。中国的影视内容生产环节长期以来受政策的种种限制，遭遇产业上下游环节的不公平交易的现实（如电视台低价收购电视剧换取高额利益），积累不足，规模弱小，如果不借助资本市场的力量就会永远处在弱势交易地位，遑论做大做强。资本市场的介入有可能增强内容制作企业的市场话语权和定价权。其次，这也表明资本市场开始关注影视内容产业，为影视产业发展注入了经济信心。资本市场对影视内容

---

① 〔英〕吉莉安·道尔：《理解传媒经济学》，清华大学出版社，2004，第4页。

企业的接受表明对这一领域未来前景的期待。最近几年，在国家大力发展文化产业的背景下，银行等金融机构对文化产业的利好预期在逐渐成长。华谊的上市可能将推动资本市场与文化产业更紧密的结合。第三，这还表明中国影视产业开始利用资本市场的力量走向整合，向规模经济的目标发展。中国文化产业企业分散、条块分割、产量虚高、品质低下、市场狭小、资源稀缺、恶性竞争。利用资本市场完成优胜劣汰、资源整合、品牌打造、规范市场，形成以大型综合性媒介企业为主导的产业格局，体现了中国电影业发展的必然趋势。

华谊兄弟目前仍然仅仅是也只能是影视内容供应商，注定在相当一段时间内成不了华纳兄弟。如果中国影视产业从资本市场上找来的钱仅仅只能用来生产内容，而不能通过渠道整合、媒介整合、市场整合让内容创造更高的价值，那么很快就会带来中国影视业制作成本的水涨船高，竞争的最后还是成本而不是效益，对于中国影视产业来说，资本与政策是两条腿，解开了一条绳子不过是一条腿在跳动，离一路狂奔还为时尚早。

（三）中影、上影、华谊继续领跑，核心电影企业粗具规模

2009 年，国产电影票房收入 30 多亿人民币，相比其他行业经济总量很小，但电影的生产机构众多、城市电影院线达 34 条，数字院线更是数以百计。为提升效益，一些具有优势资源、经营能力的企业逐渐开始在渠道控制、品牌影响、融资能力、专业水平、制作平台等方面形成企业竞争力，成为中国电影产业的核心企业，带动整个电影产业的生产、市场和技术等各方面升级。2009 年，国有的中影集团、上影集团和民营的华谊兄弟逐渐形成中国电影产业第一阵营，而大连万达、中影星美等院线则成为了中国电影院线市场的领头羊。电影生产制作与电影发行放映的资本联系、垂直整合也越来越明显。

中国电影集团公司拥有中国唯一的全国性电影频道、进口电影专营业务、多条重要电影院线、国家财政投入的数字电影基地和各种得天独厚的政策资源和垄断资源。电影制片、发行、放映是中影集团三大支柱。中影 2008 年独立生产和合作生产的影片占全国全年票房总量的 67%，而 2009 年以献礼大片《建国大业》为龙头，加上《赤壁（下）》、《十月围城》、《疯狂的赛车》、《南京！南京！》等影片的生产、联合生产和发行，仍然占据年度国产影片票房份额的大半壁江山，《建国大业》以首次突破国产片单片票房 4 亿元的成绩夺得国产片年度

票房冠军。中影公司近年来加快了产业链整合，控股和参股了中影星美、南方新干线、四川太平洋、辽宁北方、北京新影联、江苏东方等院线，计划未来 5 年建成 50 家票房过千万影院，投资 100 家控股影城，银幕总数达 800 ~ 1000 块。① 尽管在品牌塑造、国际化等方面没有取得突出效果，但凭借其不可复制的优势和地位，中影已逐渐成为上下游完整的电影业龙头企业。

上海电影集团在各个地方国有电影企业中具备独特的地域优势、资源积累以及体制机制活力，近年来逐渐形成多片种的影视创作体系，跨区域发展的院线市场体系，完整的影视技术体系，以电影频道为主兼有杂志、音像出版的传媒体系等四大板块。上影集团在动画片、合拍片等方面的制作和发行正逐步形成特点和优势。2009 年，上影集团的生产、发行和放映垂直整合效果明显。上海联和院线将海派国产电影发行放映效益做到了最大化。如上影出品的《高考 1977》，全国票房 1500 万中，上海联和院线就占有 700 多万，占全国份额 50%；《马兰花》全国票房约 1000 万，联和院线票房近 500 万，也占全国份额 45%；《可爱的中国》则取得票房 200 多万，位居全国第一。上影集团的东方发行公司年发行票房达 4.2 亿，上海联和院线票房收入突破 6 亿元人民币。② 上海尽管在影片的自主生产、自主品牌建设方面没有惊人举动，但其注重效益、开放合作、整合营销的能力居全国前列。

华谊兄弟 2009 年则主要依赖《非诚勿扰》（跨年度）、《风声》以及部分合拍片在民营公司中占有重要地位。虽然 2009 年度由于冯小刚没有新片推出，导致其票房份额相比前几年有所下降，但其旗下的冯小刚、张涵予、周迅、李冰冰等导演和明星的品牌影响力却在不断提升。华谊的核心竞争力主要体现为企业品牌、导演品牌和明星品牌的影响力以及关联性娱乐企业的经营，但因为缺乏完整的产业链和缺乏跨媒介整合的政策支持，在未来发展中很可能在面对完成了垂直整合的企业竞争中处于被动。相信在这样的局面下，2010 年的华谊兄弟在上市融资之后会形成新的战略规划。

相比而言，保利博纳、橙天娱乐、北大星光、光线影业、新画面等虽然也制作发行了一些具有一定影响的电影产品，但或者缺乏有影响力的产品，或者缺乏

---

① 参见林莉丽《中影 2009：以创作为龙头实现全面发展》，2009 年 3 月 26 日《中国电影报》。

② 参见林莉丽《传承历史荣光开创未来辉煌》，2009 年 11 月 19 日《中国电影报》。

品牌资源，或者缺乏渠道优势，或者缺乏生产规模，目前都还处在发展探索阶段。

（四）院线市场更加集中，发行放映环节开始向制作生产的上游延伸

2009 年，全国城市主流商业院线 34 条。经过跨区域重组竞争，排名前 6 位的院线优势明显。6 条院线按资本结构与企业体制大致分为两类：新建院线和传统电影公司改造的院线。新建院线包括万达、中影星美、广州金逸珠江（资本介入后重新改造）；传统院线包括上海联和、南方新干线、北京新影联。六大主力院线 2009 年度票房合计 40 亿，占全国市场份额的 66.6%。

年度冠军万达院线的票房收入达 8.33 亿，观众人次 2710 万，业绩同比上升 63.6%。万达院线从挂牌成立到全国第一，只用了四年时间。中国大多数院线均为影院加盟连锁模式，而万达院线旗下的影院则大多为自主投资建设，使院线成为真正意义上全国统一经营、统一管理、统一排片、统一品牌的电影终端连锁实体。“四统一”机制使万达院线的经营能力和水平很难被其他院线模仿。中影星美年度排名第二，总票房 8 亿左右，观众人次 2450 万，同比增幅 50%。院线保持了规模扩张与业绩同步增长。上海联和院线排名第三，年度票房 7 亿左右，观众人次 2600 万人次，增长 50.5%。依托上影集团支持，上海联和院线在电影产业的上下两端关联方面效果突出。中影南方新干线年度排名第四，票房 6.1 亿左右，观众人次 1850 万，年增长 42%。北京新影联院线排名第五，年度票房 6.1 亿左右，观影人次 1950 万左右，增长 56.4%。广州金逸珠江年度排名第六，年度票房 4.6 亿左右，观众人次 1400 万左右，增长 66%。六大院线年度票房增长幅度均超过全国平均水平，市场份额也有所扩大。随着电影市场集中度的提升，中小院线的竞争压力更加突出，院线的重组整合驱动将更加明显。①

扩张、兼并、控股、重组正在成为院线竞争的有力手段。保利集团参资入股重庆万和院线；中影集团增资扩股控股中影星美院线；辽宁北方院线脱离北京新影联，携手山东银星院线组建新的北方院线；广东大地不再挂靠中影南方电影新干线；万达院线经营者声称，2010 年要达到 600 块屏幕的规模、70 家影院，占

① 参见《中国广播影视》2009 年相关内容。

全国票房市场份额 20%，成为新的亚洲第一院线，到 2015 年，万达院线要做到 1200 块屏幕、150 家影院，占全国票房市场份额的 40%，跻身世界前四名……院线和影院市场的规模经济水平将越来越高，必然成为市场发展大趋势。不久的将来，中国电影院线将产生引领亚洲市场的强大院线，而资本市场则将加速电影院线的重组和整合。

值得重视的是，当传统的电影内容生产企业纷纷向院线影院下游延伸的同时，院线和影院也开始积极向产业上游延伸业务。一些院线本身就有制作企业的股份或者是本身是影视集团的组成部分，一些传统的院线公司还开始独立组建制片公司。如新影联 2009 年参与投资拍摄的电影达到平均 15% 的赢利水平。院线从单一性的电影放映企业向综合性的电影制片、发行、放映一体化企业发展，将与电影内容生产企业的整合需求相互吻合，具有完整产业链的大型电影企业的形成将成为现实。

三　产品供给：品种类型逐渐丰富

2009 年，影院里放映的国产电影数量越来越多，观众观影时国产影片的选择空间越来越大，观众有愿望观看的影片也越来越难以取舍。中国电影产业的发展与电影产品的有效市场供给息息相关。尽管 456 部国产影片中的大多数都难以进入主流电影市场，但成规模放映的 100 部左右的国产影片已经显示了国产影片商业品质的提高和市场吸引力的增加。

（一）超过千万票房的国产影片成倍增加，两个半内地青年导演挺进亿元票房俱乐部

2009 年面对《变形金刚 2》、《哈利波特与混血王子》、《2012》等众多强势进口片的冲击，国产电影不仅保持了 56.6% 的市场份额，而且全年累计有 11 部国产影片突破亿元票房，《建国大业》则成为首部票房超过 4 亿的国产影片，超过 2 亿的国产影片也首次达到了 5 部之多。在冯小刚、张艺谋、陈凯歌三大导演以外，新诞生了 2 个半票房突破亿元的内地青年导演——《疯狂的赛车》导演宁浩、《南京！南京!》导演陆川以及《风声》联合导演高群书。

此外，2009 年还有多部国产影片达到 5000 万以上的票房。过去几年，具有

1000万以上票房潜力的国产影片一般都不到20部，2009年却达到了近40部。这种局面的形成，一方面说明电影观众的观影频次正在增加，另一方面也说明有更多的国产影片具备吸引观众进入影院的可能。中国电影产品过去那种依靠1～2部影片支撑的金字塔结构正在转变为一个更稳定的梯形结构。以主流大片为支柱、类型片为基础、中小成本影片为补充的影片生产格局正在逐渐成形。

（二）类型电影逐渐丰富，喜剧片生产粗制滥造现象突出

2009年，因为国庆60周年献礼，带有明显主旋律政治诉求的影片数量大量增加。在40多部献礼片中，《建国大业》、《天安门》、《惊天动地》、《风声》、《沂蒙六姐妹》、《铁人》、《高考1977》等都被作为推荐影片发行。其中部分献礼影片具备了大规模放映的商业基础。《建国大业》以豪华明星阵营、强势营销策略、精良的制作水平成为了年度国产影片的票房冠军；《风声》借助献礼的契机，利用悬疑片类型、明星组合、一流的创作和制作水准也赢得了市场好评。

2009年度的电影类型不断丰富。除古装动作大片《赤壁（下）》、《花木兰》、《麦田》等作品以外，《疯狂的赛车》、《夜店》等黑色犯罪喜剧片，《窃听风云》、《金钱帝国》等警匪片，《十月围城》、《风云2》等年代动作片，《白银帝国》等家族传奇片，《非常完美》、《游龙戏凤》等爱情喜剧片，《刺陵》等混合类型片都成为电影市场上重要的类型产品，为观众细分、市场细分、档期细分提供了选择。

值得指出的是，由于2008年度以《非诚勿扰》、《十全九美》等为代表的喜剧片的市场成功，导致本年度中小成本喜剧影片大量增加，《倔犟的萝卜》、《熊猫大侠》、《窈窕绅士》、《高兴》、《火星没事》、《完美新娘》、《隋朝来客》等搞笑类喜剧产品更是爆发性出现，一方面形成了相当部分喜剧产品的粗制滥造，另一方面也导致了喜剧产品的过量供给。尽管《三枪拍案惊奇》由于张艺谋的品牌影响获得了叫座不叫好的结果，《倔犟的萝卜》等小成本影片也获得了比较好的回报，但大多喜剧作品或者不叫好或者不叫座或者既不叫好也不叫座，受到了观众的普遍诟病，客观上也使喜剧类型片的观众信任度降低。

此外，受题材范围、制作能力、技术水平、投资规模、市场需求等条件的限制，在科幻片、幻想片、灾难片、恐怖片、战争片、青春片等重要的类型片种类方面，国产电影还比较匮乏，市场空间需要更多的类型补充。

（三）港片为市场做出重要贡献，商业品质有所提升

近年来，港片或者内地与香港合拍的以香港制作人为主导的影片一直是内地电影市场的重要力量。据不完全统计，从2006年1月1日～2009年6月的三年半时间里，在内地上映的香港电影（包括合拍片）共计118部。其中，2006年29部，占当年所有上映影片的26.4%；2007年34部，占当年所有上映影片的24.5%；2008年32部，占当年所有上映影片的24.6%。而从票房来看，却分别占到了65%、58%和79%（参见图4）。香港电影对国产影片的市场份额起到了重要作用。2009年度，虽然内地影片的市场竞争力有所提高，但全国票房超过5000万的16部国产影片中，港台导演、香港制作为主的影片占有10部。而且，香港明星在国产电影中仍然是最有影响力的市场元素。特别是《十月围城》、《窃听风云》等影片，在大量平庸的商业类型片之外体现出香港制造的优良品质，成为本年度华语电影制作的标杆。中国内地电影在商业观念、专业水准、市场判断和敬业态度方面仍然需要学习香港电影经验。

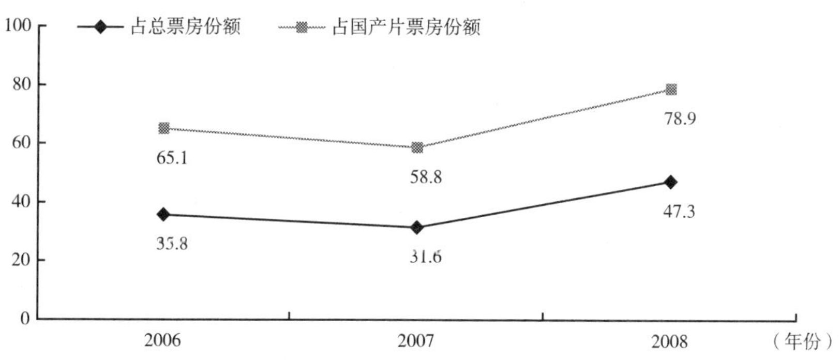

图4　2006～2008年港片在内地市场票房份额走势*

*根据相关资料整理。

（四）国产动画影片的市场吸引力增加，专业创作和制作水平有待提升

多年以来，中国动画电影市场一直没有完全培养起来，即便是好莱坞那些在全球创造了票房奇迹的大制作动画电影在中国市场上也很难取得突破亿元的票房

成绩。2009年，中国电影市场上首次出现两部好莱坞动画片进入全国总票房排行前10位。特别是2009年初，一部投资不过600万的Flash级的国产动画电影《喜羊羊与灰太狼之牛气冲天》异军突起，竟然取得超过9000万元的票房，《麦兜响当当》等国产动画片也进入了国产影片票房排行前15位。全年共有4部国产动画片取得4000万以上票房成绩。这一方面说明青少年电影观众的不断增加使中国动画片市场经过多年培育正在壮大；另一方面也说明国产动画片在商业元素配置、娱乐功能强化、观众趣味适应等方面得到了明显提升。除了比技术、比制作、比场面、比豪华以外，国产动画有属于自己的独特竞争优势。故事的亲近性、定位的娱乐性、档期的准确性这三大要素共同创造了《喜羊羊与灰太狼之牛气冲天》的票房纪录。

2009年全年国产动画电影产量创纪录地达到27部。既有《喜羊羊与灰太狼》这类以电视动画为原型的影院动画片，也有《麦兜响当当》这种喜剧元素突出的续集作品；既有《马兰花》这类根据经典名著演绎的神话作品，也有《淘气包马小跳》、《快乐奔跑》这类表达现实教育成长主题的作品。而《麋鹿王》则成为国产3D动画制作水准的一次检验。《齐天大圣外传》也在3D立体电影方面展开了有益尝试。

当然，与同年度上映的好莱坞动画片《冰河时代3》、《飞屋环游记》等相比，中国动画片在投资规模、制作标准、专业能力、文化观念、创作水平和美学完整性等方面都相差甚远。在世界动画电影技术3D化的大背景下，中国动画电影如果不在制作水平和美学观念上“与时俱进”，那么当新的一代青少年成为电影观众的核心人群以后，中国动画电影依靠电视培养起来的优势就会消失殆尽。《喜羊羊与灰太狼》为中国动画创造了一个品牌，也创造了一种市场模式，但品牌和模式都期待着更新和升级。

（五）电影正在进入3D时代，中国电影产业将应对新技术挑战

尽管3D电影早已经在迪斯尼、环球等各种电影主题公园和娱乐场所市场见到，但这都更像是3D电影的实验或者杂耍式的探索。2009年却是3D电影的分界线。从暑期《冰河世纪3》、《飞屋环游记》等一批3D动画片到年末技术大师卡梅隆的真人动画混合的《阿凡达》，3D电影以立体的动感突破了人类主流画面和影像的二维限制，带给了我们一个比正常人眼所看到的更有纵深感和运动感

的三维世界。3D 电影，特别是 3D 动画片很可能成为未来的电影主流。3D 电影世界，为幻想和想象带来了更逼真的影像和更刺激的运动，如同声音、色彩的出现一样，每一次电影的技术变革都会带来电影的美学变革。电影的题材、故事、人物、场景、运动、场面调度等都因为 3D 的出现将发生明显变化。同时，3D 也会带来整个电影产业的革命。从 3D 摄影机到放映机，从普通影院到 3D 影院，电影设备几乎都面临升级。中国目前的 300 多块 3D 银幕将发展到 1000 块以上，美国不到 2000 块的 3D 银幕要扩张到 8000 块。3D 电影因为得到了青年一代观众的认可，不仅是技术好奇的认可而且是 3D 美学的认可，必然会驱动世界电影大规模进入 3D 时代。

在美国，不少人担心 3D 技术以及 3D 电影制作的高昂成本会对独立制片公司带来更高的进入门槛，使电影更加成为少数大电影公司主导的行业。而在中国，这种以高成本为基础的技术和艺术混合所创造的新电影形态也可能使本来就“落后”的中国电影面临更高门槛，面临更大挑战。当中国电影的二维技术和美学都还远远没有成熟的时候就遭遇到了三维。因此，对 3D 电影发展的战略性前瞻，也许能够带来中国电影的跨越式发展。在 3D 到来的时候，中国电影需要在技术、产业、美学上为 3D 时代做好准备。虽然在《冰河时代 3》、《阿凡达》这样的 3D 制作面前，我们很难想象中国电影需要多长时间才能与它们同场竞技，但既然已经有了第一部真人实景拍摄的 3D 电影《乐火男孩》，有了《齐天大圣前传》和《麋鹿王》，中国的 3D 电影就可能逐渐找到自己的创作特点和市场空间。3D 电影挑战的不仅是电影技术也是电影观念，而且是电影经营也是电影市场。

四　电影市场：不断扩大的消费需求

2009 年，中国影院观众人次明显增长，影院一票难求的局面为近 20 年所罕见。电影市场突然释放的增量空间表明市场一旦苏醒，爆发出来的需求已经成为中国电影产业最重要的持续发展动力。

（一）影院市场持续火爆，观影热情不断上涨

2009 年的中国电影市场持续火爆，不仅被国人所瞩目，也令世界刮目相看。

全国电影市场的放映场次、观影人次和票房收入等各项指标同比均有较大增幅。全年的每一个月相比往年同期都呈明显增长的态势，淡季不淡、旺季更旺、高潮迭起、一路顺利，市场繁荣反映了消费需求的扩展。

从1月开始，票房过亿影片层出不穷。进口大片《变形金刚2》率先在暑期档创造4.5亿元的内地单片票房新高；之后的建国60周年献礼片《建国大业》又以4.2亿元票房缔造华语电影内地市场的票房高点；这两项纪录仅仅保持了几个月，好莱坞灾难片《2012》使其内地总票房攀高在4.6亿元。单片在内地电影市场的最大票房规模从2002年《英雄》突破2亿，到2008年突破3亿，再到2009年突破4亿，这种加速度发展呈现了观众观影热情的爆发式增长。而紧接着的《阿凡达》将冲击10亿票房纪录，表明中国内地电影市场容量的扩大速度越来越快。

电影市场的全面活跃导致了电影档期越来越模糊。暑期档、贺岁档都各自延长到近3个月之久，两个档期几乎占用半年时间。加上各种节庆档期，中国电影市场除了第二季度和第三季度的短暂数周以外，大都处在亢奋状态。月票房纪录更是三度被刷新。第一次借《赤壁（下）》，1月票房达到6.7亿；8月暑期档，月票房升至6.8亿；12月更是再创新高，6周票房达到12亿，平均每周票房达到2亿。市场虽然有淡季旺季，但中国电影市场目前由于观影需求超前于影院的供给，几乎每一个放映时段实际都具开发潜力。

（二）影院建设持续扩张，消费需求水涨船高

电影消费需求的增加促成了影院建设的加速度发展。全国主流院线银幕总计达到4723块。在全年新建影院中，数字影厅约占新增影厅的80%。

票房高速增长的成绩以及电影企业完善产业链的需要，都会带动影院建设的继续发展。2008年12月，中影集团取得北京商业银行6亿元的授信贷款额度。中影每年可能将有不少于10亿元资金用于影院投资建设。在新影院建设过程中，民营企业以及香港企业成为了生力军。吴思远控股的UME国际影城集团，安乐公司所辖的百老汇影院，香港嘉禾娱乐集团建设的嘉禾影城，还有丽新控股、洲立投资的影院以及中国数码控股的大地影院均已成为国内影院建设市场的知名品牌。港资影城大多依靠香港电影市场的经验和管理模式，在行业做长线准备，分布于不同城市以及多条院线，例如，百老汇系列分布区域主要是北京、深圳、武

汉、沈阳、南宁、唐山等，分别属于北京新影联、中影南方新干线、湖北银兴、武汉天河各院线。截至2009年上半年，非院线经营者投资的系列影院已经形成规模，除港资影院外，保利系列影院、新南国影院管理品牌、横店系列影院、环艺系列影院等也都崭露头角。终端影院环节的繁荣必然带动中国电影市场蛋糕的整体扩容。

（三）大都市占据全国电影市场主要份额，电影市场半径有待扩大

中国内地电影市场已经形成了“8+N”现象，即8个过亿元的重点城市——北京、上海、深圳、广州、成都、武汉、杭州、重庆，目前票房收入前30名的影院主要集中在这几个城市。此外，票房收入在4千万~1亿元的城市有南京、大连、天津、哈尔滨等20多个城市，构成了电影市场的重要部分。

中国电影市场目前发展还不均衡。北京2009年票房超过8亿，占全国票房份额13%，上海也占全国份额10%左右。8个大城市几乎占有全国票房份额70%。中国35个中心城市中的其他城市以及数以千计的中小城市对电影票房贡献都比较小。即便是东南沿海经济较发达地区的中小城市影院数量也非常有限。随着电影消费需求的不断增长，这些区域未来将成为影院建设的投资重点。

为打破中小城市影院市场发展瓶颈，电影局下发了《关于进一步规范数字电影发行、放映和加强数字电影放映设备质量认定管理工作的通知》，探索中小城市影院发展机制。随着电影消费方式从大城市、从发达地区、从东边、从南方的蔓延，全国的电影市场将大大扩展。电影的数字化、影院的数字化也将极大地降低电影的发行成本。一旦电影市场向都市以外扩展，中国电影市场的半径将放大一圈，市场规模也将大大扩大。未来几年，二线城市影院市场将是中国电影票房最大的增长空间。

（四）中国电影国际影响匮乏，海外市场空间有限

根据中国电影海外推广公司的信息，2009年中国电影相继在境外47个国家和港澳台地区举办了99次中国电影展和专题电影活动，展映国产影片647部次。全年累计有315部次中国电影参加了境外119个国际电影节，其中68部次影片在26个电影节上获得80个奖项。在市场方面，中国内地共有22家制片单位的45部影片（其中包括合拍片34部）销往海外68个国家和地区，总成交量185

部次，海外票房和销售收入达到27.52亿，同期增幅9.22%。其中海外票房销售收入24.04亿元，影片后产品收入3.55亿元。①

2009年中国电影的海外市场主要集中在北美、欧洲、亚太三个地区。全年共有8部影片（其中6部合拍）销往日本，票房收入7.61亿，占总收入份额28%，是中国电影本土之外在全球最大的市场；两部合拍片销往美国，票房发行收入达6.10亿元，占全年海外收入份额的22%。韩国也是中国电影的重要市场（参见图5）。

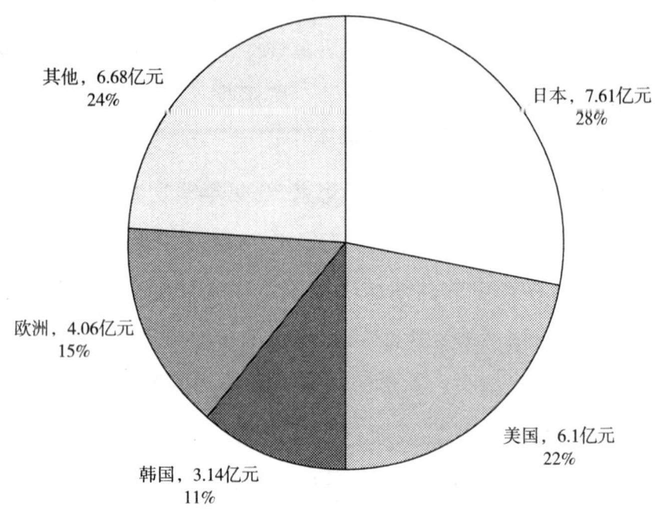

图5　国产影片海外销售收入份额

海外票房的获得大多由合拍片创造，而合拍片中主要由外方主导的影片，如《拉贝日记》更容易进入国际商业市场。2009年，国产影片中真正能够进入海外主流电影消费渠道的影片只有《赤壁（下）》等极少量影片。而且，国产片的海外版权大多由海外合拍机构独享，国内企业的海外收入几乎可以忽略不计。但是，这些影片对于传播中华文化、打造华语电影品牌具有难以估算的作用。

中国电影的海外版权销售和版权收入虽然同比略有增长，但2009年度真正具有国际影响的影片几乎没有。7年前由《英雄》创造的中国电影的海外票房纪录还没有被超越。中国电影国际影响的提升没有与其高速发展同步。

① 朱玉卿：《2009国产影片海外销售同比增9.22%》，《综艺》2009年第23期。

（五）进口片市场态势咄咄逼人，国产片面临严峻的竞争压力

一方面，迫于WTO协议的压力，中国将不得不适当增加进口影片的数量和保持全球发行的尽可能同步；另一方面，好莱坞电影在制作规模、技术水准上越来越趋向于高概念、大制作、新技术，导致好莱坞电影的市场渗透力越来越强大。在2008年，中国电影市场放映的分账发行进口影片共计38部，总票房约为1.4亿；其中，美国电影产出总票房约1.1亿，约占进口片票房总数79%。2009年发行进口分账影片达49部，比2008年增加11部，增长28.95%。其中，两部影片突破4亿票房，夺取了年度票房冠亚军。进口影片前15位的票房均超过4000万，共创造20多亿票房，占有全国1/3市场份额。（见表2）

表2　2009年票房前15位的进口影片*

单位：万元

名次	片　名	票　房	上映时间
1	《2012》	46060	11月13日
2	《变形金刚2》	45500	6月24日
3	《冰川时代3》	15690	7月8日
4	《哈利·波特6》	15635	7月15日
5	《特种部队》	13050	8月7日
6	《博物馆奇妙夜2》	12132	5月26日
7	《终结者2018》	11232	6月9日
8	《飞屋环游记》	9070	8月4日
9	《金刚狼》	8710	5月3日
10	《星际迷航》	5885	5月15日
11	《玩命快递3》	5850	2月12日
12	《行动目标希特勒》	5730	2月26日
13	《贫民窟的百万富翁》	5300	3月26日
14	《迈克尔·杰克逊:就是这样》	4830	10月28日
15	《马达加斯加2》	4000	1月1日

*根据相关数据整理。

2010年，《阿凡达》上映以后引起的巨大市场反响更是为好莱坞电影的市场扩张提供了有效推广。不仅其超过8亿的票房在很长时间都会成为国产电影难以逾越的纪录，更重要的是预示了好莱坞电影依赖大投入、高科技以及成熟的商业

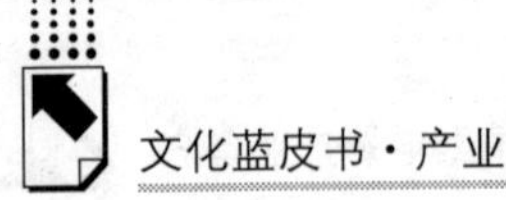

运作、普世的文化价值观念以及精良的制作和创作水平，将会越来越强势地对国产电影形成市场压力。

（六）公益放映全面推进，电影市场逐步培育

2009 年是农村电影“十一五”规划、农村电影放映工程实施的第四年，在中宣部、国家发改委、财政部等部委和广电总局推动下，农村电影放映工程得到了跨越式发展。截止到 2009 年底，全国组建农村数字电影院线 218 条，数字电影放映队 28730 支，落实年度农村电影公益性放映场次补贴专项资金 3.3 亿元，共放映农村电影 781.0334 万场，观众人次达 18.15 亿。农村公益放映，激发了农民的电影观看热情，商业电影活动也借助数字院线和数字放映队得以逐渐开展。随着农村文化生活水平的提高，数字电影产品供给的充足，乡镇农村的商业电影放映市场将得到进一步扩大。

（七）香港电影市场惨淡经营，华语片遭遇票房瓶颈

作为华语电影的重要阵地，被称为东方好莱坞的香港早在 20 世纪六七十年代已经备受世界关注。从 90 年代中期开始，随着新一代电影观众成为主体，也由于香港电影行业整体升级换代的相对滞后，香港的电影产量与票房持续下滑。2009 年，港产电影 49 部，成为自 1947 年来首次跌破 50 部的年度；而本土电影的票房收入则不足 2.4 亿港元，甚至比 2008 年都有小幅下降。加上中国内地、中国台湾和马来西亚等出品的华语片，2009 年香港市场上映 78 部华语作品，比 2008 年多出 15 部，但在香港年度总票房有所增加的情况下，华语片票房收入也仅仅与 2008 年的 2.7 亿港元相当。

2007 年度在香港的华语片票房冠军为《家有喜事 2009》的 2465 万港元，这也是 1984 年以来票房最低的华语片年度冠军；票房收入超过 1000 万港元的共有 9 部作品（见表 3），票房收入在 500 万到 999 万港元之间的华语片，也从 2008 年的 10 部减少为 7 部。而票房低于 10 万港元的影片，2008 年是《天水围的日与夜》等 10 部，2009 年则有《回家的路》、《高兴》、《白银帝国》、《斗牛》等 15 部。相比之下，2009 年香港上映的外语片大约 180 部，与 2008 年持平，但年度票房收入达 8.8 亿港元，比前一年高出约 6000 万。华语片市场份额整体下跌到 24% 左右。[①]

---

① 参见新浪娱乐《2009 年香港电影总结》，http://ent.sina.com.cn/m/2009-12-28/ba2826926.shtml。

表 3　2009 年香港市场十大华语片票房

单位：万港元

名次	片　名	票　房	名次	片　名	票　房
1	《家有喜事 2009》	2465	6	《新宿事件》	1392
2	《赤壁(下)》	2366	7	《游龙戏凤》	1261
3	《Laughing Gor 之变节》	1566	8	《杀人犯》	1170
4	《窃听风云》	1535	9	《十月围城》	约 1000
5	《风云 2》	约 1500	10	《大内密探零零狗》	880

中国是大市场，中国电影也是大市场。随着文化消费需求的增加，电影消费行为逐渐常态化，随着电影文化的再一次普及，特别是随着具有市场号召力的影片的充分供给和更方便更舒适的影院的出现，从大都市到中小城市，从城市到乡村，从少数观众到大众观众，从偶发消费行为到常规消费行为的变化，将会使中国电影市场继续保持高速增长。好莱坞关于这座电影市场的“金矿”的预言即将成为现实。真正的考验在于，国产电影是否能够满足观众越来越高的观影要求。

五　前景：全面提升商业品质

中国电影产业从“黄金机遇期”进入了“快速发展期”，面对好莱坞电影的外部威胁和观众越来越高的观影要求，如何提升国产影片的商业品质将决定中国电影是否能够持续健康良性发展。

（一）资本与外部力量的介入将推动电影行业进一步分化重组整合

2009 年，不仅中国电影开始进入资本市场，而且众多的行业外投资者也越来越主动地进入电影行业。早期大多是房地产商等企业利用闲散资金试探性地进入电影行业，而现在越来越多的企业开始战略性地投入电影行业。上海 SMG 参与动画电影的投资、制作和发行，湖南电广传媒成立了电影投资公司，江苏卫视已经参与众多影片的投资和运作，而国内外的投资机构、金融机构也越来越主动地参与到电影商业中来。这些力量的介入将不仅提高电影行业的融资能力，更重要的是可以借助关联资源将电影的市场影响力放大，而最终可能形成电影企业的分化、优化、重组和整合。在不远的将来，非行政强制的、在市场基础上形成的电影或传媒集团的出现将引导中国电影向规模化、专业化、综合化方面发展。正如美国的电影产业专家所指出，“不同媒体产业的横向整合和在电影产业内部的垂直整合方式，已逐渐被证明是行之有效的策略”。[①] 中国电影的整体投资规模、制作质量、创作水平、商业要素也将因为这些企业具备更稳定的市场控制力而得到加强。中国电影目前这种过度商业化的急功近利现象，必须依赖更综合的的企业平台、更完整的产业链条、更有信心的市场控制力、更坚实的商业和技术积累才能真正得到改变。国务院办公厅《关于促进电影产业繁荣发展的指导意见》的颁发，也将促进电影产业与资本市场和行业外资本、企业的深度融合。

（二）电影生产的计划性、针对性将逐步增强，类型空白、淡季档期将得到重视

中国电影改革，从计划经济大踏步走向了市场经济。市场化初期往往出现过度的市场竞争，导致电影产品数量多、同质化现象严重，市场档期撞车、资源争夺剧烈等现象。贺岁档期的拥挤性竞争就是这种市场无序的反映。不仅《花木兰》、《刺陵》这样的商业类型电影票房受到严重挤压，即便是《十月围城》这样的口碑很好的高品质商业电影也没有达到最理想的票房成绩，严重影响到产品和企业效益的最大化。

初期市场促进产品生产，中级市场需要制定规则，高级市场创造品牌价值。市场化升级必然是通过具备一定市场影响力或控制力的核心企业规范市场秩序，减少恶性竞争，制造行业门槛，提升企业效益。尽管中国电影产业的整体有序化还有待进一步加强，但随着电影企业市场化水平的提高以及电影产业链条的关联度增强，电影生产发行的计划性、针对性将进一步增强。几个主要的电影企业对资源的吸引能力、支配能力、使用能力都将更加强化，按照不同时间、空间、观众类型进行有序的规划、培植、配置、生产、发行将越来越成为一种规律。电影数量的增长将得到控制，进入主流发行渠道的电影产品品质，特别是商业品质也会逐渐提升。

---

① 〔美〕巴里·利特曼：《大电影产业》，清华大学出版社，2005，第123页。

同时，国产商业电影主要集中在喜剧片、动作片、古装历史片等类型上，动画片、战争片、爱情片、奇幻类影片以及灾难片等重要的商业电影类型相对薄弱。未来国产商业电影在类型方面会有所调整，避免喜剧扎堆、同质供给的现象，形成片种、类型、结构比较完整的电影供给体系。发行方面，在巩固成熟的电影市场旺季的同时，会自觉地寻找档期排片的调控机制，避免出现多部影片在旺季蜂拥而上，造成档期拥挤、影片扎堆的现象。同时淡季市场将受到更大关注。目前中国电影银幕总量有限，淡季会成为电影黑马和市场增长的重要空间。

（三）电影投资将更趋理性，合作成为必然趋势

由于中国的大电影产业链条还没有形成，内地影院目前仍然是国产影片的基本回收渠道，因此票房从根本上决定着电影成败。目前中国市场 4700 块的银幕数量，可以容纳的规模发行影片不超过 150 部，其中国产影片 100 余部。目前，在海外市场难以保障的情况下，内地市场全年能够容纳过亿投资的影片不过 3～5 部，5000 万以上投资规模的影片也不到 15 部，1000 万以上投资的影片大约在 40 部以内，半数以上的影片投资规模都应该在千万级以下。香港电影市场华语片票房近年来也不景气，单部影片票房都在 3000 万以下，对电影回报的贡献有限。如果按各制片商提供的成本数字，2009 年国产片能直接从内地和香港影院市场得到利润的影片为数不多。高成本的《风声》、《南京！南京!》、《十月围城》有所盈利，《花木兰》、《风云 2》、《刺陵》则明显亏损，中等成本的《三枪拍案惊奇》因为大马拉小车的商业策略获得了较大的商业回报，《午夜出租车》、《倔犟的萝卜》、《高兴》、《夜店》等有特色并具备一定商业品质的小成本影片获得了比较理想的投入产出效果。控制投资规模成为降低风险的重要手段，但是投资规模的降低很可能导致电影的商业素质、技术素质和艺术素质的下降。

有限的市场导致电影投资风险难以控制。由于目前中国电影企业的规模比较小，市场支配能力不足，不仅是国内产业链的垂直整合不充分，更是缺乏海外市场的经营能力，因此，一方面，当国际市场得不到保障，国内市场难以控制的时候，国产电影的总投资规模将趋向于保守，过亿投资的影片数量将会有所减少；另一方面，中大投资的影片将趋向于更多机构的合作，或者是制片、发行、院线等产业链不同环节的合作，或者是电影、电视、互联网等不同媒介形态之间的合作，或者是投资方、赞助方、广告方之间投融资的合作，或者是内地、港台和国

外不同市场之间的合作。合作一方面优化资源、降低风险，另一方面优势互补、扩大市场。建立良好的合作平台，是电影产业发展的重要策略。

（四）政府应促进国产电影走出去，加大技术创新平台、艺术创新机制、市场监管体系的建设

近年来，中国电影的国际影响并没有与中国电影产业的发展同步，进入国际主流渠道流通的影片不仅少而且远远达不到当年《英雄》的市场影响力。这说明，在市场引导下，电影企业对于风险难以评估的国际市场的诉求已经降低，国内市场成为主要的商业评估参照。在市场相对失灵的情况下，政府应该有专门的基金，支持一些具备国际市场流通可能的题材、项目的前期运行，从不同方面支持中国电影企业与海外有影响的电影机构合作，搭建更多的国际交流和合作平台。合作合拍是借力发力、借船出海的重要手段，在中方拥有一定版权控制力和品牌植入的前提下，应更开放地减少合拍限制，扩大合作合拍，甚至允许在通过审查的前提下出现不同市场的国际版本。中国电影走出去，既是中国电影产业做大做强的需要，也是中国文化软实力的体现。当市场本身的驱动不足的时候，政府应加大促进力量，不断降低国际化的风险，促进中国电影的国际影响力与竞争力的提升。

以3D技术为代表，好莱坞近年来开始了又一轮电影技术的提升，实际上也是在抬高电影竞争的门槛。而中国电影目前由于企业规模小、技术积累和专业积累都严重不足，导致绝大多数国产影片包括一些大制作影片的技术含量低、特技水平差、影院效果不足。政府应该采取措施，搭建一流的专业技术支撑平台，并且让更多的电影制作者能够优惠地使用这些平台，使这一平台能够从整体上提升中国电影的专业技术水平。

此外，当越来越多的国产影片将商业性当做唯一诉求的时候，政府应该提供一些专业基金，支持那些将艺术创新与商业探索相结合的中小成本影片，提升国产电影的创作质量和艺术水平，培养青年编导人才，为他们创造更多的学习、培训、实践、创作和制作的机会，形成面向未来的、教育与实践相结合的人才培养体系。

目前，加强电影监管也成为摆在政府职能部门面前的重要挑战。由于中国缺乏具备市场控制力的行业协会，政府在市场监管中承担着重要使命。透明行业信息、制定行业规范、惩罚违规行为、保护知识产权都成为电影高速发展阶段必须

解决的重要问题。

政府以及政府影响下的电影资金在未来应减少对具体影片的资助，而更多的是建立电影监管平台、电影项目孵化平台、电影项目投融资平台、电影技术平台、电影贸易服务平台、电影人才培育平台、电影研究信息平台等，通过平台来解决市场本身目前难以自行解决而又关系电影发展大局的问题，全面促进中国电影产业的快速健康发展。

（五）继续促进影院建设和电影数字化，扩大电影市场规模

在影院、观众、影片供给的市场关系中，影院建设一度超前于观众需求，导致影院不得不用高票价来维持运营。经过几年的发展，目前影院建设仍落后于观众需求的矛盾日益突出。美国平均7500人拥有一块电影银幕，而中国目前35万人才拥有一块银幕。目前影院市场活跃的大都市需要增加影院密度和银幕数量，而中小城市则需要新建、改造新型现代化多厅影院。许多中小城市目前仍是电影放映盲区。如果中国内地的银幕数量相当于美国银幕总数的1/4，达到1万块左右，中国的电影市场规模超过100亿将不会成为难题。在国务院办公厅颁发了《关于促进电影产业的繁荣发展的指导意见》的背景下，北京市财政补贴促建电影院的经验值得向全国推广，而发行放映的数字化则会使本轮影院建设更方便、更廉价、更有利于未来的发展。

（六）消除整合壁垒，促进跨环节、跨媒介、跨行业、跨区域、跨体制融合

以美国为代表的世界影视产业大国，几乎都在市场基础上完成了文化产业的整合，电影作为文化创意核心内容，与综合性的媒介集团联系在一起。时代华纳、迪斯尼、新闻集团、维亚康姆等都是产业上下游完整、跨媒介、跨国家、跨行业的综合性媒介集团。他们依靠电影等核心创意资源，以巨大的体量、丰厚的资源、整合的渠道支配着全球文化市场。因而早在1999年，本土票房收入就占美国大制片公司在美国和在国际所获得的电影总收入的26%。① 但在中国，媒介

---

① 参见Informa Media Group，Studio Combined International and North American Revenue From Thertrical Movies，Screen Finance，13 October，2000。

之间（如电影、电视、广播、期刊之间）存在巨大的行政分割；即便在同一行业中，也常常有一些关键环节不能进入市场（如电视台为不进入市场流通的事业主体）；事业、产业的双轨体制带来了巨大的运营冲突；国有、民营享有不平等待遇；市场的准入退出门槛不合理；四级行政管理使统一的市场规则难以形成等等。因此，电影产业的高速发展必然要求产业融合，改变小电影产业格局。政府应该深入研究在中国国情下，如何实现跨业、跨媒、跨区、跨国的文化产业整合，形成具有市场控制力和全球竞争力的中国文化企业，使电影真正能够成为带动文化产业发展的火车头。

2009 年已经过去，在充分肯定中国电影产业高速发展的大好形势下，我们也应该看到，由于底子薄，生存环境面临电视剧、盗版影像和好莱坞的竞争，中国电影在市场化过程中往往不得不用尽浑身解数，在商业元素的配置、商业炒作上出重拳、下重药。任何破釜沉舟的行为肯定都会有偏激性，或者我们常常说的矫枉过正，难免有时会出现叫座不叫好、养眼不养心、雅俗不共赏，甚至虚报票房、操纵舆论等负面现象，导致电影有商业无品质。这种浮躁是难以避免的转型期阵痛，是一个“发展中的问题”。实际上，中国电影只有在观众的成长中才能成长。市场化以后，观众就是消费者，消费者就是上帝。观众决定着中国电影的商业品质。在观众的批评声中，《满城尽带黄金甲》、《赤壁》这样的拼盘式商业大片已经很难再出现，而跟风一片的山寨喜剧也肯定会在观众的冷眼中自我救赎。无论是《集结号》、《梅兰芳》或是《建国大业》、《风声》、《十月围城》都表明中国电影在观众的批评中变得越来越成熟、越来越形神兼备。当然，与《2012》、《变形金刚》、《阿凡达》这样的好莱坞大制作相比，与《返老还童》、《入殓师》这样精致深邃的艺术精品相比，中国电影仍然山高水长，路途遥远。也正因为如此，中国电影的成长空间和潜力充满想象。

2009年中国动漫产业发展报告

牛兴侦*

2009年，我国动漫产业发展受到中央领导同志和政府部门的高度重视，动漫产业发展的政策环境进一步优化。《文化产业振兴规划》将动漫产业列为国家重点发展的文化产业门类之一。文化部、财政部、国家税务总局和国家广电总局等部委先后出台多项法规，从财税扶持，产业投资指导，原创与出版等角度，对动漫产业发展进行全方位的引导和促进。在政策合力的推动下，我国动漫产业迅猛发展，国产动漫数量大幅度增长，质量进一步得到提升，一批优秀动漫企业和动漫品牌崭露头角，动漫产业链日益完善，动漫“走出去”步伐加快，动漫管理工作不断加强。具体表现在：原创漫画精品力作不断涌现，传播平台推陈出新，影响日益扩大，优秀漫画刊物月发行量上百万册；电视动画播映体系日益完善，动画片年产量达到17万分钟，动画片投资主体日益多元化、社会化、市场化，民营动画企业成为生产的主力军；动画电影创作生产发展迅速，全年完成27部，票房收入取得重大突破；网络动漫、手机动漫、动漫演出发展迅速，充满活力；动漫衍生产业发展迅猛，创意频现，与动画、漫画互动发展，相得益彰，使动漫产业链日趋完善。

一　动漫出版粗具规模，形成以期刊和图书为主的文化产业链

近年来，我国动漫出版业坚持自主创新，动漫出版产品日益丰富，产业自主良性发展的能力显著提高，逐步形成了具有民族特色、时代特色的发展观念，步入了健康有序、可持续发展的产业化发展道路。在经过多年的积累发展后，动漫出版已经成为我国文化产业的重要增长点。

---

* 牛兴侦，漫友文化动漫研究所所长，《动漫壹周》主编。

（一）动漫期刊阵营日益强大，杂志品种明显增多

在优秀动漫期刊品牌的带动之下，动漫杂志数量激增，发行量一路走高，当然其中也不乏跟风之作。根据2009年11～12月份对全国动漫期刊批发零售市场调查情况，各地涌现出来的各类动漫期刊（其中不少是以图书形态出现，即Mook）达到50余种。2009年，动漫期刊上演大阅兵，《花园宝宝》、《奇想EX》、《虹猫蓝兔》、《漫仔漫妞》、《喜羊羊与灰太狼》、《漫画SHOW》纷纷创刊，《北京卡通·大漫画》进行复刊，《读者爱动漫》等也在筹备新刊。

（二）动漫期刊整体市场规模明显放大

据北京开元策略信息咨询有限公司2008年第二期市场化报刊零售发行调查报告显示，在以发行为主要收入的杂志类别中，北京、上海、广州、深圳、南京、杭州、青岛、沈阳、武汉、成都等全国十大城市杂志零售市场单期发行量前30强中，共有12种动漫期刊。这12种动漫期刊在北京、上海、广州、深圳四大城市的销售指数占所有市场化杂志整体销售指数的6.02%，相比2008年第一期市场调查（4.57%）增加了1.46个百分点（参见图1）。不仅动漫期刊整体市场规模明显放大，知名动漫期刊发行量也在大幅递增，目前我国已经有两本动漫期刊月度发行总量超过100万册。根据刊社自己提供的数字，截止到2009年10月份，《漫画世界》和《知音漫客》月均发行量分别为116万册和134万册，这两本期刊在2009年底相继变身周刊之后月度发行量均超过150万册。

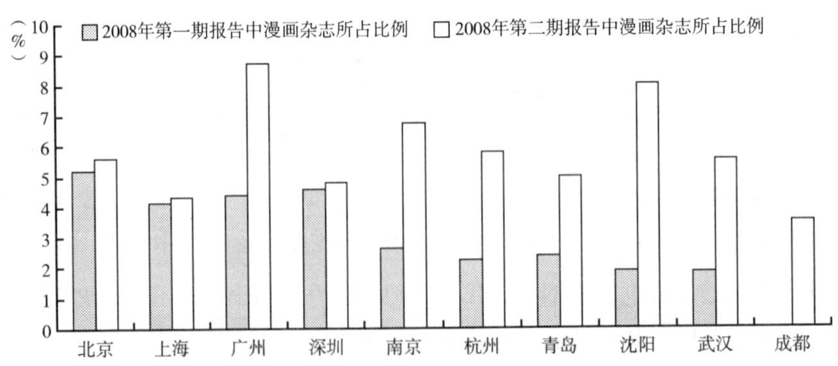

图1　全国十大城市漫画杂志占市场化杂志总销量比例

（三）优秀动漫期刊实力日益增强

在北京、上海、广州和深圳等四大城市，有 7 种漫画杂志进入四地合计杂志零售市场期发量前 30 强，名额占近 1/4。《幽默大师》、《漫画派对》、《小公主》、《漫画世界》、《米老鼠》、《漫友》和《新蕾 · STORY 100》等 7 种漫画杂志合计销售指数占四地合计杂志零售市场期发量前 30 强销售指数的 9.12%（参见图 2）。漫友文化成为漫画杂志经营的最大赢家，旗下《漫画世界》、《漫友》、《新蕾》和《乌龙院》四个项目的销售指数在所有漫画杂志当中所占比例达到 35.01%。其中，幽默漫画期刊《漫画世界》期发量明显增长，本期销售指数相比上期增幅高达 63.64%，显示出超强的高增长性。此外，《漫画派对》也是漫画杂志阵营中的一大亮点，它在南京、杭州等 6 个城市的合计平均实销量大幅超越了《幽默大师》。

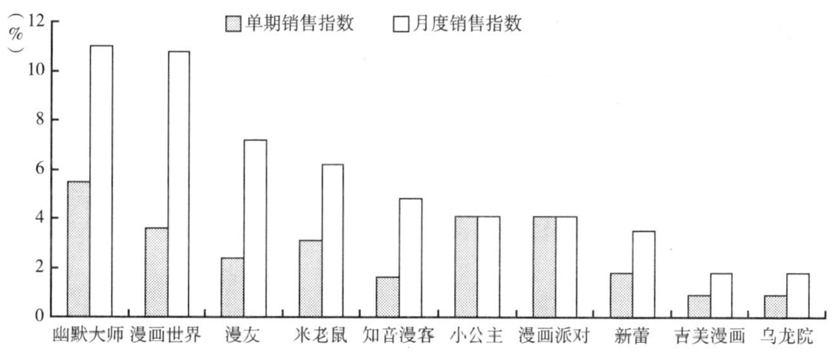

图 2　四大城市漫画杂志综合销售指数

（四）中国动漫期刊进入周刊化时代

2009 年 11 月底，知音集团斥资改版旗下漫画刊物《知音漫客》，由原来每月三刊改版为每周一刊；12 月初，漫友文化紧接着将旗下幽默漫画旬刊《漫画世界》进行周刊化，并采取了大手笔的营销推广策略，首期周刊附送一期最新潮流漫画连载杂志《漫画 SHOW》。在相差不到一周的时间内，国内两大主力动漫期刊相继改版，引领中国漫画正式进入周刊时代。动漫期刊周刊化，有利于拉拢读者，有利于漫画作者和编辑向职业化转型，有利于提高广告盈利，降低运营成本，有利于形成“以刊带书”的良好局面。

（五）动漫期刊综合市场价值不断提升

漫画杂志的市场价值指数取决于杂志的期发量、刊期密度和定价，期发量越高、刊期越密集、定价越高，杂志的市场价值就越大。2008 年，《幽默大师》在单期销售指数上位列漫画杂志之首，而《漫友》杂志仍然是市场价值最高的漫画杂志。从月度销售指数来说，漫画杂志前三强依次为《幽默大师》、《漫画世界》和《漫友》，月度市场价值指数的前三强依次为《漫友》、《幽默大师》、《漫画世界》。综合看来，在近年来动漫产业利好政策的推动下，我国漫画杂志消费市场持续上扬，不仅整体销量突飞猛进，而且在整体市场化报刊的大盘中所占比例也在不断加重。

（六）期刊与图书形成出版联动，贯通内容产业链

动漫期刊是动漫行业先锋，引领形成了以期刊带动图书的运作模式。以此模式，《漫画世界》成功策划出品了《乌龙院》、《爆笑校园》、《兔子帮》、《泡面超人》、《无赖熊猫》等大量幽默漫画图书；《知音漫客》策划出品了《偷星九月天》、《暗夜协奏曲》、《神精榜》等单行本；《飒漫画》策划出品了《嘻哈小天才》、《嘻哈奇侠传》等；《漫画派对》策划出品了《阿衰 on line》、《戏游记》等卡通故事丛书。此外，《乌龙院》、《兔子帮》已经开始动画化，《乌龙院》年内即可推出同名动画片。动漫期刊在以漫画创意、形象和故事内容为核心，横跨期刊、图书、网络和手机等多种媒体传播，以及改编动画、开发衍生产品方面做了非常积极的产业化探索。

（七）动漫图书创作出版踊跃，销售火爆

由于目前尚无专门的动漫图书出版统计，我们只能从局部对动漫图书市场进行窥探。当当网是全球最大的综合性中文网上购物商城，其基于真实销售数据（推测以销售收入进行排序）形成的畅销图书排行榜是中文出版界的风向标。截止 2009 年底，该网站在销动漫图书共有 7608 种，占图书总量（893698 种）的 0. 85% 。在 2009 年图书畅销榜前 200 位中有四种动漫图书，分别为：《绝对小孩

2》、《父与子全集》、《我的错都是大人的错》、《绝对小孩》。其中，《绝对小孩2》和《我的错都是大人的错》是2009年的新作。根据对动漫图书畅销榜前200位的分析，有86种是2009年新品。

（八）重点作者和出版机构表现不俗，渐成规模

在前200个畅销品种中，拥有最多畅销作品的出版社是现代出版社，有31个品种入选，占其中的15.5%，陕西师范大学出版社、人民文学出版社、南海出版社和中国画报出版社分别排在第二至第五位（参见表1），前三强合计所占份额为33.5%，前五强合计所占份额为45.5%，说明了市场集中度较高。作为国内动漫出版领先企业，漫友文化此次有22个图书品种入选，所占份额为11%，充分证明了其策划出品的图书在市场中的影响力和竞争力。在前200席中，拥有最多畅销作品的作者是幾米（亦写作几米），有29个品种入选，占其中的14.5%，蔡志忠、黑背、高木直子和朱德庸分别排在第二至第五位（参见表2），前三强合计所占份额为30%，前五强合计所占份额为39.5%。

表1 当当网2009年动漫图书畅销榜（前200位）出版社构成

序号	出版社	品种数量	序号	出版社	品种数量
1	现代出版社	31	7	新世纪出版社	9
2	陕西师范大学出版社	22	8	商务印书馆	8
3	人民文学出版社	14	9	生活·读书·新知三联书店	8
4	南海出版社	13	10	上海锦绣文章出版社	7
5	中国画报出版社	11	11	上海人民出版社	5
6	黑龙江美术出版社	10	12	其他出版社	62

表2 当当网2009年动漫图书畅销榜（前200位）作者构成

序号	作者	品种数量	序号	作者	品种数量	序号	作者	品种数量
1	幾米	29	6	寂地	6	11	慕容引刀	4
2	蔡志忠	18	7	卜劳恩	5	12	钱海燕	4
3	黑背	13	8	韩露	5	13	阿桂	3
4	高木直子	10	9	查尔斯·舒尔茨	4	14	夏达	3
5	朱德庸	9	10	莫莉蓟野	4	15	其他作者	83

（九）动画抓帧图书不温不火，出版商爱恨交加

2009年，大批出版机构在动画抓帧图书领域重新出发，纷纷上马了多个与动画片配套的大型出版项目，如《孔子》（青岛出版社）、《三国演义》（湖南少年儿童出版社）、“中国原创经典动漫·马兰花”系列（江苏少年儿童出版社）、《美猴王》（天天出版社）、《小牛向前冲》（浙江少年儿童出版社）、《家有儿女》（现代出版社）、《淘气包马小跳》系列（抓帧版）（接力出版社）等。动画图书与动画片的播放有着密切关系，可以说动画片的强势播放是动画图书最大的“免费宣传”和消费支撑。正是由于电视这种强势媒体的介入，以及动漫图书系列化、册数多的特点，动漫图书的销量十分可观。无论是早前的《哪吒传奇》，2007年的《虹猫蓝兔七侠传》、《小鲤鱼历险记》，还是2008年的《喜羊羊与灰太狼》系列，无一不是如此。并非所有的动画片都能保障抓帧图书旺销，这需要满足多方面的条件：在中央电视台少儿频道黄金时段播出，有足够的集数和时长等。

最近几年来，动漫期刊和图书逐步走上复兴之路，在书刊整体市场中所占的份额越来越大，逐步形成集群效应，正成为带动中国动漫产业崛起的先锋力量。日益强盛的动漫出版阵营正在成为中国出版业乃至文化产业的一支不可忽视的新锐力量。

二　影视动画产量和质量保持双增长，优秀品牌彰显价值

国产电视动画片制作发行情况较为全面地反映了全国各地原创国产动画制作和播出的题材、内容、数量、趋势及发展情况，是全国各地动画产业发展状况的具体体现。2009年国产动画片保持了快速发展的势头，产量达到171816分钟，质量得到进一步提高，品牌影响力日益扩大，在版权输出和品牌授权、开发衍生产品方面取得一定突破。

（一）电视动画产量快速增长，质量不断提高

2009年，全国国产电视动画片产量达到17万分钟，相比2008年的13万分钟，增幅为31%（见图3）。动画产量是中国动画产业不断发展和进步的一个标志，国产动画产量和交易数量的大幅增长，一方面进一步丰富了我国各级电视频

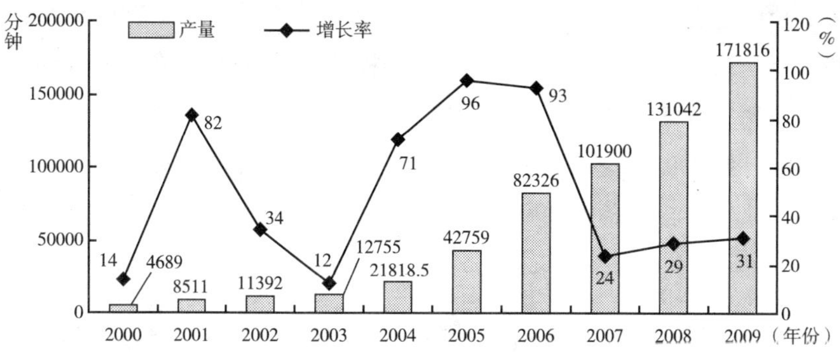

图 3　本世纪历年国产电视动画片产量增长图

道的节目资源，更好地满足了广大观众尤其是少年儿童的收看需求；另一方面也为动画企业树立动画品牌，完成资金、人才、知识和技术的积累提供了坚实基础。在产量迅猛增长的同时，国产动画片的创作水平和艺术质量也有所提高，一些优秀国产动画片受到观众欢迎，陆续出现了如《美猴王》、《西游记》、《孔子》、《郑和下西洋》等富有中国特色和中国风格的动画作品；《诺诺森林》、《月亮大马戏团》等构思精巧、制作精良的原创动画片也走入观众视野。此外，《福娃奥运漫游记》、《大耳朵图图》、《郑和下西洋》、《独脚乐园》、《喜羊羊与灰太狼》、《三国演义》6 部动画片获第 11 届"五个一工程"奖；2009 年共有 52 部优秀国产动画片被广电总局推荐播出。

（二）电视动画制作备案数量增长较快，题材较为集中

2009 年，全国国产电视动画片累计备案公示剧目数量达到 460 部、428879 分钟，平均每月备案 38 部、3.6 万分钟，同比增长 19.79% 和 32.81%。按所占比例大小排名，备案公示的国产电视动画片题材依次为：童话（146 部、133942 分钟）、教育（130 部、128210 分钟）、现实（49 部、41869 分钟）、其他（42 部、30652 分钟）、神话（31 部、26194 分钟）、科幻（31 部、27214 分钟）和历史题材（31 部、26679 分钟），题材选择仍然主要集中在童话、教育方面，这两类题材占了总体的 62%。

（三）全国各地竞相上马动画项目，动画大省实力强劲

2009 年，共有 21 个省份以及中央电视台生产制作了国产电视动画完成片，

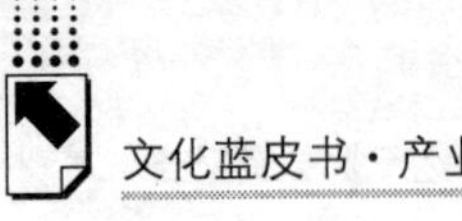

排在前五位的省份是：江苏、浙江、广东、湖南、辽宁。相较2008年增幅较大的省份分别是：辽宁、广东、江苏、浙江、福建，较2008年降幅较大的省份是湖南省。从制作备案情况来看，共有27个省市以及中直机构和中央电视台进行了制作备案，比2008年多了6省市。排在前五位的省市依次是江苏、浙江、辽宁、广东、北京，合计备案290941.5分钟，占全国的67.84%，江苏以96部、87428分钟排名榜首，进一步巩固了其动画大省的地位（参见表3）。

（四）国产动画收视份额不断提升，动画频道实力不断增强

34家少儿频道和4家动画频道已成为推动国产动画健康发展的重要平台。中央电视台七个频道每天播出动画片约12个小时，4家动画专业频道平均每天播出国产动画片超过12小时，全国共有300多家电视台具有固定的时段播放国产动画片，是4年前的3倍。地面频道和上星频道两级市场的效应开始显现，现在有一大批省级电视台上星频道开始开设国产动画片的栏目，受到观众的普遍好评。动画频道、少儿频道收视份额逐年提升，截止2009年10月29日，央视少儿频道平均收视份额达到2.54%，列中央电视台第五位，全国上星频道第七位。与此同时，我国动画的播映体系日益完善，动画频道、少儿频道不断加强自身建设，积累了大量频道运营经验，并获得了良好的市场回报。央视少儿频道前11个月收入达到3亿多元，2010年广告招标达到7.18亿元。整个动画频道、少儿频道随着中国动画产业的迅猛发展，品质、效益发生了巨大的变化。

表3　2009年全国各省份国产电视动画片生产情况

序号	省　份	部数	分钟数	序号	省　份	部数	分钟数
1	江苏	69	40314	12	安徽	9	3736
2	浙江	43	32758	13	黑龙江	10	3519
3	广东	40	23487	14	河南	3	1402
4	湖南	18	13063	15	山东	4	1380
5	辽宁	14	11211	16	湖北	4	1373
6	北京	25	9357	17	山西	4	950
7	中央电视台及所属机构	15	8478	18	河北	2	682
8	福建	16	6299	19	广西	2	315
9	重庆	12	5267	20	四川	1	60
10	天津	10	4330	21	内蒙古	1	30
11	上海	19	3787	22	陕西	1	18

（五）动画电影制作火热，优秀影片票房飘红

2009年，国产动画电影达到27部，较2008年的16部增长了68.75%。经广电总局批准立项制作的国产动画电影为61部，而2008年度仅有31部，足见国内投资动画电影的热情之高。2009年涌现出不少创作新颖、技术精湛、形象生动的动画电影，《快乐奔跑》、《淘气包马小跳》、《喜羊羊与灰太狼之牛气冲天》和《麋鹿王》四部动画电影获得第十三届中国电影华表奖，《马兰花》获得了第十八届金鸡百花电影节最佳美术片奖。最令人瞩目的是《喜羊羊与灰太狼之牛气冲天》总票房超过1亿元，再次刷新了国产动画片的票房纪录，《麦兜响当当》、《马兰花》等影片也取得了较好的票房成绩（参见表4）。这些成绩刺激了不少动画人争相上马电影项目，仅国庆档就有《齐天大圣——前传》、《神兵小将》和《麋鹿王》三部动画电影同期上映，但票房却差强人意。

表4　2009年中国票房收入100强（动画电影部分）

单位：万元

名次	片名	产　地	票房收入	上映时间
9	《冰川时代3》	美　国	15690	7月8日
18	《喜羊羊与灰太狼之牛气冲天》	中国内地	10000	1月16日
22	《飞屋环游记》	美　国	9070	8月4日
23	《麦兜响当当》	中国香港	7520	7月24日
33	《阿童木》	香　港	4545	10月23日
36	《马达加斯加2》	美　国	4000	1月1日
41	《豚鼠特工队》	美　国	2655	11月24日
69	《月球大冒险》	比利时	1140	5月28日
79	《马兰花》	中国内地	800	6月19日
89	《齐天大圣—前传》	中国内地	450	9月29日
92	《神兵小将》	中国内地	400	10月1日
93	《哆啦A梦:大雄与绿巨人传》	日　本	370	8月4日

截止2009年12月27日。

（六）国产动画品牌影响力显著上升

动漫产业的核心是原创，最大的利润却来自衍生品。在成功创作出知名动画

片后，可以通过生产和销售动画片光碟、图书和带有动画形象的游戏、玩具、服装、文具、工艺品等衍生品获取更大利润。根据中文最大搜索引擎百度提供的统计数据，截止2009年12月31日，在中文搜索风云榜·动漫卡通排行榜TOP 50中有10个国产动漫品牌。与2008年相比，国产动漫品牌影响力持续加强，排名显著上升，《喜羊羊与灰太狼》和《我叫MT》两个国产原创动漫跻身前10强，特别是《喜羊羊与灰太狼》从一年前的第十四位上升至第四位。《秦时明月》、《黑猫警长》、《隋唐英雄传》、《大耳朵图图》、《神兵小将》和《天书奇谭》等原创动漫持续在榜，《虹猫蓝兔光明剑》和《小牛向前冲》等国产品牌异军突起。

（七）动画产业运营能力增强，产业效益凸显

《美猴王》、《三国演义》、《喜羊羊与灰太狼》、《郑和下西洋》、《虹猫蓝兔光明剑》、《山猫和吉咪》等国产动画片在电视台播出获得了良好的收视效果，图书、音像、玩具、文具、服饰等衍生产品市场出现了大量的国产动画品牌，彻底改变了五年前境外动画片占据我国动画片播映市场和衍生产品市场的局面。喜羊羊借助电影创造的票房奇迹和知名影响，将其品牌渗透到各个领域。喜羊羊的衍生品授权合作商目前已达到500多家，衍生产品范围从主题音像图书、毛绒公仔、食品、日用品到MSN表情、手机桌面、屏保等。在《喜羊羊与灰太狼》的收入中，播出版权收益占30%，其余70%来自衍生产品的形象授权等方面。

（八）海外市场青睐中国动画，“走出去”工作获得重要突破

近年来，在“走出去”战略推动下，我国动画企业在对外合作交流和版权贸易中得到了长足进步。浙江中南集团卡通公司作品进入63个国家和地区，海外销售额达到500多万美元。湖南山猫动画有限公司的山猫吉咪品牌系列衍生产品出口到美国、日本、韩国、俄罗斯等50多个国家和地区，累计出口创汇超过2000多万美元。三辰卡通公司的蓝猫系列已出口美国、韩国、中东等20多个国家及地区5万分钟，版权收入超过300万美元。此外，国内动画机构在中外共同投资设立企业和合拍项目等方面也取得了一定进展。由北京辉煌动画公司与日本未来行星株式会社合作拍摄的52集大型高清动画电视连续剧《三国演义》在中央电视台电视剧频道首轮播映后，在全国多家电视台同步播放；上海电影集团与

汤姆逊集团联手，共同出资成立面向影视、广告、动画等行业提供后期制作的上影 THOMSON 合资公司。

三　以“大动漫”产业观开创中国动漫大未来

当前，无论是政府，还是业界，非常盛行一个“大动漫”的概念。动漫产业不仅门类众多，产业链长，而且与授权衍生产业之间也有着密切的关系，此外动漫在技术表现上还能广泛应用于军事、医疗、气象、建筑、工艺、设计等领域。在数字化、网络化时代，如何认知“大动漫”产业观已成为动漫业界广泛关注的焦点。

（一）动漫产业加速融合，互动发展

动漫产业的核心本质是通过动画、漫画或其他载体的广泛传播塑造出来的动漫明星形象进行多轮商业开发，提升动漫作品的附加值。如今，与动漫相关联的产业已涉及和延伸到出版、音像、影视、广告、旅游、教育、食品、网络、数字娱乐、通信、服饰、文具、玩具、服装等十几个行业或产业。从产业发展模式上看，进入动漫产业的切入点有漫画、电视动画、动画电影、网络动漫、游戏、玩具等多种模式，尽管动漫企业因自身优势和资源不同而采取了不同的进入策略，但随着发展壮大开始逐步向其他领域延伸。2009 年，中国动漫产业正在加速融合发展，产业链上各个环节加强互动，共同发展。仅以动画片为例，既有《少林海宝》、《小樱桃》、《摇滚藏獒》、《绝对小孩》等漫画作品改编为动画片，又有《摩尔庄园》等网游改编为动画作品，还有《电击小子》、《铠甲勇士》等与玩具相关的动画片。

（二）新媒体动漫开始发力，未来前景向好

随着 3G 时代的到来，手机正日益成为一个承载海量信息的移动娱乐终端，手机动漫以其喜闻乐见的表达方式成为手机用户的“新宠”。目前，中国移动正在全国范围内建设八大内容基地，其中之一就是福建的手机动漫基地，这表明中国移动已经将手机动漫业务确立为未来重点发展的业务之一。第四届中国原创手机动漫游戏大赛参赛单位（企业、工作室）共计 1181 家，其中动漫参赛单位

865 家；征集作品总数为 107046 件，其中漫画类作品达 79364 件、动画类作品达 21563 件；参与大赛活动人数近 2000 万人，参赛作品下载次数超过 3000 万次。此外，包括拓维信息、索引互动、短讯神州、漫友文化、魔屏科技、开软科技、随手互动、口袋网、天狼星等在内的众多内容提供商和服务商纷纷发力手机动漫。

（三）动漫企业整体多、小、弱、杂，实力企业与日俱增

动漫企业是推动动漫产业发展的市场主体，根据工商总局对企业登记的信息检索，目前全国与动漫有关的企业达 5000 多家，经营项目中兼营动漫的也有 5000 家，这只是企业注册登记信息，但这些企业并不一定都从事动漫经营活动。根据统计，2009 年度生产并取得《国产电视动画片发行许可证》的制作机构共有 154 家，进行国产电视动画片制作备案的机构共有 260 家，进行国产动画电影制作备案的有 45 家。虽然我国有数量比较庞大的动漫企业，但由于起步比较晚，普遍规模比较小，竞争力比较弱。在首批通过认定的百家动漫企业中，既有央视动画、辉煌动画、神界漫画、江通动画、宏梦卡通、中南卡通、漫友文化、奥飞文化等国内较大规模的动漫知名企业，也有为数不少的新兴中小型动漫企业。通过认定的企业注册资本（金）合计 11 亿 3000 余万元，注册资本（金）超过 1000 万人民币的共有 34 家。2009 年，政府部门继续加强对龙头企业的建设和扶持，并着力打造以国有资本为主体和主导的动漫企业，如中国动漫集团有限公司、吉林动漫集团等。

（四）玩具企业争相借力动漫拓展国内市场

据海关统计，2009 年，我国出口玩具 77.8 亿美元，与 2008 年相比下降 10%。在全球金融危机的冲击下，玩具企业积极应对，通过与动漫影视公司合作探索新型赢利模式，大力塑造品牌扩大市场，进而寻求实现转型升级。众多玩具企业争搭动漫车，或自主开发动漫作品带动产品销售，或代理知名动漫品牌授权的相关衍生品。2009 年出品的不少玩具产品都富有动漫元素，如奥迪的铠甲勇士和战龙四驱、灵动的爆丸小子、星杰的百变战兽Ⅱ和星原战记、小白龙的星际飙车Ⅱ、锦兴的旋风金刚、骅威的蛋神奇踪、飞轮的漂移少年、新动乐的铁腕骑士，等等。不过，由于多部动画片主题雷同，衍生产品大同小异，

因而并没有特别强势的领导品牌，反倒是“喜羊羊与灰太狼”的玩具火热了一整年。

（五）动漫产业深受资本追捧，投融资案例明显增多

动漫产业是非常典型的资本推动型行业，生产周期长，回报时间长，风险大，但利润也高，比如动画片就是一次投入，多次收入，这就注定了动漫企业对于资金的庞大需求。2009年，最让动漫企业兴奋的一大事件无疑是被称为“动漫第一股”的A股首家动漫类上市公司奥飞动漫在深圳证券交易所正式挂牌交易。奥飞动漫公开发行4000万股，发行价22.92元/股，募集资金超过9亿元，发行市盈率达58.3倍，为IPO重启以来深圳市场发行市盈率最高的新股。当天盘价达42元，收盘40.95元，全日升幅达78.66%，在同日登陆中小板的3只新股中涨幅最大。此外，广东高乐玩具股份有限公司的首发申请也已获得证监会发审委通过，在深交所发行3800万股A股。江通动画申请创业板上市的申报材料已被证监会受理。在各级政府部门的推动下，包含动漫在内的文化产业投融资体制和平台不断完善，通过设立专项文化发展基金，组建国有文化产业投资控股集团公司，推进金融机构支持和服务体系建设，从而支持动漫文化产业发展，帮助企业解决融资难题。作为江苏省内首家注册资本达1亿元的动漫企业，江苏慈文紫光数字影视有限公司所获无锡市及新区两级政府的风险投资占到了注册资本的45%。浙江中南卡通影视有限公司获得了杭州银行提供的最高额为1000万元的版权质押贷款，为提高动漫企业的融资能力开辟了新渠道。

（六）动漫园区基地建设热度不减，亟待规范管理

与产业发展阶段相匹配的、适度的动漫产业基地园区的设立，对于推动动漫产业的发展具有积极作用。2009年，我国各地动漫园区基地建设依旧如火如荼，中央部委和地方各地政府均在有选择地布局发展。文化部和北京市人民政府正式签署首都文化建设战略合作框架协议，共同建设中国动漫游戏城项目；文化部还和天津市签署文化发展战略合作框架协议，在滨海新区合作建设国家动漫产业综合示范园区，规划总建筑面积约62万平方米，预计3～5年建成。2009年，新增的国家动画产业基地分别在厦门软件园、沈阳动漫产业基地以及北京市海淀、石景山和通州三个文化创意产业集聚区先后揭牌。绝大多数动画产业基地积极落实

关于推动我国动画产业发展的举措，制定战略规划、完善服务设施、凝聚动画企业、培养动画人才、推进动画生产，取得了较好成绩。2009 年度，国家动画产业基地自主制作完成国产动画片 221 部，132325 分钟，约占全国总产量的 77%，比 2008 年增长 30%。但也有一些基地未能达标，仅以国产动画片年产量达不到3000 分钟这一项硬性指标来衡量，就有长影集团等六家基地自 2007 年以来连续三年均未达标。此外，各地形形色色的动漫基地园区也在粉墨登场。目前社会普遍认为，动漫基地、园区过多过滥，一哄而上、重复建设、资源浪费等问题比较突出。一些动漫基地、园区没有发挥企业示范作用或产业集聚作用，长期名不副实，大量浪费土地资源和资金，直接影响和妨碍了动漫产业的健康发展、科学发展，迫切需要政府部门加强规范和引导。鉴于目前国内动漫产业基地数量众多、分类庞杂，联席会议正在对全国基地现状进行调研，并拟出台国家级动漫产业基地评估认定管理办法，将对动漫产业基地的规划、认定、评估、管理、运营等方面制定明确标准，动漫基地粗放发展的模式有望借此得到改变。

（七）动漫节展、论坛大赛此起彼伏，需强化特色

2009 年，动漫节展持续升温，尤其是假日期间更是此起彼伏，热闹非凡。据统计，2009 年我国共举办各种动漫节展、大赛、博览会 73 次。举办动漫节展最多的三个省份分别为：北京 14 次、广东 11 次和江苏 6 次。举办动漫节展最多的三个月份依次为：12 月（12 次）、10 月（11 次）和 7 月（11 次）。从举办届数来看，首届举办的动漫节展大赛依然占据主体地位，为 42 次；举办 4 届及以上的动漫节展大赛为 14 次。五花八门的动漫节展一方面丰富了当地动漫爱好者的娱乐生活，一定程度上推动了当地动漫产业的发展；另一方面也令国内知名动漫企业应接不暇，疲劳奔波全国各地。目前来看，已经形成一定品牌影响的全国性动漫节展主要有：中国国际动漫游戏博览会、中国国际动漫节、中国国际漫画节和中国（北京）国际大学生动画节等。除了部分品牌展会加大力度办成跨地域的综合性节展之外，区域性动漫活动应立足本地，努力打造具有独具特色的节展。动漫节展亦应少一些行政干预，多一些市场机制，在培育成熟之后早日回归到政府搭台、企业唱戏的运营模式。

（八）动漫产业配套支撑和服务体系不断健全完善

2009 年，多个动漫版权交易平台纷纷开通。首个国家级版权交易系统在国际版权交易中心正式开通，版权人可通过该交易系统转让版权，通过融资平台寻找资金。交易系统开通首日，总额超过 1 亿元的 30 个项目挂牌交易，覆盖影视、音乐、动漫等版权项目。在首届中国国际影视动漫版权保护和贸易博览会举办期间，国际版权交易中心组织到近百个动漫原创版权合作项目进行发布，并提供从版权确认、价值评估到项目撮合、合同备案、法律维权的一条龙服务。行业协会和其他中介服务机构在产业中的作用得到进一步凸显，中国动画学会、广州动漫行业协会、北京动漫游戏产业联盟、北京影视动画协会、武汉市动漫产业联盟等行业组织，在搭建政府和企业之间的沟通桥梁、协调企业关系、开展行业基本情况调查研究、加强信息交流传播等方面发挥了积极作用。此外，科研院校和专业研究咨询机构在推动中国动漫产业发展方面，起到了咨询参谋、学术研讨、信息传播等理论指导作用，力求为政府决策层提供深度思考产业问题的决策参照，为企业提供最新的商业资讯及产业运营资讯，为中外动漫产业从业人员提供版权、出版、渠道、宣传、引荐等全方位支持。

近几年来，我国动漫产业持续快速发展，产业实力与市场规模迅速壮大，产品数量大幅增长，质量有所提高，企业实力不断增强，产业链日益完善，我国正从动漫大国向动漫强国目标迈进。同时，也要清醒地看到，我国动漫产业仍处在初级发展阶段，与动漫产业发达国家相比还有较大差距，离跻身世界动漫强国行列仍然任重道远。因而，我们要冷静对待产业发展中凸显的问题，切实采取有效对策加以解决。

中国动漫的发展在很大程度上取决于能否形成一个完整的市场化投资、工业化生产、商品化发行和产业化开发的商业价值链条运作体系。中国动漫企业应早日从政府主导下的粗放式递增过渡到由市场主导的持续性增长，并为此制定可持续增长的长期发展规划，注重业务增长的质量和效益，不断提升品牌的影响力和竞争力，在国内和国际两个市场中取得与国际知名动漫品牌较量的竞争优势。动漫产业的核心本质在于“一鱼多吃”，即以动漫品牌形象借助内容传播形成的影响力，通过商业运营，实现在不同商业领域的多次销售，创造出高附加值。无论是美国还是日本，漫画、动画、游戏和玩具业都是紧密关联的，四大范畴的设计

常常出自同一个创作源头。在四合一的运营机制下，动漫形象和内容创意可以很容易地移植、延伸到其他范畴中，国外动漫巨头通常会统一规划动漫产业链的各个环节，且能够较为通畅容易地在不同领域之间进行转换，齐头并进，共同发展。成熟的产业链使得各环节紧密衔接，赢利模式清晰化，生产流程得以程序化，宣传推广持续扩大化，在迅速满足市场需求的同时，实现了高度赢利的目标。因而，对于我国动漫企业来说，树立“大动漫”产业观至关重要。以奥飞动漫为例，目前正对于自身产业链进行积极延伸和战略性尝试，其发展模式将从现在的“动漫+玩具”升级为“动漫+玩具+影视+游戏+授权”，最终形成大动漫娱乐产业的布局。我们深信，唯有“大动漫”方可创造中国动漫的大未来。

2009年广播电视产业发展报告*

胡正荣　李继东　黄 炜**

2009年，席卷全球的金融危机尚未平息，我国也步入了新世纪以来经济社会发展最为困难的一年，经济增长速度放缓，社会矛盾冲突更加凸显，体制机制阻滞问题更为突出，但保增长、保民生、保稳定的各项任务圆满完成，变革与突破成为这一年的主题。广播电视产业逆势上扬，产业发展迅速，在体制机制上、内容制作和流通展示等方面有较大的变化。

一　2009年我国广播电视产业发展概略

（一）广播电视体制机制改革进一步深化

2009年是我国广播电视产业自21世纪以来在政策安排上变化最多的一年，不仅仅内容管理和监督上有许多变化，更为重要的是体制机制上改革有所突破，体现在一系列影响深远的政策先后出台：5月25日，国务院发布了《国务院批转发展改革委关于2009年深化经济体制改革工作意见的通知》（国发〔2009〕26号）；7月22日，国务院常务会议通过了《文化产业振兴规划》（国发〔2009〕30号）；国家广电总局8月4日印发了《关于加快广播电视有线网络发展的若干意见》（广发〔2009〕57号）；8月6日印发了《关于促进高清电视发展的通知》（广发〔2009〕58号）；8月27日，国家广电总局印发了《关于认真做好广播电视制播分离改革的意见》的通知（广发〔2009〕66号）；9月8日，

* 本文没有标记出处的数据均来自于国家广播电影电视总局官方网站、办公厅、规划财务司、《广播电影电视决策参考》等的最新统计数据，恕不一一注明。

** 胡正荣，博士，中国传媒大学副校长、教授、博导；李继东，博士，北京第二外国语学院国际传播学院副教授；黄炜，博士，国家广播电影电视总局办公厅综合处处长。

国家广电总局颁布了《广播电视广告播出管理办法》（广电总局第61号令）；9月9日印发了《关于加强电视购物短片广告和居家购物节目管理的通知》（广发〔2009〕71号）；9月15日，广电总局下发了《关于互联网视听节目服务许可证管理有关问题的通知》（广发〔2009〕73号）；10月14日广电总局下发了《关于进一步加强电视动画片播出管理的通知》（广发〔2009〕78号）等文件。这些文件将广播电视产业上升到国家发展战略的高度，标志着整个文化产业体制改革与全面振兴文化产业大幕开启，内容涉及制播分离、跨行业和跨地区网络整合等体制机制变革等问题，推动了高清电视、数字技术的发展与应用，同时重点规范了网络视听节目、广播电视广告等的管理。

（二）广播电视节目生产继续增长，广播电视总收入持续上升

2008年全国有广播影视节目制作机构3343家，比2007年增加了469家；全年开办广播节目2436套、电视节目3199套、付费广播17套、付费电视138套，其中广播比2007年减少了41套，而电视增加了1916套、近1.5倍。全年制作广播、电视节目分别为649.4万小时和264.19万小时，比2007年增加了16.15万小时和8.86万小时。

2009年广播电视总收入预计可达1665亿元，比2008年增长5.18%（82亿元），其中，过百亿的省市有北京、上海、江苏、浙江、广东。广告收入预计752亿元，占总收入的45.22%，比2008年增长7.15%（50.17亿元），其中过40亿的省市有广东、上海、北京。

（三）三网融合有实质性推进，广电股领跑中国创业板

《国务院批转发展改革委关于2009年深化经济体制改革工作意见的通知》明确提出了“落实国家相关规定，实现广电和电信企业的双向进入，推动‘三网融合’取得实质性进展”，这不仅突破了82号文件所言的“电信部门不得从事广电业务，广电部门不得从事通信业务，双方必须坚决贯彻执行”的规定，而且将2008年《国务院办公厅转发发展改革委等部门关于鼓励数字电视产业发展若干政策的通知》（国办发〔2008〕1号）有关推进“三网融合”的规定进一步强化和具体化，开启了广电跨行业、跨区域整合之势。

2009年10月30日，中国创业板首批28家企业集体挂牌上市，其中着力于华

语影视内容制作的华谊兄弟和以数字电视系统前后端软件、硬件的研发、生产与销售为主业的金亚科技广电行业股备受关注，华谊兄弟开盘涨幅最大，达 122.74%；金亚科技则成为收盘涨幅最大和停牌之最，截至收盘涨幅达到了 209.73%，停牌高达 3 次，成为 28 只个股中唯一收盘涨幅超过 200% 的个股。① 这不仅进一步拓展了广电行业吸纳社会资本之路，而且彰显了广播电视的经济影响力。

（四）NGB 建设起航，新媒体发展加速

2009 年 7 月 31 日，科技部、广电总局和上海市政府共同签署了《中国下一代广播电视网（NGB）启动暨上海示范网合作协议》，标志着我国 NGB 建设正式启动，预计上海将在 2010 年前完成 50 万户 NGB 示范网络建设，目前正在积极筹备的有 36 个示范区建设；12 月 2 日，国家广电总局广播电视规划院与思科公司签订了“下一代广播电视网（NGB）联合实验室”合作协议，将建立 NGB 新业务体验中心以及 NGB 研究与实验中心，搭建各种新业务及应用平台和研究 NGB 业务应用模型，对业务本地化应用进行相应的实验和测试评估，以促进 NGB 新业务的开发、实施以及产业化应用。这意味着我国广播电视将步入以高性能宽带信息网为基础，支持高速宽带、双向交互、全程全网、可管可控，实现三网融合、有线无线相结合的新时代。

NGB 是依托现在的有线电视网络和无线传输网络来实现单向变双向、模拟向数字转化，其核心集中在有线电视网络和无线传输网的升级上，前者着力于双向网络改造和数字化整体转换，后者主要是发展移动多媒体广播电视（CMMB）。据统计，至 2009 年年底全国已有 163 个大中城市实现整体转换，其中广西、海南、宁夏等省区所有大中城市完成整体转换，全国有线数字电视用户超过 6000 万，其中双向用户超过 3000 万。无线数字化方面，组织实施地面数字电视覆盖工程，制定完善全国 300 个城市的频率规划。城市间的网络整合与双向网络改造也取得了较大进步，全国大部分省区市已经开展了网络整合工作。

2009 年网络广播电视、CMMB 等广播电视新媒体全面加速发展。全国大部

---

① 贺辉红：《创业板首批 28 家企业今日上市，平均涨幅达 76.46%》，《中国证券报》，http：//news.sohu.com/20091030/n267847552.shtml；《暴涨 209%，金亚科技成最牛股》，中财网，http：//www.cfi.net.cn/p20091031000240.html。

分广播电视台都开办了自己的网络广播，据统计，全国有 27 家省级广播电台、广播电视机构开办了网络广播业务，共有 167 套广播频率实现网上直播，有 25 家广播电台电视台开办的网站提供网络电视直播业务。2009 年 12 月 28 日，由中国央视网建设的中国网络电视台（CNTV）正式开播。国际在线多语种优势进一步强化，中国广播网实现了全台 12 套节目在线收听和点播。

CMMB 覆盖网络进一步扩大，内容服务不断增加，全国统一的运营体系初步建立；2009 年 3 月 22 日，中广移动与中国移动正式签订合作协议，共同推进具有 CMMB 功能的 TD - SCDMA 手机发展，由中国移动负责 CMMB 的收费运营等方面的管理，预示着三网融合的开启和 CMMB 发展步入了一个新的阶段。据统计，全国有 31 个省（区、市）、280 个城市建设成 CMMB 电视专业网络。

（五）电台、电视台微弱下降，广播电视台有所增加

截止到 2008 年年底，我国共有广播电台 257 座（比 2007 年减少了 6 座）、电视台 277 座（比 2007 年减少了 10 座）、教育电视台 45 座（比 2007 年增加了 1 座）、广播电视台 2069 座（比 2007 年增加了 76 座），电视机、收音机的社会拥有量分别达到 4 亿、5 亿台。广播电视综合覆盖人口率分别达到 95.96% 和 96.95%，接近世界发达国家水平。

从近几年的情况来看，电台、电视台和教育电视台总体趋势呈现微弱下降，而广播电视台则趋于上升，也就是说省市级以上的电台、电视台趋于稳定，而县级电视台每年都在增加（见图 1）。

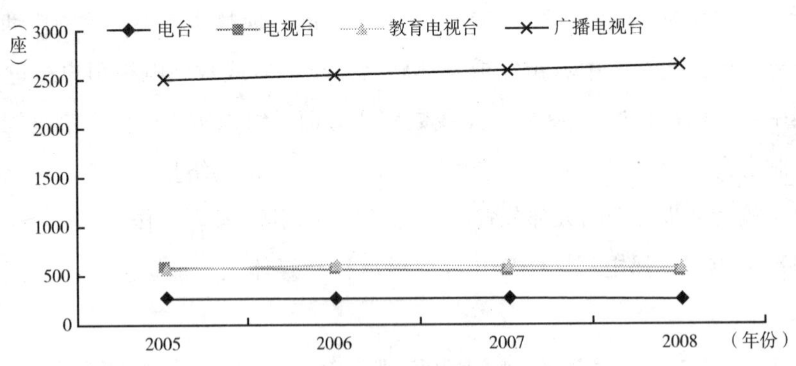

图 1　2005 ~ 2008 年我国电台、电视台变化

（六）广播电视 60 年成绩辉煌，60 周年大庆彰显广电实力

建国 60 年以来，我国广播电视业经历了从无到有、从小到大、从中短波调频和调幅广播到数字和网络广播、从模拟电视到数字电视（网络电视、手机电视），构建了规模宏大、门类齐全的广播影视体系，建成了世界上覆盖人口最多，中央与地方相结合，有线、无线、卫星等多种手段并用的广播电视网。广播电视已成为党和政府联系群众的重要桥梁和纽带，成为人民群众获取资讯信息、享受文化娱乐的主要渠道，是我国最为普及、最为便捷的舆论宣传工具、信息工具和娱乐工具，是人民群众日常生活中不可缺少的组成部分。① 在 60 周年大庆期间，广播电视业发挥了很大的作用，运用高清电视、移动多媒体、网络广播、数字广播等手段圆满完成了各种重大庆典活动的播出工作，同时制作和播出了大量的献礼节目和展示共和国 60 年辉煌成就等方面的节目，产生了极为广泛的影响。

二　2009 年我国广播产业发展分析

（一）广播制作、播出及创新分析

1. 广播节目构成稳定不变，综艺益智类、专题服务类和新闻资讯类制作和播出仍居前列

从近几年广播节目制作和播出的情况看，在制作中居于前三位的仍为综艺益智类、专题服务类和新闻资讯类，虽然在数量上有所增加，但总体结构基本没有多大变化（见图 2）。2008 年广播节目制作与 2007 年相比，综艺益智类增加了近 4 万小时，占制作总数的比例基本维持在 30% 左右；专题服务类增加了近 4 万小时，所占比例下降了 2%，占 28%；新闻资讯类增加了 5 万多小时，所占比例保持不变（见图 3）。在播出的广播节目中，综艺益智类、专题服务类、新闻资讯类分别增加了 12 万小时、7 万小时、7 万小时，所占

① 张海涛：《站在新的历史起点上推动我国广播影视科技和事业建设又好又快发展》，http://www.sarft.gov.cn/articles/2009/11/30/20091130152152100701.html。

比例变化不大。值得注意的是2008年首播的节目比例增加了3%（近36.6万小时，见图4、图5）。

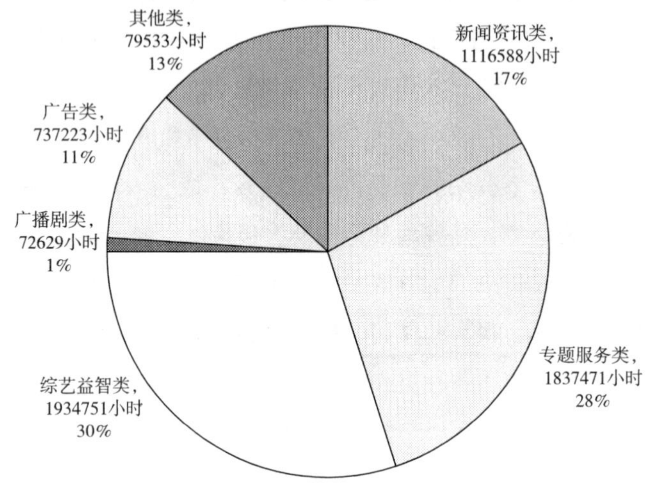

图2　2008年全年制作的广播节目类型比例

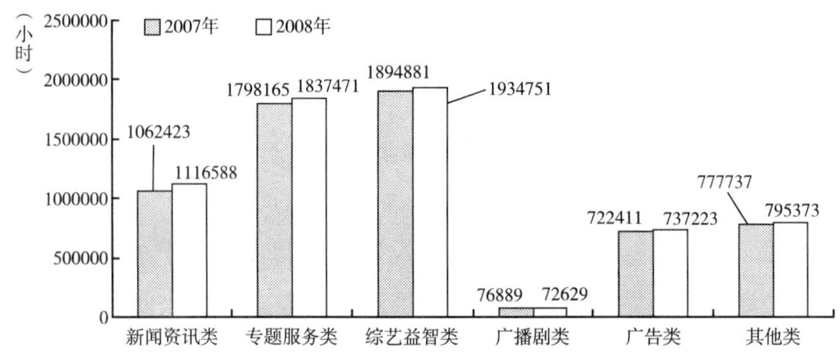

图3　2007～2008年全年制作的广播节目及类型变化

2. 节目编排方式不断创新，不同规模的改版不断呈现

随着媒介融合时代的到来，创新新闻资源的整合方式变得越来越重要，近年来，我国广播节目在编排方式上多有创新，取得良好的政治、经济和社会效果。由中央人民广播电台首创的“轮盘式”新闻节目编排方式，在近两年里颇受电台和听众的青睐。“轮盘式”广播新闻也称之为滚动广播新闻，即打破传统一纸

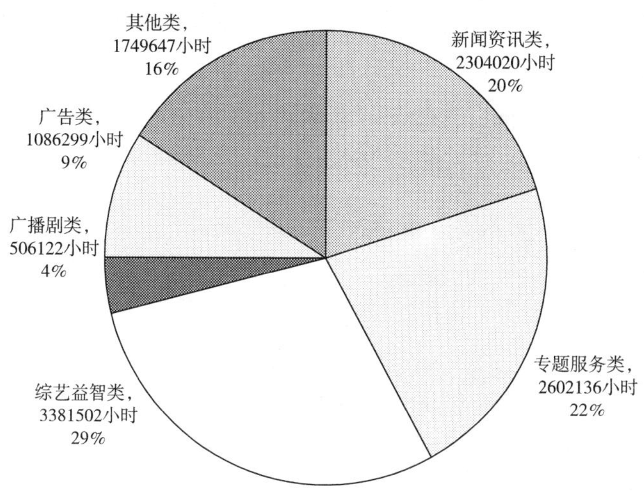

图 4　2008 年广播播出的节目类型比例

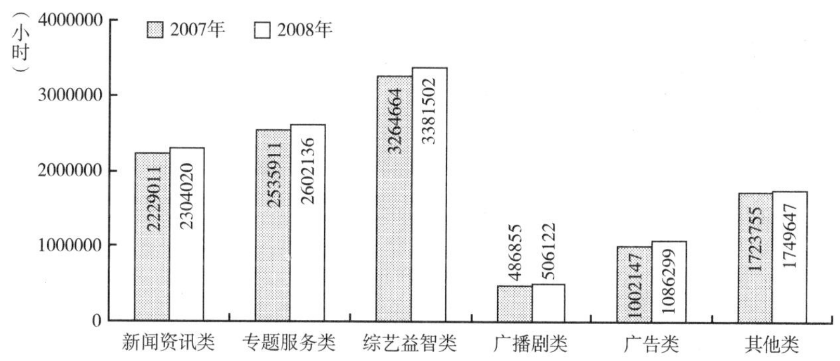

图 5　2007～2008 年全年播出的广播节目及类型变化

节目单的局限，将一天的时段划分为 20～30 个新闻单元，以不超过 30 分钟为单位，将每时段滚动刷新即时资讯，不间断地轮盘式播报，从而实现迅速传递海量信息的一种节目结构方式。这不仅提高了时效性、扩大了信息量，而且有利于节目内容的细分化和对象化以及更有效的整合新闻资源。中央人民广播电台的《中国之声》从 2008 年 8 月 25 日开始实行从早六点半～晚八点半的“轮盘式”编排方式，同时将六点半的“新闻和报纸摘要”、晚上的“新闻联播”等品牌节目及板块嵌入其中，实现节目编排的无缝隙连接。正如中央人民广播电台台长王求所言，这样的改革取得了两个明显的效果：一是其内容受到了中央领导和听众的肯定，其形式也受到了听众的喜爱；二是收听率和市场份额大幅度地增长，仅北京市的市场份额，2009 年上半年比 2008 年上半年同期就增加了 14%。[①] 这种模式也在全国多个省市推行，像江苏新闻广播的 FM93.7、辽宁《新广快讯快评》等都取得很好的市场效果和社会效应。

（二）广播市场与经营分析

1. 广播联盟时代到来，合作打造“中国广播”品牌

近年来，中国广播界的联盟由像两会、奥运会等事件性、阶段性的协作与联动转向战略性、长期性合作与共赢，2009 年 6 月 18 日中国广播联盟宣告成立，在此前后有 10 多家全国性、区域性、业务性的广播联盟先后建立，包括“全球华语广播网”、“全国高校广播节目联盟”、“民族网”、“地方网”、“辽宁广播联盟”、“红飘带行动陕西广播·省市电台爱心公益联盟”、“湖北省第一家广播联播网”、“东北广播广告合作联盟”、“武汉城市圈广播电视联盟”、“内蒙古广播联盟”等，标志着中国广播联盟时代的到来，这对于推动广播资源整合、提升“中国广播”整体实力和影响力必将具有深远的影响和意义。据统计，截止到 2009 年 11 月，已有 145 家电台加入中国广播联盟。[②] 目前，中国广播联盟分设节目交流平台、《中国广播》杂志、《中国广播报》、中国广播网“中国广播联盟官方网站”、中国之声《直播中国》栏目等 5 个平台。组建以来，圆满完成了新中国成立 60 周年报道、第十一届全运会等重大事件的联合报道，取得了良好的效果。

2. 制播分离实质性推进，广告收入先抑后扬

制播分离改革是 2009 年广播电视界的一件大事，也是深化体制改革实质性举措之一。2009 年 10 月上海首开先河，原上海文广新闻传媒集团更名为上海广播电视台，并出资组建上海东方传媒集团有限公司。旗下的上海东方广播有限公司不仅承担着上海人民广播电台交通频率、戏剧曲艺广播、故事广播、上海东方广播电台都市生活频率、流行音乐频率、经典音乐频率的节目制作，还负责经营

---

① 《中央人民广播电台台长王求谈“广播新闻改革”》，人民网强国论坛，http://www.people.com.cn/GB/32306/143124/147550/10060008.html。

② 《中国广播联盟目前已拥有成员台 145 家》，中国广播联盟网，http://www.cbu.cnr.cn/sygg/200911/t20091112_505612528.html。

上海广播电视台旗下全部 11 套广播频率的广告业务，并拥有东方风云榜等一批品牌项目和 9 名全国主持人“金话筒”奖获得者。这 11 套广播频率在上海广播市场处于强势地位，据央视—索福瑞 2009 年 1～10 月的数据显示，收听市场占有率高达 93.45%。[①] 这标志着上海广电行业的制播分离改革在广播领域迈出了实质性的一步。

实际上，早在 2008 年 12 月 2 日，中央人民广播电台音乐之声开办 6 周年之际，由中央人民广播电台控股的“央广智库广告有限公司”挂牌成立，成为中央台制播分离的最早实践者，“都市之声”、“文艺之声”、“老年之声”，以及即将开播的娱乐广播制播分离改革也即将开始。此外，2008 年 10 月天津电台交通频道、相声频道也开始了制播分离改革。

受全球金融危机的影响，从 2008 年 7 月起，广播广告收入就呈现下降趋势，到 2009 年 1、2 月份跌入冰点，3 月份开始回暖。由此，广播广告总量逐年增长，但增幅有所下降。2008 年全年广播广告收入比 2007 年增长 15.5%，达 72.56 亿元；2009 年全年广播广告收入比 2008 年增长 3.27 亿元，增长 4.51%，达 75.83 亿元，占广播电视广告总收入的 10.09%。

3. 台网融合突破行业界限，价值链完善提升广播竞争力

互联网、数字技术的发展应用不仅是改变了人们处理、接收信息的方式和生活方式，而且打破了广播、电视、网络行业壁垒，市场格局为之一变。各家电台开设网络广播已是司空见惯，而中央人民广播电台率先从战略层面上推进台网融合。2009 年伊始中央电台全面推行“台网一体”战略，通过资源整合、全台办网、面向市场等一系列战略规划，全面促进台网融合，从而实现从单一广播内容生产者向全媒体内容提供商转型。此外，中央人民广播电台、中国国际广播电台开办的数字电视付费频道、手机电视等也取得了很大的进步，《家庭健康》频道以及随身性、隐私性、互动性、个性化的手机电视节目颇受广大用户的青睐。

广播上网、台网互动、台网一体等广播发展的模式是近几年我国广播业在新媒介语境下谋求发展的一些举措，实际上，媒介融合已是必然之势，这不仅仅意味着技术上的跟进与推广，更意味着业务上、产业上的整合，通过整合、拓展和延伸产业价值链，由过去单一的行业、属地观念向跨行业、跨地区、全媒介的节

① http://www.sarft.gov.cn/articles/2009/12/14/20091214112648790247.html.

目内容的生产与供给模式转变，是广播提升其市场竞争力的必由之路。由此，基于全媒介理念的业务流程的再造和组织机构的重构将成为我国广播业未来发展的又一重头戏。

（三）广播新媒介发展与技术创新

1. 广播数字化进一步发展，点播式广播开启收听新时代

2009年伊始，北京通过房山、平谷、怀柔、密云、延庆五座广播电视无线转播站，建成了远郊区（县）数字广播（DAB）系统，拓展了数字广播（DAB）的覆盖范围，从而使远郊区县群众能收听16套广播节目频道。10月23日，北京市远郊区县数字广播（DAB）开通仪式在密云县转播站举行，标志着北京市在全国率先实现了全境广播数字化。同时全国其他省市的广播数字化也在大幅推进。

数字化使得双向互动信息传播提高了技术支撑，使得传统广播“你播我听”的收听方式转变成“随意选择收听”，从而增强了听众的自主选择权，改变了单向、线性节目收听和接收模式。2009年，北京人民广播电台在北京地区率先试运行“点播式广播服务”，使听众能够随时随地自主收听、选择收听、反复收听电台播放的节目。这种“实时广播+点播”的收听模式，不仅满足了原有广播听众的收听需求，也对非传统广播听众具有很强的吸引力。

2. 网络广播、移动广播新媒介提升广播的传播力

2009年网络广播、移动广播更加蓬勃发展，许多电台将网络用户和移动用户作为新的听众市场，纷纷开办网络电台、移动广播。年初，中国广播网就围绕打造“全球最大的中文音频门户、建设全球华语音频网上乐园”的战略目标，推出全新的中国广播联盟网络平台、全球华语广播网官网、新增3G、手机WAP网、“倾听中南海”、“音频世界”频道，由此，初步建构了音频媒资数据库，传播力也得以大幅提升；5月18日，国际台巅峰体坛网络电台开播，将传统广播节目与在线互动点播、精美图片、视频节目、电台论坛、受众参与等多种媒介形式整合于一体，形成全方位、多种形式的在线资讯及互动内容体系；6月3日，西藏人民广播电台“中国西藏之声”网站在线广播开通；7月16日，移动国际在线在北京正式开播，为摩托罗拉A3100、苹果Iphone等智能手机或其他手持终端用户提供可以随时随地浏览新闻、财经、影视、娱乐、旅游、汉语学习、英语

音视频节目等方面的信息与服务。

网络广播、移动广播以及融合了这两者的新型广播模式，将大有发展前景。首先是不断增长的网民规模，特别是手机网民规模，为广播提供了更为广阔的市场。据《第 25 次中国互联网络发展状况统计报告》有关数据表明，我国互联网普及率在稳步上升。截止 2009 年年底，我国网民规模达到 3.84 亿人，较 2008 年增长 28.9%，在总人口中的比重从 22.6% 提升到 28.9%，而且手机网民规模 2.33 亿人，占网民总体的 60.8%，移动网络、手机终端在互联网发展中的作用变得越来越重要。其次，从目前网络使用的情况看，对于基于音频的内容制作和播出的广播是极为有利的。据统计，2009 年网络应用使用率排名前三甲分别是网络音乐（83.5%）、网络新闻（80.1%）、搜索引擎（73.3%）。① 音乐是诉诸听觉的一种艺术，而这无疑是广播媒介的优势所在，而广播新闻的快捷、覆盖面广亦是其他媒介所无法比拟的。

三　2009 年我国电视产业发展分析

（一）电视节目制作、播出与创新分析

1. 新闻资讯类、专题服务类的制作和播出时间以及电视剧制作投资均在增加

与 2007 年相比较，2008 年制作的新闻资讯类、专题服务类和综艺益智类节目时间都有所增长，前两者达 14%、后者达 1%。而广播剧类、广告类和其他类有所下降，降幅分别达 39%、5% 和 3%（图 6）。2008 年制作的电视剧和动画电视部数、集数分别增加了 30%、32% 和 44%、3%，电视剧和动画电视制作投资额分别增加了 29% 和 12%，电视剧国内销售额增加了 8%，而动画电视则下降了 15%（图 7）。而从播出的情况来看，除综艺益智类节目下降了 3.85% 之外，新闻资讯类、专题服务类、电视剧、电视动画等均有所增长（图 8）。

---

① 中国互联网络信息中心（CNNIC），《第 25 次中国互联网络发展状况统计报告》，http://www.tech.qq.com/zt/2010/cnnic25/。

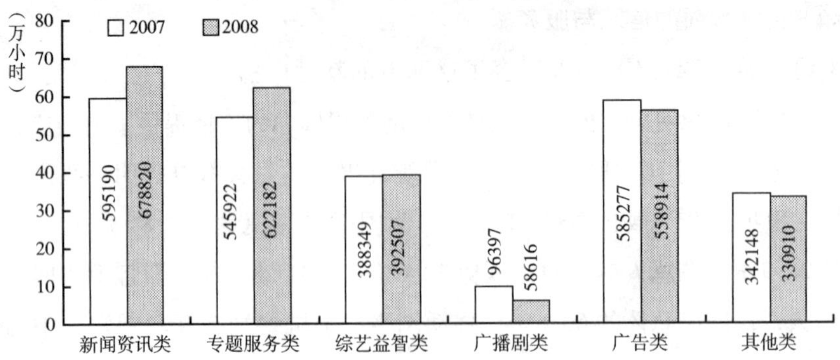

图6　2007～2008年全国制作的电视节目及类型变化

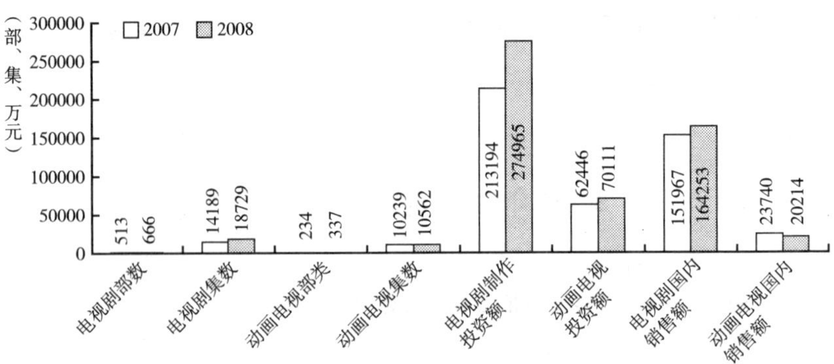

图7　2007～2008年全国制作的电视剧、电视动画部集数及投资销售情况

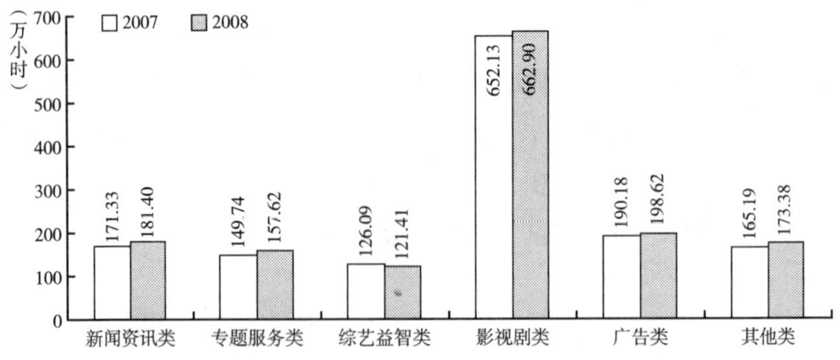

图8　2007～2008年全国播出的电视节目及类型变化

2. 电视剧增量发展阶段基本结束，电视动画取得很大成绩

最新统计表明，2009年电视剧产量达1.3万集，比2008年有所下降，这也是自2000以来的首次减产，整体质量进一步提高，现实题材电视剧仍居主导地位。全国制作完成的国产电视动画片共322部171816分钟，比2008年增长31%。

从近几年的电视剧播出的情况来看，每年播出的数量基本上没有多大变化，也就是说电视剧播出的容量已近饱和。2008年播出电视剧比2007年减少了1387部（0.59%）、增加了119943集（2.14%）、10.77万小时（1.65%），这种增减比例与制作相比几乎是微不足道的（图9）。加之2009年电视剧制作的负增长，在一定程度上意味着电视剧市场开始步入理性、成熟的时代，从数量上的竞争过渡到质量上的竞争。从2008年开始，像《闯关东》等口碑和市场收益俱佳的电视剧不断涌现，2009年更呈现出蓬勃发展之势，如《蜗居》、《潜伏》、《我的兄弟叫顺溜》、《我的青春谁做主》、《北风那个吹》等。《蜗居》不仅取得了很高的收视率，而且引起广泛的社会反响，成为社会各界讨论的热点话题，以至于掀起了“蜗居”热。而《潜伏》更是获得收视率、口碑、利润三丰收，并引发了国内电视剧市场的谍战热。由此，国产家庭剧、谍战剧、献礼剧、现实剧等类型剧层出不穷并提升了国产电视剧的影响力。

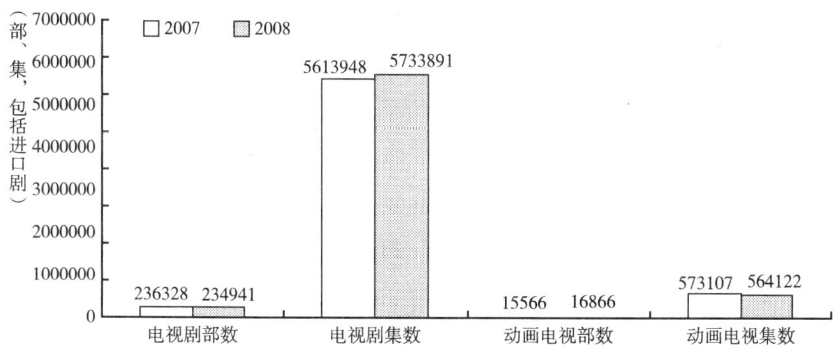

图9　2007～2008年全国播出的电视剧、电视动画部集数变化

2009年全国电视动画片创作生产不仅表现在数量上的增长，而且涌现出《美猴王》、《三国演义》、《西游记》、《孔子》、《小牛向前冲》、《郑和下西洋》等一批具有中国特色、中国风格的动画作品以及《诺诺森林》、《月亮大马戏团》

等一批富有特色、制作精美和颇受观众的青睐的原创动画片。同时，国产动画开始与外资合拍，并走向海外市场，产生了一定的影响。比如北京辉煌动画公司与日本未来行星株式会社、日本玩具制造商 TOMY COMPANY 联合投资制作了 52 集大型高清动画电视连续剧《三国演义》，该剧已经与 20 多个国家的 40 余个电视台签署了播出协议，并于 8 月 1 日、10 月分别在中央电视台及日本等其他国家播映。①

（二）电视市场格局与经营管理

1. 网络整合拉开大幕，江苏模式、湖南模式各领风骚

2009 年成为中国网络整合或三网融合的元年，不仅表现在政策上纳入到国家战略层面，并首次被列入国家级文件中，而且体现在广电行业整合决心和力度上。7 月国务院发布的《文化产业振兴规划》明确将“推进有线电视网络、电影院线、数字电影院线和出版物发行的跨地区整合”列入八项重点工作之中，8 月广电总局下发的《关于加快广播电视有线网络发展的若干意见》又确立了 2010 年底前基本完成有线网络省内整合的阶段性目标。由此，跨行业、跨地区的网络整合全面展开，地方割据已久的广电业积极领跑，据统计，截止到 2009 年年底江苏、广西等 13 个省区市已经完成省内有线网络整合工作。

在实现“一省一网”、“全程全网”、“互联互通”、“双向互动”有线网络整合的过程中，由于各地的实际情况千差万别，所采取的方式和整合路径不尽相同，不过归纳起来，不外乎政府推动、市场运作两种手段的选择与组合，或以政府推动为主导，或靠市场运作来推进，或双管齐下，其中，江苏省和湖南省的做法具有较强的代表性。江苏省推行“政府推动与市场运作双管齐下”的策略，在实际运作中又以强有力的行政推动为主力，采取“存量不变、增量分成”的分配方法，从而在 2009 年实现了 13 个省辖市全程全网，江苏省广电网络公司现有 1000 多万用户，数字电视用户 700 多万，互动电视用户 40 多万。目前全省有线电视用户仅次于美国康卡斯公司，用户规模成为全国第一、世界第二的广电网

① 《动漫产业信息周报》（第 42 期），中国动漫产业网，http：//www. chinanim. com/index. php?N = consultation_ info&id = 5901。

络运营商。[①] 而湖南则采用了“龙头牵引、公司管理、服务增值、上市发展”的市场运作的方式，2007 年 2 月由电广传媒与已有合作的 33 家市州县广电网络公司共同组建了湖南省有线电视网络（集团）股份有限公司，主要负责省网的整合事宜，预计在 2009 年底电广传媒完成对全省有线网络的整合工作。[②] 这两种模式都是基于当地的现有优势和不足，找到适合自己的整合之路，这期间涉及体制、资源、资本、人事等多方面的因素及关系问题。

2. 数字有线电视用户增幅最大，付费数字电视收入猛增

据统计，2009 年电视广告收入 654.03 亿元，在广播电视广告总收入中居于绝对优势地位，所占比例达 86.98%，比 2008 年增加 7.36%（44.84 亿元）。

2009 年有线电视用户预计达到 1.74 亿户，比 2008 年增长了 6.10%（1000 万户）。其中，数字电视用户达 6199 万户，占全国有线广播电视用户的 35.63%，比 2008 年增长 36.94%（1672 万户），这是自 2006 年发展数字电视用户以来，增幅最大的一年。付费数字电视用户 705 万户，占全国有线户数的 4.06%，比 2008 年增长 57.02%（256 万户）。

2009 年有线电视网络收入预计 391.01 亿元，占总收入的 23.52%，比 2008 年增长 5.82%（21.51 亿元），过 20 亿元的省份有广东、江苏、浙江、山东。其中有线电视收视费预计 269 亿元，占总收入的 16.18%，比 2008 年增长 7.61%（19 亿元）。超过 10 亿元的省份有广东、江苏、山东、浙江、重庆、辽宁。其中付费数字电视收入 25.42 亿元，比 2008 年增长 78.89%（11.21 亿元）。

3. 江苏省等五省领跑动画电视制作，国家动画产业基地成绩卓著

2009 年电视动画市场格局初现，从区域和生产商构成来看，江苏省、浙江省、广东省、湖南省、辽宁省的生产数量名列前五位，而跃居前五位的原创动画片制作生产机构包括：杭州漫奇妙动漫制作有限公司、央视动画有限公司、无锡亿唐动画设计有限公司、浙江中南卡通影视有限公司、湖南宏梦卡通传播有限公

---

① 江苏省广播电视信息网络股份有限公司董事长陈梦娟在第二届“中国广电行业发展趋势年会暨投融资论坛”（CBIT2009）“有线运营·网络整合”的分论坛上的演讲，2009 年 12 月 10 日北京广电国际酒店；温婷：《广电网络掀整合浪潮两大模式供参考》，《上海证券报》，http://www.news.hexun.com/2009-09-09/121009964.html。

② 《电广传媒年底完成湖南有线网络整合》，财经网，http://www.caijing.com.cn/2009-08-27/110229966.html。

司。经过几年的建设和发展，国家动画产业基地取得了不俗的成绩，2009 年自主制作完成了 221 部（132325 分钟），约占全国总产量的 77%，比 2008 年增长 30%。产量排在全国前五位的有：杭州高新技术开发区动画产业园、无锡国家动画产业基地、南方动画节目联合制作中心、沈阳高新技术产业区动漫产业园、苏州工业园区动漫产业园。

（三）电视新媒介与技术应用

1. 高清电视发展步入新阶段

大力发展高清电视是 2009 年广播电视行业的重头戏之一，被列入总局年度重点工作。8 月 6 日，广电总局下发了《广电总局关于促进高清电视发展的通知》，要求各地按照“鼓励发展、统筹兼顾”的原则和规模化、集约化的要求，推进从制作、播出到传输、接收等环节的一体化发展，采取现有频道高标清同播方式推进高清电视的发展。基于此，9 月 28 日上午 7 时，中央电视台综合频道和北京卫视、上海东方卫视、江苏卫视、湖南卫视、黑龙江卫视、浙江卫视、广东卫视和深圳卫视等第一批被批准的高清同播频道开播；到 18 时，全国已有 70 多个有线数字网安排接入高清频道；北京歌华、江苏有线、杭州华数、深圳天威、上海东方有线等已接入全部 10 个高清频道，标志着中国广播电视业开启了高清时代。

2. 手机电视、网络电视进一步发展

随着 3G 技术的应用和 CMMB 的不断推进，2009 年手机电视有了较大的发展。国有广播电视两大机构——中国国际广播电台和央视的手机业务进展顺利。2009 年是中国国际广播电台手机电视业务大发展的一年，该台为手机电视用户提供了实时新闻信息、播客影片观赏、原创短剧剧场、数字音乐下载、地方卫视直播、特色节目以及点播下载等信息服务。而央视网手机电视海外传播项目“CCTV 手机电视”从 10 月份上线到年底，用户已达到 50 万人，日均新增用户量达 2000 左右。在国庆阅兵、中秋晚会、全运会闭幕式等直播过程中，总浏览量突破 400 万页次。同时还获得苹果中国的官方网站大力推荐，拓展了国际市场。

据了解，首个国家级网络电视台中国网络电视台（CNTV）将建设成中国规模最大的网络视频节目数据库及全球化多语种多终端的内容分发体系，将打造成

以视听互动为核心、融网络特色与电视特色于一体的全球化、多语种、多终端的网络视频公共服务平台。开播首期上线的内容包括首页、客户端、新闻台、体育台、综艺台、爱西柚（播客台）及爱布谷（搜视台）。从 2010 年开始，还将陆续上线包括电影、电视剧、纪录片、财经、探索、健康、气象、家居、旅游、教育、民族、音乐等系列内容服务[①]。依托 CCTV 的 45 万小时的影像资料以及全国电视机构日播 1000 多小时的电视节目，中国网络电视台必将领跑国内网络视频领域。

① 中国网络电视台，http：//www. cntv. cn/cntv/01/index. shtml。

2009～2010年中国广告业发展现状与趋势

黄升民　邵华冬　陈 怡*

一　政策助推经济回暖，广告市场2009年复苏，2010年审慎乐观

2009年中国经济经历了严峻考验，为实现经济增长“保八”的目标，中国政府陆续出台“万亿投资计划”、“十大产业振兴规划”等一揽子经济刺激政策，及时扭转了自2008年下半年以来经济过快下滑的态势。在强有力宏观调控下，中国经济率先复苏——国家统计局宏观经济数据显示，中国国内生产总值在一季度探底之后即开始呈现“V”型反弹，之后持续保持回升趋势。2010年1月21日，国家统计局发布最新数据显示，2009年全年国内生产总值（GDP）为335353亿元，按可比价格计算比上年增8.7%，中国经济增长“保八”成功。其中，与广告市场紧密相关的社会消费品零售总额从2009年3月开始，每月同比增长率稳定在15%左右。在2009年全球经济不景气的背景下，中国消费市场表现不凡。

广告历来是与经济联动最为密切的行业。2009年3月以后，中国广告市场伴随中国经济复苏几乎实现同步转暖。2009年全年中国广告市场总投放同比增长13.5%，达到了5075.18亿元，广告市场增长明显高于GDP增长，这反映了企业对未来市场经济发展的信心。中国广告生态调查课题组的调研数据显示，有52.3%的广告主对于“2010年我国经济将走出全球金融危机影响，市场全面回暖”这一观点持同意的态度（见图1）。

---

* 黄升民，中国传媒大学广告学院院长，博士生导师；邵华冬，中国传媒大学广告主研究所副所长；陈怡，中国传媒大学2008级广告学博士。

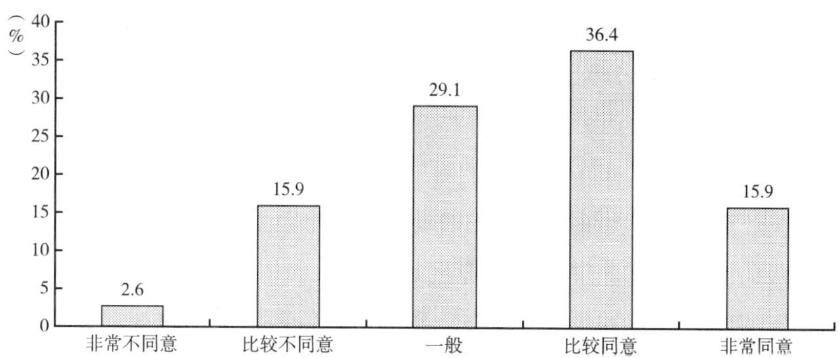

图 1　2009 年广告主对“2010 年我国经济将走出金融危机影响，市场全面回暖的看法”

数据来源：《2009～2010 中国广告生态调研》。

2009 年 11 月 18 日央视招标大会上，2010 年央视黄金资源中标额达 109.66 亿。央视招标的成功一方面反映了企业对未来的信心，但同时也是广告主一种保守的做法。中国经济虽然稳步回升，但是主要依靠国家对“铁公基”等领域的投资拉动，而倚重投资拉动的经济增长方式长期来说无法持续；出口的恢复步履蹒跚；消费市场的许多领域表现并不稳定，对广告主而言消费需求是否能够能保持持续的旺盛才是关键所在。经济危机并未完全退去，不确定仍在。广告主在营销推广上将采取保守又保险的做法。在这种思路的指导下，优质的电视媒体就成为了不二之选。因为在未来不确定的大环境下，广告主会选择已经被既有经验证明成功了的媒体来进行投放，而不会再冒险尝试投放不熟悉的媒体。

二　2009 年广告市场三大主体现状及趋势

（一）广告主：营销传播“求实效”成为主基调

1. 广告主营销推广中“效益”导向突显

在竞争日益激烈、利润不断摊薄的市场上，营销推广一直是企业应对市场环境的重要课题。尤其是在金融危机影响下，一方面消费需求释放削弱信号，另一方面企业的现金压力加大，企业需要流动资金用于经营周转、增强抗风险能力。销售效果成为广告主尤为看重的指标。渡过危机、先保生存后求发展成为 2009

年度众多广告主秉承的营销推广理念。2009 年广告主营销推广策略以媒体广告和终端促销为主；预算分配上，缩减了如公关、体育赞助等投资大且见效慢的推广方式上的投入，集中加大媒体广告和终端促销的力度。

（1）促销成为广告主应对危机的首选营销推广手段。金融危机一方面引发国内消费力下降，另一方面广告主的营销推广费用大幅缩减，促销成为广告主激活消费市场的首选方式。中国广告业生态调查广告主专项调查数据显示，2009 年被访广告主偏重使用的营销推广方法选择中，促销活动的选择率较 2008 年提高了 19.4 个百分点。家电、3C、零售业，汽车等行业促销表现活跃，甚至连一向曲高和寡的奢侈品也加入了促销的大军。《福布斯》杂志称为抵御金融危机，各大奢侈品品牌都紧缩银根，纷纷打折促销吸引消费者。鳄鱼、古奇这样的主流品牌，秋季服装更是将折扣降低至 30%。在中国，宜家放下“小资”身段，五年来第一次大规模打折以吸引消费者。

（2）广告目标向“促进销售”集中。相关调研表明：从 2004～2009 年，被访广告主“希望通过广告活动达到主要目的”的选择中，“提高或保持品牌知名度”的选择率一直都是最高。但 6 年纵向比较，2009 年该选项的选择率达 6 年最低。与此同时，选择“迅速促进企业产品/服务的短期销售”作为广告活动主要目的的被访广告主比例，2009 年出现了跳跃性的增长（增幅为 13.7%），达 6 年来的最高值。

（3）直接让利型促销手段全面回升。2009 年，广告主遵循“务实主义”。调研发现，2009 年广告主对于各种促销手段的选择都普遍出现回升，尤其是赠品、打折、降价、服务促销几种形式出现了大幅提升，而体育、公益等需要巨额投入且回报周期较长的促销方式则迅速回落。金融危机下，“务实主义”是广告主普遍的心态，商品打折、降价虽然摊薄了利润，但是对于刺激消费者的购买欲望最为有效，能够直接引起销售，增加回款速度，同时抢夺市场占有率。

2. 电视、户外组合出击，实现“高空覆盖”与“地面突破”的整合效果

2009 年广告主的媒体选择呈现多媒体组合运作谋求“高空覆盖”与“地面突破”整合效果的特点，这恰恰也呼应了务实高效的营销推广策略。中国传媒大学广告主研究所相关调研数据显示，2009 年广告主对各种媒体的选择率与 2008 年比较出现全面的回升，尤其以电视媒体和户外媒体选择率增长最为明显，其中传统户外媒体和数字户外媒体的选择率分别上升了 22.5% 和 17.5%。

在营销推广费用缩减的情况下，央视作为能够在最大市场范围内保持品牌知名度的唯一媒体平台，成为广告主“高空覆盖”的最大利器。中国传媒大学广告主研究所调研发现，一反前两年的下滑趋势，2009年被访广告主对央视的选择实现了13.1%的增长。而央视2010年黄金资源广告招标预售活动总额更是达到109.6645亿元，比2009年增长了17.1亿元，增长率高达18.47%。

2009年广告主在“下乡”政策推动下的区域市场开拓和地面销售促进战役中，大量选用了户外媒体。由传统户外和网络日益完善的数字户外媒体组成的户外媒体阵营，更具有地域的贴近性优势。一方面能够有针对性地配合区域市场的促销活动，同时还可以呼应全国性的媒体投放。另一方面，比起投放电视和报纸媒体，户外媒体的ROI更为广告主所认可。某著名韩系电子品牌媒体策略负责人在接受中国传媒大学广告主研究所访谈时表示，该企业2009年增加了户外媒体的投放，一个重要的出发点就在于户外媒体的ROI较高。

3. 广告主互联网平台化深耕细作，谋求全传播效果

随着互联网技术的不断升级，互联网传播形式和手段日益丰富，互联网对消费者信息接收形态的影响广泛且渗入，互联网在广告主营销推广中的渗入日渐丰富且深刻。尤其是互联网销售平台真正得以实现并以几何增长势头袭来，互联网对广告主来讲已经成为一个营销运作的重要平台，广告主的营销传播也出现了互联网平台化特征。而广告主对于互联网的平台化运作，从渠道所有权角度划分，可分为两类：其一，运作形成综合门户和垂直网站的组合平台。从banner、flash到搜索引擎、富媒体、论坛及sns社区娱乐植入等形式的组合运用，实现了单向传播与双向互动，品牌提示与品牌体验，线上虚拟活动与线下实际购买的整合效果；其二，企业建立自有官网体系开展平台化运作。目前，大部分的企业都拥有自己的官方网站作为官方信息的发布载体和企业对外的形象窗口。中国传媒大学广告主研究所开展的《2009～2010年中国广告主数字媒体运作研究》调研数据显示，有63.0%的广告主利用企业自身的官方网站进行宣传推广。消费者可以通过企业官网完成信息搜集——互动参与活动——实现在线购买——发表评论信息反馈的一系列活动。这一系列的活动都搭建在企业自有的媒体平台上，可以为企业维护大批黏性用户，为日后的客户关系管理打下基础。同时企业也不断将最新的网络技术应用到自己的官网建设中。例如，出现较早并且具有代表性的可口可乐icoke网站，就引入了腾讯3DQQ秀虚拟形象技术，极大地丰富了网站的内容和娱乐性。企业官方网站向着企业自有媒体平台的方向发展。

4. 广告主重新掌控话语权，广告公司与媒体角色重新定位

2009 年，金融危机直接带来广告业的震荡，企业营销预算的吃紧使广告主力量重新回升，在三方中广告主的主导力量增强。广告公司则弱势地位明显，处境较为艰难。2009 年，中国传媒大学广告主研究调研发现，越来越多的被访广告主认为广告主是广告市场主导力量，在巨大市场压力下其对于广告活动主导权的操控前所未有地增强。具体表现在广告活动资金最为密集的媒体投放及购买环节。2009 年，广告主对媒体的议价意愿与能力同时出现明显提升。一方面，广告主与媒体直接合作趋势增强，2009 年宝洁解除与媒体购买公司的合约，自己与媒体谈判购买广告资源就是一个典型案例。另一方面，与全盘委托给代理公司相比，广告主更青睐于自己做“脑”，根据产品和企业特点制定营销推广方案，将广告公司做“手”，负责具体的执行。广告主主导化，广告公司公仆化、媒体全面服务化的新格局初露端倪。

（二）媒体：金融危机下以价值回归、营销升级谋求发展

1. 金融危机影响下，媒体广告经营整体增长势头放缓

金融危机背景下，2009 年媒体整体广告经营呈现增长放缓的态势。CTR 监测数据显示，电视媒体以 15% 的增幅高于整体市场平均水平，并领先其他媒体。受累于金融危机，平面媒体涨速放缓。受国家政策和大事件营销影响，户外广告止跌回升，2009 年增长 9%。金融危机对 2009 年媒体广告市场的影响具有阶段性和地域性的特征。

阶段性是指 2009 年上半年媒体广告经营缩水严重，一是受到奥运的预热，二是受到金融危机后的制冷，所以造成了实际创收较好的媒体比重明显下滑。从第二季度开始，随着广告主追加媒体预算，2009 年下半年各媒体的广告收入也出现回升反弹。

地域性则是指，华北和华南两个地区媒体的实际广告收入变化幅度较大。这主要是由于两个地区的市场化程度较高，对市场的反应更加灵敏，因此金融危机在这两个地区的影响也较为明显，出现了严重马太效应。强势媒体平均增幅较高，而弱势媒体的平均降幅也相对较高。相应的华中地区和西北地区受金融危机的波及不大，因此平均增幅和降幅都小于其他区域的媒体。相对于华南和华北地

区来说，华东地区较为特殊，虽然该地区市场化程度也比较高，但由于其媒体集中度高，一家独大的情况明显，这些媒体在市场的重要地位使得广告主不得不持续投放，其媒体的垄断地位是导致华东地区媒体收入波动不大的主要原因。

2. 金融危机应对策略：广告经营的价值回归

任何事物都是有两面性的，金融危机在给中国广告业带来短暂疼痛的同时也带来了鞭笞和警醒。中国的媒体一直存有惰性，有一种地大不愁吃的想法。随着中国市场化进程的不断推进，媒体开始不断地遭受市场变革的冲击。而这次金融危机带来的冲击可谓是近几年比较大的一次冲击。重压之下媒体开始反思、调整，而较为明显的调整迹象即表现在媒体广告价格开始向价值回归。

价值回归主要表现在三个方面：

其一，媒体的定价策略越来越以市场为导向。中国广告业生态调查媒体专项调查连续6年数据显示，参照收视/收听率、发行量等指标作为被访媒体定价、价格调整的主要依据在2009年略有回落，而“参照竞争对手价格进行定价”的选择率近年来持续增长，“参照自身广告供需情况定价”的选择率在近4年也逐年上升。可以看出，媒体的定价策略愈发倾向以市场因素为导向，竞争和供需对媒体定价的影响作用越来越明显。

其二，马太效应下媒体广告价格向价值回归。金融危机重压下，广告主推广费用压缩，媒体投放逐步往强势媒体集中，对于强势媒体而言，由于广告资源紧张，其涨价变得顺理成章，涨价的幅度也普遍较高。而对于大量的弱势媒体而言，金融危机的到来加快了弱势媒体的衰落。因此，众多价格虚高的媒体在惨淡销售业绩面前不得不主动消除泡沫，开始广告价格对价值的重新回归。

其三，从走量到走质，价值传播成为广告传播的主流。2009年媒体目标出现了从增加广告数量向增加广告含金量转化的态势，力争从资源经营型媒体到价值经营型媒体。其直接表现就在于媒体从广告版面和时间的扩张到广告产品价值的提升，逐渐开始注重公信力、品牌力、权威性的打造，大量删减一些违法广告、庸俗广告，提升内容品质，并积极对自身价值进行重新定位。媒体自身的经营理念已经有所变化，从单纯对量的关注向对价值的关注上倾斜。

3. 媒体广告经营模式升级：从贩卖广告转向为务实全面的营销服务

近年来，媒体与广告主的直接合作趋势加强，自2004年蒙牛与湖南卫视合作“超级女声”伊始，媒体就开始了与广告主深度合作的征途。五年来，越来越多的媒体意识到，媒体的广告经营已经远不只是单向程序化的广告时间或版面的销售。在媒体经营中，企业与媒体共同经营栏目和节目，共同参与企业的营销活动。这中间强调共同和互通，把双方的可用资源都摆出来，共同推进合作。2009 年媒体对广告主提供全面营销服务主要表现在两大方面：植入营销的广泛兴起和迎合广告主实效需求的终端营销活动热潮。

传统硬广告的传播效果日渐衰弱以及媒体每年递增的广告任务都亟待新的广告资源进行突围，再加上 61 号令的出台造成传统广告时段的大量萎缩，使得植入式广告成为电波媒体经营发展的新契机。2009 年，媒体植入营销遍地开花，不仅由幕后走向台前，而且还加大了吆喝，植入营销已经成为了媒体常态化的经营方式之一。不少媒体在 2009 年的广告推介会上就已经把内容植入式广告作为主推的产品。

终端营销活动，增强广告的落地性。一方面大型活动可以迅速提高产品的知名度；另一方面大型活动结合线下促销，能够迅速拉动销售，实现快速回款。而邀请消费者参与活动，在活动中体验产品的特色，也能够提高产品在消费者心目中的地位。青岛晚报广告部主任杨家波表示：“我们 80% 的收入是靠正常的广告刊登，这是主体，20% 主要靠活动。2009 年我们同城媒体中金融行业都下滑了，但是我们却利用主题策划和活动营销拉动了这部分广告投放的增长。”① 地方报纸和城市台近几年的 TV 团购、营销分成、会展等活动也在 2009 年开花结果，东方购物 2008 年销售额 15 亿元，2009 年全年销售额实现 26 亿元，盈利近两亿元。可见，加大终端营销的力度，增强广告效果的落地性已经成为媒体经营中的共识。

（三）广告公司：金融危机遭遇大考，各类公司积极应对

1. 2009 年广告公司经营业绩增速大幅下滑

全球金融危机，直接引发跨国企业的经营困境，大量跨国企业压缩了营销推广费用，作为企业营销推广费用分配链条中下游的一环，广告公司的经营业绩也受到了负面影响。早在 2008 年 12 月，国际知名媒体集团实力传播发表的年度预测报告显示，由于经济不景气，2009 年全球广告支出将比今年减少 0.2%。2009

---

① 中国传媒大学广告学院广告主研究所实地调研。

年第一季度，众多广告公司就感受到了金融危机袭来的寒意。虽然从第二季度开始，房地产、汽车等广告投放大行业开始追加投放，但是媒体广告方面，很多企业直接与媒体合作，广告主追加的一些费用也较多反馈在产品销售环节，广告公司的经营空间反弹量很小。数据显示，2009 年被访广告公司营业额较 2008 年同期呈现增长的比例大幅下降，与之呼应的是，2009 年被访广告公司营业额较 2008 年同期呈现下降趋势的比例大幅提升，而且营业额增长的平均增幅也滑落至连续 6 年调查结果的最低点（见图 2、图 3）。可见，2009 年广告公司的经营业绩整体出现下滑态势。

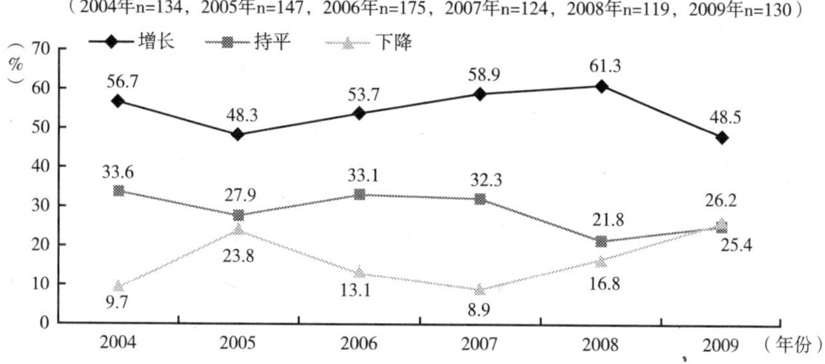

图 2　2004～2009 年被访广告公司上半年营业额变化情况比较

数据来源：《2009～2010 中国广告生态调研》。

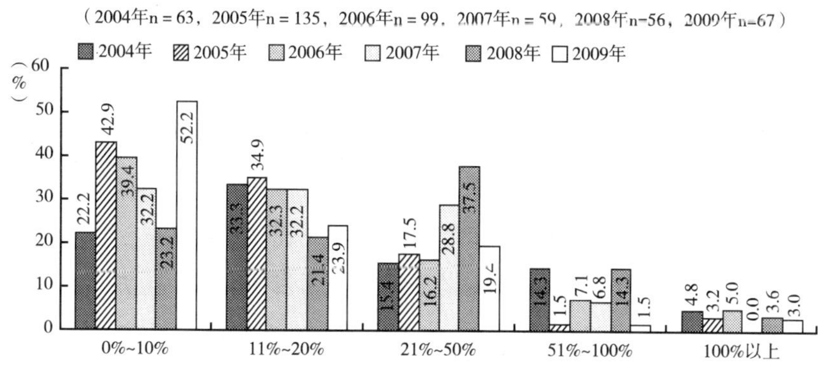

图 3　2004～2009 年被访广告公司上半年营业额增幅比较

数据来源：《2009～2010 中国广告生态调研》。

2. 广告公司迎战金融危机大考三大法宝：开源节流，步步为营，理性回归

（1）大型4A公司开源节流，迎战大考

在2009年开年之初，众多机构就预言国际4A将面临“寒冬”，这一预言在市场中慢慢显现，第一季度4A广告风向标WPP集团营业收入就下降了6%。中国传媒大学广告主研究所走访的国际4A公司中有八成的公司坦言2009年营业收入和利润相对于2008年出现了明显的下滑，经营困境主要来自其集中于国际品牌的客户结构。受金融危机的影响，一方面跨国企业纷纷压缩广告预算，另一方面4A公司合作多年的老客户阵营松动，客户流动频繁，大客户流失现象上升，导致国际4A公司的收入明显缩减。此外，与媒体合作中的付款成为难题。媒体出于自身经营的压力涨价的同时又要求回款及时，然而客户方面由于自身的经营难度增加，投放预算跟着下降，因此付款难度会增加，一些广告主甚至提出先零付费、广告推出后再根据效果付费的要求。夹在广告主与媒体中间的广告公司遭遇“两面碰壁”。

“解铃还须系铃人”，大型4A根据2009年暴露出来的问题，开源节流积极应对危机。开源方面主要是积极培育开发本土客户同时针对中国消费者市场的新变化进行业务的开拓和延展提升服务价值，比如针对广告主下乡进入三四线市场的态势，深入开展农村消费者市场调查，针对广告主数字媒体运作的快速发展需求，建构并完善数字营销服务机构和能力。同时，大型4A公司也通过裁员、减薪、严格控制报销额度等方式来控制经营成本，少花即是多挣。

（2）本土公司步步为营，平稳过渡

金融危机对外向型企业的经营影响较大，对本土产销企业的影响较小，由于本土产销企业一直以来都是本土广告公司的主干客户，所以金融危机对于本土广告公司业绩的负面影响并不大。相反，因为部分外向型企业转向做内销，增加了部分本土广告公司的收入。

具体来看，本土公司在应对危机的战役中牢牢抓住三大机遇，步步为营。第一，针对企业下乡、内需拉动政策，本土广告公司发挥区域性优势，抢占市场发展先机；第二，受益于本土企业为主的客户结构，在金融危机中，赢得自身优化、转型、调整的发展空间和时机；第三，迎合广告主营销推广需求回归实效的态势，本土广告公司发挥灵活机动、业务全面、服务贴身的优势，在有效的服务费用下，为广告主提供更细致和全面的支持。

（3）2009 年户外公司价值显现，理性发展

城市治理和资本动态一直是近些年来影响户外广告公司发展的两大要素。2009 年，城市治理与发展同样为户外广告公司的发展带来了挑战和机遇：2010 年“世博会”、“亚运会”在即，上海、广州等城市的户外广告资源进行了清理、升级，虽然这对 2009 年的广告经营略有负面影响，但是 2010 年对这些城市的户外广告来讲注定是个“吸金年”；广告主下乡热潮中，三四线市场的传播需求凸显，而当地数字户外发展欠成熟，区域性优势和 ROI 优势为传统户外广告在三四线市场带来发展机遇。

金融危机带来的最直接的影响就是资本危机，户外数字媒体由于其对资本的高度依赖性，是资本寒流过境时最先遭遇霜降的行业之一。2008 年下半年起，户外新媒体赢得的风险投资从数量和规模上“全线跳水”，2009 年户外新媒体行业资本断炊的困境进一步加深，户外新媒体领域风险资本淡出，众多原有上市计划搁浅。“资本冷却”也让户外数字媒体发展更加清醒和理性，媒体传播价值不鲜明、媒体经营商业模式不成熟的户外公司通过剥离一部分业务以求自保，而对于媒体价值被市场认可、经营模式比较成熟的公司则借助资本冷却后的时机，通过并购，实现对优质户外数字媒体资源的高度整合，比如华视传媒在 2009 年一方面积极拓展自身地铁广告代理权，另一方面并购 DMG 补齐资源“短板”，实现拥有中国移动电视终端总量 70% 以上的规模；作为国内最大的航空媒体运营商，航美传媒获得北京首都国际机场和深圳国际机场多种传统媒体的特许经营权，同时与中石化合作，共同建设加油站渠道，航美传媒的目标是通过整合媒体资源客户提供机场和航班“一站式”媒体服务平台。

三　结语：大国角色给广告市场发展带来新的挑战和目标

2009 年中国的 GDP 总量已经逼近排在世界第二的日本，同时维持全球最快的增长率。经过 30 年持续快速稳定的发展，中国在全球经济中已经成为大体量、大影响力的大国，中国也成为世界经济新的增长点。而中国社会经济、政治面临转型正面临前所未有的改革节点，而中国广告市场同时也迎来了这样一个转型的节点。

反观2009年广告市场三方主体对于金融危机重压的种种应激举措——广告主祭起“实用主义”大旗，对于广告活动促销效果的重视程度前所未有地增强，对广告活动主导权的控制亦日渐增加；媒体开始自动消解价格泡沫，价格开始回归价值，深度挖掘媒体广告产品的新价值、新领域、新空间，为广告主提供更优质产品及服务；广告公司则开源节流，开拓本土客户，提供包括数字新媒体、挺进三、四线市场等的贴近广告主需求的服务。

概括而言，三方主体在2009年重压下的种种应激行为、调整行为背后是各方对广告市场价值的积极探索，是生死存亡间对自身角色的重新调试和定位。而这本身即形成了中国广告市场的自救。金融危机成为广告市场转型的引爆点，中国广告市场格局的盘整就此启动。

2010年，中国广告市场面临三大拷问：

其一，不确定市场环境下的战略、战术。纵观2009～2010年，中国广告市场所有应激反应的源头在于中国经济复苏未来前景的不确定性，这种不确定性不仅只表现在中国经济是否复苏，更表现在何时复苏、何领域率先或延迟复苏、复苏后的波动性及反复性等多个层面。不仅给企业广告主带来困扰，亦同样给媒体、广告公司带来不小困扰。这既是2009年广告主祭起“实用主义”大旗的背后苦衷，同样也是2010年广告主审慎乐观，加强营销传播活动机动性、灵活性的背后推手。那么，如何加强对不确定市场环境的把握，开展更为有效的传播活动，求生存同时确保发展，赢得竞争，将成为2010年广告市场回答的第一个问题。

其二，非和谐生态环境下的理念及行为。当今的中国社会存在很多的矛盾、冲突，而生存其间的企业，也将面临更多的拷问。已然形成庞然大物的央企是否应当承担更多责任？外资企业是否应当脱下傲慢外衣，信息披露更加及时透明？“三聚氰胺”丑闻中，三鹿公关公司的扭曲公关行为是否可以不再发生？农夫山泉“砒霜门”事件中，政府及媒体是否可以加强约束，形成健康监督体系？2010年，企业、媒体、广告公司等，埋头谋生存外，更要关注自身所处的生态环境，应对非和谐生态环境，恐怕亦是三方同样需要面临的一大拷问。

其三，惨烈竞争环境下的生存与发展。金融危机阴影尚未完全褪去，激烈竞争中，广告市场中的马太效应将进一步得以增强，强者越强，弱者越弱。强者如何发现市场机会，调动更多社会资源，巩固并加强竞争优势；弱者在强压下，如何寻找自身生存空间，形成强弱转换，三方主体面临同样拷问。

2009年中国文物艺术品市场发展报告

林日葵*

2009年中国文物艺术品市场处在一个“敏感期”，一方面是全世界还没有走出金融危机的困境，艺术品市场上的买家信心受挫的现象没有从根本上得到改变；另一个方面是中国艺术品市场出现价跌量增与“小阳春”的趋势，这使人们似乎看到了中国文物艺术品市场已经透出春天的温暖气息。通过对香港苏富比拍卖行和佳士德拍卖行与国内8大拍卖公司的春秋两季拍业绩的分析，业界人士普遍认为中国文物艺术品市场已出现了回暖的前兆。但真正的回暖和上涨还取决于整体经济好转和优质低价的拍品出现。总体而言，2009年中国文物艺术品市场在调整结构和转型中得到了发展。

一 2009年中国文物艺术品市场发展解读

2009年中国文物艺术品市场，虽然在金融危机的背景下充满着变数，但走出低谷和“回暖”日趋明显。特别是2009年全国几大拍卖公司秋拍，许多单件的艺术品的成交价格均创造出最高纪录。

（一）中国文物艺术品市场发展态势

从总的发展态势来看，2009年的中国文物艺术品市场规模收缩，但珍罕瑰宝仍受追捧；买家趋向谨慎成熟，但艺术品价格回归理性；拍卖竞买活跃，但市场潜力巨大。一个新的艺术品收藏时代正在来临。

1. 画廊业

自2008年冬天以来，在国际金融危机的影响下，国内众多画廊经受了艺术品滞销、交易额大幅度下降、现金短缺的压力。重压之下，不少画廊正在经历减

---

* 林日葵，浙江工商大学艺术经济学研究所所长。

小展厅面积、转移到低价场地、裁员、降薪、抛售藏品、画廊搬离甚至倒闭的市场阵痛，画廊的画家与画廊签约明显减少。

从国内画廊行业的发展来看，这个过程是必须经历的。金融危机只是国内艺术产业危机出现的诱因，没有金融危机，中国当代艺术产业一样会出现洗牌。毕竟我国的画廊行业发展时间较短，随着近年来的狂飙猛进，先前的“画店”需要转型为“画廊”，无论从数量上还是展品质量上都需要有一个结构性的调整。一是通过增加大众化作品激发购买者的热情；二是通过市场价格较为稳定的作品激发购买者保值和增值的预期。2009 年下半年，画廊业已出现结构调整之后的好转气象，有的地方还呈现出一定程度的升温。

2. 古玩市场

2008 年金融危机以来，收藏品市场的商家日子十分难熬。特别从 2008 年下半年以来，绝大多数时候都是入不敷出，有时甚至连房租都挣不了。“买也不好买，卖也不好卖”，这句话精辟地总结了当下的收藏品市场现状。

自上世纪末开始，古玩市场上的买家和卖家就都已感觉到古玩市场的货源危机已来临。近 10 年，古玩身价扶摇直上，贴近普通收藏者的一般古玩品种价格也呈十几倍、几十倍上涨。10 年前约在三五千元上下，今天十万元已难买到。除去物价平均指数变化因素，古玩价格上升曲线呈愈近愈扬之势。同时市场上假货充斥，有许多赝品都是真品的价格，市场的销售与利润受到很大的影响。

3. 拍卖市场

2009 年中国文物艺术品市场的总体发展情况比预期的结果要好得多。因为经济的企稳回升促进了相关行业的发展。文物艺术品市场总体上没有出现大起大落局面。从春季艺术品拍卖会的情况来看，有以下三个方面的变化：

一是成交总额有所下降。根据雅昌艺术市场监测中心的统计，2009 年春季拍卖市场延续了 2008 年秋季的下降趋势，成交总额同比 2008 年春季减少 564378 万元人民币，降幅约为 45.04%；环比 2008 年秋季拍卖会下降 73337 万人民币，降幅约为 9.63%。相比 2008 年秋拍，中国书画类成交总额在市场总量下降 9.63% 的状况下上升 39.29%，达到近 34 亿元人民币成交额，成交比率更是上升了 17 个百分点达到 63%，成为各家拍卖公司的主要“生产力”。[①] 特别是近现代

① 数据来源：雅昌艺术网站。

书画和古代书画表现尤为出色，这也给金融危机下连续不振的艺术品市场注入了新的热点。相比较起来，油画及当代艺术在价量齐跌的情况下则显得市场信心明显不足。虽然成交率有一定的提高，但依然显示出浓重的市场观望气氛。

二是当代艺术回落明显。根据雅昌艺术市场监测中心的统计，中国当代艺术18指数延续并加速了2008年秋拍以来的跌势，同比下跌达到50.7%，较上个拍卖季环比下跌42.6%。仅仅经过2个季度的下跌就将4年来的升势拦腰折断，①其中主要的原因在于油画及当代艺术这些年来的市场取向有一定问题。油画及当代艺术更多的是面对拍卖市场的新增客户，这部分客户也以投资甚至投机作为参与拍卖市场的首要目的。与中国书画稳定性的收藏群体相比，油画及当代艺术经过这一轮的调整会渐渐趋于理性，同时无论是艺术家还是作品都会进行深入的结构性调整。中国书画400指数在2009年春季相较其他品类保持了比较稳定的市场表现，不但没有在国际金融危机的影响下掉头向下，反而在2008年秋拍1396点的基础上上扬86点，达到1482点，成交金额从2008年秋拍的80189万元人民币增长到2009年春拍的160，387万元人民币，同比增长达26.8%，环比增长幅度更高达100%以上。②

三是名家精品表现稳健。资料显示，名家精品走势的表现非常平稳。从近现代24位艺术大家的综合指数看，24位艺术家作品基本上都飘红上涨，成交比率也维持在较高的水平，其中齐白石和张大千是每季拍卖都过亿的艺术家。相对来说，由于近现代部分的成交件数远远高于其他门类，仅仅24人就达到了1778件。雅昌指数仅仅选择了20家大型拍卖公司的大型拍卖会作为样本，其可参照程度显得更高。③

中国艺术品市场个人艺术家成交总额一般维持在不到2亿元人民币，也基本集中在齐白石、张大千、李可染、徐悲鸿等近现代艺术家，张晓刚、赵无极等油画及当代艺术家，以及八大山人等古代艺术家作品中。2008年春拍，齐白石作品位居该类首位并全部100人的首位，总成交金额1.98亿元人民币，平均单件成交44万元，较2008年秋拍的张大千平均50万元的单价稍微有所下降。2008

① 数据来源：雅昌艺术网站。

② 数据来源：雅昌艺术网站。

③ 数据来源：雅昌艺术网站。

年秋拍前100名艺术家中有32位油画及当代艺术家，而2009年这个数字缩减到只有23人，而从平均价来看，2008年秋是489万元，2009年春是321万元，下降幅度34%。古代中国画家作品在前100名艺术家中有31人入围，2008年秋拍只有23人，平均价2008年秋拍是267万元，2009年春是463万元，一系列数据都充分表明了古代书画在2008年拍卖市场中的优势地位。[①]

4. 艺术博览会

2009年，由于受金融危机的影响，全国各地艺术博览会低调进行。2009年8月27~31日第十二届北京国际艺术博览会以“艺术创意，美好生活”为主题在中国国际贸易中心开幕，扑面而来的艺术气息吸引了众多观众，而国外艺术家纷纷“闯”北京更是成为一道独具魅力的景观。

2009年上海艺术博览会于9月9日在上海举行。一年一度的上海艺术博览会与上海艺术博览会国际当代艺术展（上海当代）联袂举行。

2009年11月6~9日，“经典北京”携手著名汽车品牌梅赛德斯—奔驰在北京全国农业展览馆举办。“经典北京”全方位地整合中国以至世界范围内的经典艺术资源，弥补国内乃至整个亚洲地区经典艺术博览会的空缺，是弘扬中国文化、推动亚洲区内东方精神的深度整合的有效方式。

第14届广州国际艺术博览会于12月10~14日在广州举行。本次展会客商除来自全国各地外，法国、澳大利亚、德国、俄罗斯、美国、墨西哥、日本、韩国、朝鲜、新加坡、马来西亚、冰岛等国家及中国台湾、香港、澳门等地区的画廊、艺术机构和艺术家也踊跃参加。

2009年中国艺术博览会通过一系列的展览与活动，对中国文物艺术品市场走出低谷起了积极的作用，特别是在与国际艺术品市场的接轨方面。

（二）中国文物艺术品市场发展的特点

1. 文物艺术品市场回暖，但市场两极分化明显

2009年4月香港苏富比“春拍”尘埃落定，作为市场动向“风向标”，苏富比交出了一份表现不俗的近7亿港元的成交金额“成绩单”，比预估总额高出1亿港元，超过70%的平均成交率也接近前两年市场高峰时期的数字。2009年5

---

① 数据来源：雅昌艺术网站。

月中下旬的春拍中市场出现了稳定的迹象，但真正的回暖还要取决于整个经济形势的好转和优质低价拍品的出现。

2009年中国文物艺术品市场两极分化明显，好的作品与差的作品的价格相差甚远。从各大拍卖行拍卖的情况来看，超过千万元的拍品不在少数。拍得最好的文物艺术品，是那些具有“真、罕、稀”特点的艺术品，而购买这些艺术品的大都是资深的收藏家和投资者。而对那些相对中庸的艺术品则很少有人过问。

2. 收藏者和投资者对市场仍持观望态度，对待市场更加理性

从2008年10月以来，从纽约到伦敦，从伦敦到香港，艺术市场都受到了很大的冲击，出现了不同程度的下跌。在这种背景下，中国艺术品市场“先喜后悲”，总体行情也呈现“先涨后跌”。从2008年的整体情况来看，在金融危机之下的中国艺术品市场的基本面依然较好，而在2009年受到市场信心的影响出现短期向下波动。因此许多收藏家和投资者，对中国艺术品市场的观察态度非常明显，他们认为，在市场波动中抗跌或超跌的艺术家及其作品，以及那些具有未来行情的艺术家及其作品，应该成为“抄底”、继续持有或加码的对象。

3. 近现代书画出现热潮，古代书画价格稳中有升

从2009年近现代书画行情来看，出现了一阵抢购的热潮。像中国嘉德、北京诚轩等拍卖公司的近现代部分，保利拍卖公司夜场拍卖的徐悲鸿、张大千等作品都拍得非常好，很多价格都是以往无法想象的。比如宋徽宗《写生珍禽图》，在拍卖之前就预料会在5000万元以上，结果6171.2万元的成交价格也在买家心理预期之内。2009年11月23日北京保利秋拍的“尤伦斯夫妇藏重要中国书画”专场中，吴彬作品《十八应真图卷》以1.69亿元成交，打破一个月前由徐扬《平定西域献俘礼图》以1.34亿元创造的中国绘画拍卖世界成交纪录，同时创国内艺术品单件成交纪录，成为当年秋拍又一大亮点。

4. 当代书画没有走出低谷，仍在调整之中

从2008年末到2009年初，中国当代艺术走向理性调整期。在2009年的春拍中，中国当代艺术品的拍卖价格陆续涌现2008年的“零头”，令拍卖行和藏家们心惊胆战。2009年的“胡润艺术榜”中，前50名中国当代艺术家作品的成交额比2008年下降了25%。①

① 数据来源：雅昌艺术网站。

从2009年2月开始，伦敦苏富比、纽约苏富比、纽约佳士得、香港苏富比等世界各大拍卖行纷纷拉开春拍大幕。从几场拍卖会来看，中国当代艺术品的风光与两年前已不可同日而语。2009年2月5日，伦敦苏富比举行的当代艺术夜场中，中国艺术家曾梵志创作于1998年的面具系列作品《无题》，以60.1万英镑成交，成为当晚中国当代艺术家作品拍卖的最高价。而在2008年同期，曾梵志的面具系列作品曾在香港佳士得拍卖会上拍得7536万港元的天价。2009年4月9日香港苏富比春拍的“当代亚洲艺术”专场上，张晓刚的作品“失忆与记忆系列”之《无题》，拍出了480万港元，与2008年同期拍卖的张晓刚《血缘：大家庭3号》落槌价4740万港元相比，可以说只是个零头。

二 2009年中国文物艺术品市场存在的问题及对策建议

（一）2009年中国文物艺术品市场存在的主要问题

1. 艺术品资产流动性低和回报率下降

分析2009年中国的文物艺术品市场就会发现，在金融危机下艺术品资产流动性降低，回报率下降。前几年人们投资艺术产品，回报率至少在30%～50%，最高的回报率在200%甚至300%以上，而且周期性很短，流动性很好。现在许多作品不仅大量缩水，而且是有价无市，成为眼下艺术品市场的一个大难题。2009年上半年出炉的梅·摩艺术品指数2009年第一季度艺术品市场跟踪报告显示，全球各类艺术品价格普遍遭遇下跌，其中下跌最严重的是“战后和当代艺术品”。这个信号表明，艺术品资产流动性低和回报率下降的问题是一个全球性的问题。

2. 艺术品市场上虚假成交现象仍很严重

在艺术品市场上，特别是在艺术品拍卖会上，经常会有一些人在频频举牌，创造成交和创造纪录。因此“假卖”和“卖假”现象严重打击了藏家与投资者对艺术品市场的信心。他们在拍卖会上兴风作浪，制造虚假的行情，以诱惑真正的买家入市。艺术品拍卖的虚假成交，作为局外人是难以具体举证的。希望相关部门加强对艺术品拍卖市场的监督，真正履行监管的职责。

3. 文物艺术品市场缺乏完善的管理机制

近几年来，中国当代艺术品价格的“狂飙”，除了有被人为恶意炒高和受西方游戏规则操控的因素之外，一个重要原因就是中国的艺术品市场缺乏完善的管理机制，“抗风险”能力很低。又加上拍卖公司与画廊本末倒置，本应是二级市场的拍卖公司充当了一级市场的角色，而画廊一直处在拍卖市场的夹缝中生存。这反映出相关政策和监管制度的缺失。相关政策和监管制度的缺失必然导致艺术品市场混乱，造成“黑市”交易横行。为了加强我国艺术市场的管理，就要按照市场经济的规律，建立健全完善的管理机制，推动我国文物艺术品市场健康发展。

（二）发展中国文物艺术品市场的对策建议

1. 净化艺术品市场环境

培育健康的艺术品市场大环境，需要消除浮躁与急功近利等心理，避免过度投机，同时要树立诚信为本的市场风气，这是艺术品市场健康发育的前提。

同时，媒体对艺术品市场应有正确的导向。艺术商品自古以来就有艺术欣赏和投资两种属性，现在许多媒体侧重传播其投资属性，这催生了过度投机心理，使本应宁静、儒雅、文化气息浓厚的艺术品市场成了企盼发财的物欲场所。因此，媒体应该传播艺术欣赏知识，让人们充分了解艺术品投资的风险，使人们的艺术品收藏与鉴赏活动更趋理性。

2. 创新艺术品资产的管理模式

要更新观念，用正确的眼光看待艺术品资产化趋势，大力发展艺术品资本市场；要建立艺术品金融服务体系，把发展艺术品市场与区域经济发展相结合，提高投资者资金营运的能力和需求，为艺术品投资提供金融服务；要建立艺术品流通体系，制定相关政策，促进艺术品资本化的实现过程；要建立艺术品市场风险监管体系，维护艺术品市场的秩序，建立市场准入机制，完善市场的退出机制，规范艺术品市场交易行为。

3. 加强文物艺术品市场交易的现场监管

在中国文物艺术品市场上，从艺术品的一级市场到二级市场，现场交易监督管理方面存在不少的问题。如有的画廊不仅知假卖假，坑害客户，而且偷税漏税严重；有的古玩市场成为盗墓贼贩卖文物的聚散地，而且回避工商、税务、公安等部门的检查；有的拍卖公司假拍、假成交、虚报成交额；等等。虽然有的已有相关的法规，但没有落实到位。如拍卖方面就有《拍卖法》和《拍卖细则》，但一些大型的文物艺术品拍卖会，工商行政管理部门都没有到现场进行监拍。建议加强文物艺术品市场的现场交易监督，以堵塞文物艺术品现场交易中税收、执法等方面的漏洞。

三　2010 年中国文物艺术品市场发展展望

（一）艺术品投资将重现生机

根据相关专家对艺术品市场的预测与分析，2010 年是艺术品投资信心上升的一年。其理由之一是，根据许多私人银行财富报告的数据，中国个人净资产在1000 万人民币以上高端消费人群已经达到 33 万人以上，未来五年中国艺术品市场这个人群可能超过 100 万人，这 100 万人的高端消费人群会经常性购买、收藏艺术品，作为投资标的。其二是，人们下一个财富攀比浪潮是艺术品。其三是，美术馆兴建浪潮与机构收藏浪潮可能带来集团性投资和消费浪潮。其四是，艺术品理财服务和金融工具化创新。在欧美，艺术品作为资产抵押可以拿到 50% 或者 50% 以上贷款，目前国内市场已有了艺术品理财服务和艺术品金融工具的需求。艺术品资产性质发生变化，将会带来新的社会性投资浪潮。其五是，政府会逐步出台艺术捐赠和收藏的税收优惠政策。其六是，中产阶级有可能变成明天的顶级财富人群，这将对整个艺术品市场带来变化。由此可见，随着艺术品市场的回暖，2010 年人们对于艺术品的投资信心会推进其重现生机的进程，全民投资艺术品的热潮很可能会到来。

（二）艺术品金融服务方式将走向多样化

随着我国经济的发展，以银行、证券、保险、信托为主的金融行业，对艺术品市场表现出极大兴趣。以往艺术品的投资渠道相对较单一，如今除了艺术品拍卖之外，还出现了艺术品基金、艺术品担保、艺术品保险、艺术品抵押、艺术品按揭、艺术品典当、艺术品证券化等多种金融工具。因此，艺术品实现与金融的对接，走金融化的道路，也是必然趋势。从西方艺术品市场发展来看，艺术品投资离不开现代金融。艺术品是金融界与资本市场都不可忽视的金融产品。在资产组合中，如果拿出 15% ~20% 资金用于艺术品投资，这是比较合理与理性的。

2010 年，随着艺术品金融服务多样化的发展，人们艺术品的投资选择将会更合理、更为丰富。

（三）艺术品市场中的“板块”拉动将增强

艺术品市场中五大板块原来的排序是中国近现代书画板块、中国古代书画板块、陶瓷杂项板块、油画雕塑板块、当代艺术板块，而目前的排序是油画雕塑板块、当代艺术板块、中国古代书画板块、陶瓷杂项板块、中国近现代书画板块。油画雕塑、当代艺术从末尾板块进入主流板块，这种现象还会持续一段时间。在艺术品市场中，以上五大板块的格局，中国古代书画板块在不断上扬中进入了一个平稳的发展期。油画雕塑板块开始从末位走向主流，陶瓷杂项板块在近几年主要是以元、明、清三代的瓷器为主。在陶瓷板块中的杂项类精品也不同程度地上扬。古代书画稳中有升，近现代书画有所回落。2010 年，当代艺术板块仍将理性地调整，中国古代书画板块会被看好，中国近现代书画板块会有所起色，其他的板块有望走出低谷。随着全球走出金融危机，艺术品市场五个板块之间的相互拉动会更加突出和明显。

（四）低端艺术品消费将走俏

金融风暴给了艺术品低端市场一个启动的机会。2009 年，我国艺术品市场中已有一股“低价格”的风潮逐渐形成，越来越多的白领人群介入目前低迷的当代艺术交易之中。2010 年国内低端艺术品会迎来发展契机。国内低端艺术品有着广阔的市场和前景，这也是艺术市场今后的另一个重要趋势。

2009年数字内容产业发展报告

赵子忠*

2009年，是网络建设大发展的一年。电信3G牌照的发放以及网络建设，广电NGB下一代广播电视网络建设的提出，都会将中国网络建设推进到一个新的水平。而数字内容产业在这样的背景下，出现了新的走势。一方面，依托于数字电视、互联网和移动网络的数字内容产业已经开始进入逐渐成熟的阶段，如手机报、网络视频、移动游戏、视频点播这些业务，经过几年建设已经正逐步成为社会发展的热点。另一方面，对于3G网络、NGB网络以及"三网融合"的数字内容业务，开始进入了积极探索的阶段，很多新的内容业态已经启动，正在逐步进入创新和培养的阶段。

一 政策与管理

（一）国家宏观战略层面

2009年，伴随着《文化产业振兴规划》（以下简称《规划》）的出台，"数字内容"在国家的宏观政策层面成为了热点之一。首先，《规划》提出要"加快发展文化创意、影视制作、出版发行、印刷复制、广告、演艺娱乐、文化会展、数字内容和动漫等重点文化产业"，从国家战略高度明确了"数字内容"的产业定位。其次，"积极发展移动多媒体广播电视、网络广播影视、手机广播电视等新兴文化业态，推动文化产业升级"等相关利好政策对数字内容产业发展的促进作用也值得期待。最后，《规划》特别强调要加快数字内容、动漫等新媒体产业的发展，降低准入门槛，积极吸收社会资本和外资进入政策允许的文化产业领

* 赵子忠，中国传媒大学新媒体研究院院长。

域。有利于构建更有益于产业发展的投融资环境。然而，应该看到，在国家宏观战略层面上，数字内容依然被作为文化产业的形态之一，独立的产业形态和产业概念尚未成型。

（二）中央各部委相关政策

1. 文化部：关注动漫与网络音乐领域

2009 年 7 月，文化部办公厅发出关于“原创动漫扶持计划（2009）”申报工作的通知，发布了包括《原创漫画扶持计划（2009）》、《原创动漫演出扶持计划（2009）》、《原创网络动漫扶持计划（2009）》、《原创手机动漫扶持计划（2009）》在内的文件，为我国原创动漫事业发展提供了有力政策支持。①

8 月 26 日，文化部印发了《文化部关于加强和改进网络音乐内容审查工作的通知》，进一步明确了网络音乐的定义，对网络音乐的交易规则、经营主体、网络音乐尤其是进口音乐的内容以及知识产权的保护进行了规范和管理规则的制定。此外，还表示对网民上传的自行编创和表演的网络音乐不进行内容审查。②

2. 工信部：降低电信企业的注册资本门槛

2 月 4 日中华人民共和国工业和信息化部第 6 次部务会议审议通过新的《电信业务经营许可管理办法》，并于 2009 年 4 月 10 日起施行。新《电信业务经营许可管理办法》与此前相比，对电信业务经营许可证的申请、审批、使用、经营行为的规范等进行了明确规定，并相应对经营许可证的变更与注销、监督检查和罚则做出了调整；同时，申请经营基础电信业务的注册资本限额比之前的有所下调。在省、自治区、直辖市范围内经营的，过去注册资本最低限额为 2 亿元人民币，现在降低为 1 亿元人民币。在全国或者跨省、自治区、直辖市范围经营的，原来注册资本最低限额为 20 亿元人民币，现在降低为 10 亿元人民币。③ 电

---

① 资料来源：中国政府网，《文化部办公厅关于“原创动漫扶持计划（2009）”申报工作的通知》，http：//202.123.110.3/zwgk/2009－07/07/content_ 1359301.htm。

② 资料来源：中华人民共和国文化部，《文化部关于加强和改进网络音乐内容审查工作的通知》解读，http：//www.ccnt.gov.cn/xxfb/xwzx/whxw/200909/t20090904_ 73050.html。

③ 资料来源：《电信业务经营许可管理办法》，中华人民共和国工业和信息化部，http：//www.miit.gov.cn/n11293472/n11294912/n11296542/12130160.html。

信企业的注册资本门槛的降低将有利于计算机网、有线电视网运营商与电信网的三网融合。

3. 新闻出版总署：出版物复制与分销以及网络游戏领域

2009年，新闻出版总署制定的内容产业相关政策主要集中于电子出版物复制以及出版物分销行业两个方面。2009年4月21日，新闻出版总署通过《复制管理办法》并从同年8月1日起施。考虑到复制业的整体统一性，特别是近年来计算机软件的复制和可录类光盘的生产增长迅速，《复制管理办法》按照不同载体形式对复制经营活动重新进行了分类，明确规定了音像出版制作公司的规模和相关制度，并从生产、销售等环节加强了对盗版及非法出版物的打击力度。①

此外，2009年7月10日新闻出版总署和商务部分别通过了《关于〈中外合作音像制品分销企业管理办法〉的补充规定》以及《关于〈外商投资图书、报纸、期刊分销企业管理办法〉的补充规定（二）》，指出“允许香港、澳门服务提供者在内地以独资形式提供音像制品（含后电影产品）的分销服务”、②“对香港、澳门服务提供者在内地设立从事出版物分销的企业的最低注册资本要求，比照内地企业实行”，③ 上述政策的出台，有助于降低市场准入门槛，积极促进社会资本和两岸资本进入政策准许的文化产业领域。

在网络游戏领域，针对目前我国网络游戏市场上存在的色情暴力问题，以及有的企业未经审批擅自出版运营进口网络游戏等情况，新闻出版总署于7月22日发出了《关于加强对进口网络游戏审批管理的通知》，进一步规范网络游戏出版服务的前置审批和对境外著作权人授权的网络游戏作品的审批和监督管理工作，规范与进口网络游戏相关的会展交易活动。④

4. 广电总局：政策涵盖数字电视、数字电影、互联网视听多个方面

数字电影领域，2月10日，广电总局电影局制定了《关于进一步规范数字

① 资料来源：《复制管理办法》，中华人民共和国新闻出版总署，http：//www.gapp.gov.cn/cms/html/21/397/200907/465940.html。

② 资料来源：中华人民共和国新闻出版总署，http：//www.gapp.gov.cn/cms/cms/website/zhrmghgxwcbzsww/layout3/xxml3.jsp? infoId=465920&channelId=1384&siteId=21。

③《关于〈外商投资图书、报纸、期刊分销企业管理办法〉的补充规定（二）》，中华人民共和国新闻出版总署，http：//www.gapp.gov.cn/cms/html/21/397/200908/465943.html。

④《新闻出版总署加强对进口网游审批管理》，中华人民共和国新闻出版总署，http：//www.gapp.gov.cn/cms/html/21/367/200907/465075.html。

电影发行、放映和加强数字电影放映设备质量认定管理工作的通知》，指出电影数字化发展已经成为必然趋势，各电影公司要承担起电影数字发行放映的责任；广电总局电影数字节目管理中心要履行好数字影片发行放映市场技术服务平台的义务；各电影院线公司要将使用的数字电影放映设备于使用前报广电总局电影局备案等。①

互联网视听领域，3月30日，广电总局公布了《关于加强互联网视听节目内容管理的通知》，② 提出为加强网络文化建设和管理，抵制互联网视听节目领域的低俗之风，扎实推进互联网视听节目建设，必须加强互联网（含移动互联网）的试听节目内容管理，具体包括对互联网视听节目内容、互联网视听节目服务单位内容管理制度与应急处理机制、互联网影视剧传播所需许可证以及节目版权保护制度的规定。

9月15日，广电总局又发出了《广电总局关于互联网视听节目服务许可证管理有关问题的通知》，就市场上存在的试听节目服务许可证问题做了进一步的解释和规定，规定"任何网站和个人未取得《许可证》，不得从事互联网视听节目服务"。③ 此外，针对市场上存在的擅自将互联网上的影视剧等各类视听节目随意传送到电视机终端供用户收看的情况，广电总局还发出了《关于加强以电视机为接收终端的互联网视听节目服务管理有关问题的通知》，④ 以保证著作权人的合法权益，保证互联网视听节目良好的传播秩序。

数字电视领域，7月29日，广电总局印发了《广电总局关于印发〈关于加快广播电视有线网络发展的若干意见〉的通知》，⑤ 指出要加大有线网络整合和

① 资料来源：《关于进一步规范数字电影发行、放映和加强数字电影放映设备质量认定管理工作的通知》，国家广播电影电视总局，http://www.sarft.gov.cn/articles/2009/02/26/20090226164840630739.html。

② 资料来源：《关于加强互联网视听节目内容管理的通知》，国家广播电影电视总局，http://www.sarft.gov.cn/articles/2009/03/30/20090330171107690049.html。

③ 资料来源：《广电总局关于互联网视听节目服务许可证管理有关问题的通知》，国家广播电影电视总局，http://www.sarft.gov.cn/articles/2009/09/21/20090921112105940171.html。

④ 资料来源：《广电总局关于加强以电视机为接收终端的互联网视听节目服务管理有关问题的通知》，国家广播电影电视总局，http://www.sarft.gov.cn/articles/2009/08/14/20090814145818420977.html。

⑤ 资料来源：《关于印发〈关于加快广播电视有线网络发展的若干意见〉的通知》，国家广播电影电视总局，http://www.sarft.gov.cn/articles/2009/08/04/20090804161410850720.html。

数字化、双向化改造的力度，加快广播电视有线网络发展，积极开发多种业务等。8月6日，广电总局发出《广电总局关于促进高清电视发展的通知》[①]，明确了高清电视作为广播电视技术进步的必然趋势，是广电总局2009年的重点工作。为了规范促进高清电视又快又好的发展，要求电视台加快台内数字化改造，加快建设高清电视节目采集、制作、播出系统，并对高清电视播出方式，加密方法做了系列的规定。

9月和11月，广电总局又相继推出了《国家发展改革委、国家广电总局关于加强有线电视收费管理等有关问题的通知》[②] 和《广电总局关于发布〈高清晰度有线数字电视机顶盒技术要求和测量方法〉一项广播电影电视行业标准的通知》，[③] 指出要合理制定有线电视收费标准，包括有线电视增值业务服务和数字电视付费的节目收费，切实做好有线电视数字化整体转换中相关工作；并对数字电视机顶盒制定了统一的技术标准。

5. 科技部：将致力于与广电总局关于“三网融合”的合作

2008年底，科技部与国家广电总局曾签署《国家高性能宽带信息网暨中国下一代广播电视网自主创新合作协议书》，[④] 提出了“开发适合我国国情‘三网融合’的、有线无线相结合、全程全网的中国下一代广播电视网技术体系”的目标。2009年7月31日，在中国“下一代广播电视网”启动暨上海示范网合作协议签字仪式上，科技部副部长杜占元介绍，科技部与广电总局将尽快完成制定《国家高性能宽带信息网暨中国下一代广播电视网自主创新联合行动计划》，确保合作目标的实现。[⑤]

---

① 资料来源：《关于促进高清电视发展的通知》，国家广播电影电视总局，http：//www. sarft. gov. cn/articles/2009/08/10/20090810110314900983. html。

② 资料来源：《国家发展改革委、国家广电总局关于加强有线电视收费管理等有关问题的通知》，国家广播电影电视总局，http：//www. sarft. gov. cn/articles/2009/09/01/20090901193635670797. html。

③ 资料来源：《关于发布〈高清晰度有线数字电视机顶盒技术要求和测量方法〉一项广播电影电视行业标准的通知》，国家广播电影电视总局，http：//www. sarft. gov. cn/articles/2009/11/09/20091109151142270731. html。

④ 资料来源：科技部和广播电影电视总局签署《国家高性能宽带信息网暨中国下一代广播电视网自主创新合作协议书》，中华人民共和国科学技术部，http：//www. most. gov. cn/tpxw/200812/t20081205_ 66072. htm。

⑤ 资料来源：“科技部广电总局力推下一代广播电视网”，凤凰网，http：//news. ifeng. com/mainland/200908/0801_ 17_ 1279761. shtml。

二　数字新媒体发展

（一）广电领域

1. 卫星

2009 年初，我国第一颗以直播业务为主的通信卫星“中星 9 号”正式投入使用，应用于广播电视“村村通”工程项目。目前“中星 9 号”直播卫星已经启用了 12 个转发器。我国“村村通”二期共计招标 865 万套机顶盒，预计 2010 年底将完成全国 71.6 万个 20 户以上通电“盲村”的广播电视村村通任务。[①] 卫星电视的正式投入使用，标志着我国广播电视领域形成了以卫星、有线、微波为主覆盖完善的内容传输体系。然而，当前我国卫星电视定位于解决边远地区的覆盖问题，其商业价值的开发尚有待时日。

2. NGB

在有线电视网络改造方面，2009 年最大的热点是 NGB 网络的建设启动。2009 年 7 月 31 日，科技部、国家广电总局和上海市政府在上海举行中国“下一代广播电视网”（下称 NGB）启动暨上海示范网合作协议签字仪式。中国下一代广播电视网进入实质性推进阶段。

国家广电总局副局长张海涛指出，NGB 的建设目标是：为全国 3 亿户以上家庭构建覆盖城乡、低成本的信息高速公路；可支持跨地域的业务交换、共享和服务；管理系统可以对业务、内容、网络和用户实现智能化的监控和管理。具体来说，按照统筹规划、分步实施、滚动发展的原则，用 1 年时间建成用户规模达到 1000 万的示范网络；在随后的 10 年内，基本建成覆盖全国 3 亿户以上家庭的有线、无线并用的 NGB 网络，使之成为以“三网融合”为基本特征的新一代国家信息基础设施。[②]

业务范围的扩展是广电网络升级和改造的重要动力，NGB 网络的建设，将在根本上改变广播电视网络运营业务结构，有助于广播电视网络运营商从单一的节目传输运营商转变为综合信息服务运营商。

---

① 数据来源：搜狐 IT，http：//it. sohu. com/20091228/n269246465. shtml。

② 资料来源：人民网，http：//media. people. com. cn/GB/22114/157392/166519/9888909. html。

3. 高清电视

高清电视发展是广电总局2009年的重点工作，在广电总局相关利好政策的促进下，高清电视的普及速度不断加快，以央视为例，其高清发展计划分三个阶段，第一阶段为2011～2012年，实现3、5、6、8、10、11六个频道的高标清同播；第二阶段为2013～2014年，实现2、7、12、少儿、音乐五个频道的高标清同播；第三阶段从2015年开始，逐步实现4、9及其他几个外语频道的高标清同播。[①] 高清内容的发展，推动了高清用户规模的不断扩大，仅就北京地区而言，歌华有线罗小布表示，在2010春节前，歌华有线的高清用户将达到30万户。[②]

总之，2009年是高清电视加速市场布局，进入全面商用的关键时期，随着市场环境的基本成熟，各种高清内容节目将在2010年进入繁荣发展的新阶段。

（二）移动媒体

1. 3G技术的全面商用

2009年1月7日，工业和信息化部为中国移动、中国电信和中国联通发放3张第三代移动通信（3G）牌照，此举标志着我国正式进入3G时代。其中，批准中国移动增加基于TD－SCDMA技术制式的3G牌照，中国电信增加基于CDMA2000技术制式的3G牌照，中国联通增加基于WCDMA技术制式的3G牌照。

截至2009年10月底，我国3G用户总数为977万，其中中国移动TD用户达到394万。三家电信企业共完成投资1023亿元，完成全年计划投资1435亿元的72.3%。[③] 3G技术的全面商用，在推动移动通信网络更新的同时，也为移动内容及其他增值业务的发展创造了技术实现条件。

2. CMMB

我国CMMB的发展可分为两个阶段，2008年，一阶段规模试验圆满结束，并以奥运为契机，逐步确立了完整的CMMB标准体系。2009年，二阶段规模实验正式启动，与中国移动合作，CMMB全国范围内试水商用。根据张海涛在

---

① 资料来源：BIRTV 2009中国中央电视台副台长何宗就报告，http：//www.dvbcn.com/2009－08/25－37528.html。

② 资料来源：http：//tech.qq.com/a/20091211/000414.htm。

③ 数据来源：工业和信息化部，http：//www.miit.gov.cn/n11293472/n11293832/n11294132/n12858447/12888377.html。

BIRTV2009 主题报告会上的讲话，2009 年 CMMB 的发展可归纳为以下三个方面：第一，网络建设方面：网络覆盖和运营支撑系统是 CMMB 实现全国统一运营的基础。目前全国 337 个地市级以上城市中，已有 190 个城市开通了 CMMB 信号，29 个省（直辖市）完成了业务运营支撑系统的建设。第二，业务体系构建方面，移动多媒体广播电视作为自主创新的技术，带来了文化业态的创新，不仅可以播出广播电视频道，还开发了紧急广播、音视频手机报、音视频杂志、互动电视等新业务，同时还提供实时交通路况、实时金融行情等多种形态的服务。第三，运营体系建设方面，移动多媒体广播电视主要采用“总公司—省级子公司—地市级分公司”的模式，目前，总公司已与 26 个省的广电机构签署了框架协议组建省级子公司，其中，15 个省级公司已经基本组建完成。

（三）互联网

1. 基础情况

2009 年底我国 IPv4 地址规模已经达到 2.3 亿个，年增长率为 28.2%，成为了仅次于美国的全球第二大 IPv4 地址拥有国。域名总数为 1682 万，其中 80% 为.cn域名。域名数量保持平稳。域名利用率正在增加。网站数量达到 323 万个，保持平稳增长。①

2. 带宽情况

2009 年，中国基础电信网络的通信能力进一步提升，保障了宽带互联网的发展。据工业和信息化部统计显示，2009 年我国基础电信企业的互联网用户进一步趋向宽带化。1 ~ 11 月份，基础电信企业净增互联网宽带接入用户 1917.6 万户，达到 10205.5 万户，其中 ADSL 用户 8315.1 万户。②

3. 用户规模

截至 2009 年底，中国网民规模达到 3.84 亿人，较 2008 年增长 28.9%，互联网普及率在稳步上升。然而，应该看到，虽然普及率持续提升，但是相比发达国家，中国的互联网普及率还较低。截至 2008 年 12 月，美国、日本和韩国互联网普及率分别达到 74.1%、75.5% 和 77.3%，我国网络使用的差距还很大，与

① 数据来源：CNNIC，《第 25 次中国互联网络发展状况统计报告》，第 21 页。

② 数据来源：CNNIC，《第 25 次中国互联网络发展状况统计报告》，第 12 页。

此同时，中国网民规模增速在逐步放缓。从2008年的41.9%下降到2009年的28.9%。从绝对规模上看，2009年网民增长8600万，由于中国网民基数庞大，虽然增长率降到了28.9%，但是网民规模增长依然旺盛。①

4. 业务应用情况

根据中国互联网络信息中心（CNNIC）发布的数据，截至2009年12月，使用率排名前三甲分别是网络音乐（83.5%），网络新闻（80.1%），搜索引擎（73.3%）。但从发展速度上看，商务交易类应用遥遥领先，商务交易类应用平均年增幅68%。其中，网上支付用户年增幅80.9%，在所有应用中排名第一。2009年是商务类应用大发展的一年，中国网民群体网络应用正从娱乐型向消费商务化转变（参见表1）。②

表1 各类网络应用使用状况及用户增长

单位：%

类　型	应　用	2008年使用率	2009年使用率	用户增长率	使用率排名	增长率排名
网络娱乐	网络音乐	83.7	83.5	28.8	1	11
	网络游戏	62.8	68.9	41.5	5	6
	网络视频	67.7	62.6	19.0	6	14
	网络文学	—	42.3	—	10	—
信息获取	网络新闻	78.5	80.1	31.5	2	9
	搜索引擎	68.0	73.3	38.6	3	7
交流沟通	即时通信	75.3	70.9	21.6	4	13
	博客应用	54.3	57.7	36.7	7	8
	电子邮件	56.8	56.8	29.0	8	10
	社交网站	—	45.8	—	9	—
	论坛/BBS	30.7	30.5	28.6	11	12
商务交易	网络购物	24.8	28.1	45.9	12	5
	网上银行	19.3	24.5	62.3	13	4
	网上支付	17.6	24.5	80.9	14	1
	网络炒股	11.4	14.8	67.0	15	3
	旅行预订	5.6	7.9	77.9	16	2

数据来源：CNNIC，《第25次中国互联网络发展状况统计报告》，第31页。

① 数据来源：CNNIC，《第25次中国互联网络发展状况统计报告》，第10~11页。

② 数据来源：CNNIC，《第25次中国互联网络发展状况统计报告》，第31页。

三 数字内容产业细分行业发展态势

（一）数字影视

2009 年，我国电影放映数字化程度全面提升。根据 2010 年 1 月电影局新闻通气会上公布的数据，2009 年新建电影院中数字影厅达到 500 多个，约占新增影厅的 80%，部分影院实现了全部数字化放映。此外，国内自主研发的 1.3k 中档数字放映技术经过试验取得成功，目前已在 40 多个中小城市影院安装了 100 余套放映设备，为下一阶段在全国中小城市发展 1.3k 数字影院积累了经验。

同时，数字电影在公共文化服务领域的重要作用开始彰显。电影局新闻通气会公布的数据显示，截至 2009 年 12 月 31 日，全国农村已组建农村数字电影院线 218 条，数字电影放映队 28730 支，落实了 2009 年农村电影公益性放映场次补贴专项资金 3.3 亿元，共放映农村电影 781.0334 万场，观众人次达 18.15 亿。2010 年将重点完成全国每村每月放映一部电影的规划目标。

（二）数字音乐

数字音乐按获取网络的不同分为在线音乐和无线音乐。艾瑞咨询在 2009 年 11 月发布的《2009～2010 年中国数字音乐行业发展报告（简版）》中预测，2009 年中国数字音乐市场规模（指在线音乐服务商营收与无线音乐市场 SP 音乐内容营收之和）将达到 17.9 亿元，同比增长 8.2%。其中，无线音乐营收占 92.1%，在线音乐营收占 7.9%。

在线音乐方面，2009 年市场规模继续增长，数字音乐版权保护的法规日益完善。文化部出台网络音乐内容管理新规定，加强对网络音乐内容的审核，打击音乐盗版行为。有利于改善在线音乐市场的竞争环境，促进行业的持续健康发展。随着音乐内容的正版化，在线音乐市场将更加规范，加之中国互联网普及率的提高及网民使用互联网获取音乐习惯的养成，预计 2010 年将是在线音乐市场规模加速增长的时期。

随着互联网成为用户获取音乐的重要途径，互联网在音乐推广和销售方面的作用也得到唱片企业的认可和重视。用户免费、广告付费为中国在线音乐服务商的主要营收方式；与此同时，中国多数在线音乐用户选择通过下载至电脑端的软件收听音乐，电脑端播放器正成中国在线音乐服务商的营收新途径。

无线音乐领域，2009 年在 3G 全面商用的推动下，电信运营商了加强对无线音乐产业链的控制，跳过 SP 直接与 CP 合作，无线音乐市场进入新一轮的洗牌阶段。据艾瑞咨询统计，全年无线音乐服务提供商（SP）营收规模达到 16.5 亿元，占无线音乐服务总收入的 5.3%；电信运营商（OP）音乐服务的营收占整个无线音乐市场规模（无线音乐用户为无线音乐内容提供的费用）的 94.7%。

2009 年，随着 3G 牌照的发放，中国移动开始加强无线音乐业务管理，对音乐内容审核及合作伙伴信用提出了一系列要求，客观上挤占了服务提供商的生存空间，也带来了无线音乐产业链和商业模式的调整。当前中国无线音乐产业链中，电信运营商占据主导地位。内容提供商（CP）、服务提供商（SP）通过提供音乐内容获得无线音乐服务信息费分成。随着电信运营商对无线音乐服务的规范和控制力度不断加大，2010 年，CP、SP 加大与移动终端厂商合作力度，拓展营收很有可能成为新的商业模式。

（三）电脑动画

电脑动画是指利用电脑产生的影像制作出的动画。近年来动画产业数字化的程度不断提高，电脑动画已经完全取代了手工绘制。电脑动画的应用具体分为两大部分：一是电脑原创动画，即利用数字技术进行动画原创，市场价值较高；二是电脑动画加工，指利用电脑技术对影像进行处理加工，制作动画效果或特效等。

2009 年度，在一系列相关政策的有力促进下，我国动漫产业整体发展势头强劲，自主生产的作品数量大幅提高。据国家广电总局发布的统计，2009 年全国制作完成的国产动画片共 322 部 171816 分钟，比 2008 年增长 31%。全国共有 21 个省份以及中央电视台生产制作了动画完成片，其中，江苏省的动画片生产数量位居第一。杭州漫奇妙动漫制作有限公司、央视动画有限公司、北京卡酷动画卫星频道有限公司、湖南蓝猫卡通传媒有限公司等生产机构制作了大量优秀的动画作品。

动画电影方面，2009 年全国动画电影产量创纪录地达到了 27 部。制作成本仅 600 万元的国产动画电影《喜羊羊与灰太狼之牛气冲天》，国内首轮票房达 8000 万元，刷新了由《史莱克》保持的纪录，标志着国产动画电影的巨大成功。由广电总局发展研究中心编写的《2009 年中国广播电影电视发展报告》指出，中国已经初步形成了以长三角地区、华南地区、华北地区、东北地区、西南地区以及中部地区为主的若干个动画产业集群带。2009 年度，国家动画产业基地自主制作完成国产动画片 221 部，132325 分钟，约占全国总产量的 77%，比 2008 年增长 30%。①

（四）数字游戏

进入 2009 年，国内网络游戏市场持续增长，但增长速度有所放缓。据艾瑞咨询近日发布的《2009～2010 年中国网络游戏行业发展报告》，2009 年中国网游市场规模为 270.6 亿元，同比增长 30.2%。由于研发实力的加强、产品品质的提升，游戏出口也成为国内网游产业的一个增长点。艾瑞咨询发布的《2009 年中国网络游戏出口业务研究报告》的数据显示，2009 年中国网络游戏出口市场规模达到 8.3 亿元。2009 年多款游戏产品上线，预计出口总收入将达到 2.5 亿元，同比增长 35% 左右。商业模式方面，时段收费开始成为主流的付费模式。此前，传统的网游公司的收入来源主要包括电信接入分成、点卡收入、游戏装备销售、广告收入。网游通过免去计时收费费用，转向道具收费后，快速扩展了用户规模。2009 年，收费模式开始重新受到重视。盛大本年力推的游戏《永恒之塔》即采用了传统的计时收费模式；金山的《剑侠情缘 3 网络版》在则采用“包月”新型时长收费模式；而一直高举“免费”大旗的巨人网络，更是在其主打游戏《绿色征途》中大力宣传新式的点卡收费概念，试图探索收取道具交易手续费等新的商业模式。

和传统的大型网游相比，2009 年度社交网游开始获得蓬勃发展。根据 CNNIC 在《2009 中国网民社交网络应用研究报告》测算，中国使用社交网站的网民数或达到 1.24 亿。在社交网站用户中，以玩游戏为使用社交网站目的的用户比例达到 27.4%。“抢车位”、“偷菜”等社交网游备受青睐。2009 年度，国内游戏运营商的市场格局发生了较大变动。此外，2009 年《魔兽世界》更换代理及其所引发的玩家群体性事件、未成年人网瘾等行业问题，使得社会舆论对网络游戏格外关注。可以预见，2010 年政府对网络游戏市场的监管力度仍将继续加大。

（五）移动内容

2009 年国内手机用户大幅增长，移动内容市场增长迅速。根据工信部的数

---

① 数据来源：《关于 2009 年度全国电视动画片制作发行情况的通告》，国家广播电影电视总局，http://www.sarft.gov.cn/articles/2010/01/22/20100122180536170618.html。

据统计，截至2009年8月底，国内手机用户数量已超过7.1亿。同时，CNNIC《中国互联网络发展状况统计报告》数据显示，截至2009年底，我国手机网民规模达到2.33亿人。易观国际发布的《2009年上半年中国移动增值服务市场监测》显示，上半年中国移动增值市场规模达到884亿元。其中，短信仍是规模最大的细分领域，彩铃和WAP是近年来增长较为迅速并且逐步占据较大份额的细分业务。3G技术所带来的数据业务，极大地拓展和延伸了传统移动通信的产业价值链，大量内容生产机构开始进入3G产业链。包括通信类业务、资讯类业务、娱乐类业务及商务类业务在内的各种数据业务开始全面发展（见表2）。

表2 3G商用带来的一系列新的应用

业务类别	业务名称	业务详细说明
通信类	可视电话	不仅实时传送人的语音，更实时传输图像（用户的半身像、照片物品等）
	移动可视会议	实现多方的音频和视频通话，并具有会议管理和控制的功能
	即时信息IM	和互联网联通的可以在线实时交流的业务，如手机MSN
	移动电子邮件	用手机实时接收邮件信息
	视频留言	为用户提供视频方式的漏接来电提醒
资讯类	位置服务	由移动通信网络和卫星定位系统结合在一起，通过一组定位技术获得移动终端的位置信息，提供给移动用户以及通信系统；实现各种与位置相关的业务
	WAP浏览	支持手机上网的技术，通过WAP能将Internet的大量信息及各种各样的业务引入到移动电话等无线终端之中
娱乐类	流媒体	把连续的影像和声音信息经过压缩处理后放到流媒体服务器上，使移动终端可以实时获取流媒体数据，边下载边播放；但内容不在终端设备上存储，需要每次播放时从流媒体服务器上重新下载数据
	娱乐业务下载	将各种娱乐程序通过下载植入用户终端，用户可以在离线状态下使用这些业务，但部分业务功能可能依然需要网络连接
	在线游戏	通过在线服务器允许用户在联机状态下进行游戏，并支持与其他用户的联机游戏
商务类	电子钱包	电子商务活动中网上购物顾客可以使用的一种电子支付工具，包括个人资料管理、网上付款、交易记录查询、银行卡余额查询、商户站点链接等功能
	移动支付	允许用户使用其移动终端（通常是手机）对所消费的商品或服务进行账务支付的一种服务方式
	移动银行	手机银行是网络银行的派生产品之一，因为手机的随身性而更为便利，客户利用手机银行不论何时何地均能及时交易
	移动证券	通过无线网络平台为用户提供全新模式的证券应用服务，内容包括：实时行情、在线交易以及专业的股市资讯等

在政策层面，国家出台的三网融合政策促进了移动增值业务的发展。3G 商用带来的巨大内容缺口，也促使相关部门出台一些鼓励的政策，大力发展移动内容服务。但是随着 3G 商用，移动内容的丰富，一些不良内容借助手机网络大肆传播的现象给监管带来了严峻的考验。2010 年，政府部门仍需与运营商积极配合，确保移动内容的健康发展。

综上所述，2009 年是数字内容产业整体产业结构构建的关键阶段。首先，从产业地位角度来看，“数字内容”作为“重点文化产业”的发展定位正式确立。其次，就技术平台搭建而言，数字新媒体产业发展迅速，3G、卫星、高清等数字技术的正式商用，拉开了各种数字内容业务全面繁荣的序幕。最后，在业务体系发展层面，经过数年探索，数字内容的整体业务体系已经逐渐成形，数字影视、数字游戏、移动内容等数字内容业务链发育趋于健全，管理逐渐规范，实践不断深入。整体看来，数字内容产业与新媒体技术、产业的发展息息相关，未来几年新媒体产业的发展将推动各个内容业态更加蓬勃地发展。

2008～2009 年音像产业发展报告

王　炬*

一　2008～2009 年度综述

2008～2009 年对中国音像业来说，是极不寻常的年度。一方面，由于盗版和网络免费下载等各种冲击，全行业仍处于低迷的状态，2008 年衡量产业发展的三项主要指标均有大幅下降：品种为 2.35 万种，比上年下降 26.48%（2007 年为 3.2 万种），发行数量为 4.10 亿盘，比上年下降 16.49%（2007 年为 4.91 亿盘），发行总金额为 18.44 亿元，比上年下降了 41.38%（2007 年为 31.46 亿元）。2009 年的情况虽然没有统计数据公布，预计不会比 2008 年好。2009 年还有一个不可忽视的因素，就是音像市场管理的交接。2008 年 7 月，文化部音像市场管理职能划归到新闻出版总署，但直到 2009 年 9 月，全国各省、自治区、直辖市的交接工作才开始进行，至今仍没有交接完。这一年的管理空缺，对音像市场而言会产生许多负面影响，甚至可以说，2008 年低俗音像制品泛滥，与此不无关联。

另一方面，2009 年中央政府以从没有过的力度关注音像业的改革与发展。新闻出版总署从促进音像业的改革着手，部署了一系列重要行动，数次召开重要会议，例如，年初开始的治理低俗音像制品的行动并查处了几家严重违法违规的出版社、光盘厂和发行公司；5 月 26 日召开了“社会各界抵制低俗音像制品座谈会”；6 月 25 日召开了高层次的“全国音像出版复制发行工作座谈会”；7 月 3 日召开的“在京部分音像出版制作发行企业座谈会”。同时，出台了一系列重大决策，如《文化产业振兴规划》、《关于进一步推进新闻出版体制改革的指导意见》（新出产业〔2009〕298 号）、《关于促进我国音像业健康有序发展的若干意见》（新出政发〔2009〕5 号）和《关于下发音像（电子）出版业体制改革实施方案的通知》（新

* 王炬，中国音像协会常务副会长兼秘书长。

出字〔2009〕331 号）等文件。从 2008 下半年开始，总署有关部门的领导又深入北京、上海、广东等地的音像企业，开展落实“三个一批”的调研，并制定了既符合中央战略部署和总署领导的指示精神，又符合音像业具体实际的体制改革实施方案。所有这些工作，都集中在一年之内完成，其改革力度和难度之大可想而知。如果这些改革措施都能到位，预计 2010 年整个音像业的发展会有较大的改观。

2008 年音像业产值的下降，是预料中事。音像业市场状况不好是众所周知的，传统音像制品受到来自盗版、网络免费下载和高科技传播渠道拓展新市场（如手机音乐下载、网络视频等）的多重冲击，而新业态尚未形成稳定的商业模式，遇到的困难是巨大的、而且是普遍的、国际性的。出乎预料的是下降的幅度，尤其是发行金额的下降幅度之大，几乎回到了 1997 年的水平（1997 年的发行金额为 18.4 亿元），但是 1997 年的发行数量只有 2.06 亿盘，也就是说，我们用了超过 1997 年一倍的发行数量，只换来一样的收入，音像制品单片价值之低可见一斑。事实上，在 2008 年发行的音像制品中，录像制品下降幅度要远远大于录音制品，录像制品的发行金额下降幅度高达 63.74%（发行数量下降幅度略小，只有 31.92%），这样大的下降幅度是音像业历年统计中罕见的，其中原因恐怕很难都归于市场环境的恶劣，产业结构、产品结构和营销模式本身一定存在问题。

音像产业发展的三项指标的下降是可以理解的，国际音像市场（包括音乐产品和家庭娱乐产品）也在缓慢下降（自 2000 年以来，平均下降幅度在 7% 左右），而且，伴随传统唱片市场下降的是数字产品销售的增长，尽管也是缓慢增长。但我国音像业市场下降幅度之大，已经引起我们的警惕了，挽救音像市场的衰退将是我们面临的巨大的挑战。

音像业的发展遇到了前所未有的困难，这些困难有市场环境的问题，也有高新科技发展所带来的冲击。事实上，更为重要的则是产业本身的结构性缺陷所带来的问题，音像业的发展必须突破自身结构的缺陷，重新确立新的市场主体，以体制改革为突破口，以大力开发原创为产业立足之本，充分利用高新科技带来的机遇，稳固传统音像市场，勇于开拓新型业态，才能真正成为社会主义文化的主力军。

2009 年 7 月 22 日，国务院总理温家宝主持召开国务院常务会议，讨论并原则通过《文化产业振兴规划》。音像业是文化产业的重要组成部分，《振兴文化产业规划》正是在音像产业发展进入关键时刻发布的，这无疑将给音像产业的发展带来新的动力，注入新的活力。而在此之前的 2009 年 6 月 25 日新闻出版总署召开的“全国音像出版复制发行工作座谈会”上，新闻出版总署领导已经把音像业的改革发展提到了日程上。柳斌杰署长，蒋建国、邬书林、阎晓宏副署长也分别就音像业现阶段的发展状况做了分析和判断，并提出了今后的发展方向和目标。会议讨论的《关于促进我国音像业健康有序发展的若干意见》更是直面音像业现在的艰难形势，以“改革促发展，在发展中完善管理”的高度，对音像业的改革发展提出了若干相当实际的意见。刚刚公布的《振兴文化产业规划》与《关于促进我国音像业健康有序发展的若干意见》等一系列扶持文化产业发展的政策不仅极具现实意义，也必将对音像业的发展产生极其深远的影响。

二 2009~2010年体制改革与“三个一批”

音像业的体制改革是与新闻出版业体制改革同步进行的，相同之处自不必说，不同之处，其核心是《关于促进我国音像业健康有序发展的若干意见》中指出的“三个一批”，也即“做强做优一批”、“整合重组一批”和“停办退出一批”。“三个一批”与音像产业的发展关系重大，甚至可以说关系到音像产业今后是否还能健康发展。“三个一批”就是针对音像业“小、散、滥、差”而开的“药方”。

经过近一年的努力，新闻出版总署于2009年10月发布了《关于下发音像（电子）出版业体制改革实施方案的通知》，进一步规定了“三个一批”的具体实施条款，为音像业的体制改革顺利进行奠定了基础。北京、上海、广东等产业集中度较高地区已经产生了按照“三个一批”的基本原则组建的大型音像集团，各地在组建大型出版集团、发行集团的同时，也基本上将较为弱小的音像出版单位吸纳其中，预计在明年还将有一批没有经营实力、没有品牌、没有市场的音像出版单位停办退出。与此同时，音像产业中重要的组成部分——民营企业将改变单打独斗的局面，或自行组合，或与大型音像企业合作，真正成为音像产业的主力军。可以预期，体制改革后的音像产业将焕发出新的、巨大的活力。

音像业的体制改革时机已经基本成熟，“三个一批”实施方案的各项，尤其是“做强做优一批”也具备了条件，一些企业正在向着这个目标而努力。中国唱片总公司是最早完成转企改制的大型国有音像企业集团，拥有丰厚的出版资源和品牌优势。总公司下辖北京、上海、广州、深圳、成都等全资子公司，集团公司已经形成出版、制作、光盘复制、发行等模块，根据每个模块的实力和优势，未来将形成以北京为出版制作中心、上海为生产发行中心的以功能为中心，跨地域、跨媒介（拟并购一家图书出版社）、多领域、全方位发展的大型音像企业。中唱总公司新的领导班子已经做出了新的规划。

上海新汇文化娱乐集团也是一家全方位发展的大型国有音像企业，集团成员包括上海声像出版社、上海音像公司、金像光盘厂、新索音乐公司以及动漫制作、网络科技等出版制作发行演艺企业，几乎涵盖了音像产业链的各个环节。新汇集团正在积极投入力量，重点发展原创作品、整合发行网络、开拓新媒体新业态。同时，发挥其地理和品牌优势，利用与国际唱片企业密切的业务往来，积极开拓国际市场。在上海市政府的鼎力支持下，开发建设音乐出版创意产业园区，在虹桥区规划出一大片旧工业厂房用于建设园区，该园区已经被新闻出版总署批准成为我国第一个“国家级音乐产业基地”，预计在2010年正式运行。

广东是我国音像产业最发达的地区之一，也是民营音像企业最多、最集中的地区；广东还是音像制品最大的生产基地和最大的集散地。但是，广东地区缺少一家既具有带头示范作用、又能团结众多民营公司共同进步的领头大企业。如何在中央明确提出“三个一批”之时，在广东地区组建一个能够“做强做优”的企业集团？太平洋影音公司适时浮出了“水面”。太平洋影音公司是1979年中唱体系之外的第一家音像出版公司，曾在20世纪八九十年代引领过音像出版的潮流。太平洋影音公司被并入南方广播影视传媒集团之后实力大增，不仅较好地完成了企业自身的转型，也为组建集团奠定了基础。在政府有关部门的主导下，在南方传媒集团的全力支持下，太平洋影音公司与广东部分民营音像公司经过反复协商，形成了1＋X联盟的新模式，太平洋影音公司与广东的四大制作发行公司——以电影后产品为主的广东泰盛文化传播有限公司、以音乐产品为主的广东星外星文化传播有限公司、以音乐动漫产品为主的广东佛山天艺文化传播有限公司、以原创动漫制作和音乐产品为主的广东花仙子文化传播有限公司以及广东音乐台结成了新的联盟，并于2009年12月20日举行了签约仪式。

组建联盟是迈向集团公司的第一步，新联盟将共享品牌、市场和企宣等优势资源，新联盟在音乐原创产品、影视后产品和引进音乐、电影产品方面，将在中国音像市场上占有50%以上的份额。新联盟将是国有企业与民营企业强强联合的新模式，也是组建集团另一种有意义的尝试。

在以民营企业为主组建集团方面，也在进行新的尝试。俏佳人文化传媒公司是一家外向型的民营音像制作发行企业，近几年在国际市场上有不俗的业绩，如何更好地发挥民营企业在市场竞争方面的优势，如何最大限度地将民营企业的能量与国有音像出版的力量更有机地结合到一起，形成更为强大的生产力，是摆在我们面前的一项重要任务。组建以民营企业为主的音像产业集团还面临诸如政策方面的资本方面的问题，这些都需要探索和实践。

除了在北京、上海、广东三个产业集中带组建 3～5 家大型企业集团之外，还有一些在专业领域有优势、有实力、有品牌、有市场的大型企业，如中国国际电视总公司、外研社、中央广播电视大学音像出版社、科影音像出版社、北京电视艺术中心和农影音像出版社等拥有雄厚的出版资源和较强的新产品开发能力，也有形成专业音像集团的可能性。

音像业的体制改革，已经不仅仅是转企改制的问题，而是一次正逢时机的产业革命，一次行业内的重新洗牌，一次国有与民营企业之间的融合，一次新的生产力的解放。

三　数字环境下的音像产业

音像的数字发行、尤其是音乐的数字发行，已经成为音像产业的重要发行渠道之一。国际唱片业协会（IFPI）的数据表明，国际唱片业已经越来越依靠数字发行的渠道（见图 1）。

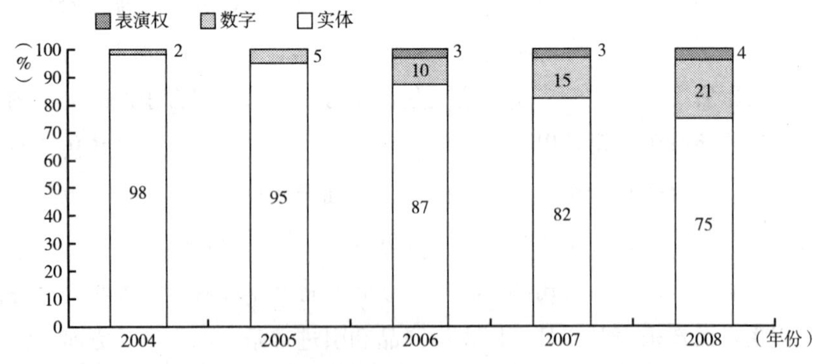

图 1　2004～2008 年全球录音音乐销售变化（IFPI）

数据来源：IFPI。

从图 1 可以看出，全球录音音乐（唱片和单曲）数字发行已经占到全球总量的 21%。美国的音乐数字发行量更是占到总量的 39%（2008 年上半年）。数字音乐发行在日本、德国、英国等音乐产业比较发达的国家都占有 15% 以上的比例。数字音乐发行的收入，主要来源于互联网的收费下载，其中最为成功的是 iPod 的商业模式。

与国际潮流所不同的是，尽管我国的音乐数字发行也有迅猛发展的势头，但收入却主要来源于手机铃声，而且，主要是用户费而不是单次下载收费。据艾瑞统计模型预测，2009 年我国数字音乐市场规模将达到 17.9 亿元，同比增长 8.2%。其中，无线音乐营收占 92.1%，在线音乐营收占 7.9%（见图 2、图 3）。

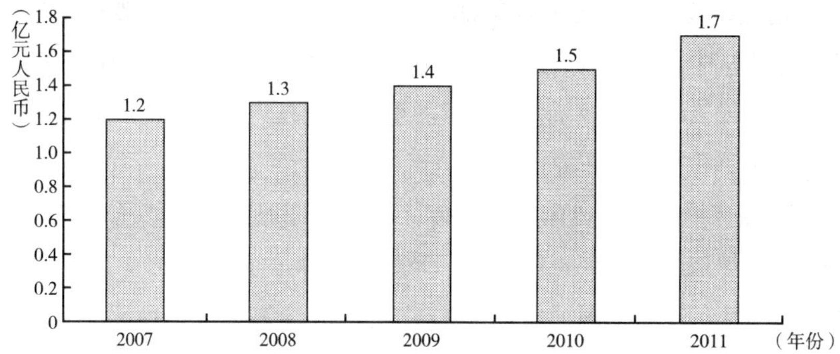

图 2　我国在线音乐市场规模（iResearch. cn）

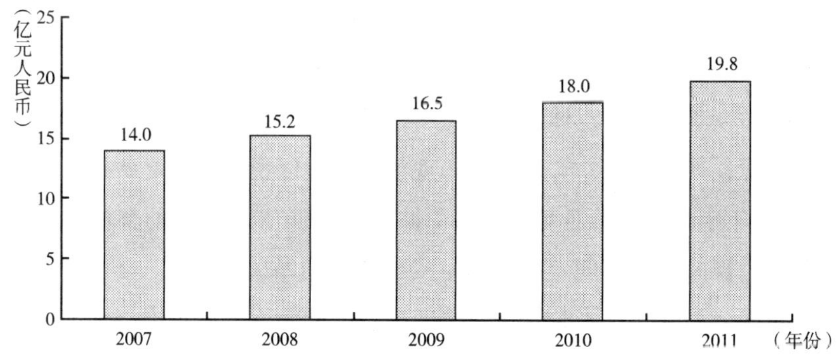

图 3　我国手机音乐市场规模（iResearch. cn）

从以上几个数据的比较来看，我国数字音乐的发展与国际发展趋势有许多不同点，这些不同也许是导致我国音乐数字发行畸形发展的原因所在。音乐数字发行在中国早已不是新鲜事物，我国在新技术的利用上（而不是研发）从来就不落后。在我国，音乐的数字发行有以下特点：

（1）中外音乐产品（作品）现在的主要传播方式基本一样，一是传统的唱片发行，二是通过互联网（在线音乐）和无线增值服务（手机）。不同的是，美日欧等音乐产业发达国家的在线音乐能赢利，而在中国则不能。即使在线音乐有1.3亿元的收入，也不是来源于付费下载，而是广告收入。而广告收入费很少能分到音乐制作者手中。

（2）我国的音乐数字发行主要依靠手机铃声下载，因为手机的付费模式更具有强制性。严格地说，手机音乐也不是付费下载模式，而是会员模式，手机用户缴纳的会员费，远远大于付费下载，而用户使用费是不会分给音乐制作者的。

（3）既然在线音乐和无线音乐都不是依靠付费下载获得，那么，音乐内容提供商就很难从中获利。有人评论，唱片公司对音乐数字发行不积极，指责唱片公司观念落后或没有给予数字发行足够的重视，这是有失公允的。而无法获利应该是唱片公司不积极的真正原因。

（4）生存环境恶劣。音像产业在传统市场上遭遇盗版，已经奄奄一息，在数字市场仍遭遇盗版和不公正待遇（不公平交易和信息不透明），致使唱片公司在转型初期寄予的厚望逐渐消失。互联网上的非法下载已经比传统市场的盗版更严重。一个令唱片公司无可奈何的“深层连接”就足以致命，而且此时法律也没有站在权利人一边，诉讼的失败，行政力量的软弱和大量网民的既得利益，使正义的天平大大倾向非法获利者。

文化产业的发展，其核心是音乐、电影等内容创意产业的发展。如果缺乏足够的版权保护，不重视新媒体的公平交易，没有法律法规的约束，没有对消费者加以正确引导，谈何发展？音乐产业的现状已经足以说明问题之所在。

从2009年年初开始的对互联网和音像制品“低俗之风”的整治，到最近开始的手机黄色视频网站清理，再到强令侵权视频网站关闭，无一不是从“扫黄”开始的。这些新型媒体几乎都是从非法使用版权开始逐渐涉黄而被整治的。这说明，政府要管的话还是能管住的。我们现在对侵权行为还没有重视到像“扫黄”那样的程度，对侵权的危害还没有引起足够的重视，对文化产业发展与版权保护的关联程度还不甚了解，也许，这是一个不可避免的过程，也许还需要时间。当我们不能通过文化产业的发展提升国民素质和促进经济的发展时，才会感到切肤之痛。

音像业并没有放弃数字发行，也知道这是不可避免的大趋势，问题在于，没有一个互利双赢的商业模式，没有经济效益，如何有本钱投入新的创作？所以，音像业者正在积极探索可行的、可靠的数字发行之路，正在寻找传统产业与新业态的结合点和突破口。

四　建设国家音乐产业基地

音像产业的发展正在面临一个极佳的机遇，体制改革和新的产业政策都会带来积极因素，新闻出版总署鼓励和支持建设“国家音乐产业基地”就是其中之一。

长期以来，音乐产业都处在一个尴尬的位置——哪个行业都在使用音乐，用它赚钱、用它吸引眼球，可是谁都不对其进行投入；尤其是互联网和手机，音乐是其主要内容，可是真正做音乐的人却分不到钱。许多消费者也认为，免费下载音乐是理所应当的。然而没有投入就没有产出，近年来音乐产业举步维艰就在于此。然而，免费的午餐能吃多久？无水之源能否长流？现在是引起高度关注的时候了。

100多年的唱片发展史告诉我们，音乐创作是艺术家的个人行为，但音乐产业的发展却绝不是几个艺术家就能搞定的。在这一点上，音乐产业与电影产业极为相似，音乐与电影都必须依靠团队的再创作、依靠制片方（唱片公司和电影公司）的大量资本投入、人力投入和先进设备的应用，才能形成完整的制作、生产、发行、销售等一整套产业链，缺少其中任何一个环节都不行。有消费者看电影，就有票房收入，电影就会发展起来，投拍电影的资本就会趋之若鹜。我国的电影产业经过多年的低谷徘徊之后，终于冲出困境，形成现今的生产规模和不菲的票房收入，电影产业已经摆脱了依靠进口大片支撑票房的被动局面，走上良性健康发展的正轨。而音乐产业尚在低迷之中，尽管有需求（应该比电影大得多）、有市场（也应该比电影大得多），但由于没有“票房”收入，没有稳定的商业模式，音乐产业的内容创新就失去了动力，就不可能形成产业。

建设国家音乐产业基地，其宗旨是改变目前音像产业低迷的现状，在音像产业集中度较高的产业带，建设具有某些优惠政策的大型音乐原创交易孵化平台。其实，音乐创作本身并不需要一个物理形态的集中地，但是，要形成音乐产业，

尤其是在音乐产业不景气的时候，就需要建设一种具有推动力的平台。建设国家音乐产业基地，就是要成为音乐创作者的可靠的支撑平台、融资平台和人才汇聚的平台，成为原创作品的交流、交易平台和音乐演艺信息集中的平台，音乐产业基地才有实用价值，才能形成合力，才能争取到更多、更大的社会资金的流入，才能有组织、有目标、有计划地推出既有艺术价值又有市场价值的原创产品。

我国的音乐产业没有对口的主管部门，而音乐产业怎么能缺席于发展文化创意产业发展呢？从出版这个角度，新闻出版总署大力支持建设音乐产业基地。并于2009年7月出台了相关文件，明确提出建立国家音乐产业基地的7项标准，包括：音像产业集中度高，具有区域优势，对文化产品和服务需求旺盛，并能在全国音像行业中具有带动、辐射和示范作用；民族原创音乐作品开放能力强，有改革到位、充满活力、竞争力强的骨干企业；能够聚集全国音乐创意策划、市场营销和海外人才；得到当地政府在用地、财税等方面大力支持；规章制度健全；具备向新业态转型条件以及在“走出去”方面有所作为。

已经获得新闻出版总署批准的第一个“国家音乐原创基地”是上海音乐产业创意园区。得到上海市政府大力支持的创意园区在市中心区域规划出一大片旧工业厂房，改建后园区占地面积达到1.6万平方米，上海市政府还将给予基地优惠政策，发挥上海的资源、品牌、地域以及吸纳人才和资本等优势。目前，已签约意向入驻的国内音像企业有30多家，还有40多家国外音乐厂商也在翘首以待。该基地预计在2010年世博会前后正式挂牌。另一个有望获得“国家音乐产业基地”称号的是深圳梅沙音乐原创前沿基地。该基地已于两年前基本建成，已经有20多位国内一流的原创歌手、音乐制作人签约入驻，当地政府在基本建设、资金投入和政策优惠等方面都给予了大力的支持，该基地已经成为深圳文博会的分会场，音乐原创基地举办的“沙滩音乐节”、“颁奖晚会”和音乐体验等活动，也有力地促进了当地的旅游业的发展。北京也正在酝酿“音乐产业基地”的建设。

我国音像产业已经处于一个“大病初愈”的前期，经过多年的低迷徘徊和大浪淘沙，在国家振兴文化产业的宏图大略指引下，借体制改革和“三个一批”的东风，是极有可能扬起风帆前进的。乘风破浪会有时，直挂云帆济沧海！

突进中的回旋：2008～2009年中国期刊产业报告

宋革新*

2009年8月24日，一个标志性事件的发生，对凸显当下中国及世界期刊产业的状况，极富象征意义：这一天，拥有全球最大销量的期刊《读者文摘》，在美国正式申请破产保护。消息传来，该刊在中国地区的总经理，于第一时间发布声明，称美国总部的财务重组，对其中国区业务发展没有任何影响。继2009年4月在中国市场推出《读者文摘》87年历史上第一个加大新装版后，发行数据持续增长，目前每月的发行量近50万册；并且，《读者文摘》在中国有一个"新征途计划"，内容涉及健康、女性、美食等诸多方面，而构建包含新媒体业务在内的整合媒体平台，将是《读者文摘》在中国的发展方向……

可见，在以发达国家为主体的世界期刊市场，正经历阵阵破产寒潮的时刻，中国期刊产业的发展却总体平稳。改革开放以来，我国期刊产业经历了从大众化，到分众化，再到小众化的发展脉络，即用近30年的时间，走过了发达国家期刊业的百年历程。当然，与在21世纪最初几年的高速"突进"相比，2008～2009年的中国期刊产业，在发展速度方面有所回落，正经历一种"突进中的回旋"。

一　2008～2009年中国期刊产业发展概况：总体以窄幅增长，但逆差扩大

（一）出版规模：各项指标窄幅增长，定价总金额增幅成亮点

新闻出版总署公布的《2008年全国新闻出版业基本情况》显示，2008年全

* 宋革新，中国轻工业出版社编辑，博士。

国共出版期刊9549种（见表1），定价总金额187.42亿元。与上年相比，种数增长0.86%，平均期印数增长0.42%，总印数增长2.1%，总印张增长0.03%，定价总金额增长9.65%。

表1　2008年全国期刊出版基本情况统计

	2008年情况				与上年相比变化情况			
	种数（种）	平均期印数（平均每种期印数）（万册）	总印数（万册）	总印张（千印张）	种数（%）	平均期印数（%）	总印数（%）	总印张（%）
哲学、社会科学	2339	5890(2.52)	103464	5144947	0	1.17	4.18	4.73
自然科学、技术	4794	3319(0.69)	48171	3151453	1.72	0.15	2.18	2.78
文化、教育	1175	2824(2.4)	55418	2777788	0	2.47	1.95	-2.37
文学、艺术	613	1539(2.51)	33203	1771733	0	-3.09	-0.95	0
少儿读物	98	1052(10.73)	23083	667370	0	-3.31	2.58	-0.33
画　刊	51	132(2.59)	2432	225269	0	-8.97	14.97	-41.89
综　合	479	2011(4.2)	44719	2059737	0	1.36	0.7	-3.76
合　计	9549	16767	310500	15798000	0.86	0.42	2.1	0.03

资料来源：新闻出版总署公布的《2008年全国新闻出版业基本情况》。

（二）出版结构：半月刊、月刊是市场主角，对市场敏感的消费类期刊比重低

从出版周期来看：根据中国发行网发布的“2008年中国杂志发行量排行榜”（见表2），目前在市场上占主导地位的期刊出版周期类型是半月刊和月刊。

表2　2008年中国杂志发行量排行榜

排　名	期刊名称	发行量（万册）	出版、统计周期
1	半月谈（含时事资料手册）	450	半月刊、期发量
2	读者（含乡村版）	500	半月刊、月发量
3	知音	423	半月刊、月发量
4	故事会	372	月刊、期发量
5	时事报告（中学、大学版）	370	月刊、期发量
6	家庭	305	半月刊、月发量
7	第二课堂	280	半月刊、月发量
8	青年文摘	213	半月刊、月发量
9	家庭医生	192	半月刊、月发量
10	小学生时代	160	月刊、期发量

资料来源：中国发行网。

从期刊种类看：在2008年，我国面向有专业背景读者的专业类期刊（包括哲学、社会科学类，自然科学、技术类）合计7133种，占期刊总量的74.70%；而面向普通读者的消费类期刊（包括综合类，文化、教育类，文学、艺术类，少儿读物类，画刊类）合计2416种，只占期刊总量的25.30%。

在发达国家的期刊市场，消费类期刊均占主角，例如，2002年，美国消费类期刊占其期刊总量的50.89%；德国的这一数字是38.39%；英国的这一数字是37.54%；[①] 日本2003年的这一数字是57.76%。[②]

可见，面向普通读者的消费类期刊比重低，是我国期刊市场的一个结构性问题。

新闻出版总署公布的统计数据（见表1）也证实，在2008年金融危机席卷全球的情况下，我国的专业类期刊，市场敏感度较低，其平均期印数、总印数、总印张均呈增长态势；而面向普通读者的消费类期刊，则市场敏感度较高，其中的综合类和文化、教育类期刊，平均期印数、总印数窄幅增长，但总印张下降；消费类期刊中的文学、艺术类，少儿读物类，及画刊类，是高市场敏感类型，在2008年均有两项以上的主要指标下滑。

（三）营利模式：整个产业对第一次售卖高度依赖，但时尚类、财经类表现不同

期刊业的第一次售卖，是卖刊物；第二次售卖，是做广告，即把第一次售卖获得的读者"眼球"资源，出售给广告主；第三次售卖，是出售期刊的品牌资源、利用品牌资源发展衍生产品。如果我们以前述中国期刊业年定价总金额（第一次售卖）、年广告经营总额（第二次售卖）的数据，为逻辑起点，那么就会发现，目前第一次售卖和第二次售卖之比为3.75:1，可见，中国期刊业还是一个高度依赖第一次售卖的产业。

在2008年，美国期刊业的发行和广告收入，分别为100亿美元和250亿美元，其第一次售卖与第二次售卖之比为1:2.5。[③] 这与我国期刊业差异相当大。

---

① 资料来源：FIPP/ZENITHOPTIMEDIA WORLD MAGAZINE TRENDS 2003/2004。

② 资料来源：FIPP/ZENITHOPTIMEDIA WORLD MAGAZINE TRENDS 2004/2005。

③ 《从数据解读中国期刊发展趋势：发展呈现"屋顶现象"》，http：//bbs. cqvip. com/showtopic－629113. aspx。

而2002年，日本期刊业的发行收入是13615亿日元,① 广告收入是4051亿日元,② 其第一次售卖与第二次售卖之比为3.36∶1。这一数字与我国目前的期刊业相当接近。

美国和日本都是期刊市场最发达的国家，而就其本身而言，期刊业第一次售卖与第二次售卖的状态，也是不同的。所以，有相当多的业内人士，根据美国市场与我国市场，第一次售卖与第二次售卖所占比重的不同，而断定我国期刊市场营利模式上的落后，是以我国期刊市场将必然与美国市场趋同为潜台词的，可从目前日本的情况看，这显然难以获得事实上的支持。

从具体期刊类别来看，在“2008年中国杂志发行量排行榜”（见表2）中，时事类［《半月谈（含时事资料手册）》、《时事报告（中学、大学版）》］，教育类（《第二课堂》、《小学生时代》），文摘类［《读者（含乡村版）》、《青年文摘》］，大众文化类（《知音》、《故事会》、《家庭》）和面向大众的科技类（《家庭医生》），在期刊第一次售卖中占有优势。

从“2009年10月平面媒体广告总量杂志前10强”（见表3）中，可以看到优秀的女性时尚类（前8位）期刊和顶尖的财经类（《财富（中文版）》）、男性时尚类（《时尚先生》）期刊，在第二次售卖中占有优势。

表3 2009年10月平面媒体广告总量杂志前10强

排名	媒体名称	市场份额(%)	排名	媒体名称	市场份额(%)
1	世界时装之苑	6.86	6	瑞丽伊人风尚	4.16
2	时尚芭莎	6.69	7	嘉人	2.79
3	时尚伊人	5.43	8	悦己	2.66
4	服饰与美容	4.58	9	财富(中文版)	2.06
5	瑞丽服饰美容	4.47	10	时尚先生	1.83

资料来源:《中国报刊广告市场（月度）研究报告》。

（四）读者状况：1幅素描和7种类型

《中国期刊年鉴（2008年卷）》，为我们提供了这样一幅中国期刊读者的素

① 川井良介:《现代日本的杂志》,《中国编辑》2005年第3期。

② 资料来源：fipp/zenithoptimedia world magazine trends 2004/2005。

描：年轻化，高学历，有工作，高收入。其中期刊读者的年轻化，在美国也得到了统计学的印证。[①] 而且，从市场购买期刊的读者中，39.3%是男性，60.7%是女性，女性读者占据着读者群的主导地位。

IT、汽车、体育期刊，其读者中男性占到80%以上，故具有明显的“男性期刊”特征；财经、新闻期刊，其读者中男性占60%左右，属于“偏男性期刊”。

时尚类期刊的女性读者占87.1%，故它是典型的“女性期刊”；娱乐、休闲、知识类期刊，女性读者占60%以上，属于“偏女性期刊”。

IT类期刊的读者中，35岁以下者高达84.7%；时尚、体育和知识类期刊，35岁以下的读者比例，也都达到70%以上，故这4类属于“年轻人期刊”。而健康、休闲类期刊，读者中35岁及以上者比例则略高一些，应该属于“偏中年人期刊”。

在各类期刊中，读者文化程度最高的，是财经类、航空类和IT类，其读者大学及大学以上学历者，比例分别高达74.5%、73.5%和71.0%，所以这3类期刊可以叫“高学历期刊”。

为特定人群定制特定期刊的“小众化”策略，已成为期刊未来发展的趋势之一，因此有助于细分市场操作的相关期刊读者的特征调查，正越来越受重视。

（五）期刊进出口情况：逆差扩大，WTO的裁决进一步强化了逆差预期

近年来，中国已有62种期刊与国外同行开展了版权合作，[②] 其中绝大多数是版权引入，只有《知音》、《中国国家地理》等个案是版权输出。

新闻出版总署的统计表明，2008年，我国期刊出口46098种次、92.05万册、218.13万美元，与上年相比，种次下降8.08%，数量下降60.93%，金额下降38.50%。其中数量和金额的大幅下降，有金融危机的外部环境因素，也有我国期刊业国际竞争力缺乏的因素。

---

① 资料来源：THE MAGAZINE HANDBOOK 2008～2009。

② 李东东：《中国出版业对外合作步伐不断加快》，http：//www.chinaxwcb.com/index/2009－11/25/content_ 184566.htm。

2008 年，期刊进口 53759 种次、448.86 万册、13290.74 万美元，与上年相比，种次增长 26.11%，数量增长 5.69%，金额增长 18.79%。其中种次和金额的大幅上升，说明我国期刊市场对高端产品的需求，越来越强劲。

当年，期刊进出口逆差为 13072.61 万美元。与上年相比，进出口逆差额增加 2239.19 万美元，增幅为 20.67%。

2009 年 8 月 12 日，在就保护美国图书、音乐以及电影的对华出口问题上，世界贸易组织（WTO）裁决称，中国政府不得硬性要求美国知识产权所有者，只能与政府控管的公司做交易。尽管中方可能会就此裁定进行上诉，但业内人士预期，中国可能将不得不放宽对影音产品、杂志进口的限制。这对中国期刊业进出口多年来存在的逆差现象，有进一步强化作用。

二　2008～2009 年中国期刊业特征：政策、媒介业环境变化，引发期刊产业链诸环节革新

（一）随着体制改革的推进，区域产业集群趋向露出端倪

关于含期刊业在内的新闻出版体制改革，新闻出版署有个“四步走”规划：第一步，推进公益性新闻出版单位体制改革，构建新闻出版公共服务体系；第二步，推动经营型新闻出版单位转制，重塑市场主体；第三步，推进联合重组，加快培育出版传媒骨干企业、战略投资者；第四步，引导非公有出版工作室健康发展，发展新兴出版生产力。

2009 年，是大力推进 158 家中央在京出版社、103 家高校出版社改革进程的“攻坚年”，至 2010 年底前，相关出版单位将全面完成转制任务。也就是说，目前正处于第二步的从攻坚到收官、第三步的从布局到发展的阶段，还远没走到第四步。

由于期刊业经营主体企业化后，真正的并购、重组成为了可能，而且，由于期刊业的发展，与城市化进程高度正相关，所以现在已有一些中西部地区的期刊，迁入北京、上海；还有更多的其他区域的期刊，以多种形式在北京、上海、广州等地设置工作室、运营中心，从而露出了中国期刊区域产业集群趋向的端倪。

虽然除北京为代表的京津环渤海地区、以上海为核心的长三角地区、以广州为代表的珠三角地区之外，目前还有一些地区的期刊业也比较发达，如兰州有读者出版集团，武汉有知音传媒集团等，但无论从期刊存量、还是从发展趋势上看，京、沪、穗三大地区，由于在人口素质、人口规模、人口迁移趋向等方面，具有显著优势，所以在今后一段时间内，这三大地区最有可能形成中国期刊业的区域产业集群。

（二）以纸质期刊为利基的新媒体构建，使期刊概念扩展，行业发展获得新空间

在新媒体迅猛发展的语境下，期刊的概念，已从“连续出版物”，向“连续传播物”扩展。例如，2008～2009 年在金融危机冲击下，美国就有多种期刊停印了纸质产品，而只保留线上产品的出版和经营。因此，期刊办网站、无线产品等新媒体，从纸质期刊的角度看，是在发展其第三次售卖，即出售品牌及品牌衍生产品，而从行业发展的角度来看，完全可以视为期刊概念和业态的扩展。

目前，以纸质期刊为利基的新媒体构建，呈现出两种趋向：传播方式的网络化、无线化，和内容生产的数据库化、图片化。前者如瑞丽女性网、财经网等期刊网站，已经发展成为各自领域内，颇具影响力的垂直门户网站；以 PC 为载体的电子杂志，近年来飞速崛起，又连遭挫折；手机杂志随着 2009 年我国 3G 牌照的发放，已成为新一波方兴未艾的数字出版力量。后者如中国知网、龙源期刊网等期刊内容集合平台，正处于快速发展中，受到了越来越多用户的青睐。

从媒体互动的角度来看，一方面，以期刊为利基的新媒体中的较成功者，往往有其纸质期刊的“基因”，如瑞丽杂志社办的瑞丽女性网、电子杂志、彩信产品、WAP 产品，就都有“实用的时尚”，因此在相关新媒体类别中，显现出了独特优势；同时，相关新媒体产品，还发展出了并不与《瑞丽》纸质期刊完全重合的读者群、广告客户群。

另一方面，期刊业内容生产的数据库化、图片化，使纸质期刊生产的成本、行业进入门槛有所降低，也就是说，原来纸质期刊内容生产的瓶颈环节——针对特定读者群的高质量文字、图片的获得，在海量文字内容数据库、图片搜索引擎的发展过程中，都逐渐被扩充；原来需由较庞大的专业团队，才能完成的内容获取工作，现在已经可由规模较小、专业化程度较低的团队来完成了。

所以，表面上看，随着人们阅读习惯、获取信息习惯的改变，传统纸质期刊遭受着新媒体的挤压和挑战，但实质上，期刊业正通过以纸质期刊为利基的新媒体构建，使自己的概念和业态扩展到了新媒体。这不仅使整个期刊业，在产品品牌延伸（第三次售卖）方面赢得了新空间，而且使原有纸质期刊产品，获得了新的成本和行业进入优势。

（三）“生死之间”所显露出的社会变迁、流行运作策略

2008～2009 年，我国新增加的期刊品种，主要有两类：一类是随着社会、科技、文化的发展，某些新领域、新学科根据自身需要，衍生出一批新的刊物，如《金色年代》、《中国再生资源综合利用年鉴》、《文化纵横》等；另一类是新的刊社以“高端小众化”、“挖掘空白点”等策略进入市场，以期打开新的局面，如《商业价值》、《国家财经周刊》、《锦绣》等。

2008 年 1 月创刊的《金色年代》，被誉为我国第一本“老资格公民”生活类期刊。这是一本基于我国都市人口迅速老龄化的社会发展形势，而衍生出的新生活方式指导刊物。

2009 年 9 月创刊的《商业价值》，则是面向高端商务人士的“高端小众化”期刊。该刊纸质期刊创刊的同时，还通过官方网站和官方博客，发布期刊电子版。

于 2010 年元旦后面市的《锦绣》，首创“国家商业地理读本”概念，力图打通商业、地理、时尚、人文、新媒体诸领域，挖掘出相关领域融合处的“空白点”，创造出不一般的阅读体验。

但 2008～2009 年真正耐人寻味的创刊故事，是一个并无办刊经验的 2007 年才毕业的大学生，于 2008 年 9 月，创办的一本面向大学生的 DM（免费直邮）期刊——《尚大学》。该刊主要登载校园生活、励志故事、求职和消费信息等跟大学生有关的信息；广告客户有偶像艺人培训公司、中国电信、留学机构、量贩 KTV 等。该刊截止 2009 年 9 月，共出了 4 期，前 3 期保本，第四期推出的新生特刊，广告销售额达到 60 万元，净赚了 30 万元！

可见，如果我们把目光从报刊亭移开，从已被那些成功期刊把门槛抬得较高的传统编辑、发行渠道移开，中国期刊业还有太多的空白点、处女地，在向准备进入这一行业的人招手！

有生就有死，创刊和停刊从来就应是期刊业发展的常态。在 2008～2009 年

停办的期刊，基本上可分为3类：第一类是随着社会发展，一些已失去了原有的市场基础的期刊，如《中国编织（中外服装）》、《电池商讯》等；第二类是曾一度受市场青睐，但没能持续发展，结果被市场淘汰的期刊，如《体线》、《格调（单身志 Miss）》等；第三类是虽然身处热门领域，但因经营不善，一直处于各小众市场末流的期刊，如《车》、《俏佳人》、《安25ans》等。

（四）期刊业向资本市场的进军，迈出了实质性步伐

加入WTO后，中国期刊业对内、外资逐步开放。目前，期刊的投资模式，主要有版权合作、经营权租赁和共同投资3种。资本市场的有限开放，使得民资和外资开始介入期刊的经营性资产，即期刊的广告、发行等领域。这逐渐使得期刊业成为了中国传媒业中，相对最为开放、市场化运营程度最高的行业之一。在2008～2009年，中国期刊业向资本市场的进军，又迈出了实质性步伐。

2009年1月，新闻出版总署正式批复，同意以四川党建期刊集团为主，联合四川新华文轩连锁股份有限公司，共同发起组建四川期刊传媒（集团）股份有限公司。2009年11月，该公司挂牌成立，“中国期刊第一股份公司”诞生。这种将转企、改制、股份制改造融为了一体的实验，在全国具有积极的示范效应。而且，该公司声言，要力争在3～5年内挂牌上市，努力成为“中国期刊第一上市股”。

2009年12月，由读者出版集团为主发起人，联合中国化工集团公司、时代出版传媒股份有限公司、甘肃省国有资产投资集团公司、酒泉钢铁（集团）有限责任公司4家国有大型企业，共同发起的读者出版传媒股份有限公司，在兰州成立。由此，也拉开了读者出版集团实现上市目标的序曲。

2008年11月上市的时代出版传媒（上海交易所代码：600551），是我国出版业第二家上市公司（辽宁出版传媒是第一家），其下属11份期刊1年来的运作成绩，确实令人对新的机制刮目相看。上市之初，该公司的11家期刊中，1/3盈利，1/3持平，1/3亏损。经过1年的整合，该公司期刊业务的利润，2009年比2008年增长了15%～20%，亏损期刊1本也没有了。①

① 陈香：《时代出版：上市出版公司的第一年》，http：//www.gmw.cn/01ds/2009－11/25/content_1013372.htm。

组建股份公司，接着努力上市，看来将是中国期刊业在今后一段时间内，向资本市场进军的主旋律。

（五）产业链上的新关键词：网络发行量、手机杂志广告、全环保纸、CTP 印刷

在期刊业态向新媒体扩展的过程中，由于网络阅读平台具有内容集成性、服务多样性等特点，目前已成为期刊网络传播的主要营销渠道。2009 年，国内阅读 TOP 100 期刊的付费阅读量，为 1600 多万次，仅这一数字就超过了 2008 年国内期刊付费阅读的总访问量；而海外 TOP 100 期刊的付费阅读量，也达到了 140 多万次。[①] 由此可见，期刊网络阅读平台，越来越受读者欢迎。这种形势促使“网络发行量”概念，开始受到重视。

期刊“网络发行量”的迅速扩大，可稀释期刊传播的成本。纸质期刊在发行量增大的同时，印刷、物流等各种成本，也会相应增加，从而会呈现出边际效益递减之势。但期刊网络传播的成本非常低廉，发行 10 份和 10 万份的成本，几乎没什么变化。而且，对于期刊经营单位来说，加大对期刊网络发行量这一概念的宣传，对于吸引更多的广告客户，具有重要价值。所以，“网络发行量”在期刊产业链中的分量，将越来越重。

除网络阅读平台之外，手机杂志是在期刊业态向新媒体扩展的另一重要方向。艾瑞咨询发布的《2009 年中国手机媒体营销价值研究报告》显示，手机杂志已成为目前手机用户最常订阅的内容之一。2008 年，中国手机杂志用户规模达 3100 万，同比增长 72.2%；2009 年，中国手机杂志用户规模达 6400 万，手机杂志广告投放达 5 亿元，是仅次于 WAP 广告投放的第二大无线广告市场。这个规模，已接近纸质期刊广告额的 10%！而且，其中品牌广告占了绝大多数。

新媒体之外，2008～2009 年的中国期刊业，还出现了“绿色”新理念。从产业链的角度来看，这个新理念的实践，主要体现在印刷环节中。

2008 年 3 月刊的《时尚先生》，推出了全环保纸杂志。据期刊社宣传，此举挽救了 7800 棵大树，节约了 12 万公斤煤、12 万度电、9 万吨水，减排了 20 吨

---

① 龙源期刊网络传播课题研究组：《2009 期刊网络传播：媒体变局中的期刊蓝海》，http://finance.sina.com.cn/chanjing/sdbd/20091217/17277119313_4.shtml。

二氧化碳。虽然该刊的印刷，因此而增加了成本，而且此期之后，《时尚先生》又恢复了铜版纸印刷，但此举确是中国期刊业“绿色”新理念的一个实践性回应。

与某期杂志采用全环保纸印刷相比，在印刷环节推广CTP技术，则是期刊业实践“绿色”新理念的更有效举措。所谓的CTP技术，就是从计算机到印版的技术（其中没有了传统印刷中的胶片），已成为目前印前领域发展最快、影响最大的高新技术之一。在期刊印刷环节推广CTP技术，可提高印刷品质、效率，并能节省人工、耗材等，所以CTP印刷，已跻身期刊产业链的新关键词。

三　当下中国期刊产业的问题与政策建议

（一）核心瓶颈问题与解决路径：借鉴制造业先“增量改革”的成功经验

即将全面推进的报刊业改革路线图是：把全国报刊分为时政性、非时政性两类；坚持审批准入、主管主办、属地管理的原则；通过数年的努力，实现做强做大一批、整合重组一批、停办退出一批的改革目标。这是一个典型的“存量改革”的路径。

沿着这种改革路径，我国期刊业的核心瓶颈问题——如何做强做大，能够解决吗？

众所周知，中国30年来经济体制改革的最独到之处，就在于先“增量改革”，再解决“存量问题”，即先通过制度释放，在计划体制之外，大力发展市场经济；以形成的“增量”，来加速推动市场主体的形成，和市场机制的发育，从而在原有体制外，形成一个有效竞争的市场环境；这样，在对“存量”进行产权改革的时候，所造成的冲击，就基本可以被“增量”消化了。此改革路径，使我国在保持社会基本稳定的前提下，成为了“世界工厂”。

与我国不同，前苏联东欧经济体制的市场化改革，则走了直接“存量改革”的路径。至今，这两种改革路径的实践效率，已经由两者明显不同的经济增速所说明，在此毋须赘述。

做强做大，打造文化产业的“世界工厂”，是包括期刊业在内的新闻出版业体制改革的宏伟目标。既然目标与制造业的经济体制改革近似，为什么文化产业的体制改革，不去借鉴我国过去30年探索的成功经验，而去走另一条已被实践证明了的低效率改革路径呢?!

如果我们借鉴制造业的先“增量改革”的成功经验，那么前述新闻出版体制改革的“四步走”规划中的第四步——引导非公有出版工作室健康发展，发展新兴出版生产力，就应该前移至第一步或第二步，因为先形成“增量”，是这一改革路径的前提和关键。

在新闻出版体制改革路径的这种探索性调整中，期刊业因在我国传统媒体产业中规模最小（从定价总金额来看，2008年图书是791.43亿元，报纸是317.96亿元，而期刊仅为187.42亿元），[①] 管控便利（出版周期较长、目前仍以纸质业态为主)，完全可以作为“增量改革”模式的“试验田”，为整个传媒业的改革摸索经验。

（二）期刊业最大存量资产的盘活：学术、行业期刊的改革

虽然实践证明，高效的市场化改革路径，是先“增量改革”，再解决“存量问题”，但这并不妨碍我们将盘活“存量资产”问题，纳入思考视野。如前所述，在2008年，我国并不面对普通消费者的学术、行业期刊（包括哲学、社会科学类，自然科学、技术类)，占期刊品种的74.70%。可见，这是目前期刊业最大的一块“存量资产”，如何、能否盘活，事关全局。

从我国学术、行业论文的质量来看，中国科学技术信息研究所的统计数据显示：2008年度中国SCI论文数首次突破10万篇，总数为11.67万篇，较上一年增加2万多篇，占世界份额的9.8%，位列世界第二位，仅次于美国。但是，从引用情况看，我国科技人员作为第一作者的论文，平均每篇被引用5.2次，与世界平均值10.06次相比，只有一半。这反映出，我国学术、行业论文虽然数量多，但整体质量水平，距世界平均水平还有不小的差距。

从我国学术、行业期刊的运作水平来看，目前仍没能产生与《电子工程师时代》、《新英格兰医学期刊》、《科学》、《自然》、《外交事务》、《哈佛商业评

---

① 晋雅芬:《或增或降，从数据解读中国报刊发展趋势》，http://www.chinaxwcb.com/xwcbpaper/page/1/2009-09-01/05/92411251743476562.pdf。

论》等比肩的，享有世界声誉、代表某领域顶尖学术或专业水平的期刊。

数量庞大、整体水平落后的我国学术、行业期刊，前进的方向在哪里？以下两个案例，应能给我们以启示。

1998年3月，行业期刊《IT经理世界》创刊，主办者是计算机世界传媒集团，该集团是我国第一家合资经营新闻出版的企业。从2000年起，该刊开始主办“经理世界年会”，此会议至今办了10届，已成为IT界影响巨大的品牌盛会；此外，该刊还联合清华大学经济管理学院，共同主办“中国杰出创新企业评选”；联合美国《商业周刊》，发布“中国内地（含香港）企业科技百强榜”；2003年，该刊经国际媒体发行量权威认证机构BPA认证，发行量每期11.1万份；目前，该刊的年营业额，达到了4个多亿。[①] 可见，只要实行企业化治理，选准读者、广告定位，积极发展多种“第三次售卖”形式，我国的行业期刊也完全能够做强做大。

2009年4月，河北工程大学副校长孙玉壮博士，被聘为英文期刊《能源勘查与开发》杂志的唯一主编。这是他担任《世界工程杂志》主编、《国际煤地质学杂志》编委之后，再一次在国际期刊任职。目前，《能源勘查与开发》的主办单位，已调整为河北工程大学，编辑部设在河北工程大学，而印刷、出版发行和征订工作，仍由英国科学出版社负责，继续在英国进行。孙玉壮表示，他打算依托杂志每两年举办一次的能源勘探与开发方面的国际会议，多做推广工作。目前，经与中国煤田地质总局、中国矿业大学、石油大学等单位联系，已初步达成了这些单位支持相关会议的意向。

如果一个中国学者，能把国际学术期刊“收编”办好，那么我们国内的学术期刊，一旦按符合学术期刊运作规律的体制和机制来办，水平怎能提不高呢？

（三）期刊人才培养和科研发展需要高度重视

期刊业属于智力产业，人才是其核心资源。我国期刊业30多年来的迅速发展也证明，一个期刊或期刊集团崛起，其背后，往往有领军人物在起决定性作用。例如，《时尚》的创始人之一吴泓、《财经》的创始人胡舒立，就是期刊业

① 孙卫：《网络环境下期刊的赢利模式》，http：//money.163.com/09/1214/10/5QG4EK3A002524SQ.html。

涌现出的这类领军人物。但是，在2009年，这两位有标志意义的期刊界领军人物，都出现了“异常”。

2009年8月，被誉为“中国时尚期刊教父”的时尚传媒集团总裁吴泓，因病去世，时年46岁；作为《财经》的创办人，2009年已56岁的胡舒立，率团队辞职，并于同年12月，正式到中山大学任职，担任其传播与设计学院院长、教授、博士生导师。

吴泓的英年早逝，令人对中国期刊人创业的艰辛，不胜唏嘘；而胡舒立的走入“象牙塔”，则让人对中国期刊业人才的培养，平添了几许希冀——到目前为止，中国大学体制内期刊教育的落后，使绝大多数期刊人，还在用一种师徒教帮的方式入行，且在某种程度上，也致使我国期刊业的人才短缺现象，成为了一种常态。

美国期刊教育的一个特点，是实践经验丰富的期刊人，进入大学体制培养专门人才。美国大学的新闻传播学院，一般都提供两门期刊方面的课程：期刊文章写作、期刊编辑生产。[①] 在密苏里大学等院校，甚至有期刊系。而目前我国的大学体制内，能开操作性、实践性期刊课程的，可以说是凤毛麟角。希望胡舒立到中山大学后，相关情况能有所改观。

与期刊教育相关的期刊研究，如编辑技巧研究、受众研究、内容研究、广告研究、互动行为研究等期刊的微观实践性研究，在我国也非常缺乏。我国的大多数期刊研究者，只是涉足期刊史、期刊发展趋势等宏观研究领域。这种状况虽与我国期刊产业发展时间短相关，但如不加以重视，努力迎头赶上，恐将导致中国期刊产业的长期落后。

（四）关于建立独立第三方权威稽核机构等行业规范化问题

目前，国内大多数期刊的发行量，都是各自的最高机密——虚报发行量已成为行业惯例，有些期刊的发行量，甚至虚报几十倍。在这种情况下，广告主无法准确判断广告效果，而如自己去从事调查，成本又过高，所以，很多广告主只能从发行终端来判断各种期刊的广告效果。

---

① 参见 J. Willian Click, Russell N. Barid, Magazine Editing and Production, Wm. C. Brown Publishers, 1986, Preface ix。

这又致使很多期刊，不从提高自身质量上着手，而是千方百计地占据良好的发行终端。甚至有很多期刊，为了占据报刊摊的醒目位置，一个月付给摊主几百、上千元不等的费用。目前，每本期刊每月给报摊几十元，已成为行业惯例。

而且，各期刊的广告收入也不实。现在很多统计机构统计的，都是期刊广告收入的刊例价——由于各期刊广告打折比例大不相同，所以刊例价很可能和实际收入相去甚远。这导致了无法准确判断各期刊的广告收入。

这些期刊行业规范化问题的解决，可借鉴某些发达国家的经验，建立独立于政府机构的第三方权威稽核机构，如美国的BPA、英国的ABC等。相关机构通过发布各期刊的发行量、广告收入数据，能够给广告主、受众以很好的购买指导。而且，还能避免期刊间在发行、广告市场上的恶性竞争，进而促进各期刊把精力花在自身实力的提高上，最终提高中国期刊业的整体质量水平。

区域报告

REGIONAL REPORT

实施文化强省战略　带动中原快速崛起

——河南文化产业调研报告

熊澄宇　傅琰　张铮　张晓明*

2009年11月，受河南省委宣传部邀请，我们对河南省文化产业发展情况进行了调研，走访、考察了南阳、平顶山、焦作、郑州等市县的文化产业园区、文化企业，并同当地干部、企业负责人进行了多次座谈。在这次调研的基础上，结合近年来通过不同渠道与河南省不同层次、不同领域的领导、专家和群众的交流以及相关的考察、论证，对河南省近年来文化产业发展的总体情况形成如下思考，供领导和有关职能部门决策时参考。

一　河南省文化产业发展的成就显著，已经成为“中原崛起”的重要支柱

近年来，在全面规划、推动河南经济社会的发展进程中，河南省委、省政府

* 熊澄宇、傅琰、张铮，清华大学国家文化产业研究中心；张晓明，中国社会科学院文化研究中心。

提出河南要通过“两大跨越”来实现中原崛起。这两大跨越即“由经济大省向经济强省跨越”、“由文化资源大省向文化强省跨越”。在文化强省战略的推动下，河南省的文化建设和文化产业发展取得长足进步，主要体现在如下几个方面。

（一）从国际、国内两个大局出发，把握河南经济社会发展阶段特征，提出“两个跨越”战略、文化强省目标，推动经济文化快速发展，实现中原崛起

纵观全球发展态势，经济文化一体化时代的到来，美国、英国、日本等很多发达国家都把文化产业作为支柱产业来扶持和打造、作为软实力来培育和提升，文化输出已经成为其输出价值观、意识形态和影响力的重要手段。改革开放以来，我国对文化建设、文化产业发展越来越重视，党的“十七大”强调要提高国家文化软实力，表明我们党和国家已经把文化软实力作为实现中华民族伟大复兴的新的战略支点。河南虽然是传统文化资源大省，但是改革开放以来，随着河南省由传统农业大省向工业大省的迈进，文化建设的滞后效应却越来越凸显，成为河南进一步发展的制约因素。正是在这一背景下，近年来河南省委、省政府领导开始从战略层面认真思考经济和文化相互促进发展的关系，并对文化产业发展给予了强有力的政策支持。

2005 年 6 月 2 日，河南省委中心组学习会召开，“文化强省”战略首次在决策层达成共识。2005 年 7 月，河南省文化产业发展和文化体制改革工作会议召开，这是河南省有史以来规格最高、规模最大的文化工作会议。省委、省政府、省人大、省政协四大班子领导，省直各厅局“一把手”，18 个地市的书记、市长和大型文化集团的负责人，共有 330 多人到会，经过讨论确定了两个文件《大力发展文化产业的意见》、《文化强省建设规划纲要（2005 ~ 2020）》。两个文件出台后，河南省 21 个厅局均出台了支持文化产业的相关政策。2006 年 5 月，河南省文化体制改革和文化产业发展工作会议召开，决心用体制创新带动文化强省建设。2006 年 10 月，河南省第八次党代会正式提出了实现由经济大省向经济强省跨越，由文化资源大省向文化强省跨越的“两大跨越”。至此，文化强省战略上升为指导河南未来发展的最高战略之一。

几年来，河南省经济强省战略实施顺利，2008 年全省 GDP 突破 1. 8 万亿元，经济总量居全国第五位，在中西部居首位，其中与第六位的差距由 2005 年的

420 亿元拉大到 2008 年的 2012 亿元，在中西部地区优势明显。文化强省战略实施更为强劲，2008 年河南文化产业增加值为 570 亿元，比 2004 年多出近 300 亿元，年均增速超过 15%，高出同期 GDP 增速 3.4 个百分点；文化产业实现增加值占 GDP 的比重达到 3.1%。文化建设已经成为推动河南由经济大省向经济强省跨越的助推器和增长极。

（二）转变各级干部观念，提出文化经济发展一体化理念，增强文化自觉，奠定文化强省的思想基础

文化自觉是推进文化强省建设的思想基础。各级干部文化自觉的程度决定着文化工作的力度、文化建设的进度、文化发展的速度。只有形成高度的文化自觉，才能把握科学发展的着力点、未来发展的制高点、改善民生的新亮点、提高“软实力”的切入点、实现中原崛起的新支点。但是由于长期以来各级干部对经济工作都比较熟悉和重视，对文化工作陌生和轻视，因此不少干部形成了“抓经济底气十足，抓文化干劲不足”的状态，甚至个别干部对发展文化产业心存抵触。为此，河南省有关领导在多次会议讲话和学习中提出要干部解放思想、转变观念：改变只重文化的意识形态属性和宣传教育功能，不知文化产业属性和消费娱乐功能的旧观念，树立文化具有双重属性、双重功能的新观念；破除就经济论经济，就文化论文化，把它们割裂开来、对立起来的旧观念，确立经济与文化相互交融、相互促进、一体化发展的新观念；转变文化建设就是花钱而只投入不产出的旧观念，确立文化产业是重要的经济增长点，抓文化产业就是抓经济社会发展的新观念；转变文化建设是纯公益性的，政府是单一投资主体的旧观念，确立文化建设既有公益性的、又有经营性的，多元化投入才能推动文化建设快速发展的新观念。

为了强化各级干部的文化自觉，河南省委、省政府明确提出，不懂得抓文化建设的领导不是一个合格的领导，不是一个高明的领导，不是一个有远见的领导，明确要求各级党政主要负责同志要清醒认识自己的文化使命，把文化强省建设纳入经济社会发展规划，作为各级党委、政府任期目标的重要考核内容，摆上重要位置，放在心上、扛在肩上、落实在行动上。

通过扭转干部认识、转变干部观念，各级干部焕发出发展文化产业的巨大热情，全省各地区的文化强省工作迅速进入崭新的发展阶段。以郑州市为例，从

2006～2008年，郑州市组织实施了跨越式发展文化建设工程第一个三年行动计划，先后安排推进了重点项目40个，完成投资48亿元。郑州市文化产业增加值逐年递增，从2006年的82.6亿元增加到2008年的128.7亿元，保持了年均20%的增长速度，文化产业增加值占全市GDP的比重从2006年的4.1%增加到2008年的4.3%。

（三）梳理中原文化内涵，确立中原文化在中华文明发展中独特而重要的作用，增强河南影响力，寻找文化产业发展突破口

地处中原的河南省是中华民族和中华文化的重要发祥地，是传统文化资源十分丰富的大省。要实现中原崛起，离不开文化的推进、引领作用。但长期以来，许多人甚至包括河南人对于什么是中原文化，都说不完整、说不全面。要使中原文化成为河南发展的精神动力和智力支持，成为文化产业发展的突破口，必须对中原文化进行梳理、分析、提炼、总结。只有清晰的文化脉络才能凸显历史作用、凝聚人文精神，彰显文化力量，并找到产业发展方向。

经过分析研究、学术论证，河南独有的中原文化的主要特点可以概括为根源性、原创性、包容性、开放性、基础性。中原文化被确立为广泛吸收众多民族优秀品质而成的中华文明的主流文化。

对中原文化内涵的梳理为河南省传统文化资源的挖掘、开发、利用奠定了坚实基础，同时也激发了海内外华人的爱国情结、寻根情结，大大增强了河南省在国内外的影响力。新郑黄帝拜祖大典和周口姓氏文化节的成功举办就显示了中原文化的巨大吸引力。两大实景演出《禅宗少林·音乐大典》和《大宋·东京梦华》则是挖掘河南武术文化和政治文化，发展现代文化产业的典范。

（四）提升地域形象，增强自信，凝聚精神，优化发展软环境

一个地区的形象通常反映出这个地区的经济发展前景、文化综合素质，直接影响该地区群众的自信心和自豪感、口碑和美誉度、开放的广度和深度。河南是人口大省、农业大省，随着改革开放的发展，计划经济向市场经济的转轨，农业文明与工业文明、小农意识与市场意识、内陆观念与开放思想的冲突在河南表现突出，少数人和个别地方的不良行为影响了河南人和河南地域的形象，再加上新

闻媒体、影视剧、口口相传的放大效应，使得河南形象严重受损。这给河南的改革发展稳定增加了困难。很多企业认为河南软环境不好，不愿意到河南投资，阻碍了省外资金、人才、技术的进入，极大地制约了河南的发展。河南本地部分干部群众也产生了自卑和消极心理，招商引资底气不足，甚至一些河南人在外不敢说自己是河南人。

随着河南经济建设的跨越式发展，中原文化底蕴挖掘和创新，媒体声势的推动，河南形象的正面声音多了，负面声音少了，主流声音多了，杂音少了，人们对河南印象有了极大扭转。河南形象改变后，广大干部群众的凝聚力、向心力和战斗力增强，在全省上下形成了同心同德、聚精会神、干事创业、加快崛起的良好氛围。从中原大地走出来的模范人物不断涌现。连续七届“感动中国”人物评选，河南人榜上有名；首届“全国道德模范”评选河南籍占了6位，均居全国各省市之首，展现了河南人民诚实守信、乐于助人、奋发进取的新形象，展现了河南充满生机、跨越发展、正在迅速崛起的新形象。同时，河南形象的改变直接优化了投资软环境，民间资本比较雄厚的浙江、江苏等地的企业纷纷来河南投资。2004年河南省实际利用外资10亿美元，2006年实际利用外资增长到18.45亿美元，2008年，河南省实际利用外资40.3亿美元，增长31.7%，跃居中西部第1位；实际到位省外资金1850亿元，增长21.5%。

（五）深化体制机制改革，破除束缚，强化文化发展动力，释放文化发展活力

河南省认识到，改革创新是解放和发展文化生产力的必由之路，只有坚持改革创新，破除制约文化发展的一切束缚，才能使文化活力充分释放，才能使文化发展永葆生机。

几年来，河南省靠改革破难题，靠改革促发展，靠改革增效益，一是切实转变政府职能。积极推进政事分开、政企分开、管办分离，推动政府部门把行政管理的重点从办文化向管文化转变，从微观管理向宏观管理转变，从主要管理直属单位向进行社会管理转变。省新闻出版局多年来实行政企合一体制，改革后所属出版单位与省新闻出版局脱钩，成功实现了政企分开、管办分离，省新闻出版局的工作重心转向打击侵权盗版行为、保护知识产权，为文化发展营造良好的市场环境上来，新闻出版管理和文化市场的执法力度明显加大。二是推进经营性文化

单位转企改制。每年确定一批重点任务，建立转企改制台账，加强督导，跟踪问效。全省 68 家经营性文化单位完成转企改制，所有电视剧制作机构、电影制片厂和 70% 以上的出版单位完成了改革任务，总体进度走在全国前列。三是深化事业单位内部改革。全省图书馆、博物馆、文化馆等公益性文化事业单位普遍推行了劳动、人事、分配内部三项制度改革。河南艺术中心全权委托北京保利管理有限公司经营管理，引进先进运营模式，社会效益和经济效益良好。鹤壁市将图书馆、博物馆、群艺馆“三馆合一”，形成了一个现代化、综合性的文化服务场所，走出了一条集约发展公益性文化事业的新路子。

二　河南文化产业发展路径的有益探索：模式化特征与成熟做法

经过调研和分析，我们认为河南在发展文化产业路径方面做出了有益探索，形成了独特模式和成熟做法。比如“文化改革试验区”已经初步具有模式化特征，一些具有地域特色的文化产业案例日臻成熟，依靠重大活动为载体营销中原文化也成为常规做法。

（一）“文化改革发展试验区”——文化产业发展模式创新

为了加快河南文化产业的发展速度，解决规模不大、层次不高、观念陈旧、体制羁绊、投入不足、人才匮乏、创意不新等问题，河南借鉴经济特区方式，提出了建立“文化改革发展试验区”的思路，自 2008 年以来，陆续推出了 10 个“文化改革发展试验区”，初步呈现出了一些模式化的特征。这些特征是：由省发改委牵头，邀请专家设计论证，在资源优势突出、文化产业发展起步较早的地区，搭建公共平台，引进战略资本，加大政府投入，调节管理体制，促进文化产业上规模上水平，进而推动经济社会全面发展。

为保证试验区建设顺利实施，首先，出台《河南省人民政府关于支持省级文化改革发展试验区建设的若干意见》，包括省级财政一年向每个试验区补贴 1000 万元，县级“试验区”财政将实行省县直接结算。其次，对试验区艺术表演团体等特殊行业的转企改制，实行“新人新办法、老人老办法”，即在转企改制方案批准日之前，在职在编事业人员改制后保留事业身份和档案工资等。第

三，重点突破融资瓶颈。2009 年 8 月 12 日，国家开发银行与河南省政府签订支持文化产业发展的合作备忘录，探索开发性金融与支持文化产业发展的新模式和新机制，安排每个试验区组建资金规模在 5000 万元以上的文化产业投融资平台，通过投、贷、债、租、信等多种金融产品支持试验区建设等。

以禹州市文化改革发展试验区为例。因为具有特点突出的钧瓷文化，禹州市被列为河南省文化改革发展试验区之一。针对经济发展模式极度依赖煤炭、建材等资源消耗型产业的问题，禹州市提出以试验区建设为契机，调整产业结构、转换增长方式。在聘请国家级专家团队进行了总体策划规划后，禹州市开始着手以政府资金引导、吸纳社会力量、联手战略资本的方式推进重点项目建设。在禹州市设立了试验区，发展专项资金 1000 万元和钧瓷发展基金 400 万元，通过“以商招商”的形式引资 2000 多万元，建设钧窑企业；引进省内建业集团资金 1 亿元，合作建设神垕镇钧瓷文化街项目。禹州市依托现有的政府投融资平台——市投资公司，建设了文化产业投融资和担保平台，加大同国家开发银行的合作力度；同时，禹州市 2009 年被国家知识产权局批准为“首批国家级知识产权保护试点县（市）”，为独有的钧瓷传统资源变成现代文化产业资源提供了新的保障。

纵观全省其他各个试验区建设一年多来的成就可以发现，河南作为以工业与经济为主、文化产业大多呈现散点与孵化状态的省份，其文化改革发展试验区对文化资源的开发利用具有借鉴意义和辐射作用，其裂变效应和扩散效应正在逐步显现。

（二）以优势文化资源为基础，推出一批具有地域特色的文化产业成功案例

在文化强省建设推进中，结合河南独特的人文、历史、自然资源，不断推出具有河南地域特色、在国内外具有一定影响力的河南文化产业发展成功的案例。

1. 少林文化案例

少林寺出名最早是因为 1982 年拍摄的电影《少林寺》，目前少林文化产业已经从最初的武僧团武术表演、武术教育发展到旅游、音乐、舞蹈、电影、医疗甚至游戏产业，产业链条不断延伸。其中，2006 年，少林寺旅游推出的实景演出《禅宗少林·音乐大典》，市场前景看好，影响力巨大，成为河南文化旅游的精品节目。

2. 宝丰案例

宝丰县拥有丰厚的民间文化资源，号称“中国曲艺之乡”、“中国魔术之乡”、“中国民间艺术之乡”。宝丰虽然只有 48 万人口，但却拥有 1400 多家民间演出团体，5.5 万名民间艺人，各占全国的一半，年创收 4.6 亿元。“宝丰文化现象”的特点是“农民创造文化，文化造福农民”。

3. 云台山案例

焦作云台山目前是国家级 5A 级景区，在国内外具有较大知名度，以云台山为第一主打品牌的焦作市围绕云台山景区，在几年间取得了“旅游立市”战略的初步成功。2009 年焦作市云台山景区接待游客人数达到 326.55 万人次，收入达到 2.53 亿元。云台山旅游产业的成功与其强有力的营销策略密不可分。这些策略包括：在中央电视台连续播出云台山旅游广告、制作风光片在强势媒体播出、旅游旺季冠名专列，等等。

4. 小樱桃案例

郑州小樱桃卡通公司成立于 1998 年，经过 10 多年的发展，目前已经拥有郑州小樱桃卡通公司、国家动漫产业发展基地（河南基地）、小樱桃杂志社、小樱桃动漫饮料公司、新世界（郑州）文化传媒公司等多家控股和参股企业。目前其主打产品“小樱桃”在国内外动漫界具有一定知名度，销往全国各地和马来西亚、新加坡、加拿大、越南等多个国家和地区。小樱桃的发展模式主要是“以漫画塑造产品和形象，与产业结盟开发衍生产品壮大实力，制作动画片拉动衍生产品销售”。

（三）以重大活动为载体，扩大中原文化影响力与吸引力

河南省把开展重大文化活动作为推进文化交流的重要平台，作为促进文化发展的有效载体，依托丰厚的中原文化资源，积极实施“走出去”、“请进来”战略，通过以文交友、以文招商，实现河南省与外界的文化大交流、经贸大合作、人员大往来，并且提升了中原文化影响力。

首先是走出去。河南有关部门充分挖掘中原文化内涵，连续组织开展中原文化北京行、上海行、天津行等系列活动。2008 年开展了中原文化宝岛行、拉美行活动，在当地掀起强劲的“河南风”。2009 年初组织开展“中原文化港澳行”活动，在港澳地区引起了强烈的反响，文化搭台、经贸唱戏结下累累硕果，共签约

500万美元以上合作项目75个，签约总金额达65亿美元。2009年农历春节期间，在澳大利亚举办了“中原文化澳洲行”活动，向澳大利亚人民展现了中原文化的独特魅力，促进了双方经贸合作与交流，共签订合作项目22个、金额27亿美元。

其次是请进来。通过举办新郑黄帝故里拜祖大典、洛阳牡丹花会、开封菊花会、商丘国际华商文化节、周口中华姓氏文化节、信阳茶叶节等重大文化活动，以节引客、以文招商，吸引大批客商前来河南旅游观光、投资兴业。如黄帝故里拜祖大典，凭借其大规模、大宣传、高规格、高品位，已成为全国和世界华人中极具影响力的文化盛会。国民党荣誉主席连战、新党主席郁慕明、亲民党主席宋楚瑜等台湾地区知名人士都曾参加拜祖活动，在岛内引发了“河南热”、“寻根热”，提升了中原文化在台湾地区的影响力，增进了两岸人民的交流往来。

三　对河南省发展文化产业尚存在问题的若干思考和建议

近年来，河南省文化产业取得了令人瞩目的成就，但在发展中也呈现出一些矛盾和问题，有的是体制机制问题，有的是思想观念、发展策略问题，为了进一步推进河南文化产业大发展、文化事业大繁荣、文化建设大跨越，必须有针对性地加以解决。

（一）各级领导干部对发展文化产业的认识有较大提高，但是还不充分，有必要进一步增强各级领导干部发展文化产业的坚定性和自觉性，并将文化发展纳入干部年度考核体系

近年来，河南省领导干部对于文化、文化产业在当地经济社会建设中的重要意义的认识有较大提高，对文化强省战略理解日益深入，总体上能够积极贯彻落实上级政策，主动开创文化产业发展新局面。但是，受到目前河南省所处发展阶段的限制，上述认识并不平衡和稳定，一些领导干部认为发展文化产业风险大、周期长、回报率不高，因此积极性不高。还有一些领导干部存在“应付”情绪。

对此，提出四项建议：一是继续牢固树立抓文化产业就是抓经济发展的思想，把文化产业发展纳入重要议事日程，摆上重要位置；二是鼓励干部多到文化产业发达地区考察取经，下定决心，坚定信心，克服发展文化产业的消极情绪；

三是增强干部机遇意识，克服等靠要思想。营造良好的政策环境，鼓励企业投入到产业发展中；四是将文化发展指标与经济指标一样，纳入干部年度考核体系，鼓励干部发展文化事业、文化产业的积极性。

（二）各级政府部门推动文化产业发展态度积极，但是协调不够，需要形成科学的机构与制度设置，同时需要创新调控与引导文化产业发展的政策工具

河南省文化产业发展中，政府起了主导作用，各个政府部门都有很高积极性，但是在政府部门之间，尚缺乏制度保障。例如，设立文化改革发展试验区以来，河南省虽然在组织结构和管理体制上已经设立了由省委宣传部副部长任组长的省文化产业发展和文化体制改革工作领导小组办公室，但文化产业条块分割的情况依然存在，表现在发改委、文产办两条线都进入政策主体视野。因此建议省委、省政府可以考虑文化改革发展试验区规划建设由省发改委统筹协调，并比照“扩权县”给予更多的政策扶持；其他涉及文化产业具体行业的发展由省文产办负责推动。

此外，在对政策工具的运用上，河南省在政策配套上虽然也有一些新的举措，但整体上还没有对现行政策有所突破。例如演艺院团改革、发展民营院团的思路受到传统思维禁锢，存在对上级政府的等靠要思想，自身能动性不足，再如在专项资金方面，河南用于支持文化产业发展的省级专项资金每年只有3000万，这一资金的额度远远不足以支持河南省文化产业的发展。另外，在投融资方面河南虽然成立了河南文化产业投资公司，并积极探索与金融机构的深度合作，但从全省范围内，投融资机制有待进一步健全，文化产业项目与资金的对接平台尚未形成，对中小型文化产业企业的资金扶持标准尚未形成。建议河南省在推动文化产业发展的土地、财税、投融资、人才、产业集聚等方面引入创新思维，突破现有政策瓶颈，实现政策破局。

（三）文化产业发展速度较快，但是在整合文化资源、打造大型企业集团、培育优势产业、完善产业布局等方面还很不足，亟待全面盘整

河南省文化产业虽然发展较快，但是在若干方面尚存在不足。一是文化资源整合开发力度不够，尤其是对传统文化资源缺乏按照现代产业观点的打造，优势地位不凸显；二是有些文化产业项目开发缺乏市场分析与科学论证，盲目上马，

并且项目建设类型单一，过分集中在文化地产、文化产业园区建设等方面；三是在文化产业布局上缺乏总体规划，难以在省内形成贯通的产业链条；四是品牌较为混乱，在产业政策、项目设置、发展目标、龙头企业设定方面趋同，影响力弱。

因此建议借制定“十二五”规划之机，对全省文化产业发展进行盘整。

第一，对河南省文化资源做全面分析，为长期开发设定边界条件。河南是一个地上地下文物遗存相当丰富的省份，“半部中国通史在河南”；河南又有很多我国北方少见的富水地区，自然环境优良，水源保护地众多。因此，河南省文化产业发展切忌急功近利、盲目上马或“生米煮成熟饭”式的建设思路，要坚持低冲击开发的思路，对文化产业建设项目——特别是园区、公园类的硬件建设项目严格遵照《土地法》、《文物保护法》和上级部门批准的土地利用规划等设定的边界条件，坚持科学论证、审慎上马，无愧先人和后世子孙。

第二，对河南省文化产业做全面调研，为长期开发打好经济基础。针对河南具有明显的比较优势和预期经济效益较好的一些文化产业行业，应在合理开发利用和整合文化资源的基础上，重点扶持这些行业的文化产业企业做大做强，鼓励企业进行跨地区、跨行业、跨所有制的融合、兼并、重组，这些产业包括传媒出版、文化旅游、武术健身、杂技表演、工艺美术和文博会展等优势产业，力求改变目前“散”、“小”、“弱”的现状；推进文化资源配置的现代化、国际化、市场化程度，提高河南省文化产业的集中度，既要培养一批骨干文化企业和大型文化企业集团，又要培养文化产业集群，发挥规模效应，形成一批在国内有实力、在国际有影响的影视产业基地、报业产业基地、出版产业基地、娱乐产业基地。

第三，对河南省文化产业优势领域进行选择，持续快速增长培植主导产业。我们必须明确全省一盘棋的思想，对省内不同地区文化产业发展进行科学规划布局，实现不同区域的不同功能整合，在全省范围内针对某些行业形成较为贯通的文化产业链条。特别重要的是，河南省应找准自身在全国乃至全球同行业中的优势，将精力集中在河南省具有明显优势的某些产业，或者某些产业链条的某些环节，不求全，不贪大，重点突破，有的放矢。

（四）文化体制改革取得重大成就，但是体制机制性障碍仍然存在，要继续深化文化体制改革，加快体制机制创新

近年来，河南省着眼于解放和发展文化生产力，强力推进文化体制和机制改

革，取得了突出成绩。但是，从目前情况来看，体制和机制改革与飞速发展的形势要求还有相当距离，文化产业发展的体制性障碍依然存在，人事、劳动、分配制度等配套改革还没有完全到位，政企不分、政事不分、管办不分、条块分割、多头管理、利益纠缠的现象在某些领域还存在。

因此，下一步河南文化产业发展必须进一步深化改革，全面推进文化体制机制创新。一是针对省内设立的“文化改革试验区”采取先行先试的办法，在《河南省人民政府关于支持省级文化改革发展试验区建设的若干意见》的基础上，通过对一年来试验区建设工作进行评估，对成效显著的项目审批建设、土地管理、人才引进、文化产业投融资机制、财税政策、文化产业集聚区建设等政策经验进行推广，并以试验区为平台继续进行政策试点；二是在国务院《文化产业振兴规划》的指导下，突出对本省文化产业企业跨行业、跨地区、跨所有制的业务拓展，并打破文化产业与公共文化服务界限，通过产业杠杆鼓励多方投入公共文化项目；三是以 2010 年为关键期，对文化事业单位转制、文化产业机制创新、文化市场体系建设等设立定量目标，为“十二五”期间文化体制改革提供参照与基础。

（五）相比较东部发达地区，河南省在推进科技创新，开发新兴文化产业，不断提高文化产品的科技含量方面还有较大差距

当前河南的文化产业规模占 GDP 比重低于沿海和发达省份，尤其在利用高新技术的新兴文化产业业态发展方面与其他文化产业发达省份相比明显不足。为了推动河南文化科技创新，应高度重视长中短期文化产业发展战略、规划以及政策法规的研究与制定，为文化科技研究与应用提供支持和引导。

建议河南省采取以下措施：一是确立为河南文化产业发展提供科技支持的重点领域和关键技术，通过科学研究和科技投入，加强自主创新，提升科技水平。河南省具有丰富的有形历史文化遗存和无形文化遗产，除了对数字信息技术的研究与使用之外，要积极研发和应用材料科学、科技考古、艺术设计、地质科学等学科的最新科技成果，推动传统手工艺品、非物质文化遗产、文化旅游等产业的科技水平；二是研究文化产业重点领域的科技发展和应用，推进高新技术成果与文化产业的结合，密切与国内、省内高校、科研院所的合作，针对河南省文化产业发展的特点，与文化科技、考古研究、旅游产品开发技术处于国内前沿的科研

机构建立长期合作，以省校、市校的战略合作方式为地方文化产业发展服务；三是制定文化产业科技发展的保障措施，在文化产业发展专项资金中设立专项奖励，用于鼓励发展各类与高新技术密切结合的新兴文化业态，奖励拥有自主知识产权的高科技文化产品的企业。出台认定办法，对高新科技的应用给予倾斜性政策与资金扶持。通过建立和完善科技投入和保障机制、配套的基础条件和政策措施等，确保科技规划任务的顺利实施；四是按照全省文化产业布局，形成若干区域科技中心，由政府投入资金搭建公共科技服务平台，以保本收费、推广科技、扶持企业为原则，面向中小文化企业给予技术支持和科技咨询服务。

（六）要极为重视文化产业研究和人才培养工作

当前河南省的文化产业从业人员比例明显偏低，目前为1%左右，与《河南省建设文化强省规划》要求的3%有较大距离。同时河南省文化产业从业人员最为核心的问题是缺少一流的创意人才、产业营销管理人才，在项目开发、产业集聚区建设、重点企业打造等多个方面均有所体现。此外，文化产业人才培养也没有形成产学研一体化格局。

对此提出以下建议：一是在省内高等院校尽快开设文化产业的相关专业，努力建设完整的专、本、硕、博一体化的文化产业人才培养体系，打造河南文化产业发展的源源不断的合格从业人员；二是与国内一流文化产业研究机构合作，开展对文化管理干部和文化企业人才的系统化培训，提升文化产业管理人员和从业人员的认识水平、整体素质和工作能力，形成一支思想意识、工作思路、具体措施符合文化产业发展要求的文化产业主力军队伍；三是要加强对河南文化产业的研究。针对河南文化产业发展的实际，确立重大项目，组织专家团队，与政府和企业一起研究河南文化产业的发展战略，挖掘文化产业资源的产业化方向，破解文化产业发展过程中的难题，建设一支深入钻研河南文化产业发展的学术团队；四是要造就和引进一大批在全国具有影响的文化领军人才和学术带头人，鼓励省内专家走出河南，吸引省外、国外专家关注河南，形成服务河南文化产业发展的高端智库；五是考虑以省委宣传部为领导，委托河南省社会科学院、河南大学牵头，联合国内知名文化产业研究机构，成立“河南省文化产业研究院”，整合省内外文化产业研究专家，集中组织一批重大攻关性课题，服务于河南省文化产业发展的战略需要。

南京：文化体制改革推动 文化产业稳步发展*

——2009 年南京市文化产业发展年度报告

叶皓　张俊　陈光亚　樊小林**

2006～2008 年，是南京市文化产业发展史上的第一次政策响应高峰，先后发布施行的涉及推进文化产业发展的政策达到了 30 部左右。综合政策环境的优化和政府的强力推进，使全市文化产业发展综合实力不断增强。依据国家统计局《文化及相关产业分类》（国统字〔2004〕24 号）规定的统计范围，文化产业增加值由 2004 年的 58.63 亿元增加到 2008 年的 132.16 亿元，年均增幅约 20%，占 GDP 的比重由 2.84% 增加到 3.5%。根据大文化产业的统计，增加旅游、教育、体育等内容，2008 年增加值为 361.16 亿元，占 GDP 比重为 9.56%，成为南京市支柱产业之一。2009 年上半年按国家文化产业增加值为 68.56 亿元，占 GDP 3.59%，预计全年增加值为 140 亿元。

---

* 1. 本报告相关资料和数据来源：（1）中共南京市委、南京市人民政府 2009 年度公开发布的相关资料；（2）中共南京市委宣传部 2009 年度公开发布的相关资料；（3）南京市相关政府部门、南京市贸促会、南京日报报业集团、南京广播电视集团、南京出版社、南京文化创意产业协会、南京动漫行业协会等等单位提供的 2009 年度文化产业发展资料；（4）南京市各区县宣传文化部门提供的 2009 年度本区县文化产业发展资料；（5）南京市部分重点文化产业园区或文化企业提供的 2009 年度本单位发展资料。

2. 鉴于 2010 年 6 月以后南京市统计局才能公开发布 2009 年度南京市文化产业发展相关统计数据，为此，本报告依据国家统计局《文化及相关产业分类》（国统字〔2004〕24 号，2004 年 4 月 1 日）规定的统计范围，公开发布相关政府部门、单位和部分重点文化产业园区、文化企业提供的 2009 年 1～9 月或 1～10 月数据。

3. 限于篇幅原因，收入本书时有压缩。

4. 本报告课题组组长：叶皓；副组长：张俊、陈光亚；成员：孔利、樊小林、诸敏、吴麟童、汲智；本报告执笔：樊小林。

** 叶皓，中共南京市委常委、宣传部部长；张俊，中共南京市委宣传部副部长；陈光亚，南京市文化广电新闻出版局局长；樊小林，南京市原文化局政策法规处处长。

在国际金融危机的冲击下，2008年四季度以来，南京市文化产业发展受到了不同程度的影响。为此，2009年南京市以“保增长、促转型”为主线，确定2009年为全市新一轮文化产业发展的“整合推进年”，持续深入地推进文化体制改革，促使文化产业继续保持了稳步发展的态势。

一 发展概况

（一）持续深入地推进文化体制改革

2009年，作为全国第二批文化体制改革试点城市，南京市文化体制改革取得了阶段性成果，这标志着全市文化产业发展开始步入管理更统一、发展更协同的新阶段。

1. 政府行政管理和行政执法资源有效整合，实现了“三局合一”、“两队合一”

南京市撤销了原市文化局（市文物局）、市广播电视局、市新闻出版局（市版权局），组建了南京市文化广电新闻出版局，加挂文物局、版权局牌子，作为市政府工作部门，统一履行文化、广播影视、新闻出版、文物、版权行政管理职能。撤销了南京市文化市场稽查支队、南京市出版物市场综合执法支队，组建了南京市文化综合执法总队，负责集中行使法律规定的行政处罚等职责，标志着南京市文化管理体制改革进一步向纵深发展。

2. 成立文化投资控股（集团）有限公司，构建文化发展投融资平台

南京市组建成立了南京市国有文化投资控股（集团）有限公司，依照市政府授权，整合南京广电集团有限公司、南京日报报业集团有限公司等14家国有文化企业，重点从事政府授权范围内国有文化单位资产经营和资本运作，承担大型文化产业项目投资、建设、管理、融资等任务。

3. 完成经营性文化事业单位转企改制，塑造一批新型文化市场主体

南京市属剧团和南京出版社等7家试点单位正式转制，成立了南京市京剧团有限公司、南京市越剧团有限公司、南京市话剧团有限公司、南京市杂技团有限公司、南京市民族乐团有限公司、南京市歌舞剧院有限公司和南京出版社有限公司，这标志着市属剧团和出版社全部完成了转企改制任务。

4. 加快推进媒体改革试点，做大做强文化经营性资产

南京日报报业集团和南京广电集团积极调整产业发展战略，加快媒体集团的资源优化和产业延伸。南京日报报业集团将金陵文化传播公司等经营性资产和业务进行整合，组建了南京时代传媒股份公司，按照上市公司的规范要求，完成了资产评估、增资扩股、股权置换和国有股权确认等工作。与南京交通集团签订了战略合作协议，完成财务投资人及其相关资金引入，共同培育资产优良、运行规范、多媒体、跨地区进入资本市场的新型传媒企业。

南京广电集团稳步推进“制播分离”的实践探索。南京广电集团成立了电视节目公司，完成了电视节目公司人员重组；与江苏省广播电视总台共同出资组建“大江南传媒有限公司”，将省域与市域的电视国际广告资源有机融为一体，开辟了国内媒体合作经营的新模式。

5. 出台改革配套政策，建立完善国有文化资产监管机制

南京市出台了《关于文化体制改革综合试点工作若干纪律规定》，完善了《南京市市属媒体集团年度目标绩效考核管理办法》，进一步探索建立国有文化资产监督管理新体制，提高资产使用配置效益，确保国有文化资产安全、保值增值和做大做强。

（二）对外文化贸易进一步拓展

第三届中国（香港）国际服务贸易洽谈会推出了2009江苏南京文化贸易产品推介会专场活动，迈出了南京文化产业走向境外的第一步。南京波波魔火信息技术有限公司、南京鸿鹰动漫娱乐有限公司、南京金箔集团有限责任公司、南京市工艺美术总公司、南京原力电脑动画制作有限公司等5家文化企业入选2009～2010年度国家文化出口重点企业；南京市杂技团有限公司的杂技主题晚会《梦之旅》和南京蓝海豚动画有限公司的电视动画《阿米达》入选2009～2010年度国家文化出口重点项目目录。这些重点文化企业和重点文化产品出口项目，为南京市文化产业在国际金融危机的背景下积极拓展海外市场，促进对外文化贸易做出了贡献。

（三）软件产业继续保持全省领先

软件产业是南京发展特色品牌产业和打造优势产业的首选之一，是撬动南京新一轮文化产业发展的一个支点。

1. 软件收入位列全国同类城市第一

2009 年 1 ~ 9 月，全市实现软件业务收入 444.85 亿元，总量继续在全国同类城市中名列前茅，同比增长 50.02%，位列全国同类城市第一。全市软件企业已累计突破 1400 家，6 家企业入围中国软件业务收入百强；11 家企业入围国家规划布局软件企业，上市企业增加至 15 家，经认定的软件企业增至 773 家，继续保持全省领先地位。全市累计 39 个软件产品被中国软件行业协会评为中国优秀软件产品，位列全国第二。

2. 服务外包位列全省第一

2009 年 1 ~ 10 月，全市软件服务外包收入 19.6 亿元，同比增长 321.5%，其中全市软件出口达 5.05 亿美元，服务外包各项指标领先江苏省，并居全国 20 个示范城市前列。

3. 软件研发人员比重增大

2009 年全市新增软件从业人员 3 万多人，累计从业人员已超过 12 万人，其中研发人员保持在 55% 以上。

4. 创建“中国软件名城”拉动南京腾飞

2009 年 10 月，国家工业和信息化部正式批复，南京成为全国首个“中国软件名城”创建试点城市，这意味着南京已成为“中国软件名城”建设的领跑者。

（四）动漫产业实现大跨越

2009 年南京动漫产业以本土原创影视动画和网络游戏为重点，以服务外包为支撑，以实景动漫为新的增长点，全方位进军市场，实现了动漫产业大跨越。

1. 南京本土原创影视动画抢占市场

2009 年，全市生产具有自主知识产权的原创影视动画作品 22 部，产量达 8019 分钟。南京巅峰时刻动漫制作有限公司创作生产的南京首部原创动画电影《太阳使者》已经在南京公映。龙文振图动画制作有限公司创作生产的以南京民间神话故事为背景的原创动画电影《沧海桑田》已在福州院线面市。南京鸿鹰动漫娱乐有限公司创作生产的 1144 分钟原创动画片《奇幻龙宝》，把功夫巨星成龙变成了“南京籍”动漫形象。南京卡姆士动画制作有限公司创作生产的 104 集 1248 分钟的三维动画系列片《文具总动员》亮相荧屏。南京苗行天下传媒科技有限公司以南京文化为背景创作生产的《南南猫京京鼠》在央视动漫频道首播，其生产的《金陵十二猫》和《野人阿布》荣获“金熊猫”国际动画作品宣传片入围大奖，《小南南和小麒麟》荣获动画短片入围大奖。南京阿法贝多媒体有限公司创作生产的《阿法贝乐园》是央视复播频率最高的国产原创动画片之一。经上海世博会事务协调局授权，南京鸿宝影视文化有限公司以上海世博会吉祥物“海宝”为主角，创作生产104集《海宝来了》影视动画片续集，将融合南京文化元素，传播2010年上海世博会“城市，让生活更美好”的主题。在2009年全国影视动画工作会议上，国家广电总局的领导同志称赞南京原创影视动画出现了“井喷”。

2. 网络游戏挺进市场

南京波波魔火信息技术有限公司2009年与多个韩国主流手机游戏公司签订了独家许可协议。南京智力网络科技发展有限公司锁定大型益智网络游戏市场，开发面向学生、知识分子和IT从业人员的文化类网游。南京兆讯互动娱乐有限公司推出的《仙元天下》是第一款可投入运营的南京本土原创2D MMORPG游戏。2009年9月中国软件评测中心游戏动漫华东分中心落户南京国际服务外包产业园。这意味着，今后江浙沪地区的游戏企业开发的新款游戏都应当来南京领取“身份证”；而南京有望依托该中心，打造一个集游戏设计、研发、运营为一体的游戏产业基地。

3. 动漫和网游服务外包融入国际市场

信息技术外包（ITO）是南京市服务外包业务的主要类型，占全市外包企业数量七成左右；一批动漫和网游服务外包企业正在快速成长，并融入了国际市场，2008年，全市动漫和网游服务外包合同额近3000万美元。2009年南京原力电脑动画制作有限公司服务外包依然保持着20%的增长，签约额达400万美元。南京飞麟影视制作有限公司与意大利国家电视台、意大利L&T动画制片公司合作，承接了1.3亿元的动画系列片《马可波罗》服务外包项目。

4. 实景动漫撬动南京周边市场

由南京金钥匙文化教育（集团）有限公司在南京安德门大街投资兴建的东方娃娃动漫大世界，2009年开始运营，总建筑面积5.2万平方米，是全球最大的动漫场景式职业体验中心。

（五）传统手工艺类非物质文化遗产项目全面进入文化产业发展序列

2009年南京市坚持“以保护带动发展，以发展促进保护”的基本原则，积极探索非物质文化遗产生产性方式保护的新路径，以南京云锦、金陵刻经、南京金箔、秦淮灯会等“金陵四绝”为代表的世界或国家传统手工艺类非物质文化遗产项目全面进入全市文化产业发展序列。

1. 世界“非遗”项目“南京云锦”进军国际高端时装领域

南京云锦研究所有限公司作为南京云锦产业化开发的龙头企业，是商务部评定的首批“中华老字号”，企业品牌“吉祥”云锦荣获“中国驰名商标”，被联合国教科文民间艺术国际组织（IOV）授予“云锦源头，传习基地”称号。2009年该公司向国际高端时装领域进军，同年1～10月，销售收入2300万元，同比增长35%。

2. 世界“非遗”项目“金陵刻经”打造“活态古代印刷博物馆”

作为全球规模最大的收藏汉文木刻经像版的宝库，始建于1866年的金陵刻经处，现藏经版12.5万块，其中雕刻于光绪年间的《慈悲观音像》、《灵山法会图》等18幅佛像版更是国内仅有的珍品。2009年1～10月，金陵刻经处雕版印刷各类经书销售收入160万元，同比增长1.2%。

3. 国家“非遗”项目“南京金箔”进入寻常百姓家

南京金箔企业多聚集在江宁区和栖霞区，其领军企业是位于江宁区的南京金箔集团有限责任公司。该集团研制开发的金箔产品已形成了建筑和装饰品、日用品和化妆品、艺术品、佛教品等十大系列。2009年1～10月，该集团销售收入近9亿元，同比增长8%，占世界金箔总产量的70%以上。栖霞龙潭地区现有金箔企业110家，年总产值达2.5亿元，形成了一定规模的产业集群。

4. 国家“非遗”项目“秦淮灯会”初显规模

全市已有4家上规模的秦淮花灯企业，年销售额200多万元，艺人工作室达20多家。2009年春节秦淮灯会吸引了130万人次的中外游客，拉动整个夫子庙秦淮风光带旅游商贸收入1.7亿元，同比增长18%；各景点门票收入同比增长70%以上。

（六）文化产业园区抢占发展先机

2009年，在体制性松绑、政策性推动、政府为主导和市场为主体的强力推进下，南京文化产业园区抢占发展先机。

1. 民营企业引领文化产业新业态发展

2009年南京文化创意产业协会130个会员单位中有105家民营企业，占会员总数的81%；南京动漫行业协会86个会员单位中，有68家民营企业，占会员总数的79%，民营企业依然以生力军姿态引领全市文化产业新业态的日益形成。中国江苏盛世宝玉有限公司打造的玉文化创意产业园，是迄今为止唯一一家被中国新疆和田地区行政公署授予“中国和田籽玉原石及和田玉艺术品指定经营单位”，2009年1~10月销售收入3058.14万元，同比增长20%。该企业自2007年11月以来，推出了盛世宝玉昆曲全球公益演出400场，挖掘和推广了一批昆曲传统剧目，2009年6月被文化部评选为“为昆曲艺术做出突出贡献的单位”。由上海鹏欣（集团）有限公司投资约10多亿元倾力打造的南京“水游城”自2008年8月开业以来，已累计实现销售收入2亿元，缴纳税收835.28万元。江苏大众书局图书连锁有限公司，通过“文化摩尔（MALL）”的形式，成功创造了以图书经营为主体、多业态组合的全新的时尚文化百货模式。南京垠坤投资实业有限公司打造的“创意中央”科技文化园，为科技与文化互动发展的第二代创意产业集聚区。南京顺天实业集团参与打造的十朝历史文化园，是华东地区第一家以文化遗产为主题的博览园，体现了南京文化的博大精深。

2. 文化产业园区彰显创业创新的南京城市精神

南京创立置业策划开发有限公司进一步完善了红山创意工厂产业园公共服务配套设施，2009年1~12月实现税收1200万元。该园区集聚文化创意、科技研发两类重点产业项目，搭建了政府、企业、社会三方参与的集项目论证、开业指导、技术咨询等为一体的“一条龙”创业支持平台，产生了政策扶持、创业培训、配套服务三重效应。截至2009年10月，该园区已引进科技研发、建筑设计、影视传媒、咨询策划、动漫软件、创意环境设计等企业近100家，其中一半以上为科技型企业，吸纳就业人员1200多人。南京垠坤投资实业有限公司建设的西祠街区成为中小企业的孵化基地“EGG创业园”。截至2009年11月，98家初创型企业落户西祠街区EGG创业园，入驻率达到了94%，入园一年保持盈利的有59家，占比67.8%，其中年利润增长率超过50%的有8家，占9.2%。

3. 文化产业园区集聚效应正在形成

江苏工程设计创意产业园建设了江苏工程设计高端人才培训中心、CMMI南京认证中心、Xilinx FPGA创新中心等服务平台，CCDI中建国际设计南京分公司等17家行业龙头企业入驻园区。石头城6号文化名园则以“文化企业总部”为目标，规划和建设园区，努力形成文化企业总部集聚效应。全省规模最大、功能最齐的包装印刷综合产业园江苏宁东国际印刷包装城正在招商建设。春雨文化产业园即将完工，将成为中国民营书业建筑面积最大、功能最齐备、设施最先进的大型图书研发、结算和物流基地之一。南京市首家广告产业基地落户南京晨光1865科技·创意产业园，南京纳亚影视文化发展有限公司等10多家广告企业入驻园区。

4. 文化产业园区建设提速

2009年金陵大报恩寺琉璃塔暨遗址园区、中华戏曲文化博览园、江苏未来影视文化创意产业园、吉山创意社区、钟山创意产业园、宝船遗址风光带、江苏金箔产业园、南京时代传媒创意产业园、南京高新区文化创意科技产业园、求雨山文化园等10个以南京丰富的历史文化资源为载体的文化产业重点项目全部开工建设。这些文化产业新业态重点项目在促进产业集聚的同时，将助推全市文化产业园区建设提速。

（七）会展业发展势头强劲

2009年全市共举办各类会议（论坛）、节庆、展览10700多个，同比增长30.5%；展览活动总面积超过160万平方米，同比增长37%，预计全年会展活动拉动经济超200亿元，同比增长31%，重点文化产业品牌会展成果丰硕。

1. 第五届中国（南京）国际软件产品博览会

“五届软博会”展会面积1.5万平方米，有美国、法国、日本等37个国家和地区参展参会，北京、天津、英国桑德兰、日本神奈川县等22个中外城市组团参展，外展比例达21%以上。重要签约项目162个，总投资额逾104.9亿元人民币。中国、印度、爱尔兰、以色列等国家软件行业代表在宁发表了软件产业合作“南京宣言”。

2. 第四届中国南京文化产业交易会

“四届文交会”展会面积近8万平方米，其中仅室内布展面积就相当于2008年文交会室内外场馆面积的总和；场内展位数达5200个，配合展览涉及各项活动达100多项；来自国内外50多个城市、近千家企业和单位，近万种文化产品在本届文交会展示交易；现场人流量超过20万人次，同比增长10%；现场交易金额突破1.5亿元，同比增长50%；意向交易额达10亿元；推出88个文化产业项目，融资总额达到592亿元，21个项目现场签约，金额达21亿元。2009年12月在“中国会展行业第七届年会”上，文交会获得“2009年度中国行业品牌展会金鼎奖”。

（八）多项举措拉动旅游内需

2009年，南京市借荣获“全国文明城市”荣誉的东风，推出了多项举措拉动内需。2009年1~9月，全市实现旅游总收入609.78亿元，同比增长15.2%，其中郊区（县）实现旅游收入68.74亿元，同比增长22.1%；接待国内旅游者4250万人次，同比增长9%；接待入境旅游者75.85万人次，同比下降9.5%；旅游创汇5.57亿美元，同比下降5.4%。

（九）广播电影电视业实现资源共享

2009年南京市大力促进广播电视通过进入市场，推动广播电视向社会开放自身媒体资源，整合社会发展、创新要素向产业集聚，实现了自身更大的发展。同时，电影放映票房收入创南京历史新高，推动了我国电影业的发展，广播电影电视业实现了资源共享。

1. 南京广播电视集团实现了频道资源资产的保值增值

2009年，南京广播电视集团围绕创南京都市圈地区性强势媒体、创长江三角洲区域性一流传媒集团及创全国城市广电第一集团的奋斗目标，在产业发展上取得了显著成绩。一是以电视购物业务为龙头，与湖南卫视建立互动发展的合作关系。二是以资本为纽带，与上海东方希杰商务有限公司建立战略合作，共同成立了江苏东方电视购物有限公司。三是利用集团品牌资源，组建了控股公司石城网，拓展了集团传播平台，丰富了集团的媒介资源。四是以项目为合作基础，探索电视剧生产市场化动作。通过市场运作，不仅使电视剧生产具有较为厚实的资金、人才、技术等生产资源，而且因其社会化制作扩大了生产规模，提高了运作效率和生产质量。

2. 电影放映票房收入创南京历史新高

2009年1~10月，全市电影放映80272场，观众521.31万人次，票房总收入1.213亿元，分别同比增长16.53%、46.69%、65.96%。

（十）新闻出版业在逆境中求发展

国际金融危机导致宏观经济放缓、市场需求下降，对新闻出版业的发展造成了较为严重的影响。2009年全市新闻出版业坚定信心，把转变发展方式、调整产业结构作为主要目标，确保了全市新闻出版业的平稳发展。

1. 南京日报报业集团强化市场定位、扩大边际效应

2009年南京日报报业集团以“创新体制、转换机制、面向市场、增强活力”为重点，深化体制改革，优化经营机制，创新发展思路，增强发展动力。一是调整报刊结构。各报刊创新思路，开拓市场，延伸品牌价值；二是转变发行方式。南京日报创新党报发行方式，理顺党报发行价格，调整读者发行结构，扩大发行覆盖面，进一步增强了党报的影响力；三是打造区域大报形象，进一步扩大对整个都市圈的辐射力；四是整合数字资源。将龙虎网、报业网和手机报等数字资源进行集中开发。截至2009年10月，《南京手机报》收费订户已突破30万人，体验用户超过150万，预计订费收入将突破300万，成为江苏订户量最大的手机报。

2. 南京出版社努力拓展多种发行渠道

2009年南京出版社在巩固、维护经济支柱产品的同时，积极寻求新的经济增长点，结合拓展多种发行渠道，促进文教图书与常版图书同步发展。2009年1~10月，南京出版社出版各类图书287种，同比增长8%；完成销售总码洋1393.39万元，同比增长7%；其中新书99种，同比增长23%；重印图书188种，同比略有增长。

3. 民营规模以上新闻出版企业发展实力增强

截至2009年10月，全市民营规模以上新闻出版企业，有2家出版物发行集团公司，1家具备总发行资质的公司；10多家企业销售码洋超过千万元，4家企业销售码洋超亿元。江苏可一出版物发行集团是目前国内同时拥有全国总发行权和全国连锁经营权的少数几家民营企业之一，2009 年 1～10 月，销售总码洋 6 亿多元，同比增长 15%，是国内民营图书发行业增长最快的企业之一。大众书局 2009 年 1～10 月销售总码洋 1 亿元，同比增长 15%。南京经纶文化传媒有限公司在体制创新、经济规模、社会影响力、业绩等方面在全国同行中名列前茅。2009 年 1～10 月，销售总码洋 4 亿元，同比增长 35.7%。南京爱德印刷有限公司 2009 年 1～10 月完成销售 1.6 亿元，完成利润 2200 万元，上缴税收 1100 万元，分别同比增长 15%、4% 和 22%。

（十一）演艺市场需求进一步释放

在文化惠民政策的引导下，2009 年南京演艺市场需求进一步释放。据不完全统计：2009 年 1～9 月南京地区各类营业性演出场所演出 8680 场次，观众数约 173 多万人次，与 2008 年同期相比，基本持平。2009 年 1～9 月，6 家市属国有演艺企业演出 800 场，其中赴国外商演约 300 场，赴农村商演 150 场。

（十二）体育产业实现新突破

2009 年 10 月，溧水县龙马运动器材企业生产的首批万余只橄榄球交付 MLB（美国职棒大联盟），这是龙马橄榄球成功打入欧洲市场后首次出口美国。截至 2009 年 11 月，该县拥有球类企业近 20 家，是全球最大的羽毛球生产基地和南京市最大的球类企业集聚区，年产各种球制品 1000 多万只，产品远销 10 多个国家和地区。

二　南京市文化产业发展的主要做法和存在问题

党的十七大以来，南京市委市政府高度重视文化建设，提出了建设“文化南京”的奋斗目标，将“十一五”期间确立为加快推进全市文化产业发展的重要时期，提出“三个转变”的思路，即“由重文化事业向文化事业与文化产业并重转变、由重体制内文化单位向体制内外文化单位并重转变、由文化资源大市向文化产业强市转变”。2008 年以来，市委市政府提出了“保增长、促转型”的战略部署，加大力度、加快速度发展文化产业。

（一）主要工作经验

1. 坚持机制创新，加大工作推进力度

一是建立健全领导小组和季度推进会机制。南京市2006年成立了文化产业发展领导小组。从2006~2008年，领导小组每季度召开一次推进会，推广交流各区县推进文化产业的经验，部署下一季度工作；二是规范全市文化产业统计制度，率先在国内建立和完善了市区两级的文化产业统计网络和统计制度，区县统计核算工作走在全国前列；三是实行文化产业重点项目跟踪责任制，每年确定十大重点项目，领导挂帅跟踪服务，确保项目序时推进；四是设立区县文化产业推进工作配套专项经费，每年从市文化产业发展专项资金中安排100万元用于奖励。

2. 坚持政策引导，增强文化产业凝聚力

一是加强规划引导。2006年以来，南京市陆续出台了《南京市文化产业发展“十一五”规划纲要》、文化创意产业发展规划、动漫产业发展规划，进一步明晰了全市文化产业发展布局和重点任务。发布施行了《南京市文化产业发展倍增计划（2009~2011年）》（宁委宣通〔2009〕27号），实施“星火”战略、“协动”战略等，提出的重点项目，投资总额约400亿元；二是加强政策引导。2006年市委市政府出台了“5+1”的文化产业发展政策，即颁布了《市委市政府关于加快发展南京文化产业的意见》等6个政策性文件，设立了“南京文化产业发展专项资金”。2007年以来共收到有效项目申请近400项，申请金额3.1亿元，经过评审，共对三批101个项目扶持了近4300万元，拉动了文化产业项目约300多亿的投资；三是减免或优惠文化企业税收。2005~2008年，南京市依据国家政策，共为40户（次）文化企业办理减免企业所得税1.6亿元。2009年1~11月落实全市软件企业和高新技术企业税收优惠15.9亿元；四是加强知识产权保护。2009年1~10月，南京市专利申请总量达10387件，同比增长26.09%以上，其中发明专利同比增长31.30%以上。2009年5月，国家“非遗”项目“南京金箔锻制技艺”工艺管理单位南京金线金箔总厂的国家秘密技术项目“新型乌金纸工艺”泄密案的成功侦破，标志着南京市进一步加强了文化产品的知识产权保护力度。

3. 坚持载体战略，加快文化产业园区建设

在市委市政府大力扶持和政策引导下，南京市文化产业园建设发展迅速，成为全国发展速度最快数量最多的省会城市。全市文化产业园区依托南京特色文化，定位鲜明、力求错位发展，主要分为综合创意产业园（基地）、当代艺术创意园、网络游戏与动漫创意产业园、影视创作基地、传统书画艺术创意基地、民间工艺创意市集和地域文化品牌基地等 10 个类别。目前有各类建成和在建文化产业园 46 个，投资总额已达 80 多亿元，占地面积近 1.2 万亩，建筑面积约 250 万平方米，入驻企业 700 多家。

4. 坚持资源整合，优化文化产业服务环境

一是 2008 年建立南京文化产业协会，打破原有不同隶属、不同部门、不同所有制企业之间制约，实现文化产业资源使用效益最大化；二是 2009 年 8 月建立南京文化产业招商中心，免费为各区招商和文化产业园招商提供一站式服务，集中展示全市文化产业招商资源，形成南京文化产业对外交流、信息发布、项目推进服务的综合性服务平台。

（二）亟待解决的问题

1. 对发展文化软实力的认识不到位

一些区县、部门对文化产业的发展和文化企业的培育仍然重视不够，对文化产业是现代服务业的高端形式缺乏正确认识，对文化企业的服务意识、指导意识急待进一步提高。

2. 区域产业发展优势还不明显

全市文化产业总体上发展仍显不足，区域文化产业优势还不明显，产业特色和品牌优势还有待进一步开发和提升。

3. 文化创新竞争力不足

相对于经济发达地区和城市，企业的自主创新力和市民的创业创新精神显得不足，存在“有品无牌”的现象，企业核心竞争力不足。

4. 发展文化产业的专业人才较匮乏

缺乏国际国内知名的顶级文化专业人才、文化大家和文化经纪人，培养文化产业人才的社会培训体系不够健全，引进文化产业人才的政策配套与服务举措还不够完善。

另外，由于国家关于动漫企业认定标准单一，南京多数以服务外包为主营业务的一批动漫骨干企业今后将无法享受国家、省、市相关扶持动漫产业发展的各项优惠政策。由于国家文化产业综合统计报表制度尚未建立，文化产业统计存在范围界定不清、统计数据滞后、没有专职文化产业统计队伍等。这些共性问题，客观上制约了南京文化产业的发展。

三　对策建议

2010年国际金融危机的影响仍在，各项事业产业发展正处于稳步恢复阶段，对于南京市而言，将着力从以下方面入手：

（一）总体思路及任务

2010年南京市将贯彻落实倍增计划，围绕“文化产业强市”的总体要求，以文化与科技基础为依托，基本建成与社会主义市场经济体制相适应、具有南京特色的文化产业体系，产业政策趋于完善，产业结构基本合理，文化产业总体实力和核心竞争力明显提高，对全省经济和社会发展的影响和作用不断增强，使文化产业成为南京经济发展的主导产业之一。实现全市文化产业增加值2011年在2008年的基础上翻一番，达到300亿元，年均增长20%以上。

（二）主要发展战略

1. 研究制定文化产业发展战略

以倍增计划为基础，编制《南京市文化产业发展“十二五”规划》，做好南京市文化产业发展政策的清理和完善工作。

2. 优化完善文化载体结构

合理布局文化产业载体，重视文化产业链前端载体的培育，实现文化产业结构的优化，通过文化产业园区集聚平台，建立起政府、企业、高校、科研机构四位一体的文化产业合作模式。

3. 着力培育新型文化市场主体

通过推进经营性事业单位转企改制、加快国有文化企业公司制改造、鼓励非公有资本进入文化产业、培育规模文化企业等方式，扶持培育一批上规模、上水平、具有自主品牌和竞争实力的知名文化企业。

4. 健全各类文化市场

积极发展文化产品市场、充分完善文化要素市场、发展现代流通组织和创新流通方式。

5. 增强文化产品国际市场竞争力

通过大力发展外向型文化企业、鼓励文化产品和服务出口、积极培育对外文化交流中介机构等手段，扩大全市文化产业和服务在国际市场的份额。

6. 努力创新文化品牌

南京文化的发展与创新，将围绕“三都、两城、一圣地”的文化发展策略推进。“三都”即“六朝文化古都、明文化古都、民国文化之都”，“两城”即“和平胜利之城”、“文化创意名城”，“一圣地”即“佛教文化圣地”。

（三）重点工作

1. 不断优化文化产业投融资环境

市委市政府将制定印发《南京市关于深化文化体制改革若干政策规定》、《南京关于加快文化产业发展若干规定》和《南京市文化发展规划纲要（2009~2015年）》，加大力度扶持重大文化产业项目和文化园区建设，进一步提高文化企业税收优惠幅度，形成文化产业的规模效应和产业优势。

2. 加快推进文化产业重点项目建设

加大力度扶持重大文化产业项目和文化园区建设，加快形成文化产业的规模效应和产业优势，把重点项目作为推进南京市文化产业发展，推动全市文化经济总量快速增长的重要抓手。

3. 深入推进文化产业园区建设

进一步指导园区的建设与发展规划，做到特色定位、盘活资源、科学论证、优化结构；扶持园区公共服务平台建设，推动文化产业园区的集聚与发展；引导文化产业园区的产业链建设，把产业园区打造成为有规模、有活力、能持久性发展的经济实体；加大招商宣传和引导，大力实施文化产业园区的品牌发展战略；推进文化产业经纪型和园区经营型人才的培养，推进产业园的跨越式发展；建立文化产业园区评估机制和统计制度，命名一批新的市级文化产业基地。

4. 推动文化企业做大做强

协调推动南京市国有文化投资控股（集团）有限公司正常运转。发挥其职能，推进文化产业重大项目的实施和运作；结合创业板的开通，力争三年内推进南京日报报业集团的南京时代传媒股份有限公司上市，努力实现南京市国有文化企业上市融资的新突破。同时，推进民营文化企业在创业板上市；加大金融对文化产业的支持力度，建立文化产业银企联席会议机制，推进金融业对文化产业的支持力度。

三大机遇下成都文化产业发展与文化消费

邓立新　陈伯君*

2008 年是成都的改革之年。继 2007 年国家批准成都为国家城乡综合配套改革试验区之后，2009 年 5・12 大地震周年祭前夕，国务院正式批复了成都“试验区”方案，成都进入了一个前所未有的战略机遇期。2008 年也是成都抗震救灾、灾后重建之年。成都抓住机遇，迎接挑战，充分运用国家化解全球金融危机促进发展的宏观经济政策，利用国家扩内需保增长、灾后重建和综合改革三大动力狠抓发展，全市实现地方生产总值 3901 亿元，按可比价格比上年增长 12.1%；[①] 文化创意产业实现增加值 133.7 亿元，比上年增长 23.3%，保持了两位数增长。[②]

一　化危为机，促进文化产业发展和文化消费

2008 年，国家促进内需、灾后重建以及全面推进统筹城乡综合配套改革试验区建设这三大因素使成都的文化产业发展和文化消费出现新的发展特点。

（一）灾后重建提供新契机

“5・12”汶川特大地震灾害使四川 10 多万平方公里、91 个县市、300 多万家庭、1000 多万人口受灾。在中央和全国的支持下，灾后重建迅速展开，成都

---

* 邓立新，成都市政府研究室副巡视员；陈伯君，成都市社会科学院副院长、西南财经大学经济学院兼职教授。

① 数据来源：《成都统计年鉴 2008》，《成都统计手册 2008》。

② 中共成都市委政研室：《新兴产业研究文集》。

面临着巨大的投资需求，这对成都的文化产业发展提供了全方位的契机。

重建为投资文化产业提振信心。震灾并没有使投资者对投资成都信心减弱。一项对广东、山东、浙江、上海、福建5省市400家企业的随机调查显示，72.5%的企业表示震后在四川投资很有信心或比较有信心。对于灾后重建，有62%的企业认为是投资者的一次机遇。有302家被访企业对震后向四川进行产业转移持乐观或比较乐观态度。而调查在川投资经营的42家企业中，在被问及震后企业在川的经营投资决策方向时，52.4%的企业选择“维持现有经营规模”；38.1%的企业选择“继续投资扩大规模”，没有企业选择“撤出四川”。成都市委托联合国工业发展组织中国投资与技术促进处就地震灾害对成都投资环境的影响，对包括北京、上海、深圳外交机构、国外金融机构、跨国公司、中介服务机构等近200家机构为调查对象的调查也表明，89.58%的机构认为成都市投资环境基本面没有发生根本性改变；67.65%的机构表示如果近期有在国内中西部城市布局或投资计划，其首选城市仍然是成都。震后不少文化企业纷纷恢复或开始在成都的文化产业项目投资。

灾后成都文化项目更受国内外普遍关注和扶助。2008年5月22日，中国最大的互联网综合服务提供商之一腾讯公司就与成都高新区签订合作协议，将投资5.5亿元在成都设立研发中心、数据处理中心和客户服务中心，成为汶川大地震后首个来蓉签约投资项目的企业。2008年6月22日，“国际影院航母”美国CMG国际影院正式签约进军成都，计划在武侯区红牌楼商圈投资1400万美元设立中国区的总部管理公司，并在2008年底前启动全国最顶尖的电影院线打造工作。2008年6月28日，山东威龙集团投资25亿元打造的大邑县雾山乡整体旅游开发项目全面恢复建设。大陆希望集团决定在成都新津投资亚特兰蒂斯黄金时代项目，于2008年9月破土动工。这个项目占地3000亩，总投资预计高达40亿~50亿元，建成后将包含一个大型主题公园、五星级酒店和高尚住宅区。

灾后援建的巨大投资为文化产业发展提供了相对宽松的资金环境。一是财政性资金。2008年震灾发生时，国家直接划拨抗震救灾资金700亿元，三年灾后重建，国家计划安排每年划拨800亿元，累计达到2400亿元。划拨资金主要用于城乡居民住房补助、人口安置、公共服务、公益性市政设施和公用设施等。二是社会捐助。大灾面前，全国累计捐款达到500多亿元，为历史上罕见。三是对口支援。上海等省市提出三年重建期间，每年将拿出财政一般预算收入的1%支援成都极重灾区都江堰市重建。初步估计，仅上海市就有数十亿资金投放到都江堰市重建之中。四是金融注入。国家财政性投资将带动金融投资总计为1.1万亿元。在资金配置方面，资本市场融资则主要用于交通、通信、能源、工业、旅游、商贸和文化产业的恢复重建。五是国外贷款引入。国际金融组织和外国政府提供的灾后恢复重建优惠紧急贷款资金将与中央恢复重建基金配合使用，规划区的国外贷款项目因灾无法按期偿还贷款本息的，则先由中央财政垫付偿还。

震灾效应拉动文化旅游消费。灾后关心灾区建设、莅川旅游人数增加，文化旅游消费很快恢复。成都宽窄巷子开街1个月就接待游客超过150万人次，接待境内外游客团60多个，每天营业额超过100万元。6月中下旬开始，美国、新加坡、日本、韩国等国家都组织了游客团，我国香港、台湾地区游客团、考察团络绎不绝，上海、北京、昆明、大连、西安等地旅游团队接踵而至。2008年“十一”黄金周，四川省共接待游客1636.59万人次，旅游收入60.92亿元。四川旅游在“十一”黄金周期间实现了超预期恢复。而到了2009年春节黄金周，四川旅游市场恢复形势超过预期，旅游经济同比创新高。据统计，全省共接待游客1656.59万人次，同比增长21.9%；实现旅游收入47.25亿元，同比增长32.8%。地震遗址旅游受到游客青睐，许多地震遗址悄然成为新“景点”。成都等6个重灾市、州2009年春节黄金周接待游客712.96万人次，同比增长12.6%；实现旅游收入18.69亿元，同比增长13.6%。

灾后重建将极大提升城乡公共文化服务均等化水平。按照国务院的意见和国家灾后重建规划，灾区“公共服务设施恢复重建。对教育、卫生、基层政权等公共服务设施，恢复重建资金原则上由中央和受灾地区财政按比例负担，其中中央垂直管理部门（含直属事业单位）由中央财政负担。同时，对口支援和社会捐赠资金要优先用于教育、卫生等公共服务设施建设”。① 成都市震灾直接经济损失1247亿元，三年恢复重建将投资2800多亿元。这些投资将有相当部分投资文化基础设施，包括灾区文物修复、公共文化配套建设等。成都出台《成都市农村新型社区建设技术导则》，强调物质家园重建和精神家园重建并重，推动灾区公共服务尤其是公共文化基础设施提升性重建。可见，灾后重建的过程，将是成都公共文化资源城乡均衡配置、城乡公共文化基础设施得以跨越提升的过程，

① 《国务院关于支持汶川地震灾后恢复重建政策措施的意见》（国发〔2008〕21号）。

将是灾区文化设施得到快速提升性恢复重建的最重要契机，至少使灾区公共文化事业和文化基础设施建设水平提前若干年。

（二）将金融危机转化为发展之机

全球金融危机使中央政府改变了宏观经济政策，中国的出口导向型经济开始转向增加国内投资以扩大内需促进增长，并提出了未来三年 4 万亿投资促进计划，国务院出台《文化产业振兴规划》，我国将真正进入依靠科技促进发展，依靠知识和文化创意改进发展方式新阶段。由此可以设想，走科技发展之路，知识创新进入一个空前良好时期，与知识和文化相关的人才教育、劳动者素质培训等将有一个大的需求和发展。金融危机为成都促进创意产业发展和争取投资提供机遇。对此，成都在全球金融危机后提出要将发展文化创意产业放在前所未有的高度，致力打造“创意成都”。

金融危机助推成都创意产业在结构调整中实现跨越式发展。经济危机往往是经济结构和产业结构调整的最佳时机，必将促进创意设计与传统制造业的融合。当金融危机影响实体经济、制造业出现危机的时候，启动以知识技术为核心服务制造业的创意产业的发展，既是应对金融危机的现实需要，也是迎接危机后发展期的必要准备。由此，成都加快了经济结构调整步伐，提出了包括文化创意产业在内的《发展现代服务业的意见》等 8 个新兴产业发展规划，大力扶持以知识为主的文化创意产业，积极引进能够改善成都文化产业发展质量和发展规模的龙头企业，促进知识产权、文化创意、技术创新等领域的突破性发展。

金融危机带来成都文化消费支出增加。成都是旅游目的地城市，是文化旅游消费城市。这场金融危机促使中国加速转变发展方式，调整出口依赖的宏观政策，使文化消费成为解决危机扩大内需的重要内容。由于文化产业“反经济周期”的独特属性，如果引导得当，金融危机将成为文化产业进入下一轮持续快速发展的黄金时期，文化消费也会成为走出经济危机的重要推动力。成都加大资金扶持力度，通过多种方式、多种渠道推出优质、价廉的大众文化产品，尤其是积极引导城乡居民的文化消费取向。这些措施为遭遇“汶川大地震”和国际金融危机的双重阻击的成都文化创意产业取得重大发展提供了保证。2008 年成都文化创意产业实现增加值 133.7 亿元，比 2007 年的 108.38 亿元增长了 23.3%。

（三）用好试验区“先行先试”机遇

国家要求统筹城乡综合配套改革试验区在重点领域和关键环节的改革先行先试，加快建立统筹城乡发展的体制机制，尽快在城乡规划、产业布局、基础设施、公共服务一体化等方面取得突破，促进公共资源在城乡之间均衡配置、生产要素在城乡之间自由流动，推动城乡经济社会发展融合，为全国深化体制改革、推动科学发展和促进社会和谐提供经验和示范。

试验区“先行先试”为成都深化文化体制改革获得新优势。“先行先试”意味着成都在文化体制改革方面处于更加主动的地位，有助于进一步解放成都文化生产力，在文化体制改革和文化产业发展方面具有更活跃的空间。一是文化体制改革得到了更有力的支持。四川省加大了对成都市的工作指导和支持力度，帮助成都市与国家有关部委加强协调沟通。四川省与成都市建立了联席会议制度，加强工作协调，推动工作落实，提高工作效率。由此，成都站在了新一轮改革高点地位。二是有助于成都在一些关键领域关键环节突破。改革方面先行先试，成都的体制机制优势将得到进一步发挥，尤其是在文化体制改革和文化市场体制机制完善方面有所作为，民间文化、民族文化、民营文化企业的发展将进入一个真正的春天。成都的文化产业发展空间和潜力将得到空前拓展和释放。

试验区建设有利于扩展文化产业市场空间。改革的目的是实现城乡一体化发展，通过城乡一体化发展和城乡一体的制度安排，实现城乡资源要素的自由流动，推动全域成都、成都经济区的发展，以及成都与长三角、泛珠三角等区域合作的进一步加强加深。一体化市场的进一步形成，拓展了成都文化产业发展空间。统筹城乡在享有公共服务、社会保障和精神文明方面的均等化，这对成都的文化发展尤其是公共文化事业的发展和基本公共服务的城乡均等化起到极大的推动作用。成都提出，文化发展的任务一是加快建立覆盖城乡的公共卫生服务和基本医疗服务制度；二是推行公共文化场馆免费开放制度、经营性文化场馆优惠服务制度、文化义工服务制度等；三是探索传媒、文化旅游、演艺娱乐、数字娱乐和特色文化产业发展新机制；四是加快成都国家体育产业基地建设；等等。

试验区综合改革整体推动了文化产业发展和文化消费增长。产业的发展、新型城乡形态的提升，使文化创意产业有了用武之地；三次产业的协调互动，社会就业的增加，城乡居民的收入城乡收入差距的缩小，促进了农村文化消费需求的增长；城乡社会保障制度的建立，城乡居民收入的增长促进了居民消费支出中文化消费比重的增加。

二　乘势而上，开创文化产业新局，提高文化消费水平的战略选择

面对文化产业发展新趋势和居民文化消费需求增长新要求，抓住三大难得的历史发展机遇，实施文化强市战略，大力发展文化产业，促进文化消费增长，是成都人均经济总量超过5000美元后的必然选择。

（一）实施创意产业先导发展战略

这一战略的基本要求是：适应成都经济进入工业化后期，经济结构向第三产业重点转型新阶段的需要，确立文化产业在成都服务业发展中的优先地位，将文化产业作为服务业主导产业予以重点支持。

创意产业是成都服务业高端，是成都发挥特大中心城市集聚、辐射和综合服务功能的重要手段和工具。成都正在全面推进实施《成都市服务业发展规划》。服务业规划表明成都发展战略重心转移，正在成为在西南和西部地区的产业高端集聚、服务功能辐射、科技文化等综合竞争力较强的高地。成都市亟须全面提升服务业类型，尤其是加强现代新兴服务业发展，推进数字化产业发展，推进文化创意服务西南、西部，加快“两枢纽三中心四基地”（即西部综合交通枢纽、通信枢纽，物流和商贸中心、金融中心、科技中心以及我国重要的高新技术产业基地、现代制造业基地、现代服务业基地和现代农业基地）建设，力争实现2009～2012年，全市文化创意产业增加值年均增长15%以上。到2012年，文化创意产业增加值占全市GDP的比重达到6%左右。到2015年，文化创意产业占全市GDP的比重达到8%左右。①

强力推进制造“服务业”发展。成都市多数规模以上制造企业已建立国家或省级产品研究与开发机构，但创意设计作为独立的产业门类，尚处于起步阶

① 参照北京、杭州等城市的统计标准，成都市文化创意产业统计中，须在现有文化产业统计内容基础上增加设计服务、软件服务等内容。

段。目前创意设计以造型设计为主，尚未形成从市场研究、创意设计到生产制造环节的配套协作体系。中介组织力量薄弱，设计力量比较分散，设计产业的聚集效应和规模效应还不显现。成都市创意设计产业发展存在本地市场需求不足、基础配套薄弱等问题。但是，成都市地域文化特色鲜明，特别是在当前扩大内需和结构调整的背景下，家具业、制鞋业和服装业等消费品制造业产业升级，产品外观、结构和工艺等工业设计存在潜在的市场需求，创意设计产业发展空间巨大。

（二）实施文化品牌发展战略

成都文化产业发展过程中应实施文化品牌战略，将成都的历史文化资源演绎成戏剧、电影和文化体验活动项目，如支持推动郫县建设“巴蜀文化大观苑”，让来自世界各地的旅游者观一园而知古蜀，体验古蜀先人狩猎生活，使郫县成为天下蜀人或国内外旅游者住下来玩一把的重要目的游区域；挖掘开发都江堰历史文化资源，支持都江堰发展成为中国人治水的电影电视和文化旅游大舞台，演绎蜀人包括李冰父子共同建设都江堰的恢宏历史画卷等。

建议成都建立实施文化原创政府采购制度，对文化原创原作给予支持。政府出台历史文化大题材指导目录，引导国内外有才华、有志于研究成都历史文化创作的人才进行创作，政府给予资助。

建议出台成都重大文化题材目录，制定文化再现支持规划，力争每年都能产生 2 ~ 3 部如山东的《闯关东》、陕西的《走西口》、广西桂林的《刘三姐映象》等在国内外有影响的成都及巴蜀文化大制作。

（三）坚持文化产业集群发展战略

进一步完善成都文化产业发展规划，优化文化产业的空间布局；加快推进文化创意产业“五片、一带、多点”格局的形成。“五片”是指红星路片区，集聚发展成都传媒业和广告业，打造成都传媒创意产业集聚区；四川大学—四川音乐学院—望江楼公园片区，集中发展创意设计、当代艺术、视听娱乐等文化创意产业；红光楼—安彩厂—电子科技大学片区，集中发展现代艺术、创意设计、影视动漫体验等文化创意产业，打造国家动画产业基地和国家级动画教学研究基地；高新区数字娱乐产业基地和动漫游戏基地片区，大力发展网络游戏、数字创意和动漫娱乐等产业；红牌楼片区，依托家具与鞋业优势，集中发展创意设计、工业设计等产业。

注入文化因素，着力打造“一核集聚、四城辐射、两带带动”现代服务业重点集聚区。“一核”指锦江区、青羊区、武侯区、金牛区、成华区和高新区，是服务功能的主要承担者和服务业的主要集聚区，将重点发展金融业、信息服务业、商务服务业和文化创意产业等现代服务业。包括天府广场文化区、人民南路科技商务区、天府新城金融总部商务区、红牌楼商业区、东大街金融街等17个现代服务业重点集聚区。“四城”主要包括近郊区（市）县范围，以重大服务设施和项目为支撑，突出物流、商贸（批发）、商务、休闲旅游等服务功能，形成北部商贸城、南部科技商务城、东部工业商务城和西部健康休闲城四大特色服务业功能区。其中包括经开区工业商务区、龙泉市场发展区、双流商品市场集中发展区、双流航空港现代服务业集聚区、温江永宁医疗服务区、海峡两岸科技园现代服务业集聚区、郫县教育文化服务区、北部商城集中发展区和成都国际铁路物流枢纽等9个现代服务业重点集聚区。

力争到2012年，全市建成10个以上文化创意产业集聚区，吸引国内外创意企业、创意机构、创意人群到成都发展，初步呈现产业集聚效应和规模效应。到2012年，建成3个具有全国影响力的文化创意产业基地，集聚一批高端创意人才，培育一批优势创意企业，塑造2个以上具有成都特色的全国性创意品牌。

（四）大力扶持民营文化企业发展

民营文化产业是文化产业发展中一支不可或缺的生力军。大力促进民营文化企业发展，注重发挥市场在资源配置中的基础性作用，是应对国际金融危机的应有之策，也是成都试验区改革创新的应有之义。

创造民间资本投资文化的政策环境。不断完善文化市场体系，建立政府文化投资项目库，公开政府文化投资项目目录，公开政府文化激励领域和政策举措，公开政府公共文化采购范围，开放文化市场领域，放开文化市场准入，努力创造多元文化市场主体与多层次文化市场载体并存、公平竞争的文化市场体系。

建立文化产业投资担保基金，为中小企业和民间投资文化市场开发、文化产品创作、文化项目经营提供融资担保。努力形成政府引导协调、企业投资运作、中介服务保障的文化创意产业投融资环境和文化创业服务环境。

（五）完善文化产业促进政策

制定文化创意产业发展规划和综合政策。参照成都市扶持工业和高新技术产业发展有关方式，在研究制定《成都市“十二五”时期文化发展规划纲要》的同时，制定文化创意产业重点行业发展专项规划；对创意企业、文化创意产业集聚区和文化创意产业项目在税收、土地、资金等方面进行政策扶持。制定文化创意产业园区（基地）认证和管理办法，规范文化创意产业园区（基地）建设和管理，促进文化创意产业集聚区建设。制定文化创意产业人才政策，加强对文化创意产业高端创意人才、经营管理人才的引进、培养和培训。制定知识产权保护与奖励政策，加强知识产权保护，对创意成果应用、知识产权评估、抵押融资和贸易等进行扶持。制定文化创意产业行业政策，优先扶持重点行业发展。

（六）实施文化消费优惠政策

制定鼓励文化消费政策，鼓励个人文化消费、企业集团文化消费。这既是拉动经济的重要力量，也是提升全民素质的重要途径，更是建设文明城市与和谐社会的需要。

完善社会保障促进文化消费。试验区建设促进文化消费，体现在改革促进公共服务尤其是社会保障制度的加快建立健全。一方面，加快推进城乡文化一体化建设；另一方面，加速加快健全城乡一体的就业和社会保障体系，再就是解决好分配问题促进消费。

利用灾后重建促进文化消费。借助灾后重建机会，切实解决成都市第三圈层公共文化基础设施相对落后的问题，使灾后重建成为公共文化资源在山区边远地方得到有效配套，促进文化资源的均衡配置，为文化产业的发展拓宽基础。加大震灾文化资源的开发，包括地震博物馆的建设经营，震灾文学艺术创作和戏剧影视开发。提前策划“三年重建”、“两年完成”有关文化活动，再掀“感恩文化”和“重建辉煌”庆典文化高潮。

杭州市文化创意产业发展报告

周膺　吴晶[*]

近年来杭州十分重视发展文化创意产业，并在繁荣地方文化、构建新经济体系等方面取得十分显著的成效。在严重的世界金融危机的巨大冲击面前，杭州的文化创意产业一枝独秀，一直呈上扬势头，显示出强大的生命力。可以预计，文化创意产业将成为21世纪杭州经济的先导性产业。

一　文化创意产业与杭州的发展道路

杭州是中国东南沿海开放城市，改革开放30年来经济社会发展较快，成为中国最发达的城市之一。但作为历史文化名城、国际风景旅游城市，杭州经济发展与社会发展之间、经济内部的深度矛盾日益凸显。首先，人口和产能不断增加与生态环境之间的矛盾十分尖锐。在工业化达到一定规模、GDP平均百分率两位数增长的同时，温室气体和污染物排放成倍增长，西湖、京杭大运河、城市内河被整体性污染，西溪湿地几近干涸湮废，钱塘江也面临多源污染的威胁，大气环境质量大幅度下降。其次，产业结构稍有优化，但总体水平仍处于高能耗低效率层次，先进性特征不明显，与世界发达城市相比差距甚大，与国内一般城市差别不大，未形成可持续发展机制。杭州已总体上进入工业化中后期或后工业时代、后现代社会，必须按照科学发展和以人为本的要求提升城市生活品质。提升经济生活品质的重点之一是通过发展文化创意产业推动产业升级，构建新经济体系，建设和谐创业型社会。

杭州的优势在于具有优良的自然和文化生态环境，适宜知识密集型、文化密集型、科技密集型经济发展。2008年召开的杭州市打造全国文化创意产业中心

---

* 周膺，杭州市社会科学院；吴晶，浙江省社会科学院。

大会指出，人类社会沿着农业社会—工业社会—后工业化社会的轨道前行，加快实现“提升发展工业—提升发展现代服务业—提升发展文化创意产业”这样一个“三级跳”。如果说通过大力实施“工业兴市”战略实现了提升发展工业的“一级跳”，通过加快建设服务业大市实现了提升发展现代服务业的“二级跳”，那么通过打造全国文化创意产业中心，杭州经济将实现“三级跳”，形成高层次的“三二一”产业结构与三次产业和文化创意产业“3＋1”产业体系，以创意为引擎率先迈入全面提升生活品质的后工业社会。

二　杭州文化创意产业的比较优势与重点行业

（一）杭州文化创意产业的比较优势

杭州发展文化创意产业具有较为明显的五大优势：一是环境优势。杭州是“国际花园城市”、联合国“最佳人居奖”获得城市，在历年《瞭望东方周刊》联合中国市长协会组织评选的“中国最具幸福感的城市”排行中居于首位。其优美的自然景观不仅为创意人才提供了得天独厚的生活环境，也为创意提供了十分优良的思想环境。二是文化优势。杭州有8000年发源史、5000年建城史，是中国文明的发源地，有不竭的思想创造的源泉。三是人才优势。杭州集聚了浙江省一半以上的高等学校、科研机构，与文化创意产业相关专业的在校大学生达12万人。四是市场优势。杭州所处的长三角地区是当今中国经济最发达、生活水平最高的地区之一，人口近1亿，有着旺盛的消费需求和强大的消费能力，本地的生产型、生活型创意需求也十分旺盛。杭州又是“浙江民营经济第一大市”，有灵活的市场机制和充裕的民间创业资本支持。五是先发优势。杭州已形成一批较为成熟的文化创意产业园区和企业，信息服务业、动漫游戏业、文化休闲旅游业、文化会展业等走在全国前列。

（二）杭州文化创意产业的八大重点门类

2003年以来，杭州部分地区开始筹划建设文化创意产业基地，一些行业也提出相应的发展目标。2005年，杭州市将“文化产业”概念拓宽延伸到教育、科技、体育、卫生服务等社会事业领域。2007年，杭州市提出文化创意产业的定位，并确定信息服务业、动漫游戏业、设计服务业、现代传媒业、艺术品业、教育培训业、文化休闲旅游业和文化会展业等八大门类作为发展重点。

1. 信息服务业

包括互联网信息服务业和广播电视传输服务业等。主要突出两个重点：一是电子商务。杭州是国家电子商务、电子政务和信息化综合试点城市，电子商务发展起步早、基础好，已形成滨江（高新）电子商务区、文三街电子商业街区、仓前淘宝城、北部软件园、城西及下沙大学生网上创业园、传化物流园等7个电子商务服务功能示范区，有阿里巴巴网、中国化工网、中国化纤信息网、全球纺织网、网盛生意宝、畅翔网、网易、渡口网络等知名网站涌现出以“阿里巴巴”为代表的一大批电子商务龙头企业，被授予中国电子商务之都称号。2007年《中国行业电子商务网站调查报告》显示，浙江行业电子商务网站数量接近全国的四分之一，位居全国第一，而杭州集聚了全省70%以上的电子商务网站，总量达1300多家，几乎覆盖了所有的行业和门类。在《互联网周刊》组织开展的“2009网商城市竞争力排行TOP 100”评比中，杭州排名居全国省会城市首位。“阿里巴巴”成功创办了全球领先的企业间交易网站“阿里巴巴”、亚洲最大的网上个人消费市场“淘宝网”、中国领先的在线支付服务商“支付宝”、以互联网为平台的商务管理软件公司“阿里软件”、中国最大的网上广告交易平台“阿里妈妈”，是成为中国第一家市值超过200亿美元、亚洲第一、全球第五的互联网公司。二是数字电视。杭州的网络基础设施国内领先，已建成集大容量程控交换、光纤通信、数据通信、卫星通信、无线通信等多技术手段构建的立体化通信网络。杭州华数数字电视传媒集团有限公司实现移动、联通、电信、网通的代码“四网融合”，走出了一条打造“数字城市”、“数字家庭”、“数字生活”的新路子，使杭州成为中国第一个“无线数字城市”。据美国尼尔森市场调查公司最新调查，杭州数字电视渗透率高达93%，在全国城市中名列第一。2008年，杭州信息服务业实现增加值68.61亿元，占杭州市文化创意产业增加值的比重为11.8%。

2. 动漫游戏业

包括动漫制作、网络游戏等数字娱乐行业等。杭州市在全国率先提出打造“动漫之都”目标和制定动漫游戏业发展规划及相关扶持政策，建立国家动画产业基地、国家动画教研基地、国家数字娱乐产业示范基地等5个国家级基地和杭州市动漫游戏科技创新服务平台，并成为中国国际动漫节永久举办地。至2008年，具有自主研发能力的动漫企业达到135家，包括动画企业49家、漫画企业9家、游戏企业47家、动漫衍生品企业30家，年平均从业人员4000余人，营业收入5.14亿元。2008年全市动画总产量31部2.03万分钟，居全国第二位，仅次于长沙。其中原创动画自营出口居全国第一位。位于滨江（高新）区的杭州国家动画产业基地是全国首批13个国家级动漫产业基地之一，2008年动画产量居全国各基地第二位。中国国际动漫节被《国家“十一五”文化发展规划纲要》列为重点扶持的中国八大文化会展项目，正在朝着“国际化、品牌化、专业化、顶级化”方向发展。2009年举行的第五届中国国际动漫节展位面积6万平方米，包括美国、法国、丹麦、日本、加拿大、克罗地亚、荷兰、意大利、伊朗、韩国等在内的国内外参展企业、机构322家，参观人数78万人次，成交额65.3亿元，被誉为世界上人气最旺、规模最大的动漫节。

3. 设计服务业

包括工业设计业、建筑景观设计业及广告业等。重大项目有：杭州创新创业新天地、乐富·智汇园、浙江省工业产品设计中心、赛博工业创意园、玉皇山南国际设计创意园、闸弄口建筑设计街区等特色产业基地等。杭州市针对本市重点优势产业以及生产性服务业的发展需求，大力发展先进装备制造、女装及丝绸、包装与模型、家电轻工产品、信息产品、运动器材设计等工业设计业，提高工业设计业对二、三产业的关联度、渗透度和融合度。杭州市通过举办“创意杭州”工业设计大赛，构建“中国丝绸之府、中国女装之都”品牌，实施《中国杰出女装设计师发现计划》等项目，推动服务设计业的发展。杭州市还着力打造具有全国影响力的新媒体广告内容提供商，构建集市场研究、营销企策划、广告创意、媒介投放、效果评估、产品展示等为一体的“大广告”产业链。2008年杭州设计服务业实现增加值74.71亿元，占文化创意产业增加值的比重为12.9%。

4. 现代传媒业

包括以现代高科技特别是信息、数字技术为依托的广播影视业、新闻出版业、全媒体业等。2005年，杭州广播电视集团有限公司与原杭州市广播电视局分离，与杭州文化发展投资有限公司合并成立杭州文化广播电视集团有限公司，形成集广播电视、文化演艺、网络传输和其他服务于一身、具有全国领先水平、区域强势地位的综合性现代文化传媒集团。集团拥有杭州电视台6个频道、杭州人民广播电台3个频率和杭州广播影视周报等直属媒体，还拥有5家艺术院团，以及杭州华数数字电视有限公司、杭州广播电视投资有限公司、杭州中国国际动漫节会展有限公司等18家控股、参股、全资公司和杭州大剧院管理中心、西泠书画院等文化事业单位。有正式员工3000余人，总资产30亿元以上，年营业收入10亿元以上。2001年组建的杭州日报报业集团已发展成为拥有7报3刊1网站的综合性媒体集团，形成了以报业为主、以商务印刷业、物流业、会展艺术品业、休闲旅游业为辅的产业格局。杭州出版业营业收入超过150亿元。全市有线电视用户184.94万户，其中数字电视96.43万户。农村广播电视"村村通"实现全覆盖。全年出版报纸17.75亿份、杂志0.73亿册、图书2.14亿册。2008年，杭州现代传媒业实现增加值57.10亿元，同比增长7.8%，占文化创意产业增加值的比重为9.8%。

5. 艺术品业

包括绘画、书法、雕塑、篆刻、工艺美术等视觉（造型）艺术业。杭州有中国美术学院、浙江大学、西泠印社、浙江画院、杭州画院等众多艺术单位和众多艺术家，形成强大的艺术品创作和生产能力，已成为仅次于北京、上海的国内第三大艺术品交易中心。自2000年开始，成功举办了十届"中国工艺美术大师作品暨工艺美术精品博览会"，在业内有较高知名度。全市现有工艺美术企业800余家，其中规模以上145家，2008年实现销售产值近85亿元。2008年拍卖业成交额100多亿元，其中西泠印社拍卖有限公司成为著名的"江南第一拍"。2003年西泠印社事业法人注销，分别组建社团、社委会、产业三大类主体，进行公益性文化事业与经营性文化产业并举的综合改革，成功实现了由学术品牌向经营品牌的拓展延伸，衍生出如西泠拍卖、西泠出版、西泠鉴赏、印文化博览会等一批颇具市场竞争力的子品牌，形成以艺术品原创、出版、展览、鉴赏、拍卖为主的产业链。2002～2008年，平均年销售收入增长53.9%、净利润增长151.5%、经营性国有净资产增长48.85%。获得"中华老字号"、"中国驰名商标"。2008年西泠印社集团有限公司被文化部命名为第三批"国家文化产业示范基地"。2008年，杭州艺术品业实现增加值23.91亿元，同比增长6.8%，占文化创意产业增加值的比重为4.1%。

6. 教育培训业

包括除学前教育、义务教育和高中段教育以外的中等教育、普通高等教育、职业技能培训、成人继续教育、社区学校及其他教育产业。其特色是坚持高起点、差异化、多元化发展。2008 年，杭州教育培训业实现增加值 105.09 亿元，同比增长 16.2%，占文化创意产业的比重为 18.1%。

7. 文化休闲旅游业

包括以人文资源为内涵的休闲业和旅游业。利用江、湖、溪、河、海五水并存的城市资源，以“五水共导、有机治理”的理念对生态环境进行综合治理，推出“新西湖”、“新西溪”、“新运河”，建设良渚国家大遗址公园、南宋皇城大遗址公园、南宋御街·中山路、河坊街等，提升城市文化价值、生态价值和旅游价值，打造名副其实的“中国最佳旅游城市”、“东方休闲之都”。2002 年以来连续实施西湖综合保护工程，使西湖水域面积由 5.6 平方公里扩大到 6.5 平方公里。2003 年以来全面建成面积达 11.29 平方公里的西溪国家湿地公园。2006 年，以还河于民、申报《世界遗产名录》、打造世界级旅游产品为治理目标，努力将京杭大运河（杭州段）打造成景观河、文化河、生态河。2008 年以来，以城市有机更新的理念保护建设南宋御街·中山路，建成具备“吃、住、行、游、购、娱”旅游六要素的国际旅游综合体和“宜居、宜文、宜商、宜游”的品质生活之街。建成高水准良渚博物院、西湖博物馆、运河博物馆、中国刀剪剑博物馆（中国扇业博物馆、中国伞业博物馆）等一大批博物馆。杭州宋城的大型歌舞表演《宋城千古情》连续演出 15 年，平均每年演出 800 多场，累计观众 1100 多万人次。2008 年，文化休闲旅游业实现增加值 13.39 亿元，同比增长 17.8%，占文化创意产业增加值的比重为 2.3%。

8. 文化会展业

包括各种富有文化创意特色的会议及展览服务业。以西湖博览会、世界休闲博览会等大型会展为主体，初步形成创意策划、场馆管理、会展传播、招商代理、广告代理、布展设计、设备租赁等相配套的产业链。从会议、展览拓展到品牌推广、大型节庆文化活动、体育赛事等领域，培育了中国国际动漫节、中国网商大会、中国网商节、中国国际丝绸博览会暨中国国际女装展览会、文化创意博览会等一批富有文化创意特色的重大会展、节庆、会议品牌。先后被评为中国十佳会展城市、中国十佳会议旅游目的地、中国十大节庆城市、中国十大休闲城市榜首、东方休闲之都等，获得“节庆中华奖”最佳节庆城市奖。首届西湖博览会于 1929 年举办，自 2000 年起恢复一年一届的西湖博览会。至 2009 年已成功举办11届，并向“国际化、市场化、专业化、品牌化”方向发展。2009年举办的第十一届西湖博览会举行会议124场次，参加人数1290万，贸易额138亿元、协议引进内资132亿元。2006年为期半年的首届世界休闲博览会在杭州举办，举行大型会议、展览和其他活动项目233个，是杭州历史上规模最大、时间最长、影响最广、参与人数最多、办会水平最高的博览会。与当年的西湖博览会一道共有2760万人参加，26个国家和地区的88个休闲旅游城市、组织机构和27家企业设立展馆，贸易额137亿元、协议利用外资10亿美元、引进内资108亿元。2009年世界休闲组织确定五年一届的世界休闲博览会长期在杭州举办。2007年开始举办中国杭州文化创意博览会。2009年举办的第三届博览会展场总面积超过10万平方米，参展企业500余家，参加人数30万人次，贸易额2.5亿元。2008年，文化会展业实现增加值8.25亿元，同比增长11.6%，占文化创意产业增加值的比重为1.4%。

世界金融危机爆发以来，杭州的文化创意产业仍保持强劲的发展势头。2008年全市文化创意产业实现增加值579.86亿元，同比增长17.6%，高于GDP增速6.6个百分点，高于服务业增加值增速3.8个百分点，占GDP的比重达到12.1%。其中八大重点行业实现GDP 351.05亿元，同比增长20.3%，占文化创意产业增加值的比重为60.5%。2009年1~9月，杭州市文化创意产业实现增加值413.10亿元，同比增长15.0%，高于GDP增速6.5个百分点，高于服务业增加值增速1.2个百分点，占GDP的比重达到11.9%。

三　杭州市文化创意产业发展的经验与问题

（一）杭州市文化创意产业发展的经验

杭州发展文化创意产业最重要的经验是以“创意是源泉、文化是内容、人才是基础、科技为动力、产业化为方向、效益为目标”为基本发展理念。杭州市还重视以资源禀赋为依托，通过广泛集合城市优势资源赢得发展优势。

1. 以创新体制为动力

杭州市在文化创意产业发展过程中，注重政府主导力、企业主体力和市场配置力三力合一，三管齐下。杭州市建立了市文化创意产业指导委员会，负责产业发展战略及重大事项决策。委员会下设办公室，为局级机构，编制15个，负责日常事务。县（市、区）及园区建设主体同步建立相应组织。杭州市还通过健全完善市、县两级联动机制，统筹解决“有钱办事、有人办事、有章办事”问题；通过推进区域市场化进程，加快形成了竞争机制，引导人才、资金等要素资源自由流动，鼓励社会力量参与文化创意产业发展。

2. 以科学规划为先导创新发展模式

杭州市以完善开发机制、优化资源配置为出发点，编制了《杭州市文化创意产业发展规划》（2009～2015年）（市委办发〔2009〕92号）；以十大园区作为打造全国文化创意产业中心的主平台，编制《杭州市文化创意产业投资指南》，大力开展招商引资系列活动。杭州市还完善文化创意产业统计体系和统计制度，建立了“杭州创意指数”和文化创意产业园区评价体系，发布年度《杭州文化创意产业发展报告》。至2008年，先期建设的西湖创意谷、之江文化创意园、西湖数字娱乐产业园、运河天地文化创意园、杭州创新创业新天地、创意良渚基地、西溪创意产业园、湘湖文化创意产业园、下沙大学科技园、白马湖生态创意城等十大文化创意产业园区，建成面积49.53万平方米，集聚企业514家，合同引进资金10.34亿元，实际到位资金6.51亿元。近年来，杭州市涌现出东街6号·艺术空间、杭州经济技术开发区创意产业园、中山北路创意文化商业特色街区、中纺116时尚创意园、天星龙设计广场、人民书店文化创意产业综合体、浙江传媒创意产业园、银湖文创产业园、昌化国石文化城、千岛湖姜家风情文化创意基地等一批新兴产业园区。全市文化创意产业园区逐步形成“10＋X”的格局。

3. 设计和实施激励政策

杭州市先后出台《中共杭州市委、杭州市人民政府关于打造全国文化创意产业中心的若干意见》（市委〔2008〕4号）、《杭州市人民政府办公厅关于统筹财税政策扶持文化创意产业发展的意见》（杭政办函〔2008〕122号）等系列政策意见，进一步明确扶持政策。（1）财政税收资助政策。自2008年起，全市大文化产业专项资金更名为文化创意产业专项资金，资金总额增至每年1.52亿元，并根据需要逐步递增。主要用于重点园区或项目建设、产业孵化、理论研究等方面的资助、贴息与奖励。另从市科技计划相关专项资金和市人才专项资金中安排一定资金，用于公共服务平台建设、知识产权保护和人才培养、交流、引进和奖励。将高新技术文化创意企业纳入市级高新技术企业认定范畴。（2）投融资扶持政策。杭州市支持和引导金融机构、担保机构、产权交易机构及相关中介机构为文化创意企业提供融资服务，探索银行、文化创意企业、担保公司、创业投资基金四方合作的“桥隧模式”，并培育、发展风险投资基金。2009 年发行 1 亿元“宝石流霞”文化创意企业债权信托产品，融资贷款利率为 8.39%，可为 40～50 家中小型企业提供信托贷款融资。杭州市还出台《杭州市人民政府办公厅关于加快推进我市文创企业创业板上市工作的实施意见》（杭政办〔2009〕11 号），支持符合条件的文化创意企业改制上市，支持企业通过引进战略投资者、吸纳社会资本，推进企业股权多元化，鼓励知识产权入股。（3）土地使用支持政策。杭州市注重保护与开发利用工业遗存，鼓励盘活存量房产资源。在符合城市规划的前提下，利用空余或闲置的工业厂房、仓储用房等存量房地产资源，属划拨土地或非经营性出让土地的，暂不征收原产权单位土地年租金或土地收益。杭州市还优先安排新增用地，规定涉及用文化创产业的用地指标的可在各级开发区和招商引资切块指标中解决。

4. 营造“和谐创业”的优良环境引进和培育人才

杭州市坚持“开放带动”战略，推进国际交流，积极吸引国内外有实力、高水平的企业、高端人才、创意团队。全市加大文化创意人才的培养、交流、引进、使用和奖励力度，以一流环境引一流人才，以一流人才创一流企业。对引进的非本市户籍文化创意人才，给予调动、落户、子女入学、住房等方面的优惠和便利，并将高层次文化创意人才列入市有突出贡献人才专项用房配售的重要对象。杭州市还制订和实施“杰出文化创意人才发现计划”和“文化创意人才梯队工程”，实施“青年文艺家发现计划”、“女装设计师发现计划”、“居住杭州计划”，开展行业十大风云人物评选活动。在引进有重要影响的国内外一流大师方面，舍得花“血本”，尽可能做到“有求必应”，或单独为他们创办艺术馆、美术馆、纪念馆，或为他们提供优越的生活环境和创业场所。对大学生和初创业者在租金、税收等方面同样给予支持，并低价提供“农居 SOHO”等创业场所。

5. 实施品牌战略与保护知识产权

杭州市围绕“杭州创意”品牌，打造出了一批具有“杭州风格”、“杭州特色”和国际知名度的特色文化创意产业集聚区。全市还加大对原创作品的扶持力度，着力推出一批精品，打造具有全国影响力的“领头雁”和“排头兵”。杭

州市还定期编制和发布文化创意产业著名品牌、商标名录，鼓励和支持有实力的企业实施“走出去”战略，依托品牌输出管理、连锁经营、拓展市场。此外，杭州市结合建设“全国知识产权示范城市”和“国家版权保护示范城市”，不断加大知识产权保护力度，完善知识产权保护法规条例，鼓励和规范知识产权评估等中介机构发展，搭建知识产权交易平台。

（二）杭州市文化创意产业发展面临的问题

杭州文化创意产业也面临着许多发展中的问题，主要表现在以下 8 个方面：

1. 各方对文化创意产业的属性认识尚显不足

在杭州市，各方对文化创意产业的认识往往偏重于其产业部门的属性，对其“创意”属性则显不足，未能从创意经济的高度充分理解创意对经济总体在未来、在后工业时代的基础性作用，这容易使实际工作在方向把握上有所偏失。

2. 产业集聚效应不明显

创意产业园区同质化现象严重，企业数量少、关联度低，特色与个性不足。

3. 自主原创能力较弱

文化创意产业总体上以模仿为主，极少原创精品，赢利水平不高。

4. 产业国际化程度较低

文化创意产业主要依赖于本地资源和本地市场，低水平竞争激烈。与北京、上海等城市相比，在对域外特别是国外知名创意企业和人才的引进上存在较大差距。

5. 知识产权保护距国际水平有较大差距

文化创意产业法律法规体系不健全，对非法侵权的打击力度不足，制约了产业的健康发展。

6. 公共服务建设滞后

部分政府部门对创意经济或创意产业缺乏了解，无法满足企业日益增长的对产业发展、人才培训、信息咨询和成果推广等方面的服务需求。

7. 人才集聚程度较低

文化创意产业不仅人才总量储备较少，人才结构也不合理，复合型高端创意人才尤其缺乏。

8. 融资难问题难以解决

文化创意产业融资体系建设偏缓，没有形成风险投资机制。商业金融机构偏重对有形资产的支持，对无形资产缺乏基础性认识。版权价值评估体系尚未建立，知识产权等无形资产价值难以评估。

四 杭州市文化创意产业发展的战略方向

预计2010年和“十二五”期间杭州的文化创意产业总量将会有较大幅度提高，成为具有主导性的新型产业，杭州市也将大步迈向真正的创意城市。但要以创意产业的渗透提升三次产业，全面推进产业结构调整，使经济体系升级为新经济形态，打造名副其实的国际创意城市，尚需理念转换和实践引导。

从城市特质来看，作为城市发展引擎的杭州文化创意产业必须具有最时尚的生活化特征，即创意生活产业。杭州应当通过发展个性化文化创意生活特色区，营造最时尚的消费生活环境，来引导创意人群和创意经济转移和集中。为实现这个目标，应十分重视发展休闲旅游生活创意设计产业，以特别的谋划提升其经济价值和社会价值。尤其是按照“体验经济”的生产规律，进行分众的个性化生产。杭州市应该在打造特色创意产业的基础上，全面构建生态型创意经济体系，使杭州成为世界上最能吸引人才、最具竞争力的创意城市之一。

国家创意产业政策国际比较速览*

〔荷兰〕艾瑞克·布劳恩　玛丽安吉娜·拉万卡**

一　引言

自20世纪90年代末以来，全世界对创意产业的兴趣越来越浓。在欧洲层面，第一个对于欧洲文化经济的研究《欧洲文化经济》（The Economy of Culture in Europe，2006）成为提升经济与文化关系认知的里程碑。① 这项研究最早由欧盟委员会进行，它显示了文化与创意部门对提升欧盟竞争力的直接与间接贡献。

荷兰政府正式委托了这项创意产业国家详细政策的国际速览研究。这个国际

* A International Comparative Quick Scan of National Policies for Creative Industries，本报告是荷兰教育、文化和科学部委托欧洲比较都市研究所进行的研究。

** 艾瑞克·布劳恩（Erik Braun），玛丽安吉娜·拉万卡（Mariangela Lavanga），荷兰鹿特丹伊拉斯姆斯大学（Erasmus University Rotterdam）欧洲比较都市研究所（European Institute for Comparative Urban Research，EURICUR）研究员。

① 这项研究由KEA European Affairs与Media Group（Turku School of Economics）以及MKW Wirtschaftsforschung GmbH共同完成。

性的比较探索研究关注旨在刺激创意产业经济发展的政策。在欧洲和其他地方有哪些创意产业政策已经实施了呢？目标是什么？如何实施？政策背后的动机又是什么？最新的进展和趋势是什么？荷兰和欧洲读者会对哪些政策感兴趣？

应该注意本研究是速览：一种对于创意产业国家政策最好实践的探索性研究。本研究并不打算列出欧洲和世界上其他发达地区所有创意产业政策。在我们的调查中，选出来的都是“发达国家”——大部分都是经合组织成员。而且，“欧洲文化政策与趋势纲要（Compendium of Cultural Policies and Trends in Europe）”网站上的信息已经用来作为初选。① 其他重要的选择标准是对创意产业的认知、创意产业国家政策细则和创意产业政策处于领先地位的国家声望。

澳大利亚、奥地利、比利时、加拿大和德国是联邦制国家，西班牙不是联邦国家，但是其行政机关给了地方相当大的权力。对于这些国家，我们就创意产业政策而言挑选了一些有趣的地区：澳大利亚首都领地、新南威尔士和西澳大利亚（澳大利亚）；维也纳（奥地利）；弗拉芒（比利时）；魁北克、安大略和英属哥伦比亚（加拿大）；加泰罗尼亚（西班牙）和北威州（德国）。

尽管上面列举寥寥几项，但我们检视了18个国家超过1000项政策。速览中政策的选择与国家的选择有关。速览包括了基于经济原理的当代政策以及对选出的国家里的那些政策的评估。这项研究并不是对每一项政策的独立评估，它给读者提供了最新的创意产业国家政策的趋势。

二　创意产业

创意产业的概念出现在20世纪90年代，它从英国1997年的“创意产业特别工作组”中脱离出来。特别工作组的第一个报告包括了流行至今的创意产业的定义：“源自个人创意、技巧及才华，通过知识产权的开发和运用，具有创造财富和就业潜力的行业。”②

尽管这个定义比较流行，但我们不能将其视为国际上广泛接受的创意产业定义，因为还有许多其他的定义。此外，该定义也被人批评在定义产业和部类时模

① Compendium of Cultural Policies and Trends in Europe website www. culturalpolicies. net.

② 见DCMS网站www. culture. gov. uk。

糊不清，不符合标准的经济实践。还有一种批评说这种定义包含了13个门类，过于宽泛。例如，有评论者就对将广告或者软件开发作为整体收纳进来表示质疑。其他评论者表示一些活动应该但是并没有被纳入，比如文化旅游。

关于英国创意产业特别工作组所做的定义的讨论反映了现在许多国家在创意产业上的部分争议：包括什么？不包括什么？事实上学者和政策制定者做了很多定义，有一些较宽泛，其他的一些较窄。还有一个事实是有许多国家的政策文件和文献使用创意产业的时候不作明确定义，也不用数据来说明和比较。

关于定义最后一点要说明的是对于一些研究者和政策制定者来说，创意产业和文化产业是一样的。比如，像赫斯姆德哈尔格与普拉特（Hesmondhalgh & Pratt, 2005）这样的作者将创意产业视为文化产业更流行的同义词。① 其他人看到了二者的不同，认为文化产业发展成为了创意产业（Cunningham, 2002）。② 这种对创意产业描述的多样性，或者可以称之为歧义，毋庸置疑使得我们的国际比较研究变复杂了。尽管如此，它一点也不妨碍我们寻找国际最好的实践。

在欧洲，关于创意产业的讨论最近才开始。随着文化产业越来越多的国际讨论，欧洲议会于2003年向欧盟委员会提出特别请求，以确认优先行动来推动文化产业，并考察是否可能草拟一个文化与创意产业定义（European Parliament, European Parliament Resolution on Cultural Industries, 2003）。欧洲议会要求委员会详细制定一项研究来绘制文化产业欧洲地图。欧洲议会关于文化产业的决议（2003）强调了发展欧洲文化产业指标的需要，使得欧盟统计局文化产业统计与国际标准一致，并收集就业、知识产权等数据。

直到现在，在欧洲还没有文化与创意产业的官方定义。成员国认可的文化定义是欧盟统计局的定义（Eurostat, Cultural Statistics in the EU - Final Report of the Leadership Group on Cultural Statistics [LEG - Culture], Luxembourg 2000）。依照欧盟统计局的定义，与文化政策有关的活动涉及包括所有的艺术与纪念遗产、图书和出版、视觉艺术、建筑、表演艺术、视听媒体/多媒体等在内的文化产品与服务的保存、创造、生产、分销、贸易和教育。（见表1）

---

① Hesmondhalgh, D. and A. Pratt (2005) Cultural industries and cultural policy. International Journal of Cultural Policy, 11 (1): 1-13.

② Cunningham (2002) From culture to creative industries: theory, industry and policy implications. Media International Australia, Incorporating Culture & Policy, 102: 54-65.

表1 欧盟统计局文化统计领导小组对文化的定义

艺术与纪念遗产	历史遗迹 博物馆 考古场所 其他遗产	表演艺术	音乐 舞蹈 音乐剧院 戏剧剧院 多学科 其他(马戏、童话剧等)
视觉艺术	视觉艺术(包括设计) 摄影 多学科		
建筑		影音媒体/多媒体	电影 广播 电视 录像 录音 多媒体
档案馆			
图书馆			
图书与出版	图书 报纸与期刊		

《欧洲文化经济（2006）》建议了一种新的文化与创意产业定义。它区分了：由传统艺术领域和其产出单纯是文化的文化产业所组成的文化部门；用文化来提升非文化产品的附加值的现有产业和活动的创意部门。(见表2)

表2 《欧洲文化经济（2006）》中提出的文化产业（灰色部分）与创意产业（白色部分）的界定

圈　层	部　门	分　支	特　点
核心艺术领　域	视觉艺术	手工艺、雕塑、绘画、摄影	非产业活动 产品是原型和"潜在的版权作品"(比如这些作品有高密集创意应该合法拥有版权,但它们并没有系统地注册过版权)
	表演艺术	剧院、舞蹈、马戏节庆	
	遗产	博物馆、图书馆、考古场所、档案馆	
圈层1:文化产业	电影与视频		旨在大量复制的产业活动 基于版权的产出
	电视与广播		
	视频游戏		
	音乐	唱片、现场音乐表演、音乐著作权集体管理组织	
	图书与出版	图书出版、杂志与报刊出版	
圈层2:创意产业与活动	设计	时尚设计、平面设计、室内设计、产品设计	活动并不一定是产业化的,可能是原型虽然产出基于版权,但可能也基于其他知识产权的投入(如商标) 创意的使用对于表现这些非文化部门是必不可少的
	建筑		
	广告		
圈层3:其他产业	PC制造、MP3制造、手机产业等		这一分类是松散的,不可能在明确标准的基础上进行描述;它包括了许多其他的经济部门,依赖于前面的几个圈层,比如信息通信技术部门

资料来源：The Economy of Culture in Europe (2006)。

我们将欧盟统计局的定义与《欧洲文化经济（2006）》提议的定义视为我们国际比较研究的重要起始点。另一个对该项目重要的考量来自荷兰政府《我们的创意潜能（2005）》（Our Creative Potential）。我们采纳了文件中的一个原则：实现“创意产业、文化产业、艺术或者娱乐之间无规范性的差异：它涉及所有以创意作为关键生产因素的产业”。这是一个非常重要的观察，因为这些规范性差异在各个国家里会有所不同。

在我们的比较分析中，我们大致把所有文化领域分为三个组：艺术（表演艺术和摄影、视觉艺术和文化事件等）；媒体与娱乐（电影、音像部门、文学和新闻等）；创意商业服务（设计、时尚、建筑、新媒体和游戏、广告等）（见表3）。

表3　创意产业分支

	创　作	生　产	分销与零售
艺　术	视觉艺术与摄影 表演艺术：音乐、舞蹈、戏剧 休闲中心、文化活动组织	视觉艺术与摄影 表演艺术排演：音乐、舞蹈、戏剧 CD与DVD复制与出版 休闲中心	博物馆与展览区、展览、艺术拍卖、艺术图书馆、美术馆 剧院与音乐厅 CD与DVD商店 休闲中心、文化活动
媒体与娱　乐	电影：概要、剧本和其他预产品 广播和电视：内容同上 文学：小说、诗歌、非小说 新闻	电影制作，包括配套活动 广播和电视节目制作 出版商与印刷厂 日报的出版与印刷	电影发行、电影院、音像店 广播机构 公共图书馆、书商 公共图书馆、书店和报刊亭
创意商业服务	工业设计、时尚设计、平面设计 创意信息通讯技术：游戏、多媒体 建筑、城市规划设计、园林设计 广告	家具、服装、眼镜架、汽车制造等 创意信息通讯技术：游戏、多媒体 民用、商业和工业建筑，项目开发 印刷业	服装、眼镜、家具、汽车等贸易 电脑与软件贸易 项目开发、房地产交易 其他广告服务

资料来源：The Mapping Document（2005）和Our Creative Potential（2005）。

这种分类取自荷兰经济部与教育、文化和科学部在《路径文件（2005）》和《我们的创意潜能（2005）》中对荷兰创意产业的定义。这个定义与欧盟统计局文化统计领导小组（2000）和《欧洲文化经济（2006）》的定义一致。这种分类是探索研究的起始点，认可这种分类有助于我们避开对定义问题的讨论。

欧洲定义和荷兰定义之间一个重要的不同是后者也包括所谓商业栏目。《路径文件》区分了三个阶段：最初的创意；生产；分销和零售。

这三部分由表3来说明。从表3我们可以得到两个定义：狭义的定义只包括了最初的创意部门而广义的定义包括了从事生产、分配和销售的创意部门。注意广义定义仍不包括“创意商业服务”（creative business services）中的生产、分销和零售。在《路径文件》中认为这种不包括是由于它与创意的联系非常弱。

正如前面提到的，我们选择了路径文件的广义定义，但我们认为有必要介绍一下本研究所作的一点修改。我们在商业栏目中挑选两个而不是三个阶段，主要代表创意阶段以及市场性：创作与生产（我们将严格的创意产业定义与部分广义定义结合起来，包括一部分涉及生产的创意产业）；分销与零售（市场性）。

关于这一修订的争论是，有时候很难去区分创意产品的创作和生产。

三　创意产业国家政策

路径文件强调了两个世界之间的联系——文化与经济。这种联系有几个方面。比如：文化如何帮助经济发展（尤其是提供文化氛围）？或者反过来，要维持一定程度的文化供给，需要经济发展到什么程度？这个研究的一个关键问题是：如何挖掘文化的经济潜力？这是创意产业，更具体说是政府介入激励创意产业的切入点。在我们讨论政府介入的方式之前，要先理解创意产业的特殊之处。卡诺（Canoy）、纳惠斯（Nahuis）和瓦戈米斯特（Waagmeester）（2005）总结了一些创意产品的特征。[①] 表4列出了“创意产品的特征”。这些特征考虑到了需求方、供应方和市场结果。这些特征同时也对比较研究有用，它们将鼓励各国政府出台国家创意产业政策。

---

① Canoy, M., Nahuis, R. And D. Waagmeester (2005) De creativiteit van de markt; verkenning van de rol van deoverheid bij creatieve industrieën. No 90, Centraal Planbureau CPB, Den Haag.

表 4　创意产品特征

需求方	无人知晓	一般而言新的文化产业有更多不确定性和更高风险
	时光飞逝	文化产品优势丧失相当快
供应方	小即是美	创意产业以小规模生产为特征
	为艺术而艺术	许多创意人因内在动力而工作(财政补偿不是创意的主要动力)
	复杂的相互作用	许多创意产品都是不同专业团队合作的结果
	一个还是多个	产品可以被复制吗?
市场结果	每个人都有收获	需求、供应与水平不同;注意创意产品没有完美的替代品
	优者自优	产品分化导致了垂直分化
	永恒的名誉	有一些创意产品创造了永恒的文化价值

在比较研究中应该考虑什么政策？标准文化政策（比如对传统博物馆或者现代舞蹈演出提供财政支持）并不是研究的首要考量。关键问题是：什么政策能保证创意产业最大限度地为一个国家做贡献？或者更明确地说：什么政策更能激励创意产业发展？

在这份速览中我们选择了最务实的方式：考虑同时应用于其他行业、其他环境以及与创意产业特别相关的政策领域的主流经济政策。比较研究考虑了对创意产业经济发展非常重要的 7 种政策类别，分别是创新、创业、获得风险投资、（国际）市场开发、创意集群、知识产权以及其他相关政策，前五种围绕当前流行的经济政策决策主题，第六种（知识产权）与创意产业密切相关，第七种是杂类。在这个比较研究中，我们包括了激励政策、目标政策和调整政策。

在这个国际比较研究中，我们将这七类经济政策与创意产业的广义定义相结合——三个领域及商业栏目中的两个阶段。我们又加入了与这项国际比较研究相关的两个要素。各国政府给创意产业制定专门的还是一般的政策？一般政策指的是应用在三个不同的创意产业领域但内容没有差别的创意产业政策。专门政策是只针对一个或者两个创意产业领域的政策。研究中的最后一个问题是：这些政策是要各国政府直接干预还是要激励地方政府来制定创意产业政策？

四　政策的总体趋势

在我们分析创意产业各类相关政策之前，这一部分讨论这些政策发展中的一些总体趋势。

(一) 对创意产业潜力认知的提高

这项针对选定的国家进行的开拓性研究清楚地揭示了各国政府对于经济潜力的兴趣摇摆不定。很多国家自英国1998年的《创意产业路径文件》发表之后也开始委托进行创意产业经济影响的研究。表5列出了一些国家对该研究的路径文件。这些研究刺激了国家对于创意产业重要性的讨论，导致了创意产业国家政策的发展。自2000年以来的国家创意产业政策的高速发展很明显是国家认知提升的标志。此外，在还没有开始进行国家评估的葡萄牙与德国也增加了对它的关注。葡萄牙如今将他们的政策调整为旨在建立创新与经济之间更紧密的联系。在德国议会，创意产业被提到更高的议事日程，很多党派都支持德国创意产业路径文件。

表5 创意产业（的影响）的路径或者探索文件

英国	文化、媒体与体育部门:《创意产业路径文件》(Creative Industries Mapping Document)	1998
丹麦	贸易与产业部以及文化部:《丹麦的创意潜力——文化与商业政策报告》(Denmark's Creative Potential——Culture and Business Policy Report)	2000
英国	文化、媒体与体育部门:《创意产业路径文件》(Creative Industries Mapping Document)	2001
德国-北威州	北威州经济与能源部:《第四次文化产业报告》(4th Culture Industries Report)	2002
澳大利亚	澳大利亚通信、信息技术与艺术政府部门以及信息经济国家办公室:《创意产业集群研究》(The Creative Industries Cluster Study)	2002～2003
新西兰	新西兰经济研究院:《新西兰的创意产业:经济贡献》(Creative industries in New Zealand: Economic contribution)	2002
西班牙-加泰罗尼亚	加泰罗尼亚文化产业研究所:《加泰罗尼亚文化产业手册》(Handbook on the Cultural Industries of Catalonia)	2002
奥地利	曼德尔(Mandl)等人为联邦总理府、奥地利联邦共和国经济与劳动部、奥地利联邦经济议院撰写的:《第一份奥地利创意产业报告》(Erster Österreichischer Kreativwirtschaftsbericht)	2003
新加坡	贸易与产业部:《新加坡创意产业的经济贡献》(Economic contributions of Singapore's Creative Industries)	2003
奥地利-维也纳	雷森博格(Ratzenböck)等人为维也纳(欧盟战略与经济发展委员会)、维也纳商会、维也纳电影基金会撰写的:《维也纳创意产业潜力经济分析》(Untersuchung desökonomischen Potenzials der Creative Industries in Wien)	2004
荷兰	荷兰经济事务部以及教育、文化与科学部:《文化与经济:我们的创意潜力》(Culture & Economy: Our Creative potential)	2005
奥地利	曼德尔(Mandl)等人为联邦总理府、奥地利联邦共和国经济与劳动部、奥地利联邦经济议院撰写的:《第二份奥地利创意产业报告》(Zweiter Österreichischer Kreativwirtschaftsbericht)	2006
比利时-弗拉芒	弗拉芒创意区:《弗拉芒创意产业》(Creatieve Industrie in Vlaanderen)	2006

（二）促进创意产业：经济政策或是文化政策

关键问题是：创意产业主要是经济政策主题还是文化政策的主题？“产业”这个词表明它是经济政策，这个开创性研究显示各国政府认为它二者兼具。最有趣的政策结合了文化目标（多样性、特色和分布）和经济目标（创新、创业、出口、投资、集聚和经济增长）。有越来越多的人认为文化和创意直接或间接地对经济发展做出了贡献。话虽如此，包括在这项研究中的政策计划表明大多数促进创意产业经济发展的政策来自于文化行业，并且也受他们资助。如表6显示，在前五类的政策中，多数是涉及经济政策决策者和经济资金或涉及文化政策决策者和文化基金的。应谨慎地看待该表，因为要汇总政策计划对应的复杂现实是相当困难的事情。然而，对经济潜力的认识虽有所增加但仍没有给主流经济政策和文化政策带来一个适度的平衡。

表6　创意产业：经济政策还是文化政策？

单位：%

	经济原因和资助	文化原因和资助		经济原因和资助	文化原因和资助
创　新	<50	>50	市场开发	<50	>50
创　业	<50	>50	创意集群	>50	<50
风险资本	>50	<50			

（三）什么样类型的创意产业政策

事实上有4种类型的创意产业政策。第一类是没有针对创意产业的一般经济政策，创意产业被视为一个普通的经济行业；第二类是考虑到创意产业的具体情况的一般经济政策；第三类是为全体创意产业专门制定的政策；第四类是涉及创意产业子行业的具体政策。

速览的中心部分涉及第二、三、四类政策。速览指出，创意产业不会被排除在一般经济政策之外。然而，在第二、第三和第四类的许多政策中，关于调整现有的还是建立新的政策的争论是创意产业很难符合这些通用政策的支持标准。此项研究中的大多数国家对创意产业的子行业（如设计、视听、媒体、游戏）有具体的战略方案。

（四）创意产业的全面国家战略：一个新兴趋势

在此研究中的大部分国家对创意产业没有一个全面的、长期的国家战略。尽管如此，拥有创意产业国家综合战略的国家数量正在增长（奥地利、芬兰、新加坡、英国等国家都是很好的例子）。

正如上面提到的，大多数国家对创意产业的子行业都有战略方案。有人可能会得出结论，这些子行业的战略可能会和整个创意产业的大战略发生冲突。这篇速览不支持这一结论。相反，一个国家的创意产业战略框架可以和创意产业子行业专业计划产生协同互补作用。

（五）提交创意产业政策

创意产业政策和刺激子行业的政策的提交越来越多地由各个相对独立的机构来执行。这些机构的经费来自不同公共源，并且他们负责一个或几个类别的政策（创新、创业、市场开发）。例如，刺激创新是英国国家科技艺术基金会面临的主要挑战，英国国家科技艺术基金会对于那些创意企业家有具体支持方案。

（六）各国政府相对于下面各级政府扮演何种角色

各国政府在创意产业政策中扮演何种角色？什么应由地方解决？什么应由国家解决？这个问题没有明确的答案。这在很大程度上取决于政策的类型。各国政府是牵头国际市场开发、风险投资计划和版权政策（有关超国家的政策）。地方和地区政府在创意集群政策和创业中起领导作用。由于各级政府都参与，创新政策的总体情况则更为复杂。然而，各国政府统管着最重要的创新政策方案。

（七）国家在创意产业业务列中是否考虑先后问题

创意产业明确的战略还提出了重点和先后问题。在某些情况下，经济政策的重点是创造更多，而其他国家优先考虑营销。不过，多数国家一方面既有创造和生产的明确政策；另一方面又有营销的政策。一般来说，后者比前者能更好地整合到标准的经济政策中。

（八）什么是创意产业最流行的经济政策

在选定的国家里，创新、创业和市场开发是创意产业最流行的经济政策。风险投资正变得越来越重要，但并不属于这一范畴。我们发现了创新集群政策有趣的例子，但大多数创意集群的发起来自于地方政府。修正案和新的知识产权法案正在制定，来面对数字社会的挑战，并在鼓励创作和传播受保护的作品间找到一个良好的平衡点。

五　创新

创新政策是此次调查中最大和最广的政策领域之一，其中出现了几种不同及互动的趋势。

（一）提升研发

首先，创意产业的创新是指技术创新（例如，新媒体）以及非技术创新（例如，设计和创造性的合作）。后者在创意产业中尤为重要。一般来说，文化政策可以被看作是创意产业中创新政策的一部分：文化被视为创意产业的研究工作实验室（例如，资金刺激创意产业的先行者，以独立电影业为例）。无论是技术驱动还是非技术驱动的研发，都是建立强大创意部门和开展创新工程的关键战略。制定研发方案和设立资金来鼓励那些对国家文化发展至关重要的创意学科，或促进文化和工商部门间的项目，抑或更好地利用有前景的技术。

（二）设计的力量

许多国家已开展了全国性的设计项目。在这一领域，创新政策的目的是促进推动设计业，并通过赞助、设立奖项及比赛来提升良好的设计。设计被公认为是国际竞争和技术成功中的关键因素。

设计还被看成是使公司更具竞争力的战略工具。一些制度和政策已修订，使得对作为创新工具的设计有了更好的理解认识和使用。挪威设计委员会最佳设计奖背后一个重要的目的是激励设计师参与战略性设计；“设计·新加坡”（Design Singapore）的一个目标就是把设计作为战略工具整合到公司中去，来推动创新与发展；丹麦设计中心提出了一个类似的理念：设计 + 商业 = 更好的商业。

（三）新媒体、数字化和数字内容战略的发展

新技术开发和新媒体可以有力地加强创意产业的经济潜力。若干具体政策、

奖励、资金和比赛已经制定，以刺激新媒体艺术与使用新技术的新的作品。

国家在政策上推动档案馆、图书馆、博物馆和其他文化机构里的文化遗产的数字化，来改善文化遗产保护，并且给研究、教育以及协作学习提供了机会（例如，挪威数字图书馆和新加坡图书馆 2010 年报告）。数字内容产业被视为一个新的经济增长引擎。数字内容战略在世界范围内展开，其目的在于吸引投资，加快新媒体数字文化内容的发展。（例如，澳大利亚数字内容战略、数字内容产业行动纲领；爱尔兰数字内容产业战略、数字内容督导小组；新西兰数字战略、国家内容战略；韩国内容生产技术发展服务与数字内容产业推动政策；英国数字战略、创意产业特别工作组、数字内容论坛等）。

（四）游戏产业

游戏产业在媒体业所占的份额日益扩大，在内容的创新上日益重要。政府已经出台了具体的政策，使得游戏产业更具竞争力，在出口行业中变得更为重要。例如，建立游戏发行的海外合作网络，设立奖项来鼓励创造和革新。由韩国游戏产业局以及芬兰国家游戏业务中心开展的计划、Neogames 研究和教育以及最近法国批准的游戏税收减免都是很好的例子。

（五）网络、创意合作以及合作战略的建立和培养

通过相关政策和计划的制订来共同资助不同行业和成员之间、交叉学科之间的创新合作。这样的一种途径可以影响和激励创新。这类计划将有助于减少文化行业和商界之间战略伙伴关系形成中的一些障碍。

英国国家科技艺术基金会关联计划（NESTA Connect）是这种方法最好的例子之一，它旨在支持各学科、组织和地方之间的合作。该方案探讨了协作如何影响和激励创新。最近，在加拿大安大略省，一个类似的基金应运而生。2006 年 9 月，文化部在加拿大安大略省发起了娱乐和创新集群合作基金（伙伴基金），由安大略省媒体发展公司共同参与管理。这项为期三年的基金旨在促进安大略省创意和娱乐产业的长期增长，鼓励公司与教育研究机构、公共部门和其他机构致力于创新和保持警觉，尤其是应对创造、分销和传送技术的重大变化的商业团体之间保持合作和长期伙伴关系。

对于整个体验经济，作为一个更全面和综合的办法，瑞典知识基金会在

2006 年提出了方克（FUNK）增长模式，以扶植瑞典的体验产业并促进行业和学科间的交叉合作。

（六）具体的资金、补助、奖励和支持

若干政策分别具体针对了建筑、艺术、电影、设计、游戏产业、音乐和戏剧，促进在这些子行业的创新。总的来说，最成熟的创新政策关注着影像和设计领域。新加坡土地利用规划局的 A. UDE 促进计划，其目的在于推动建筑和城市设计中的创新。另外还有澳大利亚电影委员会的政策。这些都是很好的例子。此外，奥地利创意经济推动计划（IP Impuls Programm creativwirtschaft Austria）被看成是奥地利国家银行和奥地利商会的一次成功的合作，促进了在音乐、多媒体和设计等领域的中小企业的创新和经济活力。

大多数选定的国家和地区都已经制定出了具体的政策来推动创意产业中的创新。研发，不论是技术的还是非技术的，都已成为发展强大的创意行业和创新项目的关键战略。游戏和设计产业为两种类型的创新提供了范例。许多国家的政府正在制定政策和计划，建立和扶植网络，创建各行业各学科间的合作关系并制定其合作战略，为的就是影响和刺激创新。在这方面的政策措施主要都是针对创作和制作阶段，并具体到了创意产业的各个子行业。

六　创业

对于政策制定者和大部分选定的国家和地区而言，促进创意产业中的创业是如今很时髦的一个主题。通常来讲，有两种方法可以刺激创意产业领域中的创业：其一是将创意产业纳入那些推动创业的主流经济政策中去；其二是为创意产业中的创业量身定制政策方案。

（一）将创意产业纳入主流经济政策

第一种方法是将创意产业明确纳入促进创业的主流经济政策中去。北威州的 Go！项目就是这么一个例子。在这个项目里，创意产业被视为是 7 个特殊目标群体中的一个而受到了特殊的安排。通常情况下，由负责经济发展的各部委（或者独立机构）来管理这些政策。

（二）量身定制的政策方案

第二种方法是为企业家在创意产业中的创业量身定制新的政策方案。这些政策方案被整合到宽泛的创意产业政策中，也容纳入更广的文化政策里，或者它干脆就是全新的独立的创新创业政策。对这些政策方案的监管交由已成立的经济文化机构或者新成立的组织来执行。

（三）特别培训项目

这些度身订造的政策是如何推动创业的？首先，一些国家已为创意人群开设了一些特别培训项目。其中一个有趣的例子就是英国的“洞察”（Insight Out）项目。“洞察”项目给满怀创意的人提供创业培训。这个项目由英国国家科技艺术基金会负责，但同时也和英国的文化组织，高等教育机构和其他支持机构紧密合作。“洞察”是创意产业领域里推动创业的一个实例，还有许多例子是关于艺术、建筑、设计、电影及媒体的具体政策的。新加坡能力开发计划是刺激媒体行业的一个项目，通过投资让雇员接受本国与国外的一些专业的课程培训来提升自己。新加坡媒体发展管理局也共同出资赞助了这样一些可以提高创意才能和经营管理技能，同时又可以了解新兴技术的课程。

（四）给专业咨询服务提供资金支持

其他的项目是通过（合作）资助专业咨询服务来激励创业。维也纳“起航专家”（Departure Experts）计划给包括市场调查、国际化、知识产权的开发、商业合作、合资等的优秀建议的实际利用和操作提供了50%的资金支持。“起航专家”计划涵盖了创意产业中很大的一块。英国音像产业行业技能委员会的电影技能项目可以给个人、公司提供培训经费，也给予那些参与和提供电影专业培训的培训方一定的资金支持。

（五）创意企业家研讨会

另一个流行的主题是举办研讨会，其间企业家可以自由交换经验。弗拉芒创新开发区（由弗拉芒政府2004年创立）举办的研讨会是其中一个例子。另外还有很多实例，大多数都是涉及创意产业特殊分支的。研讨会也会与一些活动相结合，比如北威州的 c/o pop 音乐节。与开办企业、工商管理、市场营销、产权有关的研讨会能与电子音乐的盛会相结合。这样的手段在电影业里也很常见。

（六）特别奖学金

在某些情况下，特别奖学金也是一种激励创业的工具。例如，受雇于弗拉芒创意行业或者弗拉芒公共行业的专业人员可以申请两份弗拉瑞克鲁汶根特管理学院创新与创业大师班的奖学金。有趣的是，丹麦政府想在艺术教学里加入更大一部分商业方向的元素，这也是多年教育协议的一部分。这样做的目的是使学生可以更加轻松地来调整自己，迎合未来的就业市场，并且向自由职业者或是自雇人士的过渡变得更为容易。

（七）领导力计划

一个新兴的趋势是鼓励领导者开发创意产业的潜力。在英国有一个特别的创新项目，叫做“文化领导力”计划。

（八）教育方案中设计与创新的整合

另一个有意思的运作是把设计和创新整合到儿童、青少年和学生的教育方案中去。最近，土耳其教育部在 6 ~ 8 年级学生的公共教育课程里开设了“技术与设计”课程。英国一个名为“让设计走入校园”的试点项目将设计师和全国的中小学校紧密地联系在一起。澳大利亚“文化沟通”计划给澳大利亚所有中小学校的艺术文化项目以及艺术和文化教育理念提供建议和帮助。诚然，短期内这些举动并不会培养出更多的创意企业家。这些举动旨在激励、创新和提高人们对设计和创新的认知。

应该提及的是，在现有的地方、区域和国家范围内的激励创业的项目中，创意企业家同样受到欢迎。在其中一些国家，政策制定者并没有意识到创意产业对相应具体政策的渴望，创意企业家的待遇和其他企业家一样，别无二致。不过，总的来说，在挑选出来的国家和地区里，大多数都已经制定了具体的政策来推动创意产业中的创业。多数行动都是由政府部门、传统文化机构、（高等）教育机构和一些创意产业（分支）专业机构共同发起的。有时，经济发展机构或经济部也包括在内。

七　风险资本的获得

（一）创意产业风险投资的获得

仅有少数国家制定了政策来增加风险资本进入创意产业的机会。在欧洲，第一个就是法国。1983 年，法国文化部和经济财政部创建了资助文化产业的机构。这个信用机构的任务是通过银行融资来支持法国文化产业的发展。最近英国提高了对创意产业的资助，强调了确保创意产业持续增长的重要性。"关键问题不是能否获得资金和商业发展服务支持，而是创意行业如何获得和利用这些资金和支持。具体来讲，许多创意行业利用资金、建议和专家等资源的能力和习惯较差，这也抑制了创意产业的效率和成长"（英国文化、媒体与体育部创意经济项目资金业务支持小组）。[①]

研究表明，在不久的将来风险资本政策将会变得越来越重要。芬兰 2005 ~ 2010 年文化出口项目（属芬兰教育部、外交部和贸易工业部）的一个目标是推动文化创意和文化生产行业中的资本资助。风险资本和项目基金将由芬兰贸易工业部、芬兰担保委员会（国有出口信用机构）、芬兰工业投资有限公司（国有投资公司）以及如创意产业管理有限公司[②]（私有公司）一类的创意产业风险投资基金一起推动。在比利时，弗拉芒政府最近设立了名为"文化投资"（Culture Invest）的项目。这不仅提供了风险投资的渠道，而且还将所获得的利润再投入到创意行业当中。

（二）创意产业子行业的风险资本的获得

为了获得更多资金支持，"创意新西兰"（Creative New Zealand）、Te Paerangi 全国服务部[③]以及文化遗产部的基金信息服务部在 2007 年共同启动了一

---

① 文件可以在 www. cep. culture. gov. uk 下载。

② 创意产业管理有限公司是基金管理和风险资本家的私人公司。它在 2000 年创建于芬兰，负责创意产业（娱乐、教育和知识产权产业）的创意产业管理风险基金。

③ Te Paerangi 全国服务部是新西兰蒂帕帕博物馆中的一个部门，其任务是通过给新西兰奥特雷各地的博物馆提供实际和战略性帮助来增强博物馆行业。

个搜索引擎，旨在帮助文化组织和个人搜寻潜在的资金源，用于他们的项目。资助指南是由文化门户网站 NZLive. com——新西兰文化在线主办的。加拿大遗产部和皇家银行在 1998 年启动了图书出版商贷款计划，以帮助加拿大图书出版商获利，并且为他们争取到更多的银行融资。韩国游戏产业局在评估游戏产业里的商机的同时，韩国文化与内容局正在促进韩国公司与国际企业的合作关系。韩国电影委员会设立了一项特殊的国际电影合作支持计划。新西兰电影委员会在 2004～2007 年的战略计划中希望电影行业中出现更多的个人投资和拥有更多的像合作制片之类的国际间合作投资的机会。“电影基金 2”（Film Fund 2）在 2006 年 7 月由新西兰电影委员会成立，为需要更大预算的新西兰电影融资及争取投资机会。总的看来，电影基金 2 希望和其他投资者一起分享不少于 50% 的利润。西澳大利亚电影资助发展机构 ScreenWest 建立了包含两个资助等级（占制作投入 15% 或 25%）的产业基金，通过动员和补贴其他那些资金源来增加融资的机会。ScreenWest 还成立了一个配套开发投资基金来配合西澳大利亚州的公司，或是国家或国际认可的广播或经销商所获得的项目发展基金。配合基金被视为一类项目投资，其额度上限为每财政年度每个申请人 25000 美金，每个公司 5 万美金。

仅少数国家制定了政策来增加创意产业获得风险投资的机会。不仅致力于增加创业和增加对创意产业中的融资和业务的理解，而且还在全球范围内提高银行和金融机构对创意行业投资机遇和商业前景的认知。创意产业最近也已开始寻求那些提供给一般产业的基金（例如，创业基金和技术基金等）。总的来说，问题不在于能否获得资金支持，而在于一边促进创业一边还要争取更多的资金支持。关于子行业的具体的政策也尤为重要。然而，研究表明，仍然需要加强建立创意产业、风险资本和其他资本以及商业网络之间的联系。

八　市场开发

许多国家都有具体的政策来促进创意产业的市场开发。国家政策干预该领域背后的想法是创意产业开发海外市场的时候，需要援手。“在海外发展你的创意业务”对相对较小的创意企业来说是种挑战。

（一）创意产业在战略中的整合，促进经济发展、贸易与投资

趋势之一是将创意产业整合到战略中，促进经济发展、贸易和投资。荷兰政府的创新平台已将创意产业定为四个关键领域之一。这四个关键领域已被纳入经济部的政策范围内了。新西兰贸发企业局（新西兰国家经济发展机构）已将创意产业定为“新西兰经济转型的关键之一”。[①] 其目标是，通过激活、连接和帮助创意产业，进行商业统筹，开发他们的市场潜力，进而加快创意产业行业的成长和加强经济活动中创造力和创新思维的利用。其中关键项目之一是“设计加成计划”（The Better by Design Programme）。该项目使世界一流的设计成为新西兰产品与服务的一个重要的区分因素，意在增加新西兰出口财政收入。创意产业也是英国贸易投资总署出口战略的一部分。英国贸易投资总署是一个政府机构，给英国公司提供贸易服务以及给海外企业提供投资服务，重点出口市场是中国、法国、德国、日本和美国。除此之外，他们为创意产业制定了一个国际营销战略。需要注意的是，促进创意产业并不是他们独占的领域。例如，英国文化协会也推动着创意产业。最后一个例子是推动瑞典出口的瑞典贸易委员会，他们将瑞典体验产业确定为瑞典成长性行业之一。[②]

（二）文化行业广义创意产业计划

国际经济主体将创意产业整合到战略中的例子包含了所有的子行业。我们也可以找到一些例子，它们是关于一类广义措施的。这些广义的措施源自文化和教育部门，包含了大多数的创意子行业。一个有趣的例子就是芬兰教育部提出的文化出口促进计划（Cultural Exports Promotion Programme）。

（三）为创意产业子行业专门制定的市场开发政策：电影和媒体

文化教育行业的创意产业促进出口的大多数例子不是通用的，而是为创意产业中某个子行业专门定制的。最发达的子行业通常是电影和媒体。法国电影联盟

---

① 新西兰创意产业包括银幕制作、电视、音乐、设计、服装、纺织品和数字内容。

② 体验产业涉及建筑、艺术、电脑游戏、设计、服装、电影/摄影、饮食、文学/出版、市场交流、媒体、音乐、表演艺术、旅游。瑞典体验产业的理念是从消费者角度出发，而创意产业是从供应方角度出发。

（Unifrance）是在世界范围内推广法国电影的组织的一个著名例子。它由国家电影中心（由文化部管理）直接监管，同时外交部也资助它。法国电影联盟“伴随着法国电影，从他们的销售到他们在国际市场上的分布”。该组织已具备关于50多个国家的市场的专业知识。它支持法国电影在国际电影节和国际市场上亮相与商业发行。通过它的网站和新邮件以及通过它在国外组织和支持特别的法国电影节，力争让法国电影获得最大的曝光率。法国电影联盟着重促进出口，而支持新电影的创作是另一个机构的责任。新西兰电影委员会既资助新西兰电影制作人（通过贷款和股权融资），又促进出口。后者是关于新西兰电影在电影节上的支持，通过与发行商建立联系，就好像拿着委员会财政资助的电影销售代理商。许多国家都有类似这两种例子的机构。

在有一些国家里，电影被包含在一个更广义媒体机构里，如安大略媒体发展公司。这个机构促进“创新、投资和安大略媒体行业的就业，如书籍出版、影视、杂志出版、音乐和互动数字媒体”。地方公司能为以上提及的在内容与营销基金保护下的子行业申请一系列的特别资助，并且它管理着这些子行业的大部分的税收减免。另一个有意思的举措是新加坡创意产业战略里的“媒体21”（Media 21）。新加坡相对较小的国内市场被视为是发展媒体内容的障碍。他们的想法是增加出口可以加快新加坡媒体行业内容的发展。一个内容发展基金已经成立，来支持基于新加坡的媒体公司的行动，与国外伙伴共同发展媒体内容。

（四）新来者：游戏

一个更近的现象是游戏产业的推动，如由法国外交部启动的法国游戏门户网站，与AJVC（法国电子游戏机构）的私人股东联盟合作。韩国游戏产业局因为它在国内和国外开发和促进韩国游戏产业上的努力而备受国际关注。他们的野心是成为全球三大游戏国之一。战略计划中的一个要素是促进国际合作和出口推广。韩国游戏产业局开始鼓励国内游戏公司参与国际活动并在国际展览会（有专门的韩国游戏展区）上代表韩国游戏产业。

（五）作为出口工具的设计

在设计领域里，我们同样可以找到一些特别的市场开发措施。我们以上已经讨论过新西兰“设计加成计划”。丹麦设计中心也在推动设计在丹麦公司里的运用。首要任务是从事商业推广活动，突出运用设计的经济潜力。为了市场开发，新加坡设计委员会给设计公司提供了一项双重税收减免计划。有资格享受该计划的公司允许扣除两份活动明细开支。这些活动例如设立海外市场办公室，参加交易会或展览会，制定一份外国市场目录以及做可行性研究。

总体的情况是，可以在大多数选出的国家中看到创意产业市场开发政策。一般来说，创意产业国际市场开发的方法和其他挑选出的行业并没有根本的不同。通常，创意产业的代表们会被邀请参与有关他们产业政策的微调。与此同时，创意产业市场开发的广义战略是来自于文化和教育领域。然而，大多数政策是专为具体子行业量身定制的。

九　创意集群

推动经济集聚区的发展在经济政策中已经变得很流行了，创意产业也不例外。创意集群的发展是因为创意产业有很强的地方性特色，依靠着地区生产网络。而且，他们通过特殊的空间逻辑和模式来操作：他们高度依赖相互的接近，顺其自然地就聚集起来。因为通过集聚、创意交流和网络，这样就形成了竞争优势、灵活的专业化和回报递增效应（Scott，2000）。[①] 文化产业主要被城市所吸引，并且坐落在城市里。它们往往是坐落在特定的城区和地区。今天每一座城市都想吸收“创意人士”，每一座城市都想成为“创意城市”，每一座城市都有兴趣举办大型文化机构和大型文化活动，规划创意集群。斯科特最近强调“仅仅有创意人的存在是肯定不足以维持城市创造力很长一段时间的。创造力需要调动和引导，才能出现在学习和创新的实践形式中”（Scott，2006）。[②] 创造力不能被从一个城市复制到另一个城市，“而必须是在特定的城市环境中，通过生产、劳动和社会生活之间复杂的相互交织，有机地发展起来”（Scott，2006）。所以创意集群政策与创新和创业政策密切相关。

芬兰在 1994 年启动了“国家专业中心发展计划”。由于十分成功，它已经

① Scott，A. J.（2000）The Cultural Economy of Cities. London：Sage.

② Scott，A. J.（2006）Creative cities：conceptual issues and policy questions. Journal of Urban Affairs，28（1）：1－17.

被延长了好几次，直至2013年。它的目的是集中地方、区域和全国的资源，发展选定的有国际竞争力的专业领域，促进大学和企业（尤其是中小企业）之间的技术转让。国家专业知识中心计划作为区域发展的手段，把国家责任下放给区域，增强区域实力，促进跨区域专业化与合作。选定的集群将被赋予战略地位，并成立专业发展机构来指导这些集群的发展，例如坦佩雷媒体有限公司和赫尔辛基顶点（Culminatum）公司。在新的2007～2013年国家专业知识中心计划中，芬兰政府批准了13个国家重大专业集群和21个专业中心发展。计划中包括的新领域有旅游、体验产业、文化、新媒体、在线学习以及设计、质量和环境专业知识。体验产业、文化、新媒体和在线学习属于数字媒体和内容制作（两个创意产业的领域和前一个计划中出现的新媒体合并到了这个新的专业领域中）。国家专业中心发展计划将各个创意产业行业分配到各个区域。

芬兰创意集群的一个著名的例子是赫尔辛基的阿拉百浪大（Arabianranta）。它结合了商业、教育和社区发展中的艺术、设计和技术，目的是在2005～2010年间在波罗的海地区建立最重要的艺术和设计中心。

创意集群通常是由地方或区域政府以公私合营的形式发起和发展。尽管各国政府也认识到推动和促进这些集群发展的重要性。创意集群政策通常是旨在建立创新或有竞争力的集群的国家产业战略的一部分。在国家层面上出现的趋势是发展通过艺术、新媒体与技术、教育、商业之间的密切联系促进创新的创意集群。所以创意集群的政策与创新和创业政策密切相关。

十　知识产权

知识产权法应该鼓励创新，并且确保对创作者的奖励。然而，由于大公司占有特许权使用费的最大份额，最后知识产权法还是给予了不平等的利益。这样的情况时有发生，因为大多数作家并不擅长把他们的作品推向市场，所以他们不得不与大公司（如主要的电影和唱片公司）达成合作协议。正如塔斯（Towse）（2006）[①] 指出的那样，“在奖励艺术家和其他创作者时，版权法的效力似乎是有

① Towse, R. (2006) Copyright and creativity: an application of cultural economics. Review of economic research on Copyright Issues, 2 (2): 83－91.

限的，而另一方面它显然给那些支配着创意产业的大公司提供了不成比例的利益。这些大公司包括主要的电影和唱片公司，印刷和广播公司以及其他的一些”。为了奖励或鼓励创新，其他措施正在实施，例如补助、贷款、为文化产品的生产寻求风险投资或者其他的一些计划，如固定书价。版权其实是一个“暂时的垄断”。它可以被利用来在市场上向用户索取更高的价格，于是常常形成一个恶性循环：知识产权越强，价格越高，盗版越有可能发生。

近年来，知识产权法变得更为强大。通常来说，国家当局在这一领域的权力是有限的。1996 年 12 月，《世界知识产权组织版权条约》和《世界知识产权组织表演和录音制品条约》被 100 多个国家正式接受，其目的是使现有的国际版权公约适应数字技术。

一些经合组织国家已经延长了版权期限。艺术家转售权使艺术家意识到有权获得转售他们艺术作品的酬金。

众多的版权集体管理协会负责作品复制和传播的权利。在音乐行业，版权集体管理协会开发了复杂的许可证发放机制来保护互动多媒体社区里的版权。然而，由于网络的加速利用，正确地界定那些收集版权的机构的类型变得相当复杂。欧盟委员会最近的一项研究——关于跨境版权集体管理的一个社群举措——旨在提高对在线音乐服务的跨境许可。欧盟委员会提供了一些建议：a. 顺其自然；b. 建议增强成员国内国家集体版权管理机构之间的跨境合作；c. 给权利人额外的选择，为其音乐作品在欧洲范围内的在线使用授权一个版权集体管理机构。

知识产权面临的主要挑战来自于文化产品的数字化进程和其在互联网上的传播：激励创作和保护与传播之间的矛盾。各国正在制定修正案来面对数字社会的挑战，反盗版计划已经制定。政府也正在尝试着在适当激励创造与受保护作品的传播之间，在对网上内容新技术的创新利用与减少网络盗版，对相关知识产权的必要保护之间找到一个平衡点。知识产权的一项新的且公平的运用正在被推广。在信息用于教育与文化目的，用于促进创新，用于研发活动时，允许有例外。在现有的知识产权法里，新的许可措施已经出现，如著名的“创作共用”。

西班牙新的知识产权法和法国的数字版权管理局的建立都是在尝试应对这些挑战和问题。在涉及信息社会中创作者权利的新的版权法方面，法国于 2006 年 8 月创立了独立的数字版权管理局（正式启动于 2007 年 4 月）。该管理局的目标是在尊重创作者权利的前提下，促进音乐和电影在互联网上的使用。它将认可数字版权管理体系的互通性，并且允许个人拷贝。

十一 其他政策

在这部分，我们讨论一些不适合其他分类但是在现如今的研究中不应被忽视的政策，例如有除前面提到之外的其他目的的国际合作和财政政策。

（一）国际合作

北欧地区的国际合作是一个很有趣的发展。北欧在文化和创意产业领域的合作是世界上独一无二的。它或许同样是一项有益于其他欧盟成员国的战略。

在亚洲，一些合作行动已经展开。2005 年，亚洲电影学院和亚洲电影网建立，为的是加强合作和进一步发展亚洲电影产业。在新加坡，新加坡资讯通信发展管理局创办了游戏联盟。这是新加坡公司的企业网络，帮助游戏公司增加在亚洲的市场准入。它的成员遍布超过 13 个亚洲国家，包括了游戏开发商、发行商和服务供应商。

（二）其他财政政策

其他财政政策涉及符合一定标准的创意产业的税收减免、特殊财政制度以及对除了前几章提到的目标的补贴。一般来讲，这些国家制定了政策，通过税收减免和捐赠计划，鼓励成立基金会，或增加在文化机构和文化慈善事业的筹款（如，荷兰文化慈善计划、新加坡国家艺术理事会合作计划），① 来促进和提高对艺术家的个人支持。至于税收减免和税收优惠，大多数可以在电影产业里找到。

为了增加几个艺术学科的长期可持续性和可行性，作为新南威尔士（澳大利亚）艺术、体育和娱乐部门的一部分，新南威尔士艺术（ArtsNSW）制定了具体的筹资机会。尤其是舞蹈和戏剧，可以作为新的战略举措申请资助。这些新的战略举措需对新南威尔士艺术产业的发展有明显且长期的效果。

---

① 若想全面了解 2000 ~ 2005 年欧洲的艺术融资体系，请参阅 Klamer, A. , Petrova, L. and A. Mignosa (2006) Financing the Arts and Culture in European Union. Brussels: European Parliament。

十二　最终结论和评论

速览展示了挑选出的一些政策。在荷兰以及欧盟，这些政策可能是对创意产业争论的一个冲击。它检视了不同类型的经济政策的发展趋势和案例：创新、创业、获取风险投资、（国际）市场开发、创意集群、知识产权和其他政策。此外，速览讨论了创意产业国家政策的大体趋势。观察到的最重要的一点是，创意产业的国家政策往往同时为经济和文化目标服务。毫不奇怪的是，在不同的政策分类中，伙伴关系与合作是一个重复的主题。目标的结合也是两个完全不同的政策领域间矛盾的潜在来源。文化可以被视为创意产业和其他产业中对创新的刺激，这个想法同时挑战了经济和文化的政策制定者。

最后，对想要建立国家政策计划来刺激创意产业的国家来说，在研究中得到的经验教训是什么？速览没有提供一个标准的方法，但是那些范例已经给正在探索他们可能性的国家提出了许多关于适用性的问题。要将这篇速览的成果翻译成一套该做的和不该做的是件很困难的事情。适用性在很大程度上取决于文化、经济和行政方面。每个渴望制定此类政策的国家需要回答以下这些关键问题：创意产业的经济影响是什么以及创意产业的主要优势是什么？创意产业国家战略框架里有哪些关键要素？什么是首选：迎合创意产业的通用经济政策还是针对创意产业或其子行业的特殊政策计划？哪些子行业应优先考虑？如何将明确的创意产业政策整合到主流经济政策和文化政策中？提交这些政策最好的方式是什么？如何评价这些以经济和文化为目标的政策？

关于这些问题还没有明确的答案，因为创意产业拥有明确的政策是一个相对较新的现象。然而，这些问题激励了关于创意产业的全国性讨论，也激发了在欧洲层面上的经验交流。

（译者：意娜　马子颂）

欧盟文化政策与区域文化统计指标研究

任　珺*

欧盟作为一个超国家的政治实体，从20世纪80年代中期开始日益认知文化对经济、社会整合的影响，[①] 90年代以后把文化发展作为地区长期重点战略之一。随着欧盟内部的扩大及外部全球化的挑战，各民族国家间的文化差异及分歧并未能在欧盟架构下获得重视和解决，不同民族文化之间的相互尊重和缺乏超越民族间的文化共同情感导致了欧洲社会整合受到了阻碍。欧盟重新反思区域政策与行动，试图以一种新的文化模式，培育欧盟境内的人民产生一种"欧洲共识"，通过构建欧洲认同、国家认同、地方认同共存的多重的、重叠的文化认同模式，使不同层次的认同相容于欧洲多元特质的文化中，促进欧盟更深层次的整合。

欧盟是由各个不同政治体制、历史传统的民族国家组成，各个成员国采用各不相同的政策工具实现其政策目标，形成了各具特色的文化政策。成员国对文化整合议题高度敏感，一些国家，如英国、丹麦，不希望内部文化政策或自身的文化、思想价值、道德观念与生活方式等受到干预，或被其他成员国整合，坚持文化差异性和文化主权优越性。所以，建立一套制度化的欧盟统一文化政策来取代民族国家在文化事务上的主导地位是不现实的。[②] 欧盟在文化领域始终强调"辅助性原则"，[③]

---

* 任珺，深圳市特区文化研究中心，副研究员，研究方向为文化政策。

① 由希腊文化部长梅里纳·迈尔库里夫人（Melina Mercouri）1983年提议，1985年欧盟正式推出"欧洲文化之城"计划，每年通过各国的提名推荐，最后由欧盟委员会选出若干欧洲城市为欧洲文化之城，后来更名为欧洲文化之都（European Capital of Culture），以推广该城市的文化生活和文化领域的发展与创新，同时吸引欧盟其他成员国进行跨界合作与艺术交流。

② Creative Artists, Market Developments and State Policies, background paper for "conditions for Creative Artist in Europe", EU Presidency Conference in Visby, Sweden 30 March – 1 April 2001, prepared by European Research Institute for Comparative Cultural Policy and the Arts (ERICarts), p. 61.

③ 根据《建立欧洲共同体条约》第5条第2款规定，在欧共体独占职权范围之外，在遵守"辅助原则"前提下，仅在成员国所采取的行动缺乏效率时或者比各成员国单独采取行动更能增进整体价值或利益时，欧共体才有权采取行动。

即共同体的活动是支持和补充成员国的活动；在法律文书中也未曾出现文化政策用语，而是以“文化计划”（cultural program）、“文化活动”（cultural activity）、“文化措施”（cultural measure）或“文化行动”（cultural action）等措辞代替，但实际上欧盟文化政策的内涵在其中还是得以显现并具体落实。

联合国教科文组织把文化政策与措施定义为：地方、国家、区域或国际层面上针对文化本身或为了对个人、群体或社会的文化表现形式产生直接影响的各项政策和措施，包括与创作、生产、传播、销售和享有文化活动、产品与服务相关的政策和措施。[①] 从这个定义来看，欧盟一系列的文化行动的内容均体现了区域文化政策导向。文化政策研究领域经常引用法国学者奥古斯汀·杰拉德的观点，即认为文化政策的重心在“政策”，它是最高宗旨、具体目标和执行手段组成的一套体系，由社会组织通过权威机构制定执行。一套政策中必定包含了长期最终目的、中期可测量的目标和具体实施手段（人员、资金和立法），这三个要素构成了一个连贯一致的体系。[②] 从这个视角来看，欧盟在文化领域中也设定了阶段性目标和措施，并在机构、人员、资金和法律上予以了保障。可见，欧盟区域文化政策是存在的。

一　欧盟文化政策的沿革发展

欧盟文化政策出台不过十多年，在此之前，欧盟各级机构行动范围主要是经济领域，并没有把文化领域纳入职权范围中来贯彻，其在欧盟的政治议程中所占比例与分量相当微小。[③] 20 世纪 90 年代以来，欧盟各成员国普遍认识到：市场经济促动的文化产业化已成为各国经济增长最为可靠的生力点；文化在特定层面上是整合社会、促成集体认同与维持社会稳定的关键性力量。欧盟也开始将文化视为社会整体和经济发展的重要组成部分，提出文化本身的固有价值可以加强社

① 见第三章第四条，《保护和促进文化表现形式多样性公约》，联合国教科文组织，巴黎，2005 年 10 月 20 日。中文版见 www.chinaculture.org，http：//211.147.20.24/focus/2009 - 05/31/content_ 331206_ 3.htm。

② Augustin Girard with Genevieve Gentil，Cultural development：experiences and policies，2nd ed.（Paris：Unesco，1983），pp. 171 - 172，quoted from：http：//www.wwcd.org/policy/policy.html

③ 张生祥：《欧盟的文化政策：多样性与同一性的地区统一》，中国社会科学出版社，2008，第 5 页。

会联系，创造经济财富。因此，在1992年《欧盟条约》（即《马斯特里赫特条约》）中增列了第128条（即后来《阿姆斯特丹条约》第151条）以及其他文化相关条款，赋予了文化新的法律地位。直至1996年，欧盟委员会（European Commission）与欧洲议会（European Parliament）才依共同决策程序，进行了一系列具体文化行动计划——“万花筒计划”（Kaleidoscope Program，1996～1999）、“阿丽亚娜计划”（Ariane Program，1997～1999）、“拉斐尔计划”（Raphael Program，1997～2000），涉及的领域包括艺术文化活动的创作与交流；文学翻译与图书出版、阅读活动；以及文化遗产的传播与保护。

为了缔造“欧洲文化空间”，欧盟把系列文化支持项目或计划进行了整合，专门制定文化大纲——“文化2000计划”（Culture 2000 programme，2000～2006）——以取代既有的“万花筒计划”、“阿丽亚娜计划”和“拉斐尔计划”，建立了一个单一的欧盟文化行动计划。在项目的财政资助额度上也有明显增幅，[①] 提升至1.67亿欧元。此后，欧盟文化建设速度明显提升，与之配套的组织机构、发展政策、具体措施与资助额度也大幅提高。欧盟继而推出的“文化2007计划”（2007～2013）预算为4亿欧元，是“文化2000计划”的三倍。[②] 该计划包括三项方案：支持包括多年合作计划、合作措施、特别方案的文化活动；支持在欧盟层级积极参与文化事务的组织；支持信息的分析、搜集与宣传，支持与欧洲文化合作及文化政策发展相关的计划，并能扩大其影响的活动。这一措施期望通过文化艺术人员、作品与资讯的流动，以及跨国文化网络的建立，倡导一个欧洲人民共同文化区域，同时希望欧盟人民的文化认同与文化生活水平可以逐渐相应于蓬勃发展的欧盟单一内部市场。欧盟在此项规划中也进一步强调了计划的整体性与延续性，使欧盟的文化政策目标与架构更为明确，为欧盟各成员国在文化领域的参与，构建出一套共同的行动模式。

同时，与文化密切相关的项目计划也在积极推进，包括：“媒体计划”（MEDIA）、“终身学习计划”（Intergrated Action Programme in Lifelong Learning，2008～2013）、“年轻人在行动计划”（Youth in Action programme，2007～2013）、

---

① 1994～1997年间，欧盟共资助了1400个文化相关计划，但总共资助金额仅11.85万欧元。

② 刘俊裕：《欧洲联盟文化政策与文化公民权之建构：一种跨国性的整合式思维与实践》，中国台湾“中央研究院欧盟研究所”主办的“第三届欧洲联盟人权保障：欧盟人权政策”学术研讨会论文，2007年10月19～20日。

“数字内容计划”（eContentplus，2005～2008）、“数字服务网计划”（eTEN）等，它们从欧盟地区的视听产业，艺术专业教育与职业教育，年轻人文化与语言多样性教育，数字图书馆、教育资料及地理信息数字化建设，泛欧电信网络建设等特定方面来间接地推动欧洲文化的发展和文化多样性。[①]

1998 年联合国教科文组织在斯德哥尔摩“文化政策促进发展”会议上强调了全球化背景下文化在可持续性发展中的作用。文化政策概念在国际层面得以延伸，突破了传统艺术与遗产领域的局限，迈向了更为宽广的文化活动实践层面。文化被视为一组充满活力、相互关联的资源，能够重新组织并重新连接成相互依赖的网络。这一思想对欧盟文化政策产生了重要影响。欧盟在其文化领域的法规中隐含了文化的跨界整合思维：提出将文化目标平行融入各个政策行动的整体架构中。这样文化政策就从狭义的文学、艺术、古迹保存、文化活动等领域，向外延伸到其他经济与社会领域、内部市场的运作，乃至法规制定等各方面行动的规划中，并与社会融入、就业、竞争、税收、版权、信息社会和国际贸易等政策层面进行整合性思考与实践（joined up thinking and practices），以更详尽的文化普查与规划（cultural mapping）达成更全面的文化价值理想与政策目标。[②] 关于文化和发展的欧洲报告《从边缘到中心》（In from the Margins，1997）中，也提出应将文化政策从治理的边缘引入中心，政府将从推进与文化相关的跨部门合作网络当中获益。另一份《文化治理：整体性文化计划和政策取向》（The Govemance of Culture：Approaches to Integrated Cultural Planning and Policies，1999）报告中指出除非采用全局性、整体观念的治理模式以及实际的操作方式，跨越各自为政的行政设置，实现横向跨部门合作，否则文化政策不能完全落实。[③] 近年来，欧盟依据这一思路，为欧洲文化发展提供了多样化的渠道，从某种程度上也拓宽了文化事务筹集资金的方式和方向。

在对外关系方面，欧盟在加强自身“多样性中的一致性”（Unity in Diversity）的同时，也努力推动国际层面的文化多样性原则，提倡尊重民族与地

① 王清：《欧洲出版商最新欧盟出版政策诉求述评》，《出版发行研究》2009 年第 10 期。

② Colin Mercer，Towards Cultural Citizenship：Tools for Cultural Policy and Development，Stockholm，The Bank of Sweden Tercentenary Foundation，2002，pp. xx－xxi，7，14；郭灵凤：《欧盟文化政策与文化治理》，《欧洲研究》2007 年第 2 期。

③ 郭灵凤：《欧盟文化政策与文化治理》，《欧洲研究》2007 年第 2 期。

区文化的多元性、推动各国文化的百花齐放。因此，欧盟积极支持联合国教科文组织《保护和促进文化表达多样性公约》。2007 年，欧盟委员会通过了《全球化中的欧洲文化议程》战略报告，确立了欧洲文化战略发展的三个重要目标：促进欧洲文化的多样性和不同文化之间的对话；加强文化对提高创造力、发展和就业所发挥的促进作用；促进文化成为欧盟国际关系中的重要组成部分。[①] 它试图透过欧盟及其成员国的对外关系与外交政策的机制，强化欧洲文化在世界舞台多样、丰富且独特的影响力与竞争力。未来欧盟文化政策的发展方向包括：促进欧盟内的文化流动，考虑文化商品及劳务的特例，进行多层级文化政策权限的划分，推动文化的跨界整合以及发展跨文化对话，等等。

欧盟文化政策的沿革发展显现，欧盟在文化领域的行动已从初期缺乏法律依据、整体目标，并且架构松散的政府间合作形式，逐渐法制化、制度化，进而迈向一个具有中长期规划，且文化主题目标结构较为稳定、清晰的准共同体文化政策架构。[②]

二　欧盟文化政策的法律依据、执行机构与运作机制

欧盟文化政策在最初的罗马条约中并未涉及，目前文化政策的法律依据主要来源于《马斯特里赫特条约》（1992）第 128 条或《阿姆斯特丹条约》（1999）第 151 条。条约规定：

1. 共同体在尊重成员国民族及区域差异的前提下，应致力于提倡各成员国的文化，同时发扬其共同文化遗产。

2. 共同体的行动应以鼓励成员国间合作为目标，并在必要时支持及协助成员国于下列领域行动：

——增进欧洲人民对彼此文化历史的认知与传播；

——保存并维护对欧洲具重大意义的文化遗产；

① 《欧盟发表欧洲文化战略文件》，中华人民共和国驻欧盟使团网站，http：//www. chinamission. be/chn/。

② 刘俊裕，《欧洲联盟文化政策与文化公民权之建构：一种跨国性的整合式思维与实践》，“台湾中央研究院欧盟研究所”主办的“第三届欧洲联盟人权保障：欧盟人权政策”学术研讨会论文，2007 年 10 月 19 ~ 20 日。

——非商业性质的文化交流；

——鼓励艺术与文学创作，也包括视听领域。

3. 共同体及成员国应促成与第三国及具有文化权限的国际组织间的合作，特别是欧洲理事会。

4. 共同体在本条约其他条款采取的行动中，应将文化方面的问题考虑进去，特别是有助于尊重或促进其文化的多样性的内容。

5. 为致力达成本条文规定的目标，理事会：

——在遵守第251条程序规定和咨询各专业委员会意见的前提下，可以采纳有关激励性的措施，但不包括任何统一各成员国法律和法规的措施；

——在一致同意情况下采纳欧盟委员会的有关建议。①

以上条约第1项及第2项规定了共同体的基本目标与行动范围；第3项提供共同体对外文化行动依据；第4项以“文化层面”（cultural aspects）行动的概念推动文化事务，使欧洲传统文化政策的概念得以拓展，赋予欧盟文化参与更大的弹性与空间；第5项规范文化行动的决策程序。就法律层面而言，条约所赋予欧盟的权限，并非制定一个单一的超国家文化政策，而仅仅是在必要时采取鼓励措施与文化行动，辅助成员国之间的文化事务交流。

目前欧盟负责文化事务的主要部门有：欧盟委员会（主要策划及执行单位），欧洲文化部长理事会（下设文化事务委员会）、欧洲议会（文化领域主要部门为“文化、青年、教育及大众传播委员会”）。其中欧盟委员会的“教育和文化事务总署”（The Education and Culture Directorate General）是负责欧盟共同体文化行动的主要单位。因为欧盟在发展其他领域的政策及行动时需将文化因素考虑进去，所以，一些文化领域相关计划也在其他领域执行。而事实上，欧盟文化行动的资金大部分来自于不同领域下与文化相关的计划，单纯文化项目所获得的资金相比反而较少。② 这样一来，间接参与管理文化项目的部门也不少。

依据《建立欧洲共同体条约》第5条第2款及《阿姆斯特丹条约》第151

① Treaty Establishing the European Community, Article 151.

② 譬如共同体的结构基金：欧洲区域发展基金、欧洲社会基金与欧洲农业引导与保障基金等，均能为区域发展相关的文化项目提供资助。

条第2款、第5款，欧盟在文化领域主要是通过相互协商、协调立场、互相合作的方式来推动文化政策实施的，其中也对欧洲理事会在文化领域的行动作了权限，如“一票否决”制。该运作机制使得文化领域经常出现议而不决的局面。为了促进欧盟文化政策与措施的实施效率，欧盟于2007年开始对文化领域运作机制做了进一步改进。

其一，在《世界全球化中的欧洲文化议程》战略报告中，提出实行开放式的合作方式，以期在文化领域主体间建立一种牢固的伙伴关系。具体做法是：加强文化领域的艺术家们、各专业组织、具有不同独立性的文化机构、非政府组织、欧盟组织和非欧盟组织、基金会、文化企业等主体之间，以及与欧盟委员会之间的对话；定期组织利益攸关者举行“文化论坛”，进行对话和交流经验；增加政府间文化政策和活动的透明度，欧盟委员会和成员国每两年共同回顾总结工作进度。[①]

其二，该战略报告还建议引入“无法律义务的协调方法”（open method of coordination）。该方法是欧盟各成员国之间交流政策与统一行动的一种不具法律约束力的政府间机制，一般由各成员国首先确定共同的目标，并由各成员国定期相互监督实施情况。实施不佳的成员国并不因此承担任何法律责任。[②] 欧盟借此以一种变通的方式介入各成员国文化政策与措施，不仅在目标设定方面可以予以指导，而且还对各成员国实施情况发布报告，督促其提高实施效率。

其三，2007年年底，成员国为了改变欧盟机构运转不畅，决策效率低，行动能力差的状况，于里斯本签署了《欧洲联盟运作条约》（The Treaty on the Functioning of the European Union），欧盟在文化领域里的行动在此条约第6条中，仍被归为协助（supporting）、协调（coordinating）与辅助（complementing）的权限。不过，将文化领域共同决策程序更改为依据一般立法程序（ordinary legislative procedure）多数同意通过方式进行决策，[③] 使欧盟议会在文化领域的

---

① 《欧盟发表欧洲文化战略文件》，中华人民共和国驻欧盟使团网站，http://www.chinamission.be/chn/。

② 王清：《欧洲出版商最新欧盟出版政策诉求述评》，《出版发行研究》2009年第10期。

③ 采用双重多数表决机制，即一项决议只要有55%的成员国支持，这些国家能代表欧盟总人口的65%，就可在理事会内获得通过。

决策权得以扩大。此外，欧盟运作条约尽管仍强调欧盟文化行动不能涉及任何成员国的法律规章，但欧盟委员会以超越成员国个别利益的立场，以及为欧盟跨国利益所做的提案，经一般立法程序通过的计划和鼓励措施，不需要通过成员国的国内立法程序转化，即可对成员国相关文化机构与艺术文化工作者直接适用。这大大提高了欧盟决策效率，显示出某种程度的超国家特质。2009 年 12 月 1 日《里斯本条约》完成了批准程序，正式生效，这标志着欧盟运作机制将获得革新，欧盟在文化领域内的决策效率也将会有所提高。

三　欧盟跨国文化统计指标的调查与比较

作为政策辅助工具的统计是随着国家现代化的进程而发展的，建立世界统计体系的努力已有六十多年历史（UN DESA，2007）。但最初文化领域并未纳入统计范围中，1949 年出版的《联合国统计年鉴》没有专门的文化分类指标，直到 1963 年出版的《联合国教科文组织统计年鉴》才包含教育、科学和文化数据。为了促进和规范世界范围的文化统计，1986 年联合国教科文组织（UNESCO）发布了第一个“文化统计框架”（UNESCO，1986），① 建议文化统计应包括文化产品、文化服务和文化活动的核心指标和外围指标等。② 欧洲国家发展统计工作，并建立欧洲层面的统计体系，既有世界潮流的影响，也是欧盟不断扩张和发展的现实要求。

为满足欧洲工业社会对统计资料的需求，欧盟统计局（Eurostat）于 1953 年创立。③ 欧盟统计局的主要任务是负责欧盟各国统计调查方法和标准的制定；提供欧盟各成员国政府、企业家、教育界、媒体及一般民众高质量的统计信息服务。现阶段所有欧盟和欧元区国家的统计数据资料的搜集，并非欧盟统计局的工作，而是由各成员国的统计机构完成，再送至欧盟统计局进行整合分析，并做出各项统计报告及指标，作为欧盟各机构及各成员国制定各项政策的参考依据，同

---

① 2007 年完成“文化统计框架 2009 年修订草案”（UNESCO，2007）。

② 中国现代化战略研究课题组、中国科学院中国现代化研究中心：《中国现代化报告 2009——文化现代化》，北京大学出版社，2009，第 14 页。

③ 1997 年欧盟委员会授权欧盟统计局为欧洲统计工作的最高行政机关。

时完成监督和分析共同体政策的工作。① 除了机构设置，欧盟委员会还大力鼓励全欧性社会调查。1973 年，欧盟委员会启动了“欧洲晴雨表”（Eurobarometer）欧洲指标调查项目，在所有成员国范围内，每年春季和秋季进行两次大规模调查，对象为成员国 15 岁以上的居民，其问卷覆盖十分广泛的议题，通过了解成员国公众舆论趋势，帮助各国政府进行政策的起草、制定和评估。迄今为止，该项目已经成为欧洲研究中使用率最高、最重要的研究数据。② 此外，欧洲社会调查（European Social Survey）、欧洲价值调查（European Value Survey）等社会调查项目以及众多的欧洲选举调查都积累了大量有价值的研究数据库。在鼓励调查和数据收集的同时，欧盟也大力推进使用这些数据的二次学术研究，这些数据库中的多数都以非营利的方式向研究者和私人使用者开放。③ 经过多年的努力，欧盟在社会统计信息的开发与利用，以及统计资料的收集与处理上形成了较为完善的机制。

欧盟对文化统计工作重要性的认识，来源于文化表现出对经济和社会发展的巨大促进作用。1995 年及之后的多个欧洲论坛（巴黎，1995 年 6 月；马德里，1995 年 10 月；乌尔比诺，1996 年 5 月）都意识到欧洲层面缺乏文化统计，建议共同体机构首先从成员国开始文化统计工作。作为后续行动，欧洲理事会在 1995 年 11 月 20 日出台了一份关于促进文化和经济增长的统计决议，它号召欧盟委员会与各成员国开展密切合作，充分利用好欧洲层面已有的统计数据资源，推动文化统计编制顺利进行。在成员国意大利和法国的积极倡导下，文化统计领导小组（LEG - Culture）由统计计划委员会（Statistical Programme Committee）于 1997 年 3 月成立，该机构被赋予了一个三年期的试验项目，其任务即是构建和完善一个可以连续性描述和比较欧洲国家文化环境的统计信息系统。通过这个信息系统可以有助于理解文化与社会经济发展之间的关系。意大利是这个项目的领导者。④ 该机构于 2000 年递交了一份《文化统计在欧洲》最终报告。

---

① 张来成等：《特奥德拉述说欧盟统计》，《数据》2009 年第 1 期。另见国家统计局人口社科司赴欧盟社会统计培训班：《中国与欧盟统计比较》，《中外比较》2002 年第 12 期。

② Eurostat pocketbooks：cultural statistics 2007 edition，p. 185.

③ 范勇鹏：《欧洲研究对中国国际关系学的启示》，《世界经济与政治论坛》2008 年第 05 期。

④ European Commission：Cultural statistics in the EU，Final report of the LEG，2000.

文化统计领导小组把文化领域限定为横跨文化艺术领域的8个文化部门：艺术和古迹遗产、档案、图书馆、图书及出版、视觉艺术、建筑艺术、表演艺术、视听及多媒体艺术。采用了文化生产链模型（或文化周期模型），从文化功能角度——创作、生产、传播、贸易、保存和培训——选取统计指标。借鉴欧洲已有统一标准的、较为成熟的国家调查系统，如欧盟内部经济活动统计分类（NACE）、职业统计分类（ISCO）、工业消耗用途统计分类（COICOP）、国际教育标准分类（ISCED）、欧洲内外部贸易比较统计数据库（ComExt）以及欧洲时间利用调查（Hetus coding list）、劳动力调查、家庭预算调查等，从中选取了60多项文化指标，涉及文化领域的内容有：文化就业、文化经费/支出、文化参与情况。文化统计领导小组主导的是一个基础性的统计分析工作，它需要对各类调查中已收集到的文化数据进行盘点和评介；构建一组指标及变量，用以欧盟各国家文化环境的比较与评估，考察维度是根据文化统计项目运作需要而进行划定的，这项基础性研究为以后更深入的文化指标研究建立了根基。2002年，法国文化及通讯部的研究与未来发展趋势部门委托Planistat France机构针对“文化统计在欧洲”（2000）项目做了进一步深化研究。该研究以文化就业（cultural employment）、家庭文化消费（cultural expenditure of households）、量化家庭参与（Quantified household participation）三个方面构建指标框架。①

对应这两项研究，欧盟在2001年“欧洲晴雨表”项目中首次增加了对欧盟15个成员国文化相关主题的调查。第二次有关文化内容的调查是2003年，此次调查囊括了13个成员国。最新的文化指标统计是2007年欧洲晴雨表——《2007文化统计》，② 该项目以三个面向为焦点：文化教育、文化就业、经济指标，每个面向下，运用一些基本指标（诸如年龄、性别等），搭起欧盟27个成员国数据调查与比较。同时，还涉及文化参与和文化消费数据，探讨不同群体不同休闲行为。

纵观欧盟文化统计指标项目的发展，主要呈现出三个特点：首先，从统计指标架构、统计方法选取以及数据来源等方面观察，无论是理论研究还是文化统计

---

① European Commission: Cultural statistics in the EU, Final report of the LEG, 2000; Planistat France: Cultural statistics in Europe, Final report of the study, population and social conditions 3/2002/E/NO18.

② Eurostat pocketbooks, Cultural Statistics 2007 edition, Oct. 2007.

具体操作项目，均有延续性。其次，注重文化领域的特殊性。项目执行者认为文化是一个特殊领域，其活动不一定符合工业经济逻辑，传统的统计系统很难全面观察文化的发展，所以文化领域发展统计指标需要对原有的参照系进行适应性改变。① 具体操作：对统计流程尤其是方法的健全性和流程的适当性进行严格的审查；从数据的相关性、精确性、可靠性、一致性、可比性、可获得性和清晰度等多角度进行单变量、多变量控制和异常检测。最后，文化统计指标建立的最终目的是服务于文化政策，而不是局限于理论研究。因此，欧洲理事会认为文化统计项目不仅用于分析比较，更重要的是能够进入国家层面及欧洲层面政策制定的操作框架中。② 从欧盟文化统计指标框架设计及指标内容来看，文化统计指标也是紧密联系欧盟文化政策目标及各项实施计划的。例如，政策中强调文化的经济作用，故对文化就业、出口和工业附加值数值关注；政策中强调文化的社会作用，故对文化教育、文化消费和参与数值关注。

欧盟以量化的指标体系搭建起文化标准化统计工程，是希望能在多种社会制度之间，用不同的方式自下而上地规范欧盟范围内的文化政策行动。用相对统一的指标规范各成员国共同接受和向往的政策标准，而这种标准化过程实质上是起到了在缺乏硬性机制的情况下发挥软性机制约束的作用。③ 统计结果的比较对某些国家的文化政策将产生一定的舆论压力，促进其检讨文化政策，改进文化措施。譬如，欧盟统计局刚公布的 2009 年第一季度欧盟国家电信网络发展情况统计数据，报告表明，欧盟有 65% 的家庭使用互联网，56% 的家庭使用宽带网，欧盟各国家庭使用互联网、宽带网的比例不尽相同。但意大利电信网络的发展落后于欧盟的整体水平。在意大利，大约 53% 的家庭使用互联网，39% 的家庭使用宽带网。意大利与其他发达国家在电信网络发展方面相比明显滞后。④ 这一比较数据引起了意大利对国内电信网络发展的警醒。

为了进一步加强文化统计指标体系对文化政策的辅助管理作用，可较为准

① Cultural statistics in the EU：Eurostat working document 3/2000/E/NO1，European Commission，2000.

② Cultural statistics in the EU：Eurostat working document 3/2000/E/NO1，European Commission，2000.

③ 张来成等：《特奥德拉述说欧盟统计》，《数据》2009 年第 1 期。

④ 《欧盟成员国四分之三青年人每天上网》，新华网，2009 年 12 月 09 日。

确描述区域文化可持续发展系统的状态和变化趋势，为文化政策发展方向提供指引。欧盟在文化前景规划中，提出要继续推动欧盟成员国内的文化比较统计信息交流。除了在“文化 2007 计划”中就提出对特殊项目，如文化信息分析、汇集，欧洲文化政策发展领域相关信息的传播计划予以支持外，欧盟更是在 2010 文化项目合同中把其列为优先资助项目，[①] 以增强文化比较统计在文化合作中的作用。可见，在欧盟未来文化发展前景中，文化统计指标将发挥更大的作用。

① 2010 annual work programme on grants and contracts for the culture programme, European Commission C (2009) 5089 of 30 June 2009.

韩国文化产业促进法研究

贾旭东*

在法律名称是否明确地冠以文化产业促进法的意义上，可以说，韩国是世界上最早制定文化产业促进法的国家。需要指出的是，文化产业在韩国的全称是“文化内容产业”，其内涵、外延与我国的文化产业是不同的。为了理解和比较的方便，本文将韩国文化内容产业促进法简称为韩国文化产业促进法。

一 立法经纬

（一）法律名称

韩国的文化产业促进法共有五部，这里以其中的两部为研究对象：一部是《文化产业振兴基本法》①（第5927号法律）（以下简称为法1），于1999年2月8日通过，2000年1月21日以第6194号法律做了部分修订，2002年1月26日以第6635号法律做了全文修订。另一部是《网络数字内容产业发展法》②（第6603号法律）（以下简称为法2），于2002年1月14日通过。

（二）立法目的

法1和法2都在总则部分的第一条明确了立法的目的，阐述立法目的的文本结构也大致相同，并且都将立法的最终目的规定为：（1）提高国民文化生活质量；（2）促进国民经济健康发展。但是，立法的直接目的则有明显区别：法1旨在通过确立扶持及培育文化产业发展所需的各类事项，构筑文化产业发展的基

---

* 贾旭东，中国社会科学院文化研究中心副主任。

① 本文所用文本为该部法律的中译本，由韩国文化产业振兴院提供。

② 本文所用文本为该部法律的日译本，译者：泽井亨，网址：http：//japan. internet. com/public。

础，提高文化产业实力，实质是振兴文化产业，或者说促进文化产业发展；法2旨在通过确立网络数字内容产业发展的必要事项，构筑网络数字内容产业发展的基础，强化其竞争力，实质是促进网络数字内容产业发展。

（三）立法背景

早在金融危机暴发之前的1995年，韩国政府就致力于信息化振兴，并将其作为国策。正是在推进国家信息化的过程中，韩国政府发现，在信息高速公路上流通的文化内容产业是一个具有高附加值的产业，一个产品一旦在市场上取得成功，几乎不用追加什么费用就能够通过各种媒体的复制和再利用而获得新的收益，是一个真正的One－Source Multi－Use型产业。

1997年，受泰国和印尼金融风暴的影响，韩国暴发了金融危机。韩国政府接受了国际货币基金组织（IMF）的紧急援助，以此为契机，全面展开了经济、社会、文化等各领域的治理，迅速推进放松管制进程，以实现经济复兴。在这个过程中，韩国政府认识到文化产业是未来的朝阳产业，振兴文化产业对于带动经济发展，从而迅速摆脱金融危机具有重要的作用。

1998年，金大中总统发布“文化总统”宣言，宣言中提出，为了使低迷的韩国经济复兴，要将文化产业作为21世纪韩国的一个基础产业来培育，并将发展文化产业上升为国家战略，为此，要积极构建文化产业发展的法律制度和支援体制。

二　法律概况

（一）文化产业的界定

文化产业在韩国的标准称谓为“文化内容产业”。法1第2条明确指出，所谓文化内容产业，指的是文化内容产品的开发、制作、生产、流通、消费等以及与此相关的各项服务。这里所谓的文化内容产品指的是，系统包含了各类文化要素的、能够生产出经济价值的有形的及无形的资产（包含文化相关内容及数字文化相关内容）以及它们的结合体；所谓的“内容”指的是各种符号、文字、音像资料或信息。在明确界定文化内容产业内涵的同时，第2条还具体界定了文化内容产业的外延。

（二）促进事项

从整体上说，韩国文化产业促进法的促进事项，是韩国文化产业。法 1 促进的是韩国文化产业（包括网络数字内容产业）的发展，具体的促进事项包括两个：一是促进创业、制作和流通，二是促进文化产业的基础形成。法 2 促进的是网络数字内容产业的发展，具体的促进事项，一是促进网络数字内容产业的基础形成，二是强化其竞争力。

（三）促进体制

韩国文化产业促进法第一章总则第 3、4、5 条，第三章第 31 条和第四章全部条款以 11 条的篇幅分别规定了促进主体、促进的组织实施机制等方面的内容，这实际上构建起了韩国的文化产业促进体制。

总则第 3 条规定了促进韩国文化产业发展的两个基本主体，即国家和地方自治团体。法 1 没有像日本文化产业促进法那样具体区分国家和地方自治团体的职责划分，而是规定了它们的共同职责：一是制定并实施所需的各项措施；二是提供在技术开发及调查研究事业上的支持，并致力于构筑同文化产业相关的国际组织间的合作体系。

总则第 5 条规定，在定期国会召开之时，每年政府应向国会提交有关文化产业振兴相关政策及动向的报告书。这条规定旨在明确作为一个促进主体的国家，它的不同组成部分（行政机构和立法机构）之间的职责分工及其要求。

为了进一步将促进主体具体化为实际执行促进工作的操作主体，韩国文化产业促进法在总则第 4 条、第三章第 31 条和第四章明确规定了文化观光部部长的文化产业政策制定的总揽权和韩国文化产业振兴院、韩国文化产业振兴委员会的设立事项。

总则第 4 条规定文化产业政策的制定由文化观光部部长总揽全局。同时规定，文化观光部部长应制定并实行与文化产业振兴相关的具有基本性、综合性的中长期基本计划以及根据文化产业不同类别及期限而划分的详细实行计划；在制定及执行基本计划和详细实行计划时，可以请求得到各地方自治团体、公共机构、研究所、法人、团体、大学、民间企业及个人等的必要协助。

第三章第 31 条规定，为了有效地对文化产业的振兴及发展进行扶持，成立韩国文化内容振兴院。振兴院由法人实体进行运营，由振兴院长官指定任命主管及相关工作人员，运营振兴院所需的经费由国库提供。

第四章规定，为了振兴文化产业，成立从属于文化观光部部长的韩国文化产业振兴委员会，并明确规定了委员会的构成、职责、决策程序、委员待遇和其他必要事项。

法律中没有明确规定韩国文化产业振兴委员会和韩国文化产业振兴院的关系，但在相关规定中可以知道，第一，两者是性质不同的机构，受不同的法律规范约束。韩国文化产业振兴委员会是代表国家行使促进文化产业发展职能的决策和行政协调机构，受总统法规范；韩国文化产业振兴院虽然是一个财团法人，受民法对财团法人的规范，但却是文化产业政策的实际决策者和代表国家实际履行促进文化产业发展职能的执行机构。第二，两者都隶属于文化观光部。但是，韩国文化产业振兴委员会主要是一个决策机构，韩国文化产业振兴院主要是一个执行机构。

除了上面介绍的作为整体的韩国文化产业促进体制外，法 2 还确定了网络数字内容产业的促进体制。作为网络数字内容产业促进体制，核心是其第二章中构建的网络数字内容产业推进体系。这个体系的核心是设置一个隶属于国务总理的网络数字内容产业发展委员会，制定两个计划，一是关于网络数字内容产业发展的中长期基本计划，二是各行政机构落实基本计划的实行计划，并努力为网络数字内容产业的发展提供资金支持。为促进网络数字内容产业的基础组成，可以使用依据《信息化促进基本法》设立的韩国信息化促进基金。这个促进体制是由信息通信部主导的，包括财政经济部、教育人力资源部、行政自治部、文化观光部、产业资源部、信息通信部、保健福利部、建设交通部和企划预算处在内的综合促进体制。

（四）促进措施

以下对韩国文化产业促进法中规定的具体促进措施进行简要介绍。

1. 促进创业的措施

为了促进与文化相关产业的创业，法律规定的措施有两个：一是对创业的扶持。法律规定，文化观光部部长应为创业者成长及发展提供所需的必要扶持；二是对投资公司的扶持。法律规定，按照规定得到认证的投资公司，可以从第 39

条法令规定的文化产业振兴基金中得到相关贷款。投资公司可以按照法律规定投资文化产业相关的“合资实体”并管理合资实体的资金。

2. 促进制作的措施

一是对制作商的制作扶持。法律规定，为了增强文化产业的竞争力及促进优秀文化商品的制作，文化观光部部长可向符合总统法规定的制作商提供所需的资金贷款及其他的各项扶持；二是对独立制作公司的制作扶持。法律规定，为了活跃独立制作公司的制作活动，政府及广播影视委员会可按照总统法的有关规定向其提供必要的扶持。各广播影视商在总统法的有关规定下，应致力于向独立制作公司提供制作上的扶持。

3. 促进流通的措施

一是搞活流通。法律规定，为了振兴文化产业，政府应致力于促进文化商品的活跃性及流通的信息化；二是对添加数码识别系统的奖励。法律规定，文化观光部部长可对给数字化文化内容添加数码识别系统提供奖励，并提供相关必要扶持；三是对专业流通公司的成立及对其的扶持。从事共同采购及共同销售设施的运营等文化商品流通相关事业的公司，其成立、扶持等相关必要事项由总统法规定；四是优秀工艺文化商品的指定及标示。法律规定，文化观光部部长按照总统法的有关规定，有权指定优秀工艺文化商品及优秀传统食品。得到文化观光部部长指定的商品，可在商品上体现出“优秀工艺文化商品”或“优秀传统食品”的标示。

4. 促进文化产业基础形成的措施

一是对专业人才的培养；二是对技术开发的促进；三是促进数字化文化内容的标准化；四是共同开发促进研究；五是对国际交流及进入海外市场的促进；六是振兴文化产业设施的指定、撤销与集成化；七是文化产业园及其扶持；八是对国有公有财产的借贷及使用；九是税制扶持；十是成立韩国文化内容振兴院。

三 经验与启示

作为国际上第一部文化产业促进法，应该说，韩国的文化产业促进法具有较强的示范价值。1999 年以来，韩国文化产业发展的骄人业绩固然不能说完全是这部促进法的功劳，但是，从 1999 ~ 2006 年底，短短 7 年的时间，韩国相继出台了五部旨在促进文化产业发展的法律（见表1），这充分表明韩国政府对文化产业促进法在促进文化产业发展方面的价值的高度认可和重视。积极迅速地构筑文化产业发展的法律基础和环境，发挥法律在促进文化产业发展中的作用，是韩国文化产业促进法给我们的最为重要的经验和启示。

表1　韩国促进文化产业发展的法律一览

法律名称	法律编号	国会通过日期
文化产业振兴基本法	法律第5927号	1999年2月8日
网络数字内容产业发展法	法律第6603号	2002年1月14日
关于游戏产业振兴的法律	法律第7941号	2006年4月28日
关于音乐产业振兴的法律	法律第7942号	2006年4月28日
关于电影和录像产业振兴的法律	法律第7943号	2006年4月28日

韩国文化产业促进本身也给我们提供了许多有益的立法经验和启示。在我们看来，主要的经验和启示可能有以下几点：

第一，好高而务实。所谓好高而务实，指的是从文化产业发展的长远目标着眼，却从文化产业发展的基础入手。好高，从韩国文化产业发展的战略目标上来看，明确提出要成为世界第五大文化产业发展国家，2010年要成为世界第三大游戏强国。这个战略目标反映到文化产业促进法上，就是将提高文化产业的竞争力作为立法目的之一。务实，指的是以提高竞争力为目标，功夫却下在夯实基础上。在法律上的表现，就是将构筑产业发展的基础作为核心促进事项。

第二，稳定而开放。根据法律本身的特点，不成熟的领域是不立法的，但文化产业又亟须法律促进。如何平衡法律的稳定性和产业的变动性，就成为一个重要课题。韩国的经验就是稳定而开放。所谓稳定而开放，指的是考虑到法律的稳定性，但不拘泥于这种稳定性，而始终保持开放的态度。稳定，指的是法律规范的稳定，如文化产业的内涵和外延、促进体制和促进措施等，要保持相对稳定。开放，指的是法律要适应文化产业本身的高度开放性，也就是说，应根据产业发展的新形势、新特点和新要求，及时调整法律。文化产业振兴基本法，1999年制定，不到1年就进行了部分修订，不到3年就进行了全文修订。当数字内容产业的重要性显示出来时，为了提升数字内容产业的核心地位，修订现有法律，并根据需要制定了新的法律。

第三，重规范更重执行。法律规范的强制性特点，要求在立法时要将功夫更多地倾注在规范的制定上。但是，如果只有明确而清晰的规范，而没有可执行性，就不能说是一部好的法律。韩国的经验就是重规范更重执行。重规范，指的是对法律规定的事项表述得准确清楚明白，避免产生歧义。更重执行，指的是着重构建了促进体制，清楚地指明了促进的主体和促进的具体措施，构建了促进机制，规定了处罚措施。如在促进的具体主体上，将职责赋予了文化观光部，文化观光部部长任文化振兴委员会委员长，负责制定文化产业政策，其他相关政府部门处于辅助和配合的地位。这一点对我国可能尤其具有启发，也就是说，宏观文化管理体制是否理顺，并不是制定和出台文化产业促进法的必要条件。

个 案 研 究

CASE STUDY

跨省文化产业集团第一案

——海南凤凰新华发行有限责任公司成立的前前后后

祁述裕*

2008 年 5 月 9 日，海南省新华书店集团公司与江苏省新华书店集团公司合作重组，成立了海南凤凰新华发行有限责任公司，我国第一家跨省发行文化集团由此诞生。① 这一事件震动了出版发行界，也受到媒体的广泛关注。在这场重组案尘埃落定一年多以后，重新检索事件发生的过程，探讨其中的一些问题，对推动国有文化单位转企改制和重组，无疑具有重要的参考价值。

---

* 祁述裕，国家行政学院社会和文化部副主任、教授。

① 江苏新华发行集团公司连续 16 年主要经济指标领先全国，2007 年年底，有各类销售网点 1701 个，图书总销售超过 86 亿元。其全资控股母公司江苏凤凰出版传媒集团，2007 年年销售收入超过 90 亿元，根据 2007 年国家新闻出版总署公布的数据，六项主要经济指标列第一，出版能力和出版能力的成长性列第一。在“首届全国文化企业 30 强”评选中，江苏凤凰出版传媒集团位居出版发行类之首，成为全国出版集团中唯一入选企业。

一　借船下海

海南省新华书店系统由省店和18个市县店组成。改革开放以后，民营书店快速崛起，新华书店系统的市场空间不断缩小。进入新世纪，全国酝酿教材发行改革，将原来由新华书店系统专营的教材发行，转为公开招标，新华书店更是面临着严峻的生存压力。特别是2002年，新华书店系统海南的情况是处于半瘫痪状态，已经到了不改革就难以为继的程度了。

2003年4月29日，中共海南省委宣传部和省文体厅联合下发了《关于转发〈海南省新华书店系统改革意见〉的通知》（以下简称《通知》），由此拉开了海南新华书店系统改革的大幕。

海南省新华书店系统的改革分三步进行：第一步，清产核资，定岗定编，减员增效；第二步，整合资源，连锁经营；第三步，股份制、集团化。

2003年5月，清产核资、定岗定编、减员增效开始在全省新华书店系统铺开，核心是“劳动、人事、分配”三项制度改革。到2003年11月底，18个市县新华书店完成了竞争上岗工作，达到了减员增效的目的。

2004年7月，整合资源，连锁经营，开始在全省新华书店系统推行。2005年9月，海南省新华书店系统基本实现连锁经营，成为全国第一家实现全省连锁经营的非统管省级店。加入连锁经营的各市县书店的营业额都大幅度增加。

“转制”和“改制”，走股份制、集团化路子是第三步。“转制”就是由事业单位转化为企业单位。“改制”就是把单一的国有经济成分改成多种经济成分的股份制。海南省新华书店系统的股份制、集团化改革路线图是建立三个层次的股份制。第一层次，是各家市县店自己内部搞的股份制，吸引职工参股，也可以吸引外部资金来参股，包括国营的、私营企业来参股。第二层次，是海南全省19家省市县新华书店进行资产评估，做到产权明晰，然后搞股份制改造，组建海南新华书店集团有限公司。第三层次是把19个省市县店作为一个整体，到外面招商，吸引外部资金入股。

2006年春天，在北京召开的全国文化体制改革工作会议期间，时任海南省委宣传部长、省委常委的周文彰与江苏省新华书店集团公司董事长张佩清进行了商谈，双方围绕江苏新华发行集团与海南省新华书店进行战略合作这一主题进行了探讨。

双方确定，两省新华书店合资建立新的发行企业，建成以图书连锁经营为主要业态，以信息网络、市场网络、物流配送平台和系统管理为支撑的现代出版物营销服务和流通体系。新的合资企业是综合性的文化企业集团，以发行为主业，逐步介入文化产业其他行业，并达到经济效益和社会效益都显著提高的目的。

双方还确定，共同成立海南凤凰新华发行有限公司。海南方以经核销不良资产、剥离非经营性及权属不清资产、核减应承担改制成本、经评估后的全部净资产入股，江苏方以现金入股；合资公司的股比为，海南方占 49%，江苏方占 51%；合资公司在海南注册、经营并纳税。值得注意的是，这家新成立的公司在海南注册，但控股方不是海南方，而是江苏方。海南方认为，江苏的资金、人才、技术和管理是做大做强海南发行业的关键因素，由江苏方控股，更有利于新公司的发展。

海南方与江苏新华发行集团的重组，不是海南省新华书店与江苏省新华发行集团的合作，而是整个海南省新华书店系统与江苏方面的合作。这就需要按照公司制的要求，将海南省省、市、县新华书店的人、财、物整合在一起，成立海南省新华书店集团公司，然后才谈得上与江苏方的合作。为此，从 2006 ~ 2008 年，海南省新华书店的身份就变更了三次：从 2006 年的海南省新华书店，到 2007 年 12 月的海南省新华书店集团公司，再到 2008 年的海南凤凰发行有限公司。在这个过程中，需要完成以下九项工作：

一是将市县新华书店人、财、物一次性整体划转给省新华书店，并组建海南省新华书店集团有限公司；二是清理劳动关系，确定“老人”、“新人”名单并登记造册，办理职工身份转换；三是确定解除劳动合同职工的经济补偿和补助标准；四是确定退休职工养老金“事企差”的补偿办法和补偿资金来源；五是准确核算改制人力成本；六是将原划拨土地变更为出让土地，办理出让金减免手续；七是对新成立的海南省新华书店集团有限公司进行清产核资，委托独立结构进行资产评估；八是确定江苏方出资入股的方式，并办理相应的法律手续；九是明确合作双方的权利和义务，制定合资公司未来发展规划。上述九个方面的工作大致分两部分，一部分是与江苏方协商解决的事宜，另一部分是海南省新华书店系统内部需要解决的事宜。

在 2006 ~ 2008 年间，海南省新华书店在三个月时间里完成了 18 个市县人、财、物的划转移交手续，实现了全系统资源的整合。在清理核查国有资产基础上，把原先分属各市县的新华书店国有资产，无偿划拨给省新华书店，组建海南省新华书店集团，人财物统一归海南省新华书店集团管理。省店共接收18个市县（区）店资产共计19256万元，人员945人。在全面整合全省新华书店系统人、财、物资源的基础上，2007年12月24日，海南省新华书店注册成立了海南省新华书店集团有限公司。2007年12月27日，海南省新华书店有限公司正式挂牌成立，资产总额为3.6亿元，净资产为2.7亿元，其中，经营性资产为2.2亿元。上述努力，为海南省发行系统进行跨地区资产重组创造了条件。

2008年5月9日，海南省新华书店集团有限公司与江苏省新华书店集团公司跨地区组建的海南凤凰新华发行有限责任公司正式挂牌成立。海南省新华书店集团以持有的下属19家新华书店的全部净资产，经核销不良资产、剥离非经营性资产以及核减相应的改革成本费用的49%部分后，剩余的全部经营性净资产，经具有资产评估资质的评估机构评估后作价1.9亿元出资，占49%的股权，并将原所有的全部经营业务带入合资公司。江苏省新华书店集团公司以2.3亿元现金入股，占51%的股权，并承担海南方51%的改制人力成本，合资组建海南凤凰新华公司，注册资本为3.8776亿元。公司主要经营图书、期刊、电子音像等出版物，文化、办公用品，电子音像设备、器材、仓储、包装、运输、广告信息、文化娱乐等。

海南凤凰新华发行有限责任公司实行母子公司管理体制，母公司是投资决策中心、管理控制中心、收益分配中心，负责公司的战略制定、投融资决策和资产宏观调控。母公司下辖18家市县全资子公司，子公司受母公司委托经营国有资产，是公司的生产经营运作中心和利润来源。子公司既有生产经营自主权，又服从母公司的整体规划，接受母公司的监管。

二　新公司的成绩单

2006年7月，新闻出版总署出台《关于深化出版发行体制改革工作实施方案》，明确表示鼓励出版集团公司和发行集团公司相互持股，进行跨地区、跨部门、跨行业合作重组。此后，我国出版业第一例跨地域兼并重组案是2007年底江西出版集团与中国和平出版社进行的重组。2008年5月9日，海南凤凰新华发行有限责任公司的成立，则是我国图书发行行业第一个跨地区兼并重组，自然具有不同寻常的意义。

2008 年 6 月 6 日，中央政治局常委李长春批示："这是以资本为纽带、跨行政区划改革重组的成功范例，应予浓墨重彩地宣传。"2008 年 6 月 26 日，李长春再次批示："江苏、海南两省发行系统改革重组经验宝贵，望继续加以引导，形成若干跨行政区域重组的出版发行集团公司"。国内出版发行行业新闻媒体都一致认为，海南、江苏两省新华书店集团跨省重组，对我国出版发行业的改革发展，促进建立全国出版发行统一、开放、竞争、有序的市场体系，起到了风向标、加速器、催化剂的作用。

海南凤凰新华发行有限责任公司成立一年多来，积聚了海南、江苏两省新华书店集团的资源，其整合效应逐步显现。江苏省新华发行集团通过资本控股，与海南形成了市场对接和业务合作，并将海南的发行网点建设纳入其"中国现代书业第一网"的建设之中，打通了出版物在苏琼两地的市场销售通道，打破了"条块分割、地区封锁"的市场格局，实现了由单纯产品经营者向文化领域战略投资者的转型。海南凤凰新华发行有限责任公司由于解决了资金短缺，整合了省市县新华书店，完成了转企改制，真正在按照现代企业模式经营。海南新华书店的经营理念和经营方式发生了以下一些变化：

其一，注重提升品牌形象。2009 年 3 月，海南凤凰新华发行有限责任公司与其控股方江苏省新华书店集团共同举办了内容丰富的"第一届海南书香节"，包括邀请著名专家、学者来海南讲学，开展"名社好书进海南大联展"、"校园人文行"等活动，提升了公司的社会影响力。

其二，建设发行网络。2008 年 6 月，海南凤凰整体购买了海口市红城湖国际广场临街商务楼，用于建设营业面积为 8450 平方米的凤凰新华文化广场。2008 年，对三亚、文昌、琼山、五指山、儋州、东方、昌江 7 家子公司图书卖场进行了改造，改造后 7 家子公司总面积增加 62%。2009 年，又对海口公司综合大楼等 5 家子公司的营业卖场进行改扩建。图书发行渠道大大增加。

其三，一业为主、多元经营。海南凤凰新华发行有限责任公司不再拘泥于单一的图书经营，而是积极延伸产业链，向音像制品、文化用品和数码产品市场拓展。同时，利用地市新华书店均地处城区繁华地段的优势，尝试购置土地、盘活门店增加物业收入、投资房地产等。

2008 年，由于国际金融危机，全国图书行业首次出现低于两位数的增长，但海南凤凰新华发行有限公司仍保持着一般图书销售码洋 12.04% 的增幅，净利润增长 70.8%，人均劳动生产率提高 50%。2009 年上半年，图书销售同比增长 36.7%，2009 年总部员工工资增长幅度为 10%。

三　成功的背后

迄今为止，我国新版发行行业真正意义上的跨地区兼并重组的案例并不多。海南省和江苏省新华书店系统在国内发行业迈出了第一步，并获得了初步的成功。其中原因主要是“三个恰当”，即选择的对象恰当、方式恰当、决策恰当。

（一）选择的对象恰当

海南省把新华书店系统进行转企改制、开展跨地区兼并重组作为国有文化单位改革的突破口，是一个正确的选择。在我国文化行业中，发行业市场化程度堪称最高，新华书店系统具备了转企改制的基础和条件。同时海南省新华书店系统自身有改革的需求。改革以前，省市县新华书店各自独立运营，集约化程度低，规模效益差，已经不适应市场竞争的需要。在民营书店的挤压下，不少市县新华书店经营状况不佳。海南省起初打算以出版社作为改革试点，后来感到难度太大，转而选择新华书店系统，新华书店系统有整合资源的愿望。个中原因，就是与书店相比，出版社日子过得还不错，改革的动力也就差很多。这也提醒我们：没有市场主体的认同，单靠行政命令，国有文化单位的改革很难进行下去。

（二）方式恰当

国有文化单位转企改制和集团化过程中，最棘手的是资产和人员的处置问题。海南省新华书店转企改制、重组的成功，主要得益于两点：一是顺利实施了市县新华书店资产无偿划拨给省店；二是顺利实施了职工身份转换和人员分流。这里着重分析职工身份转换和人员分流问题。

如何让员工接受改革、认同改革，这是国有文化单位转企改制成败的关键。要让员工接受并认同改革，就要保障员工的利益。一个很现实的问题是，文化单位由事业变为企业，职工在养老保险、医疗保障等方面的待遇会降低，一些国有文化单位职工自然对转企改制持消极态度。另外，一些文化单位本身缺乏市场生存的条件，一旦推向市场，马上面临生存危机，员工的收入乃至生计都受到影响。一些地方和文化单位也自然会对转企改制有抵触情绪。文艺院团改革之所以难以推动的原因盖出于此。

海南省新华书店系统转企改制注意坚持以人为本。江苏新华发行集团承诺，负担一半以上的人力改革成本，为书店系统进行职工身份置换、人员分流、做好社会保险关系等项工作提供资金支持，为稳定人心奠定了坚实基础。海南省新华书店根据“老人老办法、新人新办法”的原则，明确相应的待遇和必要的补偿，并做好社会保险关系的续接工作，保证职工的正当权利。在实施过程中，坚持依法依规，透明、公开、公平、公正操作。

为做好提前退休人员的安置工作，海南省政府发布了《关于加快办理省新华书店集团转企改制后有关社保等政策衔接手续的意见》（琼府办〔2008〕178号），其主要内容包括：

（1）新华书店集团提前退休的“老人”（以改制基准日2007年6月30日为准，下同），未按事业单位标准足额缴纳基本养老保险费的，可按海南省有关规定进行补交（本金和利息）。达到法定退休年龄时，由同级社保经办机构对上述人员按事业单位工资标准核定其基本养老金。

（2）对提前退休“老人”的提前退休费（含其达到法定退休年龄前，因国家调整事业单位工资标准时应调整的部分）和达到法定退休年龄前续缴的养老保险费和医疗保险费应由单位承担部分，新华书店集团在其改制时已作预留，并设专户进行管理。新华书店集团按月拨付至各市县公司，市县公司负责发放提前退休费，并按月将应缴纳的养老、医疗保险费缴至同级社会保险费征收部门。个人缴交部分由个人承担。

（3）提前退休“老人”达到法定退休年龄并办理退休手续后，按企业单位办法计发和调整产生的基本养老金低于按事业单位办法计发和调整的基本养老金产生的“事企差”，新华书店集团在转企改制时按每人2万元标准预作提留。自本意见下发之日起1个月内，新华书店集团将该预留资金一次性缴至上述人员所在地财政部门养老保险基金财政专户，实行单列管理。

提前退休“老人”达到法定退休年龄后，按企业单位办法计发和调整的基本养老金由所在地社会保险经办机构负责发放。按事业单位办法计发和调整产生

的“事企差”部分，经当地人事劳动保障部门核定后，送同级财政部门核拨资金，同级社保经办机构发放。如果缴交的预提金额支付“事企差”出现缺口，则由同级财政予以补足。

转企改制前已退休人员及提前退休“老人”抚恤金和遗属生活困难补助按事业单位标准执行，由同级社会经办机构发放。

（4）2007 年 6 月 30 日前退休人员，其基本养老保险金计发和调整按事业单位标准执行，由当地社保经办机构支付。

（5）转企改制前已退休人员离休费、“阳光生活补贴”、护理费、临时生活补贴、交通补贴、粮油补贴等，由新华书店集团及其市县公司造册，分别送其所在地人事部门核准后，送同级社保经办部门发放。

（三）决策恰当

海南省委、省政府为做好新华书店改革工作，进行了周密的安排。2006 年 10 月，海南省委、省政府将海南省新华书店系统作为全省文化体制改革试点单位。省委、省政府成立了由分管领导任正副组长的领导小组，负责资源整合和转企改制工作的指导和协调。2007～2008 年两年时间，海南省政府和有关部门先后出台了 6 份文件。① 其中 5 份是专门针对这次跨地区战略重组的。这些配套政策在财政税收、投资融资、资产处置、收入分配、社会保障、人员分流安置等方面给予了优惠政策，特别是在课本费欠款清还、员工就业、社保衔接和分流安置的经济补偿方面更为优惠。

为明确转企改制和兼并重组的思路，2007 年 9 月，海南省政府办公厅下发了《海南省新华书店系统转企改制与引资合作意见》（琼府办〔2007〕96 号）。

---

① 这 6 份文件是：省政府《关于支持文化体制改革与文化事业文化产业发展的若干意见》（琼府〔2007〕25 号）、省政府办公厅批转《海南省新华书店系统转企改制与引资合作意见》（琼府办〔2007〕96 号）、省委宣传部、省财政厅等六部门下发《关于对各市县区新华书店人财物实行整体划转移交的通知》（琼宣发〔2007〕35 号）、省文化体制改革与文化产业发展领导小组下发《关于印发〈海南省新华书店系统转企改制与引资合作实施方案〉的通知》（琼文产办发〔2007〕6 号）和《关于印发各市县（区）新华书店职工划转接收和资产划转移交两个〈操作办法〉的通知》（琼文产办发〔2007〕8 号）、省委宣传部、省国土厅等四部门下发《关于抓紧办理海南省新华书店及市县新华书店划拨土地变更及过户手续的通知》（琼宣联〔2008〕5 号）。

文件提出，将海南省新华书店系统企业化、集团化、股份化改革捆绑实施、一步到位。并明确规定将各市县（区）新华书店的人、财、物整体划转并入省新华书店，组建海南省新华书店集团有限公司。在各方的共同努力下，海南省新华书店顺利完成了转企改制和集团化重组。

海南省委、省政府领导反复强调，改革方案一定要符合实际，要具有可操作性。时任海南省省委副书记、省长罗保铭要求："一定要在深入调研论证、上上下下达成共识的基础上，形成符合实际、可操作实施的方案。"时任海南省委常委、宣传部长的周文彰提出，新华书店系统改革要在渐进、简单、创新、强化保障、加快发展的原则基础上来推动。

四　对资产无偿划拨方式的评估①

海南省新华书店系统转企改制、成立集团公司，一个关键性的做法是，将市县新华书店资产无偿划拨给省店，加快了改革步伐。

从全国来看，目前，各地文化事业单位转企改制、组建企业集团公司，主要有两种模式：一种是采取无偿划拨资产的方式，另一种是采取股份制的方式。从各地的实践来看，这两种模式所产生的实际效果有不小的差别。

模式一：通过无偿划拨资产转企改制

通过无偿划拨资产转企改制、组建企业集团，通常发生在一省或较大城市之内。海南省新华书店系统就是典型案例。海南省新华书店系统通过资产无偿划拨的方式之所以能够成功，一是政府的强力推动，二是多数市县书店特别是经营状况不佳的书店有整合的愿望。但不可否认，资产无偿划拨带有均贫富的味道。据笔者了解，书店经营状况良好的三亚市新华书店就不认同这种方式。

采用无偿划拨的方式整合不同行政层级的国有资产，进行转企改制、走集团化路子，在另外一些文化行业却没有达到预期的效果。如，新闻出版界组建的新闻集团、出版集团基本上采取了这种模式。经过多年的运营，目前从中央到地方，通过转企改制，由多家报刊社组合在一起的新闻集团和由多家出版社组合在

① 本文第四、第五部分吸收了祁述裕、高宏存合作的《文化事业单位转企改制中的问题及对策》一文的内容，特此说明。

一起的出版集团，大多貌合神离，并没有形成集团化经营的优势，也没有形成1+1>2的效应。相反，有的组建了集团以后，增加了运营和管理成本，也增加了内耗，报刊社、出版社的经营状况反不如以前。在广电行业，一些省份采取资产无偿划拨的方式转企改制、组建企业集团，引发了不同行政层级之间的尖锐矛盾。

新闻、出版、广电行业中一些地方采取资产无偿划拨的方式转企改制、组建企业集团之所以不成功，主要有以下几个原因：其一，不同文化行业的特点不同。发行行业规模化程度要求高，通过转企改制、组建企业集团容易见到效果。报刊社、出版社是生产型企业，报刊社、出版社生存和发展的关键取决于内容和特色，集团化对提高报刊社、出版社经营效益的效果并不十分明显。其二，不同文化行业的经营状况不同。目前，国内图书发行系统市场化程度是最高的。而广电系统是垄断行业，新闻出版行业是半垄断行业，一些经济较发达的地区广电系统日子过得很滋润，没有改革的动力。其三，资产状况不同。市县新华书店因为建得早，大都在城市的繁华地段，其最有价值的资产主要是土地。土地要变现为资产，需要大量资金的投入。地市新华书店一般无力融资，组建企业集团为解决融资问题创造了条件，因而受到了地市新华书店的欢迎。而广播电视有线网络重组整合则不同。各地政府在有线网络建设中都有不小的投入。改革过程中省里一纸文件，就将这些优质资产全部无偿划拨到省属广播电视信息网络股份有限公司，地方运营商的利益受到严重侵害，地方政府和相关部门自然反对。

总之，从各地的实践来看，采取资产无偿划拨的方式，组建文化企业集团（公司），其最大的好处是能够发挥行政的力量，推进速度快，便于在短期内实现政府行业主管部门设定的目标。但是，如果没有充分考虑不同行业的不同特点、不同地区的差异、不同市场主体的利益关系，往往激发矛盾。即使形式上完成了转企改制，成立了集团公司，也最终难以实现做大做强的目标。

模式二：采取股份制转企改制

资产无偿划拨主要依靠的是行政力量，股份制则是以资产为纽带。采取股份制整合不同区域文化单位的资产，主要出现在跨地区的兼并重组。近年来，一省之内采取股份制方式，组建文化企业集团的做法日渐增多。如2008年7月成立的江苏广电网络公司就是一个成功例子。2004年起，江苏省以资产为纽带，采用股份制形式，开始了省内广电网络整合工作。江苏省广电网络公司最后整合形成的法人实体是一个由10个城市的电视台，再加上江苏省广播电视总台和战略投资者一起组建的公司，共17个股东，注册资本68亿。公司采用一级法人治理结构，在10个省辖市设立分公司，实行垂直管理。江苏广电网络公司采取股份制的方式，避免了资产无偿划拨引发的地域差异的矛盾，兼顾了地市县广电部门的利益，调动了地市县网络运营主体的积极性。

采取股份制的方式在突破省际之间行政区域的限制，实现跨地区组合上，作用更加明显。前面提到的江苏新华发行集团与海南新华书店集团合作，就是以资产为纽带进行的跨省重组的成功案例。

2008年3月，江西出版集团与中国宋庆龄基金会下属的中国和平出版社，进行兼并重组，由江西出版集团出资控股80%成立有限责任公司，通过地方出版集团与中央出版单位合作推动中央出版社转企改制，成为出版企业跨地区重组的首次尝试。由于股份制是市场主体的自愿组合，需要合作双方通过协商、谈判来实现合作共赢，因此，相比资产无偿划拨方式，往往时间比较长，过程也复杂一些。但股份制模式通过市场配置资源，较好地发挥了市场的主导作用，调动了市场主体的积极性，应该是我国国有文化企业集团化的努力方向和发展趋势。

无论是资产无偿划拨，还是股份制，都是国有文化单位转企改制、合作重组的方式。比方式更重要的是动力。改革首先要有动力，不是领导有动力，而是文化单位有动力，员工有动力。目前，国有文化单位和员工改革愿望不强，这是国有文化单位改革困难重重的症结所在。

五　几点建议

通过对海南省新华书店系统改革和其他地方国有文化单位转企改制的调研，笔者感觉，国有文化事业单位转企改制、组建企业集团是一项十分复杂的工作，涉及多方利益，应该稳妥谨慎。

（一）文化单位转企改制，不宜全国统一设立时间表

设立时间表固然增强了紧迫感，加快了工作推进速度，但负面作用也很大。有的地方政府主管部门不尊重市场主体的意愿，不顾地方利益，强行推动兼并重组，留下了不少隐患。有的地方为应付上面，名义上完成了转企改制，实际是换

汤不换药。必须看到，不同文化行业有很大的差别，不同区域经济社会发展水平有很大差异，同一省份不同地区差异也很大，要根据不同的情况区别对待。因此，文化单位转企改制不能搞一刀切，不宜设立过于具体的时间表。即使设立时间表，也应该是指导性意见，而不能作为最后期限。

（二）切实发挥市场在资源配置中的主导作用

推进文化单位转企改制，一个突出的问题是正确处理好政府与市场的关系。在推进国有文化单位改革中，政府的引导作用至关重要。但政府的引导作用主要应体现在提供政策支持和完善各种服务保障上，而不能采取行政命令的方式去推动，不能采取简单的“拉郎配”的做法去实现目标。否则，就会出现上面热下面冷的现象。推进文化单位转企改制，还是要发挥市场在文化资源配置中的作用。只有这样，才能把转企改制与完善市场经济体制结合起来，与建立和完善文化市场体系结合起来，与调动市场主体的积极性结合起来，实现效益的最大化。

（三）充分考虑区域和行业的差异性，做到分类指导，探索文化单位转企改制和集团化的多种实现途径

地区差异大是我国的一个基本国情，不同文化行业有各自的特点，也是文化产业的一个基本特点。有些文化行业市场化程度比较高，有些则市场化程度低一些；有些文化行业经营状况比较好，有些则比较困难；有些文化行业属于渠道行业，有的属于内容行业，等等。不同地区、不同文化行业的差别都应认真考虑，充分尊重，区别对待，应鼓励文化企业探索价值实现的不同途径。

参考文献

1. 海南省文化体制改革与文化产业发展领导小组办公室：《用跨地区战略重组推动改革与发展》，2008 年 12 月 11 日第五版《海南日报》。
2. 袁锋、符佩丽：《而今迈步从头越》，2005 年 2 月 7 日第一版《海南日报》。
3. 蒋芳、郑玮娜：《“凤凰”起飞的启示》，新华社，2008 年 6 月 19 日。
4. 《海南省新华书店系统转企改制与引资合作情况》（海南凤凰新华发行公司提供）。

“杜拉拉系列”

——图书文化产业链完美演练

杜晋华*

“杜拉拉系列图书”之所以能在两年内畅销260万册，创造3亿元人民币市值，主要归功于作者李可的独到视角、敏锐观察和妙笔生花，广大读者的认可以及出版方北京博集天卷图书发行有限公司的“策划得天时，营销得地利，文本得人和”。除此之外，博集天卷对“杜拉拉”的深度开发，图书—DVD视听—话剧—电影—电视—服装—网游—无线增值……也是“杜拉拉”图书品牌得以建立的关键原因之一。

一　职场有女初长成

（一）杜拉拉是谁

“杜拉拉成为中国有志女性榜样”，英国《独立报》2010年1月10日这么判断。杜拉拉是谁？杜拉拉，一位急性子的年轻中国女性，成功打破了以男人为中心的商界玻璃天花板。

杜拉拉，《杜拉拉升职记》、《杜拉拉2——华年似水》的主人公。南方女子，姿色中上，她没有背景，受过良好的教育，靠个人奋斗取得成功。

这是一部极近写实的职场小说。小说讲述了大学毕业生杜拉拉从进入职场、摸爬滚打历经民企、外企，并在外企曲折成长为专业干练的人力资源经理的经历。小说的主人公杜拉拉是典型的中产阶级的代表，她没有背景，受过较好的教

---

* 杜晋华，北京市博集天卷图书发行有限公司，文案策划。

育，走正规路子，靠个人奋斗获取成功。她经过民营企业中的性骚扰、经历过外企管理者的百般钩心斗角，经历过摆平难缠下属、与爱刁难人的平级同事的斗智斗勇。

"她的职场故事比比尔·盖茨的更值得参考。"该书的封面文案中肯而切中读者要害。

面市两年时间里，"杜拉拉"不但缔造畅销奇迹，更成为中国职场白领代名词，成长为中国中产阶层走向成熟、登堂入室的代言人。

（二）"杜拉拉"成长大事记

2007 年 10 月，《杜拉拉升职记》出版；

2007 年 11 月，《杜拉拉升职记》更换封面、第二版面世；

2007 年 12 月初，《中国图书商报》统计显示《杜杜拉拉升职记》位列"当当网"小说类销量第三名，"卓越网"小说类销量第二名；

2007 年 12 月中旬，《杜拉拉升职记》销量突破十万册；

2007 年 12 月，豆瓣网最受读者关注图书，豆瓣新书榜第一名，并被豆瓣网友评为大学毕业前必读的 10 本书；

2007 年 12 月底，当当网小说类畅销榜第一名；

2008 年 1 月，卓越网图书排行榜小说类第一名；

2008 年 2 月，上海文广高价竞得《杜拉拉升职记》电视剧改编权；

2008 年 4 月 2 日 ~5 月 2 日，中央人民广播电台倾情制作同名广播剧；

2008 年 5 月 29 日，日本第二大报《产经新闻》报道，世界发行量最大的报纸《参考消息》全文转载；

2008 年 6 月 23 日，当选为当当网终身五星书；

2008 年 7 月 4 日，《杜拉拉升职记》坐客中央人民广播电台；

2008 年 7 月 18 日，售出繁体版权；

2008 年 7 月，上海、广东、浙江三地话剧改编权售出；

2008 年 8 月，开卷数据社科类图书销售榜第一名；

2008 年 10 月，繁体版在台湾出版，一出版便登上金石堂文学类图书排行榜第一名，在台湾刮起"杜拉拉"热；

2008 年 12 月第 21 次加印，销量突破 60 万册；

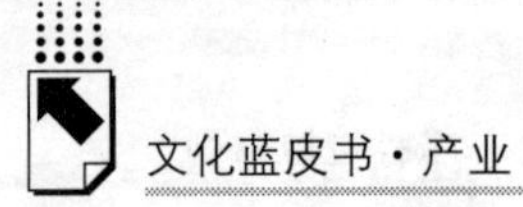

2009 年 1 月，《杜拉拉 2——华年似水》出版；

2009 年 1 月，张一白、徐静蕾策划团队购得《杜拉拉升职记》电影改编权，将于 2010 年 4 月公映；

2009 年 4 月 10 日，话剧版《杜拉拉》上海首映，主演为因《武林外传》大热的姚晨，反响热烈；

2009 年 5 月，《杜拉拉升职记》销量突破 100 万册，《杜拉拉 2——华年似水》销量突破 50 万册；

2009 年 10 月，电视剧《杜拉拉升职记》上海开机，导演称广告植入“非 500 强，免谈”；

2009 年 11～12 月，话剧《杜拉拉》亮相北京保利大剧院，在全国范围内展开巡演；

2010 年 1 月，《中国图书商报》颁发的“2009 中国图书榜中榜图书营销奖”，《中国图书商报》、新浪网读书频道《杜拉拉升职记》获得“2009 年读者最喜爱的 24 本书”、《广州日报》“2009 文学类年度图书势力榜”、当当网颁发的“优秀策划奖”；

2010 年 1 月，英国《独立报》报道称“杜拉拉成为中国有志女性榜样”；

2010 年 1 月，“杜拉拉系列”累计销售 260 万册；

……

2010 年 4 月，《杜拉拉 3》将问市；

……

（三）盆钵满贯的“杜拉拉”

随着电影、电视剧和话剧等相继投入制作，杜拉拉已经不仅仅是一本畅销书，更形成了一个以杜拉拉品牌为中心的全方位商业链，“杜拉拉”的商业价值渐渐凸显出来。

作为图书，已经上架的《杜拉拉升职记》、《杜拉拉 2——华年似水》两册在 2009 年底销量超过 260 万册，仅图书销售额一项目前已经接近 7000 万元人民币，预计 2010 年年中将突破 1 亿元。而以“杜拉拉”为中心衍生出的电影、电视剧等，商业价值更是惊人。

以电影《杜拉拉升职记》为例，仅植入广告就囊括了诺基亚、马自达、芝华士、联想等一线品牌，植入广告总值达2000万，而对于2010年4月作为中影春季重点上线电影，据业内人士保守估计，杜拉拉电影票房至少会突破亿元大关。

话剧《杜拉拉》全国巡回几十场，票房突破3000万。话剧《杜拉拉》也尝试将植入广告第一次应用在话剧里，众多一线品牌纷纷加盟，荣威550、花旗银行、苹果电脑、LV包、ecco鞋，等等，这些植入广告在带给观众笑声的同时，也利用杜拉拉的商业价值使自己的品牌更加深入人心。

电视剧《杜拉拉升职记》还未开拍，便吸引了众多观众和媒体的目光。而在众多品牌都想加盟的情况下，电视剧打出了“非500强，免谈”的口号，电视剧植入了卡夫、别克汽车、欧莱雅等5个500强广告，收入超过了1800万。

除电影、电视剧和话剧外，由杜拉拉衍生出的视听书DVD，销售额过500万元人民币。

截止到目前，“杜拉拉系列”保守估计已创造3亿元人民币的市场价值。随着《杜拉拉3》首印50万册将于2010年4月上市，保守估计，一年内销量应该在100万册，销售额近3000万。而《杜拉拉3》的出版将带动《杜拉拉1》、《杜拉拉2》形成新一轮的热销，《杜拉拉1》、《杜拉拉2》在一年内销量将突破400万册。随着《杜拉拉2》、《杜拉拉3》的电影、电视剧及其他品牌的深度合作，服装、电子收费阅读、网络游戏、无线增值以及和著名品牌进行深度的品牌合作活动（如与强势品牌HP打印机进行网络联合征文营销等），预计未来三年将创造10亿产值。

二　梳妆打扮出闺阁

（一）杜拉拉背后的“金推手”

2009年底，对于北京博集天卷图书发行有限公司董事长黄隽青来说，全国第一大报业集团《广州日报》颁发的“2009中国图书势力榜图书金推手”奖意义大不一样。“金推手”把“影响力的制造者、优质畅销好书的幕后推动者”推到台前，是对成绩的肯定，也是中国出版实力和发展方向的风向标。

“一本成功的图书，策划、设计、内容、渠道、营销等各个环节缺一不可且严丝合缝。”这是博集天卷的“推手感言”，也是得到了“金推手们”一致认同的感受。

对于“杜拉拉”整个品牌的运作，北京博集天卷图书发行有限公司有一个清楚的规划：知名的作家和经典的图书是这个文化产业链的第一环。第二个环节考验的就是策划的营销能力了，以图书出版为起点，向其他媒体延伸的产业链条具有极强的拓展性。有潜质的图书文本是一本书能否成长为畅销书或长销书的内因，而无孔不入、滴水不漏的营销策划和环环相扣、步步推进的产业链则是图书价值最大化开发的必备条件，主要手段就是媒体推广和影视等周边产品的开发。

1. 策划得天时

2007 年 3 月，博集天卷常务副总经理王勇在网上发现了该书作者李可写的一个小故事，感觉其中的情节很有意思，随即在公司内部沟通，大家一致认为这可以延展为一部职场小说。王勇请后来成为这本书的责任编辑的蔡明菲找到李可，希望她把这个故事写成一本小说。

如果说王勇是“杜拉拉”的偶遇伯乐，那么作者李可则是“杜拉拉之母”。

李可，女，某名校本科毕业。十余年外企生涯，职业经理人。从事过销售和人力资源工作——这是两种不错的谋生行当；从满足人类成就感的角度看，是两种可能提供极大发挥空间和精神满足的职业。典型的欧美 500 强企业文化长期熏陶出的专业与敬业下，她是一个生动的热爱生活的人。

然而直到现在《杜拉拉 3》将要问市，未现真身的李可还是读者心目中的神秘角色。在博集天卷的常规宣传认识里，这么一个低调且名不见经传的作者显然不是宣传的切入口。

其时，国内市场上并没有职场小说这一类型。当时卖得比较好的《圈子圈套》虽然也贴近职场，但其故事内容更偏重于商战，因此读者群有限。若是这一类型小说在带给读者阅读的乐趣之余，还能给读者以启发，具有实际的参考意义则皆大欢喜。随即，李可把小说中的“杜拉拉”塑造成了这样一个人物：姿色中上，受过良好的教育，没有任何背景，靠个人的奋斗取得成功，这与大多数职场白领的人生经历颇为接近。

2007 年 9 月《杜拉拉》完成了出版，目标读者定位是大量的普通白领，定位是"中国白领必读的职场修炼小说"，宣传语则为"她的故事比比尔·盖茨的更值得参考"，顺应了金融危机的大势。

作为小说之外的"职场工具书"，《杜拉拉升职记》名副其实，适合不同阅历的人阅读。其受众分布在20～40岁的人群，书中大量的职场知识和原则，适用于各行各业，并不限于女性或者人力资源经理。

职场菜鸟不妨看看其中的一些知识类的东西，像用于有效设定工作目标的SMART原则；用于全面评判员工表现的360度反馈；用于规范操作流程、避免人与人之间矛盾的SOP。它们就像是数学中的公式和概念，你记住了，就可以解题了。

有几年工作经验的人，则可以在书中更深入的了解职场中各方面的关系、立场和处理这些关系的技巧。比如不越级的江湖规矩；比如花费的原则：第一，要有预算且符合政策，第二看投入产出比；比如对他人的认可要及时。如何处理与上司、下属和平级的关系，则是书中的出彩之处。

再老道一些的人，怎么用这本书呢？保留手下的重要员工，避免官僚、该决定时果敢决定、提供支持，充满变数时谨慎站好立场，提防功高压主的危害，对重大事件权衡利弊做出妥协，书中都有精彩描写。当业绩出色的销售总监TONY林不按规定而给手下重要员工破格加薪，总裁何好德最后做出让步予以默许，便是一个典型的妥协案例。过了而立，奔四而去，上有老下有小，正当人的一生最脆弱也最值钱的时候，让自己贵得值当无疑会提高安全系数。

2. 营销得地利

有了好文本还需要好的营销。真正好的图书的推广是让图书本身成为话题。因此，"杜拉拉"在媒体进行推广时并没有采取就书说书的方式，而是更多地推广一种职场生存智慧。无论是在大学、外企，还是在网上互动或者借助一些职业培训师的推广，"杜拉拉"推广的不是图书本身，而是职场中的成长经验和生存法则。当普通人的职场智慧成了一种话题，"杜拉拉"就不仅仅是一本小说，更大意义上成了一本职场工具书。

除正常书讯、书评、名人推荐以及图书广告语等之外，博集天卷还抓住了目标读者深耕细作，如应届大学毕业生、工作几年后仍感觉彷徨的上班族，高调打出"中国白领必读的职场修炼小说"、"她的故事比比尔·盖茨的更值得参考"等宣传语，并在北京、上海、广州、大连等大城市、沿海城市针对白领作

重点宣传。

3. 文本得人和

正如《独立报》所言，这本书之所以取得成功，原因很简单——读者很容易进入女主人公的角色，她为了自己的经济和人格独立而努力奋斗着。这种普通人成功的故事，使大量的现实中的“杜拉拉”产生了共鸣，如同发生在身边的故事、每个人都可能有的经历、实用生动的职场法则，画下了那条由共鸣而追捧的畅销轨迹——这是一本由读者热捧上畅销榜的书。

只要看看当当网上读者对“杜拉拉”热火朝天的评价，让旁观者也跃跃欲试想加入发言，就不难感受到市场对“杜拉拉”的热捧。没有名人的推荐，比起其他一路大肆宣传的书籍，大众较少听到“杜拉拉”的宣传声音，代之的是读者的口口相传。

高等教育出版社分社长何明星分析了“杜拉拉”读者在当当网、卓越网和豆瓣网的留言，并把这些留言里透露出的图书购买因素作了分类，按照朋友推荐、顺带购买、网络影响、新媒体影响、诱惑性购买等分类，进入其统计因素的1600份有效数据中，最高的比例是朋友推荐，达到43.8%的比例，其余依次是网络影响29.4%、顺带购买11.76%、手机等新媒体5.9%、诱惑性购买5.9%。43.8%的朋友推荐独占鳌头。（见图1）

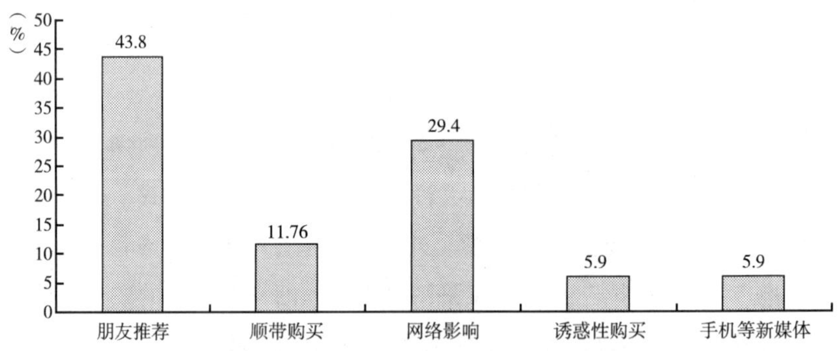

图1 《杜拉拉升职记》一书购买因素分析

注：“朋友推荐”、“网络影响”比较好理解，“顺带购买”在本文的分类中指的是在购买其他图书时，因为图书封面、装帧、腰封等第一次接触后便产生的购买行为；“诱惑性购买”指的是在坐地铁、乘公共汽车时不断看到有人在阅读《杜拉拉升职记》一书，由此引发的购买诱惑到最后实现的行为；“手机等新媒体”指的是《杜拉拉升职记》最先在手机上连载，读者看到后而受到影响，最后买来阅读的行为。

何明星还分析了卓越网、当当网和豆瓣网三个网站的读者留言，在大量各具特色的留言里，仔细梳理了各种信息交流情形。下图是《杜拉拉升职记》一书读者交流信息情形分类。(见图2)

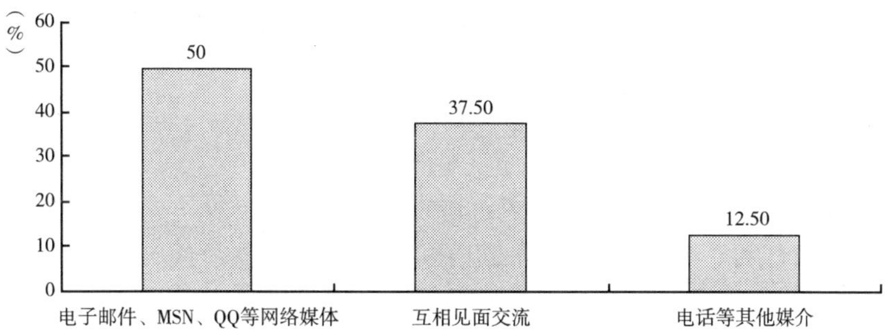

图2　《杜拉拉升职记》一书交流媒介分类

由图2可知，以电子邮件、MSN、QQ等网络媒体交流《杜拉拉升职记》信息的比例为最大宗，达到50%，而在互相见面交流信息的情形占37.5%，电话等其他媒介交流信息的占12.5%。上述数据已经表明：对于大学应届毕业生、职场白领等《杜拉拉升职记》人群，现代网络媒介已经占据了绝对的空间，这样一个媒体消费习惯说明了传统口碑式营销的交流手段的转变：由口口相传到熟人之间的网络相传，"口碑式"效果借助现代网络手段而大大发挥了传播效力和传播范围。由此可知，《杜拉拉升职记》一书是因在网络宣传上用足了工夫，才开启了口碑式营销的链条，使得"朋友推荐"迅速超过其他营销手段，让2628000人产生了购买行为。

这正是博集天卷最初的设计："让'杜拉拉'变成白领职场的公共话题，口碑传播就会不断地拉动销售。"

2009年1月，《杜拉拉2——华年似水》紧跟着上市。而此时，"杜拉拉"现象已经成为社会普遍关注的话题。博集天卷趁热打铁，将话剧改编权、电视电影版权售出。2009年4月份，《杜拉拉》的话剧率先在上海首演，话剧的宣传效果立刻引发了一轮图书销售热。与此同时，《杜拉拉》的电影导演及选角的新闻又成为娱乐媒体的话题，图书销量在原先150万册的基础上，短时间里增长了30万册；将于2010年春节档上映的电影版《杜拉拉》又将接续新一轮的图书销售，每一次推广都意味着新一轮图书的销售高潮。此时可以欣喜地看到，其他文艺形式介入图书文化产业链，为畅销书不断制造的销售高潮，畅销书变成长销书。接下来2010年4月上架的《杜拉拉3》已经无须继续花大钱装扮了。

三　图书文化产业链里第一个吃螃蟹的人

（一）什么是图书文化产业链

《传媒产业链》作者、北京光线传播研究院首席研究员张小争认为："在经济增长的过程中，一根富于魅力的文化产业链条，把创意、技术、营销等环节紧紧联系在一起，形成一个'上游开发、中游拓展、下游延伸'的产业链条，对相关的各种企业和产业形成带动效应，使独创的文化价值，逐步转变成为有广阔市场的商业价值。"

图书就是传媒产业链条中的一个环节，与其他的无数个点——影视、话剧、品牌深度合作、广告植入、电子收费阅读、网络游戏、无线增值——相互关联、互动、整合，形成完整的图书文化产业链条，而每一次向外的延伸在现时都意味着市场机会、品牌建立、产品增值，"产品—商品—产业"依次推进。

出版作为一种产业，其生产过程也和其他产品一样，包括创意、生产、营销等多个环节，它的最终产品是一本图书。作为完整意义上的产业，应该不仅仅是文化产品本身，还应包括围绕核心产品衍生出来的产业链，这样才能把文化产品做大做强。

图书产业链延伸的前提是图书文本足够优秀，延伸的法则是后续产品符合图书品牌的核心价值，符合受众的多样阅读需求。

"杜拉拉系列"首次提出并完美演练了图书文化产业链，这是出版界里程碑式的成就。

（二）出版界的边际效应递减率

根据经济学中的"边际效应递减率"，消费者在逐次增加一个单位消费品的时候，带来的单位效用是逐渐递减的（虽然带来的总效用仍然是增加的）。没有图书之后产品的开发，图书的影响力将是大打折扣且很难长存的。

在整个产业链中，图书的声音是最弱的，而其他文艺形式的介入，能为畅销书不断制造销售高潮，使畅销变成长销。在这种已形成图书品牌的影响下，根据畅销书品牌系列延伸开发策略和读者的阅读期待心理，对一本畅销书的延续开发必将推动产生一系列的畅销书品种。产业链对内容资源进行不同媒体形式的发布传播，通过电视等强势媒体的力量可以扩张图书的市场机会和影响力。

（三）传统出版在多元化媒体中的突围

事实上，并不是图书首发或者大卖时就想到了走产业链之路，一切的开发都是顺其自然、水到渠成的。出了新书，看到了正常收益，但随着边际效应的递减，只有开发新的延续产品，形成产业链，才能延长生命力。

延伸图书产业链、打通文化产业链的多元化经营不仅是图书生命力的要求，也是新技术条件下传统出版业的出路。

图书出版业闲置的产业链环节的空白必将吸引众多业外产业的触角。图书文化产业链从理论和实践上宣告了"就书论书"模式的终结，通过延展文化产业链条，不仅可以完善其周边产品，甚至可以将产业链条延展到另一个领域。一本书可以带动一个产业不再是痴人说梦。以传统的纸质图书为基础，以版权内容为核心，通过内容产业的经营，打造相关的电影、电视节目，通过以电子图书形式进行网络下载甚至手机阅读，同时开发相关内容玩具产品、纪念品等使得出版模式走入了与以往完全不同的商业领域。

图书文化产业链最大限度扩大品牌知名度和影响力，品牌边际效应最大化，实现品牌资产增值，最大限度满足受众全方位"阅读"的需求，最大化了图书的市场价值，加强了出版业的凝聚力，凸显了文化产业聚集效应，大大提高了我国文化市场的集中度，夯实了产业价值链，为提高国际竞争力奠定了坚实的基础。

数字出版和电子阅读器市场的整合

路晓琳　张 磊*

自从3000多年前，我们的祖先发明了文字，人类从此进入了文明时代。最初刻在龟甲、兽骨上的文字，可以说是书籍的雏形。之后，书籍的介质经历了竹片、木片、丝绸，一直到纸的发明，为书的发展提供了理想的材料。宋朝庆历年间，毕昇发明了活字印刷，大大提高了印刷的效率，这是印刷史上划时代的改革。

书籍的大量出版加快了文明的传承，书籍介质的更迭亦折射着现代科技的进步。进入到信息时代，数字化无疑是图书发展的一个重要方向。电子阅读器的问世，让一场阅读革命悄然展开。纸张印刷不再是文字传播的唯一途径；阅读也不再局限于对文字的心领神会，阅读的定义正在慢慢被重新改写。而伴随电子阅读器的普及，在传统图书产业链的基础上衍生出了数字图书的产业链，催生了一系列新的赢利模式。目前人们日益增长的精神文化需求以及3G无线业务的普及，为数字阅读产业的发展创造了千载难逢的历史时刻。

比尔·盖茨说，电子书一定将改变全世界；其背后巨大商机更是让人瞠目。其实，其表现早已初见端倪，如2007年11月，Kindle发布之初，电子书（eBook）的销售额为0；2009年2月Kindle 2发布时，电子书销售额占其图书销售总额的13%；2009年6月Kindle DX发布时，电子书销售额占其图书销售总额的35%；2009年圣诞节，Kindle电子书销售额已经超过纸质图书。如此短的时间，如此增长态势，足见比尔·盖茨预言准确。

一　数字出版时代

中国的数字出版（尤其是互联网出版）起步较晚，但发展比较快，据国家

* 路晓琳，汉王科技股份有限公司资源运营部编辑部经理；张磊，汉王科技有限公司董事长特别助理，兼战略规划部总监。

新闻出版总署预计2009年数字出版产值达到750亿元，首次超过纸质书出版产值。但是，其中音乐、视频占数字出版总产值的绝大多数，电子图书产值只占很小一部分。不可否认，冰山下蕴藏的发展空间，对于大多数资源商来讲极具诱惑。

在数字出版的早期阶段，数字化投入成本高，而当前对版权的保护不力的现状使得其发展一直很慢。但近年来，网络文学的兴起，使得互联网出版的前景越来越多地受到商家看好，随着电子书阅读器的出现，在一定程度上也为数字出版，尤其是基于互联网的网络出版提供了方便的交互式深度阅读的载体，促进了数字出版的发展。

（一）数字内容出版产业的现状

目前国际上传统出版商已经开始全面向数字出版商转型。在美国，大众出版的数字化转型已初见成效；专业出版已在很大程度上实现了赢利；教育出版仍在探索可持续赢利的商业模式。在日本，用手机看小说已成新潮流。

最初国内的数字内容出版是由技术提供商推进的，目前他们已大多发展为数字媒体提供商，兼任数字内容提供商的角色。主要包括：传统期刊互联网出版和在线数据库领域：清华同方知网、万方数据、维普资讯、龙源期刊等；多媒体期刊互联网出版领域：XPLUS、VIKA、ZCOM等；数字图书馆或电子图书领域：北大方正、超星、书生、中文在线等；手机出版领域：数码超智、银河传媒等；出版类网站：起点中文网、榕树下等，也都是以数字媒体的形式从事数字内容的提供和发布；另外，百度、Google、新浪、搜狐、网易、盛大、TOM、腾讯、九城等网站或搜索引擎也开始进军互联网出版业务。

中国的数字出版产业尚处于起步阶段，存在不少的问题。从产业链来看，传统出版单位过度集中在内容源头一端，离内容价值实现端较远，在整合整个产业链的过程中处于劣势。与此同时，掌握着新媒体技术的公司虽然拥有技术和平台上的优势，却缺乏出版资源的支持；在商业模式上，以传统出版单位为主的数字出版尚未形成业界普遍认同的能够赢利并可持续发展的商业模式，数字出版技术系统和装备系统尚需加大研发和创新力度；数字出版行业标准、数字出版物格式、数字出版防伪加密和数字版权保护等技术问题也亟待研究并采取相关措施。

(二) 数字出版的巨大潜力

中国的数字出版产业在2007～2008年迎来了一个高速发展期。2007年中国数字出版产业的整体收入为362.42亿元，比2006年增长了70.15%。2008年10月的全球金融危机并没有扭转数字出版业的增长趋势，2008年整体收入为530.64亿元，同比增长46.42%。2009年预计整体收入规模将达到750亿，同比增长42%。(见图1)

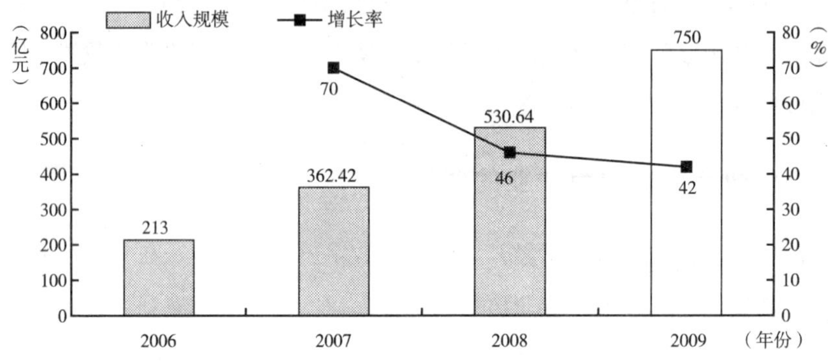

图1 中国数字出版产业整体收入规模及增长率

数据来源：市场情报中心。

从2008年数字出版细分市场看，互联网期刊和多媒体网络互动期刊的收入达7.6亿元，电子图书的收入达2亿元，数字报纸（含网络报和手机报）的收入达10亿元，博客收入达9.75亿元，在线音乐的收入达1.52亿元，手机出版（含手机彩铃、手机铃声、手机游戏、手机动漫）的收入达150亿元，网络游戏的收入达105.7亿元，互联网广告的收入达75.6亿元。

据“2008年中国电子图书发展趋势报告”新闻发布会上的数据公布：2008年电子图书读者总数为7900万人，比2007年增长34%。电子书收费阅读销售收入从2006年的3000万元、2007年的3600万元，达到了2008年的6900万元。2008年电子图书市场实现销售收入22.7亿元，增长33.4%；在个人电子图书市场方面，主要是收费阅读市场和手机阅读市场增长强劲，分别增长86.5%和366.2%。手机阅读产值从2002年不足20万，发展到2008年的3030万，增长了150倍。

目前，中国大陆出版社接近600家，台湾出版社超过15000家，这些传统出版社都处在转型的关键时期，内容数字化势在必行；电子阅读器的出现让他们感

到图书市场即将被瓜分的阵阵寒意。另外，数字阅读先行者——各种阅读网站也超过25000家，他们对于电子阅读器的出现，倒持有乐观态度。毕竟，这对于他们输出资源增加了新的途径，甚至有几家大型内容网站跃跃欲试，试水硬件制造，力图打造自产自销的新型产业链。

二　电子阅读器的战国时代

电子书阅读器（或称手持阅读终端或电子书）指的是能支持优良的阅读格式并具备以加密为基础的版权保护技术；有适合阅读的优良显示屏；具备充分的存储空间并拥有良好的存储外扩能力；方便地利用最新通信技术进行资料更新、互换；有良好的人机互动功能，在无需版权保护时支持最广泛的阅读格式。

（一）阅读生活从此改变

电子阅读器最早在1998年便诞生于美国。2007年，著名的网络书店亚马逊推出了电子阅读器Kindle。电子书阅读器和以前市场上用于电子阅读的手机、笔记本、MP3、PSP、PDA的区别是专业阅读和非专业的阅读。电子书阅读器有一定的阅读格式，可以分章节、加书签，阅读界面明显优越于手机、PDA等。阅读的舒适性、方便性和持久性更优，而且所集成的功能也越来越多。比如手写、批注、朗读、连接网络等。目前这样专业的电子书阅读器按阅读器屏幕材质来分类有电子墨水屏阅读器、LCD屏阅读器和胆固醇屏阅读器，电子墨水屏是目前使用最普遍的产品。

亚马逊Kindle系列电纸书热卖后，全球开始掀起电纸书的潮流。根据NetGen研究公司的最新报告显示，从2008～2013年，全球电纸书市场将保持124%的年复合成长率，尤其到了2013年底电纸书产值更将一举突破25亿美元，种种的数据均支撑着电纸书产业即将崛起的事实。图2为Digitime对电子书阅读器市场容量和增长率的预测。

（二）大陆电纸书业将进入战国时代

据了解，近几年来我国数字阅读大幅攀升。刚刚发布的第五次全国国民阅读调查结果显示，数字阅读率比2005年的27.8%提高了17.1%。过去一年的读者

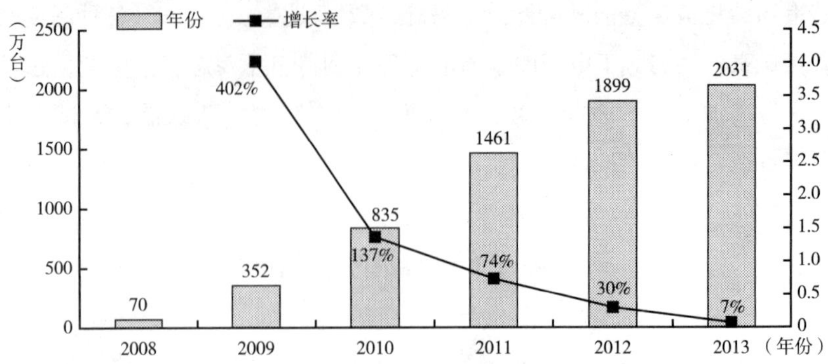

图2　2008～2013年全球电子书阅读器市场容量及增长率

数据来源：Digitimes 2009/10。

中，近两成阅读过电子图书，手机报与电子杂志的读者规模均超过200万人。另据统计，截至目前，我国个人电子阅读终端超过1.8亿，手机网民已达5000万，电子图书已有43万多种。这些数字已经让人看到了其中巨大的市场。

此前国务院公布的《电子信息产业调整振兴规划》中，明确提出了必须强化自主创新，完善产业发展环境，加快信息化与工业化融合，以新的应用推动产业发展。专家表示，在以数字化内容应用为主体的新一轮互联网浪潮中，以电纸书为代表的数字阅读将成为其中最大的亮点。

中国大陆，电纸书也蔚为潮流，汉王、翰林、博朗、易博士、方正等多个品牌产品陆续问世，更有中国移动挟最大3G厂商之力进军电纸书产业。由于电纸书背后巨大的商机以及Amazon Kindle、汉王取得的成功，都诱引着来自不同产业背景的企业加入，如此前刚刚结束的拉斯维加斯CES 2010上，仅有品牌的电子阅读器就有23种之多，而由电子阅读器引发的数字出版的概念，更在新闻出版这个更为广大的领域引起回响。

在大陆市场，有关人士认为，目前是电纸书的推广期，但2011年将进入产品与产业成熟期。届时大陆本土品牌的电纸书售价将滑落到1000～1500元，单年销售量将突破百万台规模。新厂商的一一到位将让大陆的电纸书产业将进入战国时代。

（三）电子阅读器终端市场的演进

中国市场将成为全球电子阅读器的最主要市场之一，研究机构DisplaySearch

预测，2010 年中国的电纸书销量将从 2009 年的 80 万台跃升至 300 万台，达到全球市场的 20%。该机构进而预测，中国将借助其人口规模之大，在 2015 年之前超过美国成为世界最大的电子阅读器市场。

高速的扩展速度让众多 IT 企业把掘金的机会转移到电纸书。但是，在市场的火热的背后，是电纸书居高不下的价格，一些分析师指出，技术壁垒和内容版权问题是制约其价格的主要原因。

目前在国内市场上，90% 以上的市场份额被汉王科技占据，另一大巨头为方正。但是现在，大唐、微星、华为、易狄欧、华硕、易博士、博朗等企业布局的步伐开始加快。另外，深圳山寨圈最近也开始掀起抢进电纸书产业的趋势。

电子纸显示器是电子阅读器最为关键的硬件部分，目前大陆各厂家基本用的都是元太科技的产品。电子书价格偏高，与上游供应商元太的强势地位有着密切关系。同时，电子纸的发展最终不是硬件的问题，而是内容的问题。电纸书没有内容就没有前途。考虑到中国知识产权保护的现状，出版商不愿意跟电子阅读器生产商合作，而中国电子阅读用户的在线付费意识仍然相当淡薄。在缺乏内容的情况下，一些生产商在阅读器中预装图书，进一步增加了成本。

如此众多的电纸书制造商都加入到激烈的竞争中，长此以往，数字出版产业发展的蓝海总有一天会变成血流遍地的红海！群雄逐鹿之下，优胜劣汰，电纸书市场将会呈现“少—多—少”的发展趋势，在竞争中走向良性发展。

三　共营共赢之路

2010 年是中国电子信息产业“十一五”规划的最后一年，也是中国“促内需、求增长、保稳定”的关键一年。《国家“十一五”时期文化发展纲要》更是明确指出，“大力发展数字化内容、数字化生产和网络化传播产业，积极发展电子书、手机报刊等新业态，并明确鼓励自主研发、数字内容、数字传播、数字服务终端的产品和装备，开发数据处理、存储、传输、下载、数字互动等数字出版的增值业务，扩大数字出版的产业群体。”

（一）能“整”才能赢

近年来，电脑，手机、PDA 等终端设备上阅读电子书特别是在以 e-ink 显示技术为核心的专业电子书阅读器的出现，更使互联网出版，特别是电子图书产业的发展出现了巨大的飞跃，助长了数字出版蓬勃发展之势。

图3是美国出版协会对2002～2009年三季度间每季度的电子书销售额统计。从上图电子图书整体发展趋势可以看出，在2007年第4季度Amazon推出Kindle阅读器之后，电子图书的销售呈现出飞速发展势头。这也说明了专业的电子书阅读器对网络出版，尤其是电子书籍销售的影响。从月份上看，2009年7月单月销售额比去年同期增长230%以上，是2002年同期增长速度的40倍。从销售额来看，虽然只有1620万美元，在数字出版整体收入中的占比虽小，但增长态势惊人。

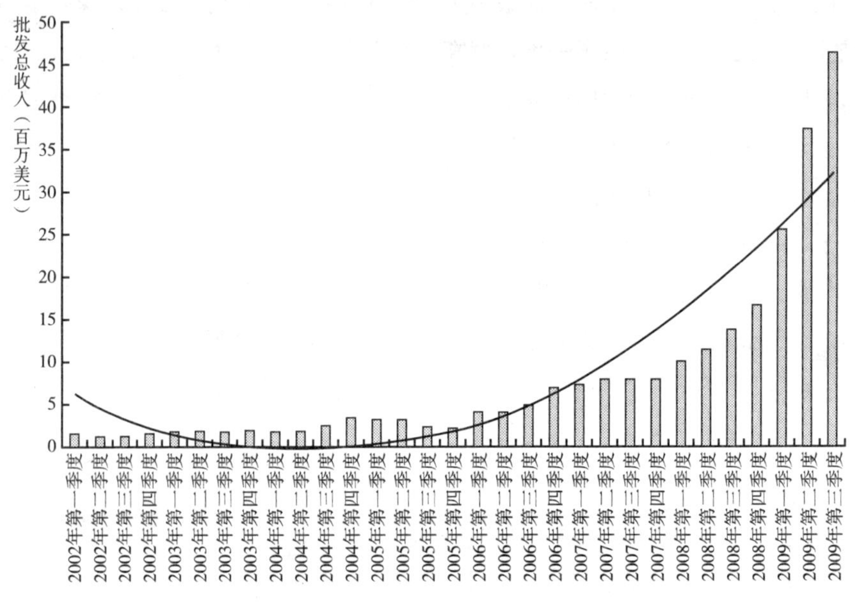

图3　2002～2009年第三季度每季度销售额统计

美国的Amazon推出Kindle阅读器之后，Amazon为Kindle建立拥有9万册书的网上书店（2009年已经增长至23万册），而Amazon和Sprint合作的CDMA EVDO无线网络，可以随时随地通过Kindle登录网络，购买图书，订阅报纸杂志（还包括blog）等。Amazon的赢利模式是电子书籍的销售，所以读者并不需要为网络流量付费。目前大多数的电子书售价较传统书籍在价格上有较大的吸引力，订阅报纸杂志，诸如纽约时报、华尔街日报、华盛顿邮报和时代周刊、福布斯等，订阅价格为每月 5.99 到 14.99 美元不等，杂志为每月 1.25 到 3.49 美元不等，甚至还可以订阅 blog，也是需要付费的，每月 0.99 美元，尽管这些内容都是有偿提供，但这种全新的数字出版模式还是得到了读者们的追捧。同时 Kindle 在数字出版领域取得巨大成功，虽然 Kindle 终端的总销量暂时还未公布，但业界估计其销售量早已突破百万台。与此同时，Kindle 电子图书的每周下载量也突破 60 万本。我们推测随着 Kindle 这种阅读终端的进一步普及，电子图书的下载量有望继续增大。目前，Amazon 已经销售 Kindle、Kindle 2、Kindle DX 三种产品，其电子图书的销售额已超过总体图书销售额的 48%。这也让我们看到了电子图书市场对传统图书市场的替代效益正慢慢显现。

其实不仅电子硬件企业，甚至传统图书出版、发行企业也在积极参与到数字出版这一新兴产业中。如全球最大实体书店 Barns&Noble 书店也早有进军电子书市场的行动，早在两年前就收购了电子书销售网站 FictionWise，同时和新型电子书阅读器研发企业 Plastic Logic、iRex 展开合作。其模式是由 Barns&Noble 书店提供电子图书内容，由阅读器硬件厂商提供终端设备。

内容传播商拥有完善的接入平台、潜在的客户群体以及顺畅的收费渠道，而内容提供商能提供高质量的内容，这样就产生了一个合理的商业模式以保障内容供应商与内容传播商的生存和发展，从而保证整个信息媒体产业可持续的健康发展。硬件制造商可以采取向内容提供商购买内容后由自己经营的模式，也可以采取与其合作分成或由内容传播商向内容提供商出租资源，由内容提供商经营内容的模式，唯此，互惠互利才能共同发展。

（二）依然是内容为王

就像 iPod 和 iTunes 网络商店结合带来的极大成功一样，Kindle 不仅仅是一款电子书阅读器，它的无线网络书店功能才是真正的杀手锏。从发布的销售数据来看，亚马逊的这次创举无疑已经获得了巨大的成功。索尼公司稍早于亚马逊 1 年推出的电子阅读器 Reader，由于不能无线上网，无法在线下载，销量比 Kindle 稍逊风骚。

电子书阅读器作为一种环保、无辐射的阅读产品，其替代纸质图书的环保、经济意义重大。随着该设备的发展，相关配套的阅读资源应运而生。传统图书传播在数据传输、存储、下载等问题上，针对电子阅读器产品，逐渐形成“内容+终端+平台”的模式，为电子书阅读器产品提供了丰富的资源，不断推动电子书终端产品的持续发展。

随着电子书阅读器的推广，有阅读需求的人也越来越多，内容提供商、出版社、发行商等也需要有一个能够方便及时地将出版的内容销售给用户的平台，而内容运营平台正是为内容提供商提供了这样一个平台。在内容运营平台上，内容提供商可以方便地发布和更新自己的内容资源，供用户选择和购买。这个内容运营平台极大地缩短了内容提供商的内容发行时间，提高了发行效率，也方便了用户对资源的选择和购买。

（三）数据加工契入的合作模式

目前，纸质资料数字化是大势所趋，处于成长期的数据加工业，国内已逐步形成一个又一个庞大的基础数据资源库。

从技术角度来看，数据加工格式可分为两大类：流式和版式。流式的版面是不固定的，是和硬件以及软件相关的。版式的版面是固定的，无论在什么设备上看 PDF，其版面总是一致的。版式的格式主要有 PDF、CEB、PDG、SEP、Flash Paper 等。流式主要是 HTML、DOC、TXT 等。国内的很多格式开发商都是基于版式的，无论是超星的 PDG、方正的 CEB，或者是书生的 SEP。

目前存在格式规范不对外公开、相互之间不能很好兼容的问题。方正、超星、书生相互之间不能打开对方文档。数据提供商如果要支持这些格式，就必须安装这些厂商的解析或者阅读软件。这对数据的维护、管理以及检索等，形成了巨大的负担，制约了数字出版产业的发展。

目前，在北京、河北、南京、上海、重庆等出现了大量的数字加工基地，投入大量的人力和资金去整合数字出版产业，解决传统出版商版权内容数字化问题，在获得版权内容的同时给版权所有人的内容提供数字加工，不失为一个互利互惠的好方法。

四　结论

综上所述，随着电子阅读器市场的火热，对于数字出版产业的繁荣、发展无疑是大有益处，但同时也意味着竞争的加剧。电子阅读器销售的不断增长，用户群越来越大，这就意味着该群需要更多的阅读资源。但同时阅读资源的不断丰富也将为电子阅读器带来更大的用户群以及加强现有用户群的忠诚度，从而形成一个良性的互动发展模式。

群雄混战，于人于己，都是伤心又伤身的，唯有联合起来，打造“内容+移动终端+服务”的统一运作模式，整合、利用上中下游的各类相关技术、产业，带动芯片开发、电纸屏研发及生产、软件开发、硬件设计、数字内容提供商、网络运营商等领域的发展，才是一条可持续发展道路。

统计指标研究

STATISTICAL TOPIC

全国文化消费民生效应测评报告

——2008 年各地景气指数排行榜

王亚南　刘婷　高玉亭*

在我国日渐成熟的社会主义市场经济体制之下，文化事业和文化产业的全部生产成果一并进入国民经济行业统计数据，文化建设与发展的成效可以通过文化生产和居民消费统计数据体现出来；深入实践科学发展观，提高科学发展水平，具体到文化建设领域，就必须以文化民生来检验文化建设与发展成效；在当前国家大力推进拉动内需、扩大消费、改善民生国策的背景下，更应把推动社会主义文化大发展大繁荣落实在增进全国各地广大城乡居民的文化消费民生效应之上。

云南省社会科学院文化研究中心历经数年的研究，在我国推出"全国文化消费民生效应景气指数"评价体系。该体系依据历年《中国统计年鉴》正式发

* 王亚南，云南省社会科学院研究员、文化研究中心主任、《云南文化发展蓝皮书》执行主编、全国学科期刊《民族文学研究》南方片编委；刘婷（数据验算支持），云南省社会科学院副研究员；高玉亭（数据技术支持），国家统计局云南调查总队高级统计师。

布的国家标准统计数据，按照各项测评指标进行综合评价，实际检验全国及各地文化建设的发展成效。前期研究成果已于近两年内陆续发表，先后采用了三项指标①和四项指标②进行综合评价。本文主要采用新近研究测试增补后的七项指标进行综合评价，同时保留使用三项指标、四项指标综合评价，以便与前期研究成果中的历年测评结果协调起来。

一　数据演算依据和测评指标

这里结合实际演算数据，对演算依据和测评指标进行说明。全国和各省域人均产值可以在《中国统计年鉴》（以下称《年鉴》）里直接找到基础数据，其余全部数据均需要根据全国及各地城镇居民与农村居民分别统计的基础数据，结合相应范围城乡人口分布数据，推算得出城乡综合总量和人均数值，而东中西部和东北四大区域整体的各项数值在《年鉴》里阙如，需要根据相关省域数值再推算得出。

（一）数据演算依据

2001～2008 年全国人均产值及城乡居民综合人均收入、总消费、积蓄与文化消费数据见表 1。

表 1 基础数据来源和数据演算依据：国家统计局《中国统计年鉴》2002～2009 年卷。其中：

1. 全国人均产值

历年人均产值数据直接出自《年鉴》相应年卷，全国总体数据也可通见于 2009 年卷“2－1 国内生产总值”。不过，《年鉴》2009 年卷校改了 2008 年卷发布

① 王亚南等：《文化消费“十五”分析与“十一五”测算》，《2009 年中国文化产业发展报告》，社会科学文献出版社，2009 年 4 月；王亚南：《全国各地文化民生效应分析》，《广义虚拟经济研究》2009 年第 3 期；王亚南等：《各地城乡居民文化消费增长态势研究》，《2008～2009 云南文化发展蓝皮书》，云南大学出版社，2009 年 6 月。

② 王亚南：《从文化民生效应看中国文化产业发展实效》，《文化艺术研究》2009 年第 1 期；王亚南：《市场消费与文化民生》，《中国文化市场三十年征文选集》，文化部文化市场司，2009 年 10 月；王亚南：《全国各地文化消费民生效应指数研究》，《广义虚拟经济研究》2009 年第 5 期。

表1 2001～2008年全国人均产值、收入、总消费、积蓄与文化消费数据

单位：元

年度	全国人均产值	城乡人均收入	城乡人均总消费	城乡人均积蓄（消费剩余）	城乡人均文化消费
2001	8622	4058.5200	3084.7595	973.7605	218.6516
2002	9398	4518.9195	3474.3492	1044.5703	287.2113
2003	10542	4993.2422	3794.5750	1198.6672	310.5393
2004	12336	5644.6243	4271.5856	1373.0387	342.0995
2005	14053	6366.5905	4871.4786	1495.1119	394.6408
2006	16165	7174.7703	5404.8803	1769.8900	430.6452
2007	19524	8475.0418	6267.9265	2207.1153	478.7246
2008	22698	9794.8727	7124.3892	2670.4835	507.1083

的2007年全国人均产值数据，由18934元调整为19524元。于是在本项研究中，2007年全国人均产值年度增长指数演算值也相应由117.13变更为120.78，这与截至2007年数据而涉及全国人均产值的前期相关成果有了出入，特予说明。

2. 全国城乡居民人均收入

历年城乡人均收入数据系本项研究演算值，演算依据：《年鉴》相应年卷“各地区城镇居民平均每人全年家庭收入来源”、“各地区按来源分农村居民家庭人均纯收入”，以及相应年度城乡人口分布数据（后同，因《年鉴》未提供2001～2004年各省域城乡人口分布数据，只能按照2000～2005年各省域城乡人口各自的年均增长幅度，推算出2001～2004年各省域城乡人口分布参考值进行演算）。

3. 全国城乡居民人均总消费

历年城乡人均总消费数据系本项研究演算值，演算依据：《年鉴》相应年卷“各地区城镇居民家庭平均每人全年消费性支出”、“各地区农村居民家庭平均每人生活消费支出”。

4. 全国城乡居民人均文化消费

历年城乡人均文化消费数据系本项研究演算值，演算依据：《年鉴》相应年卷《各地区城镇居民家庭平均每人全年消费性支出》之《教育文化娱乐服务》统计项中“文化娱乐用品”和“文化娱乐服务”小项、《各地区农村居民家庭平均每人生活消费支出》之《文教、娱乐用品及服务》统计项。

5. 全国城乡居民人均积蓄

历年城乡人均积蓄数据系本项研究演算值，即人均收入与人均总消费之差，

也就是全部消费剩余。必须说明，本项研究一向使用“积蓄”概念，以区别于已经存入银行的“储蓄”，“积蓄”理应远远高于“储蓄”；同时也代替经济学惯用的“消费剩余”，“消费剩余”强调的是主动消费，“剩余”不过是被动的结果，“积蓄”关注的是抑制消费，消费尤其是文化消费反而成了“积蓄剩余”。

（二）测评指标说明

本项研究设计并使用的测评指标一共分为三类七项。

1. 基础指标：人均文化消费绝对值

文化消费总量是文化生产总量实际进入民众生活消费的具体表现，也是文化建设成果实际转化为文化消费民生的具体体现。不过，各地省域大小、人口多少存在差异，地区经济规模、产业基础和居民收入水平、消费水平也存在差异，总量数值不具可比性，人均数值则具有一定可比性。文化消费的各项比例值，文化消费城乡比和地区差，均依据人均文化消费绝对值加以演算。

2. 基本指标：人均文化消费比例值

（1）文化消费与产值比例值。居民总消费与 GDP 比例值可以衡量消费拉动 GDP 的效应，文化消费与 GDP 比例值也可衡量文化消费拉动 GDP 的效应，反过来则是经济增长带动民生和文化民生的实际效应。（2）文化消费占收入比重值。类比食品消费占收入比重的“恩格尔系数”，文化消费占收入比重可视为一种“文化民生恩格尔系数”。（3）文化消费占总消费比重值。总消费可分为“非文消费”与“文化消费”，文化消费与非文消费的关系表现为文化消费占总消费比重。（4）文化消费与非文消费剩余比例值。对应于非文消费便有非文消费剩余，文化消费与积蓄之和即为非文消费剩余，文化消费与积蓄的关系处理为文化消费与非文消费剩余比例。

文化消费与产值、收入、总消费、积蓄之间的关系分析是比例值指标的依据。2001～2008 年各项数据年度增长指数分析表明，产值与文化消费的相关系数为负值 0.3021，体现出一定的增长逆向性；收入与文化消费的相关系数为负值 0.0293，显示出增长同步性极低；总消费与文化消费的相关系数为正值 0.3834，具有一定的增长同步性；积蓄与文化消费的相关系数为负值 0.6498，具有较高的增长逆向性。由此可见，“人均产值 3000 美元带来文化消费倍增”的“国际经验”不适用于我国，中国民众文化消费表现为一种“积蓄增长负相关效应”，这是本项研究揭示出来的一个重要发现。①

3. 校正指标：人均文化消费比差值

（1）文化消费城乡比。表达为以农村人均数值为1来衡量的城镇人均数值倍数比，以城乡比的倒数作为权衡指数值。（2）文化消费地区差。以人均文化消费全国平均值为基准指数1来衡量，取相应范围内各省域离散绝对值（不论高于还是低于平均值皆为偏离）的平均值再补上基准指数1，作为该范围整体地区差，以地区差的倒数作为权衡指数值。城乡差距、地区差距体现出城乡不均衡、地区不均衡的发展缺陷，发展的缺陷其实就是一种自然扣除，类似于“绿色GDP”的“节能减排”折算。

（三）指标权重分配

全国发展不平衡，各地人均文化消费绝对值可比性较差，各项比例值更具可比性，可以衡量各地不同经济背景、收入水平、消费结构、积蓄习惯之下的文化消费民生状况，因而比例值权重高于绝对值。城乡比和地区差权重基于城乡、地区无差异理想状态的测算结果反推：既然城乡比、地区差事实上存在，那么达到“100理想分”的地区应尽量少。经反复赋值测试，文化消费绝对值、4项比例值、2项比差值（分别与前五项结合使用）指标间的权重分配为1∶2∶2∶2∶2∶5。

二　2008年城乡文化消费基本状况

按照以上各项测评指标，演算整理2008年全国及各地城乡文化消费基本状况的相关数据如下。

（一）文化消费绝对值状况

2008年全国城乡居民综合人均文化消费绝对值及其地区差、城镇居民与农村居民各自人均文化消费绝对值及其间城乡比见表2，分为东中西部和东北四大区域，按照各地城乡居民综合人均文化消费绝对值年度增长指数高低排列。

① 王亚南：《论中国民众文化消费的关联影响因素》，《中国文化产业评论》第11卷，上海人民出版社，2010年1月；王亚南、方彧：《中国东西部文化消费影响因素异同探析》，《广义虚拟经济研究》2010年第1期。

表 2　2008 年全国各地城乡居民文化消费绝对值状况

地　区	文化消费总　量（亿元）	城乡综合人均文化消费			人均文化消费城乡差距			
		元	年增指数（上年＝100）	（地区差）省域排序	城镇（元）	农村（元）	城乡比（农村＝1）	省域排序
黑龙江	149.7595	391.5281	112.0760	5	354.46	437.57	0.8101	1
吉　林	115.8191	423.6249	111.2129	7	495.64	341.70	1.4505	5
辽　宁	190.0440	440.4265	107.2858	11	475.33	387.97	1.2252	2
东　北	455.6226	419.0018	109.8264	(1.1747)	438.5786	393.3721	1.1149	—
海　南	32.1253	376.1743	121.5637	1	471.13	288.49	1.6331	7
上　海	304.2344	1611.4109	116.5057	2	1708.58	855.30	1.9976	14
河　北	265.4599	379.8254	109.6530	9	559.79	250.07	2.2385	17
江　苏	687.5088	895.5436	109.4349	10	1048.78	713.23	1.4705	6
山　东	518.5358	550.6380	107.1936	12	697.33	417.27	1.6712	9
北　京	249.1527	1469.9272	104.3714	16	1574.28	883.35	1.7822	11
天　津	89.8465	764.0007	103.9438	17	893.73	324.47	2.7544	23
浙　江	462.0958	902.5310	103.6620	18	1017.03	747.00	1.3615	4
广　东	830.7112	870.4015	103.5206	19	1215.80	272.87	4.4556	31
福　建	208.3371	578.0719	101.2049	24	766.83	390.15	1.9655	13
东　部	3648.0075	760.5720	106.8222	(1.7580)	1007.1708	448.1292	2.2475	—
重　庆	133.7520	471.1236	114.5830	3	730.60	211.83	3.4490	28
宁　夏	22.6333	366.2345	113.6371	4	578.63	192.57	3.0048	24
陕　西	169.2150	449.8005	111.8624	6	584.29	351.99	1.6600	8
内蒙古	148.2987	614.3276	110.0669	8	815.18	399.35	2.0413	16
云　南	117.0618	257.6750	102.2955	20	438.66	168.55	2.6026	22
广　西	161.3385	335.0052	102.2501	21	597.93	172.73	3.4616	29
四　川	248.0534	304.8088	102.1151	22	524.95	173.26	3.0298	25
甘　肃	82.1300	312.5192	100.1223	25	507.93	219.91	2.3097	18
西　藏	2.7740	96.6556	99.6928	26	214.13	62.26	3.4393	27
新　疆	55.1350	258.7281	99.2059	27	395.30	168.99	2.3392	19
青　海	16.0339	289.4197	98.0769	28	491.90	148.86	3.3044	26
贵　州	87.8660	231.6530	89.1506	31	498.49	122.10	4.0826	30
西　部	1244.2915	340.6871	104.2677	(1.3799)	566.8818	200.1526	2.8322	—
河　南	307.5206	326.1434	107.0373	13	524.60	214.38	2.4471	21
安　徽	238.5016	388.7556	105.6710	14	526.70	294.84	1.7864	12
江　西	162.3592	368.9982	105.1086	15	557.52	236.01	2.3623	20
山　西	143.7724	421.4964	101.4842	23	471.12	380.70	1.2375	3
湖　北	203.9508	357.1193	90.9780	29	466.25	267.13	1.7454	10
湖　南	255.2158	400.0248	90.2719	30	566.60	278.67	2.0332	15
中　部	1311.3205	369.7402	99.6232	(1.2564)	520.8211	265.1191	1.9645	—
全　国	6734.4994	507.1083	105.9290	(1.4581)	736.09	314.53	2.3403	—

注：城镇和农村人均文化消费数据（2 位小数部分）直接出自《中国统计年鉴》2009 年卷。在年度增长指数省域排序栏里，利用全国及东中西部和东北“空白”，置入文化消费地区差衡量数据。

城乡居民综合人均文化消费绝对值及其年度增长指数反映出最基本的增长状况。以2007年数值为100来衡量，得出2008年城乡居民综合人均文化消费年度增长指数，东北和东部高于全国平均增长水平，西部略低于全国平均增长水平，而中部则呈现微量负增长（指数小于100即为负增长）。城乡综合人均文化消费年度增长高于全国平均水平的省域，按增幅高低依次为海南、上海、重庆、宁夏、黑龙江、陕西、吉林、内蒙古、河北、江苏、辽宁、山东、河南，居于全国前13位；城乡综合人均文化消费出现年度负增长的省域，按降幅从小到大依次为西藏、新疆、青海、湖北、湖南、贵州，处于全国后6位，全都属于中西部地区，降幅最大的湖北、湖南、贵州负增长接近甚至超过10%。

文化消费的地区差分析演算结果表明，总的地区差距并没有常见的极端对比所显示的那么大。不过也可以发现，东部文化消费地区差最大，远远大于全国平均地区差；东北、中部和西部人均文化消费地区差皆小于全国平均地区差。各地城镇居民与农村居民各自的人均文化消费绝对值之间的差距反映在城乡比之上，东北大大低于全国，中部也明显低于全国，东部略低于全国，而西部则明显高于全国。黑龙江出现城乡比“倒挂”现象，即人均文化消费绝对值农村居民高于城镇居民，居于全国第1位。大于全国平均城乡比的区域，除了西部整体以外，按城乡比从低到高依次为江西、河南、云南、天津、宁夏、四川、青海、西藏、重庆、广西、贵州、广东。广东城乡比数值最高，而且已经延续数年，① 这正反映出广东文化消费民生效应均衡性的巨大缺陷。

（二）文化消费比例值状况

2008年全国城乡居民综合人均文化消费数值与人均产值、收入、总消费、非文消费剩余数值的比例值状况见表3，分为东中西部和东北四大区域，按照各地城乡居民综合人均文化消费占人均收入比重值这一“文化民生恩格尔系数”高低排列。

文化消费与产值比例值演算结果：按照比例值高低，西部、中部、东部和东北全都低于全国平均比例值，这一点显得不合理，大范围平均值总是处于其中各

---

① 按照本项研究数据库里的演算，从2001～2008年间，广东人均文化消费城乡比在全国的排序依次为第19位、第22位、第25位、第28位、第28位、第28位、第31位、第31位。

表 3　2008 年全国各地城乡居民人均文化消费比例值状况

地　区	文化消费与产值比		文化消费占收入比		文化消费占总消费比		文化消费与非文消费剩余比	
	%	省域排序	%	省域排序	%	省域排序	%	省域排序
江　苏	2. 2602	10	6. 6305	1	10. 0174	1	16. 3957	9
北　京	2. 3321	7	6. 5038	2	9. 7511	2	16. 3390	11
上　海	2. 2037	12	6. 4611	3	8. 8406	3	19. 3586	5
广　东	2. 3156	8	5. 8617	6	7. 4874	7	21. 2579	3
浙　江	2. 1380	14	5. 3041	8	7. 5681	6	15. 0606	16
山　东	1. 6644	25	5. 1372	10	7. 4649	8	14. 1444	21
福　建	1. 9190	19	4. 7910	13	6. 7431	13	14. 1999	20
天　津	1. 3772	29	4. 5479	19	6. 7999	11	12. 0739	28
海　南	2. 1902	13	4. 5130	20	6. 2530	19	13. 9551	23
河　北	1. 6344	27	4. 5123	21	6. 7549	12	11. 9654	29
东　部	2. 0543	—	5. 6292	—	7. 9545	—	16. 1475	—
内蒙古	1. 9070	20	6. 3265	4	8. 3629	4	20. 6226	4
陕　西	2. 4652	6	6. 2216	5	7. 7028	5	24. 4451	1
甘　肃	2. 5807	4	5. 8142	7	7. 2671	10	22. 5304	2
重　庆	2. 6137	3	5. 0959	11	6. 7165	14	17. 4374	6
宁　夏	2. 0469	17	4. 6699	15	6. 1015	21	16. 5991	8
青　海	1. 6644	26	4. 4008	22	5. 7123	25	16. 0847	12
广　西	2. 2384	11	4. 3616	23	6. 0689	22	13. 4236	26
贵　州	2. 6253	2	4. 2856	24	5. 8417	24	13. 8586	25
四　川	1. 9821	18	4. 1725	27	5. 4641	27	15. 0036	17
云　南	2. 0472	16	3. 9944	29	5. 1548	29	15. 0702	15
新　疆	1. 3006	30	3. 8924	30	5. 1111	30	14. 0330	22
西　藏	0. 6973	31	1. 8294	31	2. 6949	31	5. 3893	31
西　部	2. 1358	—	4. 7595	—	6. 2533	—	16. 6143	—
山　西	2. 0664	15	5. 1605	9	7. 4294	9	14. 4552	19
安　徽	2. 6838	1	5. 0084	12	6. 6893	15	16. 6193	7
湖　南	2. 2831	9	4. 7420	14	6. 2572	18	16. 3756	10
江　西	2. 4964	5	4. 5689	17	6. 6531	16	12. 7282	27
河　南	1. 6646	24	4. 2822	25	6. 3559	17	11. 6020	30
湖　北	1. 7982	23	4. 2033	26	5. 6820	26	13. 9049	24
中　部	2. 0752	—	4. 5983	—	6. 4131	—	13. 9783	—
吉　林	1. 8016	22	4. 6372	16	6. 2404	20	15. 2910	14
黑龙江	1. 8020	21	4. 5624	18	6. 0311	23	15. 7795	13
辽　宁	1. 4090	28	4. 0517	28	5. 3269	28	14. 4745	18
东　北	1. 6160	—	4. 3515	—	5. 7625	—	15. 0895	—
全　国	2. 2342	—	5. 1773	—	7. 1179	—	15. 9589	—

小范围平均值之间。基础数据发布权和解释权属于国家统计局，本项研究只能据以进行推演，难解之处也仅仅是存疑。高于全国平均比例值的省域，按高低依次为安徽、贵州、重庆、甘肃、江西、陕西、北京、广东、湖南、江苏、广西，其间西部省域较多，中部和东部省域次之，居于全国前 11 位，其余省域均低于全国平均比例值。

文化消费占收入比重值演算结果：东部高于全国平均比重值，西部、中部、东北低于全国平均比重值。高于全国平均比重值的省域，按高低依次为江苏、北京、上海、内蒙古、陕西、广东、甘肃、浙江，其间东部省域较多，余下皆为西部省域，居于全国前 8 位，其余省域均低于全国平均比重值。

文化消费占总消费比重值演算结果：东部高于全国平均比重值，中部、西部、东北低于全国平均比重值。高于全国平均比重值的省域，按高低依次为江苏、北京、上海、内蒙古、陕西、浙江、广东、山东、山西、甘肃，其间东部省域较多，西部省域次之，中部省域再次，居于全国前 10 位，其余省域均低于全国平均比重值。

文化消费与非文消费剩余比例值演算结果：西部、东部高于全国平均比例值，东北、中部低于全国平均比例值。高于全国平均比例值的省域，按高低依次为陕西、甘肃、广东、内蒙古、上海、重庆、安徽、宁夏、江苏、湖南、北京、青海，其间西部省域较多，东部省域次之，中部省域再次，居于全国前 12 位，其余省域均低于全国平均比例值。

特别应当引起重视的是，2008 年与 2007 年相比，文化消费与产值比例值除了上海、海南以外，占收入比重值除了海南、上海以外，占总消费比重值除了海南、上海、西藏以外，与非文消费剩余比例值除了宁夏、黑龙江、海南、上海以外，其余所有的省域，东中西部和东北整体，以至全国总体，全都有所降低。其中，人均文化消费占收入比重值、占总消费比重值两项，2008 年与往年相比全国及各地降低情况，对照本项研究上述已发表的前期成果即可看出。这四项比例值指标在 2008 年全都出现了全国性的极大面积下降，无疑表明全国及各地城乡居民文化消费增长态势普遍不佳。

三 “十五”以来文化消费增长态势

深入分析表 1 各类数据之间展示出来的增长差异态势，就能够发现：“十一五”头三年年均增长与“十五”年均增长相比，人均产值增幅提高 5 个百分点；人均收入增幅提高 4.05 个百分点；人均总消费增幅提高 2.39 个百分点；人均文化消费增幅降低 4.23 个百分点；人均积蓄增幅提高 9.01 个百分点。这无疑表明，进入“十一五”以来，在人均收入增长落后于人均产值增长的同时，人均总消费增长受到更大抑制，而人均积蓄增长高涨正是从人均文化消费增长降低当中“挤出”的。

（一）文化消费绝对值增长

2001～2008 年全国城乡居民综合人均文化消费绝对值增长态势见图 1。

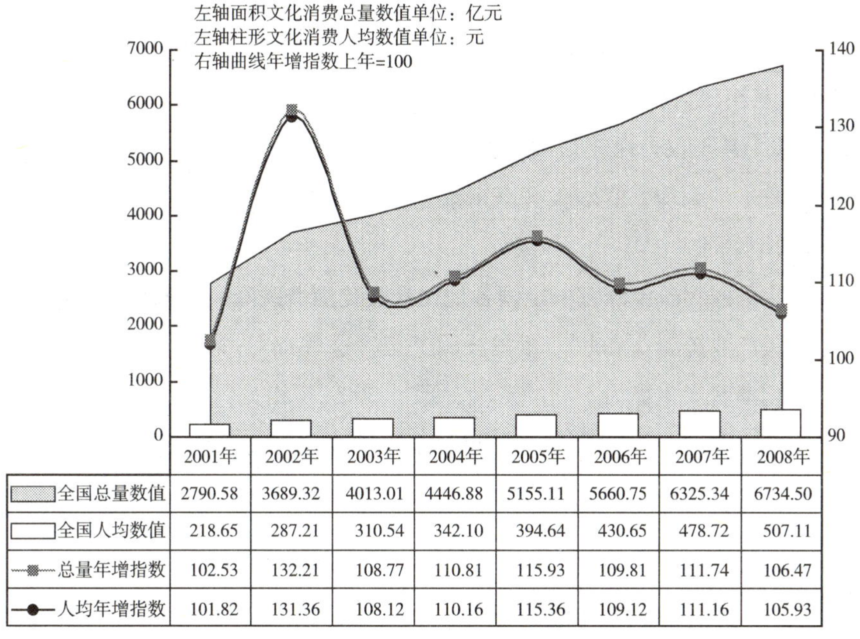

	2001年	2002年	2003年	2004年	2005年	2006年	2007年	2008年
全国总量数值	2790.58	3689.32	4013.01	4446.88	5155.11	5660.75	6325.34	6734.50
全国人均数值	218.65	287.21	310.54	342.10	394.64	430.65	478.72	507.11
总量年增指数	102.53	132.21	108.77	110.81	115.93	109.81	111.74	106.47
人均年增指数	101.82	131.36	108.12	110.16	115.36	109.12	111.16	105.93

图 1　2001～2008 年全国城乡居民文化消费绝对值增长态势

2001～2008 年，全国城乡居民文化消费总量和人均数值增长幅度起伏不定，增长高峰与低谷交错呈现。在“十五”期间，由于出现 2002 年和 2005 年两次年度增长高峰，文化消费总量数值年均增长幅度达到 13.63%，人均数值年均增长幅度达到 12.94%。“十一五”头三年间，文化消费总量和人均数值增长幅度明显降低，除了 2007 年略有回升之外，其余两年近乎跌入增长低谷。特别是在

2008 年，文化消费总量数值增长幅度低于 2007 年 5.27 个百分点，人均数值增长幅度低于 2007 年 5.24 个百分点。这样一来，“十一五”头三年全国城乡居民人均文化消费总量数值年均增长幅度仅为 9.32%，低于“十五”年均增长幅度 4.31 个百分点；人均数值年均增长幅度仅为 8.72%，低于“十五”年均增长幅度 4.23 个百分点。

本项研究曾经对 2008 年全国城乡文化消费总量和人均数值提前进行预测：以“十一五”头三年年均增幅与“十五”持平乐观测算，2008 年全国城乡文化消费总量应达到 7562.82 亿元，人均文化消费应达到 568.56 元；以 2008 年增幅与“十一五”头两年持平保守测算，2008 年全国城乡文化消费总量应达到 7006.59 亿元，人均文化消费应达到 527.26 元。[①] 然而，这些或乐观或保守的预测数值均未成为现实，2008 年全国城乡文化消费总量数值仅为乐观预测值的 89.05%，甚至仅为保守预测值的 96.12%；人均文化消费数值仅为乐观预测值的 89.19%，甚至仅为保守预测值的 96.18%。这就是说，2008 年全国城乡居民文化消费总量和人均数值增长甚至未能达到已处于下滑状态的“十一五”头两年年均增长水平。

前几年国内物价上涨带来全国各地民众文化消费跌降余波未平，国际金融危机导致相关产业链就业和收入缩减波澜又至，这些都对“十一五”全国城乡居民人均文化消费产生极为不利的影响，预计 2009 年相关数据还将继续反映出这一切。因此，在“十一五”后两年里，全国城乡居民文化消费增长态势实在不容乐观。整个“十一五”能否赶上“十五”文化消费民生效应，无疑已经成为一个十分严峻的问题。

（二）文化消费比例值变动

2001 ~ 2008 年全国城乡居民综合人均文化消费比例值变动态势见图 2。

2001 年以来，全国城乡居民人均文化消费与人均产值比例值、占人均收入比重值、占人均总消费比重值、与人均非文消费剩余比例值，一律在 2002 年

---

① 王亚南：《2008 文化消费：面对国内物价与国际金融夹击》，《中国文化产业年度发展报告（2009）》，金城出版社，2009 年 9 月；另见《北大文化产业评论（2009 年卷）》，北京：金城出版社，2009 年 12 月。

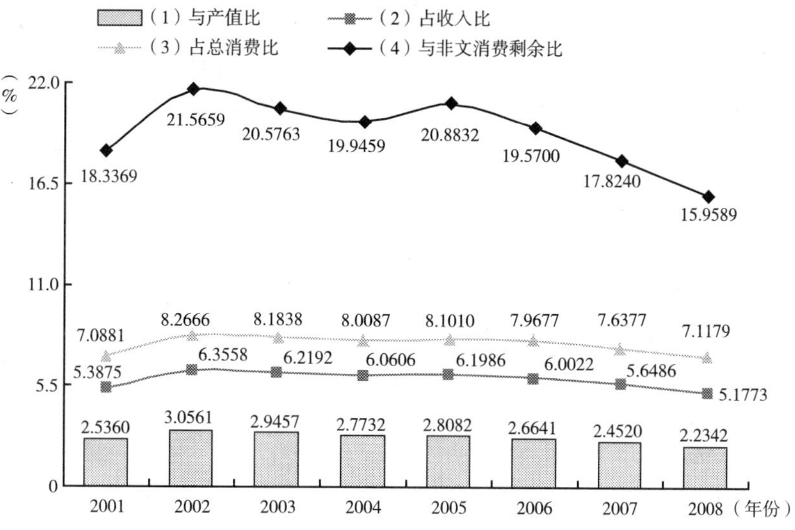

图 2　2001～2008 年全国人均文化消费比例值变动态势

到达高峰，此后除了在 2005 年一起略有回升之外，大体上一概呈现逐渐下降趋势。这正好与图 1 显示的文化消费绝对值增长态势相对应，特别是正好与 2002 年和 2005 年两次增长高峰相对应。进入“十一五”，文化消费各项比例值下降趋势更加明显。到 2008 年，文化消费与产值比例值比 2001 年还低 0.30 个百分点；占收入比重值比 2001 年还低 0.21 个百分点；占总消费比重值比 2001 年仅高 0.03 个百分点；与非文消费剩余比例值比 2001 年还低 2.38 个百分点。尤其是文化消费占收入比重、占总消费比重两项在 2008 年皆降低了 0.5 个百分点上下，这是前所未有的严重事态。全国城乡居民人均文化消费比例值持续降低，几乎跌至“十五”以来的最低值，只能说明文化消费民生效应正在加速下降。

有必要更进一步分析表 1 中各数据项“十一五”以来的增长态势。在“十一五”头三年间，全国人均产值增长了 61.52%，城乡居民综合人均收入增长了 53.85%，人均总消费增长了 46.25%，人均积蓄增长了 78.61%，而人均文化消费仅仅增长了 28.50%。从中可以清楚地看出，全国城乡居民文化消费比例值下降，原因来自多个方面的合力作用：一是“十五”以来我国经济持续增长，民众收入持续增多，人们总消费持续增高，使演算“分母”加大；二是前几年国内物价上涨促使人们紧缩开支，各地城乡居民纷纷抑制“非必需”文化消费，

使演算“分子”减小；三是文化消费受到积蓄大幅度增长的严重挤压，更赶不上产值、收入、总消费特别是积蓄增长的速度。这些方面综合起来，也就形成一种“经济景气”和“一般民生景气”当中的“文化民生不景气”状态。在推进社会主义市场经济体制建设过程中，中国经济增长一直面临国内消费不足的困境，城乡居民文化消费民生“不景气”，同样会影响市场经济中的文化生产活动，影响社会主义文化建设与发展的实际成效。

（三）文化消费校正值变化

2001～2008 年全国人均文化消费城乡比、城乡综合人均文化消费地区差变动态势见图 3。

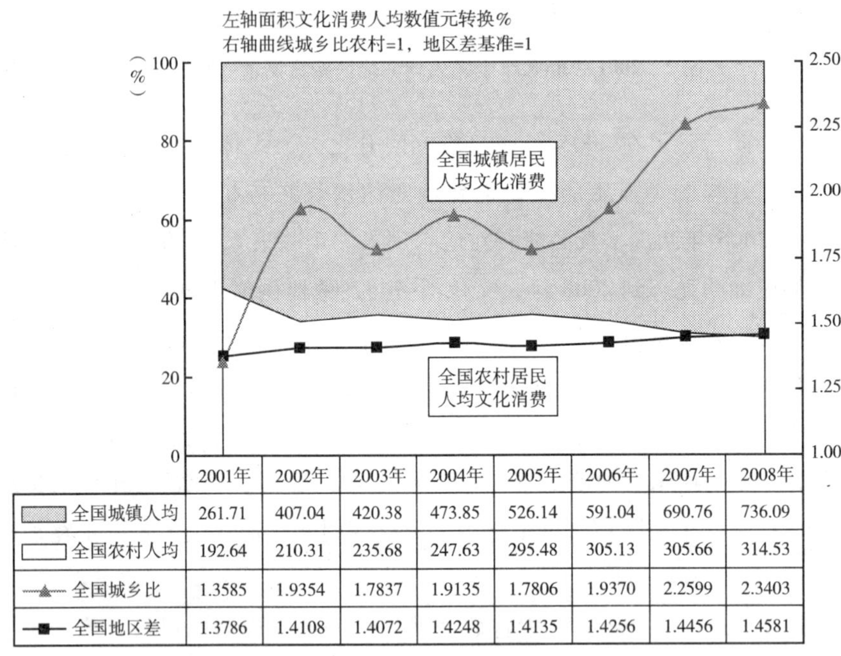

	2001年	2002年	2003年	2004年	2005年	2006年	2007年	2008年
全国城镇人均	261.71	407.04	420.38	473.85	526.14	591.04	690.76	736.09
全国农村人均	192.64	210.31	235.68	247.63	295.48	305.13	305.66	314.53
全国城乡比	1.3585	1.9354	1.7837	1.9135	1.7806	1.9370	2.2599	2.3403
全国地区差	1.3786	1.4108	1.4072	1.4248	1.4135	1.4256	1.4456	1.4581

图 3　2001～2008 年全国人均文化消费城乡比、地区差变动态势

在 2001 年，全国居民人均文化消费的城乡比还略低于地区差数值，此后除 2003 年和 2005 年略有回降外一路上扬，到 2008 年增大了 72.27%，达到“十五”以来最高点。各大区域城乡比扩大幅度不一，东北仅增大 10.72%，东部增大 55.27%，西部增大 70.94%，中部增大 72.48%。人均文化消费城乡比扩大已经大大超过了地区差，其原因在于，农村人均文化消费增长一向远远赶不上城镇。从2001～2008年，全国城镇居民人均文化消费增长了181.26%，全国农村居民人均文化消费仅仅增长了63.27%，城镇增长幅度近乎是农村的3倍。

地区差变动态势反映的是各地城乡综合人均文化消费绝对值及其历年增长差异，置于此处仅仅是出于“校正值”归类制图方便而已。在2001年，全国城乡人均文化消费的地区差还略高于城乡比数值，此后同样除2003年和2005年略有回降外一路上扬，到2008年增大了5.77%，同样达到“十五”以来最高点。展开考察各大区域城乡综合人均文化消费地区差变动情况，也会有一些值得关注的动态性发现：2001～2008年，东北地区差“逆势”缩减1.63%，肯定是一个好现象；东部和中部地区差增大幅度皆小于全国，分别仅为3.16%和4.95%；而西部地区差增大幅度却远远大于全国，达到10.91%。这表明，西部地区已经出现了各地城乡居民综合人均文化消费增长明显不平衡的局面。

在刚过去的国内物价上涨和正经历的国际金融危机的双重影响之下，各地城镇居民与农村居民的文化消费所受冲击程度不一，中西部地区，特别是农村，所受影响更大一些。正是全国各地农村及中西部城乡文化消费的大面积负增长，大大拉低了“十一五”以来全国城乡居民文化消费的增长幅度。在社会主义市场经济体制下推动文化大发展大繁荣，在文化建设领域提高科学发展水平，就必须拉动文化内需，扩大文化消费，改善文化民生，关键性的着力点还在于农村，在于中西部。

四　2008年文化消费民生效应综合评价

上面的全部分析测算最终需要归结为一个综合性的评价结果，也就是2008年全国各地城乡居民文化消费民生效应景气指数排行，见表4，分为东中西部和东北四大区域，按照六项指标城乡无差距理想值共时性横向权衡的各地综合评价景气指数高低排列。

表4同时提供了三项指标、四项指标和六项指标测评的全国及各地城乡居民文化消费民生效应景气指数综合评价结果。

表4　2008年全国各地城乡居民文化消费民生效应景气指数排行

地区	三项指标		四项指标		六项指标			
	（无城乡比）共时横向权衡		城乡无差距理想值共时横向权衡		起始年度基数值历时纵向权衡		城乡无差距理想值共时横向权衡	
	景气指数（全国=100）	省域排序	景气指数（理想=100）	（含地区差）省域排序	景气指数（2001=100）	（含地区差）省域排序	景气指数（理想=100）	（含地区差）省域排序
北　京	163.0195	2	109.5654	1	96.7027	9	107.7993	1
上　海	163.1528	1	106.6060	2	105.6383	5	107.5669	2
江　苏	142.8411	3	105.4234	3	115.7307	3	104.4316	3
浙　江	119.1052	6	96.2772	5	99.9674	6	95.9218	6
广　东	121.6926	4	72.0681	15	95.6368	10	85.3127	10
山　东	103.3571	9	81.5977	9	92.5869	15	81.5882	12
海　南	84.8434	19	73.0385	14	95.4229	12	78.6674	15
福　建	97.7081	12	74.2932	12	90.3142	19	78.0485	17
天　津	103.4819	8	69.8935	17	89.8265	20	69.5384	22
河　北	87.8026	15	66.2374	20	98.1794	7	68.4742	23
东　部	118.1893	—	81.3416	(87.5361)	100.3792	(111.9974)	85.6911	(90.1158)
黑龙江	84.5839	21	104.0154	4	123.3935	2	99.9445	4
吉　林	87.6036	16	78.2724	11	93.7492	14	81.1164	13
辽　宁	78.6087	24	80.1149	10	98.1290	8	79.1911	14
东　北	82.5278	—	86.1102	(83.8287)	104.5170	(108.5676)	85.3475	(83.7179)
山　西	98.2440	10	89.5257	6	111.2625	4	90.0994	8
安　徽	91.6189	14	73.7988	13	95.5750	11	84.7515	11
湖　南	87.5765	17	68.3797	18	69.2668	29	78.1002	16
江　西	87.2408	18	64.7865	21	69.9627	28	73.6326	19
湖　北	78.4901	25	67.8917	19	73.4314	27	72.4392	20
河　南	81.6649	22	61.2652	23	81.9211	23	64.7903	26
中　部	86.1486	—	68.5263	(82.8708)	80.0481	(93.3714)	74.7296	(84.9756)
陕　西	109.0948	7	84.6686	7	81.3183	24	98.1229	5
内蒙古	120.1040	5	84.5466	8	91.9644	17	91.0448	7
甘　肃	98.0849	11	70.6901	16	80.7946	25	87.1626	9
重　庆	95.6966	13	62.3453	22	82.6393	21	76.8544	18
宁　夏	84.8120	20	59.0462	24	82.0537	22	70.1231	21
广　西	81.0155	23	54.9518	26	65.1502	31	65.5806	24
云　南	69.9916	29	54.2077	27	92.5338	16	65.3000	25
贵　州	75.0753	27	49.7846	30	74.9862	26	64.7526	27
四　川	74.9646	28	53.9848	28	67.6268	30	64.6652	28
青　海	77.5162	26	53.8892	29	91.9592	18	63.5331	29
新　疆	68.9994	30	55.8746	25	94.9991	13	60.7885	30
西　藏	33.0909	31	31.0833	31	275.5199	1	31.4854	31
西　部	85.3501	—	60.3289	(78.9096)	77.1557	(88.4655)	71.6215	(84.8934)
全　国	100	—	71.3649	(84.2912)	90.3911	(103.4258)	79.5464	(88.7794)

注：在景气指数省域排序栏里，利用全国及东中西部和东北“空白”，置入含地区差景气指数。

（一）三项指标综合评价

本文三项指标测评仅进行共时性横向权衡。城乡综合人均文化消费绝对值，文化消费占收入比重值、占总消费比重值三项指标，均以2008年全国平均值为指数1衡量各地共时性高低，即全国为100，以此测算得出各地分值。东部高于100的全国平均值，更明显高出中西部和东北，中部、西部和东北之间差距很小，但低于100的全国平均值。上海、北京、江苏依次占据全国三甲地位，与本项研究2007年测评结果保持一致。这一测评简单明了，此三项指标也让人容易理解，而且各地与全国比较时，可以极为简便地换算为高低百分比；缺陷是忽略了各地自身城乡不平衡和各地之间地区不平衡的弊端，从文化民生综合评价的主旨来说存在严重缺陷。本项研究已经打算放弃此类测评，但为了保持与先期已发表成果衔接对照，暂且予以保留。

（二）四项指标综合评价

本文四项指标测评也仅进行共时性横向权衡。

1. 含城乡比测评

城乡综合人均文化消费绝对值，文化消费占收入比重值、占总消费比重值三项指标，均以2008年全国平均值为指数1衡量各地共时性高低；而文化消费城乡比指标，则以城乡无差距理想值来衡量全国及各地，即全国若实现城乡无差距理想则为100，以此测算得出全国及各地分值。全国总体因城乡比继续扩大被重重“扣分”，相当于“绿色GDP”扣除值。于是东北有机会超越东部，二者皆高于全国，而中西部仍低于全国，且其间差距加大。北京、上海、江苏、黑龙江高于100分，依次占据全国前4位，其中前3位与本项研究2007年测评结果保持一致，2007年第4位浙江被取代。

这一测评弥补了三项指标的缺陷，但在理想值测评中城乡比扣除值似乎“过重”，尤其是全国总体显得“无奈”，其余指标皆取全国平均值，因而没有“高峰”值来调剂平衡。本项研究新增补两项比例值指标，除其指标自身的可取性外，顺便也借以降低了城乡比指标权重，算是一种修正。

2. 含地区差测评

用地区差指标置换城乡比指标，即形成此类测评。综合评价结果分值东部高于全国，东北和中部略微低于全国，西部低于全国。全国与各大区域间，各大区域相互间，差距都很小。这体现出，地区差造成的文化消费民生效应不均衡，远远没有城乡比造成的文化消费民生效应不均衡那么严重。

（三）六项指标综合评价

本文六项指标测评同时进行历时性纵向权衡和共时性横向权衡。

1. 起始年度基数值（含城乡比）历时性纵向权衡

城乡综合人均文化消费绝对值，文化消费与产值比例值、占收入比重值、占总消费比重值、与非文消费剩余比例值，文化消费城乡比六项指标，均以各自2001年相应数值为指数1衡量全国及各地历时性增降，即全国及各地2001年皆为100，以此测算得出全国及各地2008年分值。结果，全国总体跌降9.61%；东北提升4.52%，东部提升0.38%，中部跌降19.95%，西部跌降22.84%。在此期间进展最为突出的西藏、黑龙江、江苏、山西、上海高于100分，依次占据“十五以来文化消费民生效应进步”前5位。按照这一测评方式，2008年与各自2001年相比，东北、东部整体和上述5地表现为文化消费民生效应景气指数上升；而全国总体、中部和西部整体、其余26个省域全都表现为文化消费民生效应景气指数下降，跌降超过10%的有天津、重庆、宁夏、河南、陕西、甘肃、贵州、湖北、江西、湖南、四川、广西，除天津外均属中西部，其中最后6位跌降甚至超过25%。此间西藏得分极高，显得有些例外，原因是以往基数很低，前后对比上升极为显著。

这一测评可以十分便利地对比全国及各地的前后情况，各自在同一标准之下衡量自身进展程度；但其中各地即使城乡比依然很大，只要比起始年度基数值稍有降低，便会获得“加分”，这在演算数理上成立，而在现实事理上显得不尽合理。出于前后年度对比的方便性考虑，本项研究着重推荐这一测评，以此作为纵向衡量全国及各地文化消费民生效应景气指数升降的首选方式。

2. 城乡无差距理想值共时性横向权衡

城乡综合人均文化消费绝对值，文化消费与产值比例值、占收入比重值、占总消费比重值、与非文消费剩余比例值五项指标，均以2008年全国平均值为指数1衡量各地共时性高低；而文化消费城乡比指标，则以城乡无差距理想值来衡量全国及各地，即全国若实现城乡无差距理想则为100，以此测算得出全国及各

地分值。全国总体同样因城乡比继续扩大被“扣分”，但不像四项指标测评中扣得那么重；东部和东北极为接近，皆高于全国，而中西部仍低于全国，但其间差距不是很大。北京、上海、江苏高于100分，依次占据“2008年度文化消费民生效应最佳”三甲地位，此外黑龙江、陕西、浙江、内蒙古、山西、甘肃、广东、安徽、山东、吉林也高于全国。按照这一测评方式，2008年各地与全国总体水平相比，东部、东北整体和上述13地文化消费民生效应景气指数在全国平均水平线之上；而中部、西部整体和其余18个省域皆在全国平均水平线之下，其中最后8位广西、云南、河南、贵州、四川、青海、新疆、西藏不足全国平均值的85%，除河南外均属西部。

这一测评既弥补了三项指标测评的不足，又缓解了四项指标测评的严厉；但毕竟是在对当年现实状况进行测评，以理想值来衡量是否仍然显得过于严格？不过值得一提的是，此类测评结果的各地分值，与全国分值的离散绝对值之平均值最低，各地测评结果相对得以平衡，最大限度地避免了测评指标、权重和方式设置不当，可能会有利于或不利于某一类地区，招致畸高或畸低的偏向结果。出于各地之间比较的合理性考虑，本项研究着重推荐这一测评，以此作为横向衡量各地文化消费民生效应景气指数高低的首选方式。

3. 含地区差测评

取起始年度地区差基数值历时性纵向权衡综合评价结果：由于其他指标可以起到调剂平衡作用，抵消地区差扩大的影响，全国总体提升3.43%；东部提升12.00%，东北提升8.57%，中部跌降6.63%，西部跌降11.53%。按地区无差距理想值共时性横向权衡综合评价结果：由于对地区差指标实行“硬扣分”，反过来抵消其他指标的调剂平衡作用，充分表现出地区差自身的测评影响，所得分值东部略高于全国，中部、西部和东北略低于全国。综合六项指标含地区差各项测评结果，全国与各大区域之间，各大区域相互之间，同样差距很小。

六项指标测评还另有城乡（地区）无差距理想值历时性纵向权衡和城乡比（地区差）全国平均值共时性横向权衡。前者以无差距理想值来衡量全国及各地文化消费城乡比（地区差）指标，可作为起始年度基数值历时性纵向权衡的补充，只要城乡比（地区差）存在而不论高低升降一概折算扣除值，更准确地反映全国及各地城乡比（地区差）存在及扩大的影响；后者以当年全国平均值来衡量各地文化消费城乡比（地区差）指标，可作为无差距理想值共时性横向权衡的补充，这样一来全国层面因无城乡比（地区差）折扣而呈 100 分，便于直观地看出各地与全国各项平均值形成综合比较的高差距离。限于篇幅不再展开，有兴趣的同行研究者、相关管理专家和实际工作者可以关注发表于《云南文化发展蓝皮书》的全版本文稿。

在各地自身前后相对比的历时性纵向权衡中，竟然有这么大的范围呈现为文化消费民生效应景气指数下降，可见态势的严重程度。在全国各地当年相比较的共时性横向权衡中，西部各地文化消费民生效应景气指数大面积较大地低于全国平均水平线，表明西部状况更为严峻。唯愿“十一五”后两年出现重大逆转上升之势，否则整个“十一五”期间全国城乡居民文化消费民生效应态势堪忧。

大 事 记

CHRONICLE OF EVENTS

中国文化产业发展大事记

2009 年

一月

1 月 1 日　全国影视动画工作会议上，国家广电总局公布了 2008 年度全国各城市动画生产排行榜，前七位城市分别是长沙市、杭州市、广州市、无锡市、北京市、上海市和南京市。（中国文化产业网 2009. 1. 1）

1 月 5 日　国务院新闻办、工业和信息化部、公安部、文化部、工商总局、广电总局、新闻出版总署等七部门召开电视电话会议，部署在全国开展整治互联网低俗之风专项行动，并曝光了首批存在低俗内容的网站名单。（新华网 2009. 1. 7）

1 月 5 日　中国嘉德国际拍卖有限公司于近日公布了 2008 年的公司业绩，全年总交易额突破 18 亿元人民币，创出公司年成交总额新高，继续稳居中国内地拍卖企业榜首；其中，中国书画部分全年总成交额更是高达 9. 9 亿元人民币，居全球艺术品拍卖中国书画门类榜首，占年底前内地中国书画拍卖成交排名前5名拍卖公司总成交额的一半。（中国证券网2009.1.6）

1月9日 广电总局电影局在京通报了2008年全国电影工作的有关情况。《赤壁》、《非诚勿扰》、《梅兰芳》、《画皮》、《长江七号》、《功夫之王》、《大灌篮》、《投名状》8部影片票房过亿元，全年国产影片的市场占有率超过总票房的60%，连续6年超过进口影片。（中国文化产业网2009.1.9）

1月9日 艾瑞咨询最新研究报告表明，在金融危机使得中国的对外贸易大受影响之际，中国的网游产品出口却开始快速增长。网游出口额在2008年将超过1亿美元，而未来国际业务的增长速度也会超过国内业务，增幅将达100%。（中国文化产业网2009.1.9）

1月10日 历时4天的2009北京图书订货会落下帷幕。据订货会组委会介绍，本届订货会图书订货码洋达25.1亿元，比去年增加2亿元；图书馆现货采购8100万元，比去年增加1600万元。从组委会统计的数据看，参展出版社达533家，民营书业74家，比上届都有所增加。（沃华传媒网2009.1.9）

1月13日 中国互联网络信息中心（CNNIC）发布了《第二十三次中国互联网络发展状况统计报告》。截至2008年底，我国互联网普及率以22.6%的比例首次超过21.9%的全球平均水平。同时，我国网民数达到2.98亿，宽带网民数达到2.7亿，国家CN域名数达1357.2万，三项指标继续稳居世界排名第一，显示出中国互联网的规模价值正在日益放大。（人民网2009.1.14）

1月14日 中国游戏产业年会公布的《2008年中国游戏产业调查报告》摘要显示，尽管遭遇了金融危机，但中国网络游戏产业继续保持良好的发展势头，网游销售收入继续保持两位数增长。（中国文化产业网2009.1.14）

1月14日 新闻出版总署署长柳斌杰在由各省（区、市）新闻出版局局长参加的座谈会上强调，新闻出版行业目前进入了改革的攻坚阶段，今年是总署确定的新闻出版体制改革主题年，也是改革攻坚年。（《中国新闻出版报》2009.1.15）

1月16日 被业界誉为中国动漫“第一锤”的央视动画《美猴王》品牌授权拍卖会在北京举行。本次拍卖会涉及《美猴王》品牌的音像、图书、玩具等8件拍品全部成交，成交额高达4135万元。这是国内动画行业首次以拍卖形式进行品牌授权。（中国文化产业网2009.1.17）

二月

2月1日 国产原创动画片《喜羊羊与灰太狼之牛气冲天》自2月16日上映以来，票房异常火爆，首映日票房800万，首周末就一举突破3000万，不仅成为今年贺岁档票房“黑马”，也刷新了国产动画电影的票房纪录。（中国文化产业网2009.2.1）

2月2日 国家广电总局发出《关于2008年国产原创电视动画片及国产动画创作人才扶持项目申请事项的通知》，对2005~2008年4年间创作生产、经广电总局推荐播出的电视动画片作品和相关创作人才进行物质扶持。（中国文化产业网2009.2.2）

2月6日 公安部、工业和信息化部、文化部、国家工商行政管理总局、新闻出版总署等五部门日前联合发出通知，决定从现在开始至4月中旬，在全国范围内组织开展专项治理利用手机传播淫秽视频违法犯罪活动。（《中国新闻出版报》2009.2.6）

2月16日 国家版权贸易基地正式落户北京国际版权交易中心。（国家知识产权局网站2009.2.6）

2月25日 由文化部、工业和信息化部、共青团中央、湖南省人民政府、中国移动通信集团公司共同主办的原创动漫扶持计划（2008）公布仪式暨第三届中国原创手机动漫大赛颁奖晚会在长沙举行。（中国文化产业网2009.2.26）

三月

3月12日 为推动中国原创动漫产业发展，在中央财政扶持动漫产业发展专项资金的支持下，文化部首次启动“原创动漫扶持计划”，计划用700万元资金对漫画、动漫演出、网络动漫原创作品和原创人才进行扶持。（中国文化产业网2009.3.12）

3月13日 由国家广电总局电视剧管理司主办，北京电视台、上海文广新闻传媒集团共同协办的全国省级卫视电视剧合作与发展战略研讨会在北京召开。会后23家省级卫视共同发布了《电视台电视剧播出自律公约》。（《华西都市报》2009.3.22）

3月22日 第33届香港国际电影节开幕。香港通过整合娱乐产业资源，汇

聚亚洲电影力量，在席卷欧美的经济寒潮中，逆势营造出一派暖春景象。（文化产业网 2009. 3. 22）

3 月 26 日 世界知识产权组织（WIPO）与中国国家版权局在江苏南通市签署“世界知识产权组织版权保护优秀案例示范点调研项目合作协议”。这是 WIPO 首次在全球针对一个国家的特定地区的一个行业而进行的版权保护微观调研项目。（中国新闻出版网 2009. 3. 27）

近日，广电总局向各省、自治区、直辖市广播影视局，新疆生产建设兵团广播电视局发出《广电总局关于加强互联网视听节目内容管理的通知》，要求加强网络文化建设和管理，抵制互联网视听节目领域的低俗之风，扎实推进互联网视听节目建设。（人民网 2009. 3. 31）

四月

4 月 2 日 国产主流战争大片首次走进欧洲市场，《我的长征》、《八月一日》、《夜袭》三部影片已成功销售给法国影片公司。法方将在法国、欧洲及非洲的法语国家、德国、奥地利、荷兰和印度尼西亚等国家和地区享有这三部影片的影院、电视和音像使用权。（文化产业网 2009. 4. 2）

4 月 6 日 好莱坞放映中国影片纪念中美建交 30 周年。由中国广电总局电影局、美国电影协会与中国驻洛杉矶总领事馆联合举办的洛杉矶中国电影展拉开帷幕。（文化产业网 2009. 4. 6）

4 月 6 日 为进一步推进新闻出版体制改革，加快新闻出版事业和产业发展，新闻出版总署日前印发《关于进一步推进新闻出版体制改革的指导意见》。（中国新闻网 2009. 4. 6）

4 月 9 ~ 12 日 宣传文化系统“四个一批”经营管理人才和专门技术人才研修班在京举行。中共中央政治局委员、中央书记处书记、中宣部部长刘云山同研修班学员座谈时强调，要深入推进文化体制改革，着力强化经营管理，充分运用现代科技，推动我国文化事业和文化产业又好又快发展。（新华网 2009. 4. 12）

4 月 16 日 近日，财政部、海关总署、国家税务总局联合发布《关于文化体制改革中经营性文化事业单位转制为企业的若干税收政策问题的通知》和《关于支持文化企业发展若干税收政策问题的通知》，为深入开展的文化体制改革提供新的政策保障。（《中国文化报》2009. 4. 17）

4月19～21日 国务院总理温家宝在广东省考察工作时强调，经济萧条的时候，恰恰是文化产业大发展的时候，因为人们需要提振信心，需要精神力量。只要依靠科技，开发出富有创意的产品，就一定能带动文化产业的大发展。（新华网 2009. 4. 20）

4月21日 国家广电总局下发的《关于加强互联网视听节目内容管理的通知》中关于"无证"影视剧的禁播令一石激起千层浪，关于欧美、日韩等地的电视剧、电影、动漫节目的去留问题很快引起国内网民、视频网站等方面的巨大反响。同时，如何对互联网进行规范化管理也再次引起专家学者的关注。（中国文化产业网 2009. 4. 21）

4月23日 国务院总理温家宝在参加"世界读书日"时指出，一个发达的出版业的重要标志是看出版物的质量。一句话，就是要出好书。（新华网 2009. 4. 23）

4月25日 第十九届全国图书交易博览会在山东济南开幕。（《中国新闻出版报》2009. 4. 23）

4月29日 第五届中国国际动漫节在浙江杭州举行。本届动漫节特地新增了国际动画片交易会。与往届相比，本届境外参展商的数量与质量大有提升，共有来自美国、日本及中国香港、台湾等14个国家和地区的322家企业、机构参展。（中国文化产业网 2009. 4. 29）

五月

5月5日 "2009中国电影节"在荷兰海牙拉开帷幕，7部中国影片在此后两周内将在荷兰海牙、鹿特丹及代尔夫特市上映。（《人民日报》2009. 5. 7）

5月7日 商务部近日会同有关部门出台了《关于金融支持文化出口的指导意见》，按照"各部门组织推荐，进出口银行独立审贷"的原则，充分发挥各自优势，共同搭建文化、金融合作平台，以支持文化企业和项目"走出去"为重点，全面支持文化贸易发展。（中国新闻出版网 2009. 5. 7）

5月15～18日 第五届中国（深圳）国际文化产业博览交易会（文博会）在深圳会展中心举行。本届文博会总成交额877.62亿元，出口交易额87.66亿元，观众351.75万人次，境外专业观众7.46万人次。（新华网 2009. 5. 14）

5月18～19日 由文化部主办的文化生态保护区建设研讨会在安徽黄山举

行。会议认为，文化生态保护区建设要坚持活态传承、整体保护的原则。（《中国文化报》2009. 5. 22）

5月18日 吉林动漫集团成立，这是国内首家国有资本相对控股，民营资本广泛参与，完全按照现代企业制度和法人治理结构搭建起来的动漫产业集团。（中国文化产业网2009. 5. 18）

5月19日 国家广电总局发展研究中心在北京发布《2009年中国广播电影电视发展报告》（广电蓝皮书），2008年中国广播电视综合人口覆盖率已分别达到95. 96%和96. 95%，比上年增长0. 56%和0. 39%；全年广播电影电视总收入为1667. 21亿元，比上年增长20. 49%。（《人民日报》海外版2009. 5. 19）

5月20日 中共中央政治局常委李长春在陕西调研时强调，深入学习实践科学发展观，着力构建有利于文化科学发展的体制机制。（新华社2009. 5. 20）

5月24日 中共中央政治局委员、国务委员刘延东在江西调研时强调，要在文化体制改革的重点领域和关键环节取得实质性突破。（《中国文化报》2009. 5. 24）

5月27日 中共中央政治局委员、国务委员刘延东在福建调研时强调，把海峡西岸经济区打造成重要文化产业基地。（中国文化产业网2009. 5. 27）

5月31日 在北京保利春拍中国绘画艺术夜场拍卖中，宋徽宗《写生珍禽图》5510万元落槌，在持续时间长达5小时的夜场拍卖中，87件作品的成交率约94%，总落槌价约2. 57亿元。（《北京青年报》2009. 5. 31）

六月

6月1日 由中国文化部、四川省、联合国教科文组织共同主办的第二届中国成都国际非物质文化遗产节在成都开幕。这次非遗节的主题是“多彩民族文化，人类精神家园”。这是联合国教科文组织参与主办的中国第一个国际文化节会，也是汶川特大地震后，四川省举办的首个大型文化活动。（中国网络电视台2009. 6. 1）

6月9日 盛大网络与华友世纪联合宣布，双方已经达成股权收购最终协议。盛大将收购华友世纪51%的股权，这笔交易的价值为4620万美元。（中新网6月9日）

6月10日 中国文化遗产日来临之际，第二届中国文化遗产动漫大赛在京启动。本届大赛秉承“用动漫讲述文化遗产故事，用文化遗产元素丰富动漫作品内涵”的宗旨。（中国文化产业网 2009. 6. 10）

6 月 11 日 中国和韩国游戏产业合作协调机制在江苏常州宣布正式成立，这是中国文化部和外国文化管理部门关于网络游戏产业方面成立的首个协调机制。（中国文化产业网 2009. 6. 11）

6 月 12 日 第四届甘肃省文化产业博览交易会开幕，在此间共签约项目 73 个，签约资金达 22. 75 亿元。（中新网 2009. 6. 14）

6 月 15 日 国内首个综合性文化产权交易平台——上海文化产权交易所正式揭牌。这是我国率先建立的以文化物权、债权、股权、知识产权等为交易对象的专业化市场平台，将促进文化产业与金融资本的有效对接。当天，中国唱片总公司、凤凰卫视、盛大网络、世纪出版、淘宝网、新汇文化等 10 家文化相关企业与交易所现场签约，成为其首批会员单位。（新华网 2009. 6. 16）

6 月 17 日 根据《国务院对确需保留的行政审批项目设定行政许可的决定》的有关规定，文化部负责对美术品进出口经营活动的审批管理，海关负责对美术品进出境环节进行监管。文化部、海关总署近日印发《美术品进出口管理暂行规定》。（文媒网 2009. 6. 17）

6 月 20 日 中国首次发布组织文化管理体系测评标准（简称 COCS 标准），COCS 标准由术语和标准文件等九个部分共三十条款构成，整个标准坚持实践性、科学性和规范性原则，具有很强的可操作性。（人民网 2009. 6. 20）

6 月 20 日 中国国家版权局负责人近日在宁夏银川召开的相关会议上表示，中国政府已经批准成立了音乐、音像、文字、摄影 4 家著作权集体管理组织，电影领域的集体管理组织正在筹建当中。（中央政府门户网站 2009. 6. 20）

6 月 22 日 为新中国成立 60 周年创造和谐稳定的社会文化环境，文化部决定自 2009 年 7 月 1 日 ~10 月 31 日，在全国开展文化市场集中整治行动。（文化部网站 2009. 6. 22）

6 月 24 日 上海文广新闻传媒集团（SMG）版权中心正式挂牌，这是国内地方媒体中首家成立的版权中心。（《中国新闻出版报》2009. 6. 25）

6 月 25 日 由中国电影家协会主编的《2009 中国电影产业研究报告》、《2009 中国电影艺术报告》在京发布。报告结合了中影、华谊兄弟、保利博纳、光线影业等几十家电影公司的调研数据，并对 2008 年上映的电影进行了详细调

查和艺术评价。(《人民日报》2009. 6. 26)

6 月 27 日　文化部、商务部联合印发《关于加强网络游戏虚拟货币管理工作的通知》。《通知》规定，禁止网络游戏虚拟货币交易服务企业向未成年人提供服务，从经济角度防止未成年人沉迷于网络游戏。(中国文化产业网 2009. 6. 27)

6 月 30 日　商务部、国家版权局与美国专利商标局、美国版权局在北京共同主办的互联网与版权保护圆桌会议在京举行。近百位来自中国、美国、欧盟、日本政府部门、权利人组织和互联网企业的嘉宾就用户生成内容网站（UGC）的版权问题、P2P 服务产生的版权问题、互联网链接产生的版权问题及与网吧有关的版权问题等议题进行了讨论。(《中国新闻出版报》2009. 7. 1)

七月

7 月 1 日　第一个国家动漫产业综合示范园在天津滨海新区中新生态城动工。中共中央政治局委员、天津市委书记张高丽宣布开工。（中国文化产业网 2009. 7. 1)

7 月 3 日　《动漫出版标准体系》制定工作会议在京召开。本次会议主要就中国动漫出版标准体系框架、动漫产业发展面临的主要问题或障碍及对动漫标准制定工作的意见和建议等问题进行深入探讨。(中国文化产业网 2009. 7. 3)

7 月 3 日　由中国电影基金会与台湾两岸电影交流委员会共同举办的第一届两岸电影展，开启了两岸交流史上难得一见的大规模电影互展。《六号出口》、《练习曲》等 6 部各具特色的台湾新生代电影，在北京和天津与大陆观众见面。此前一周，《非诚勿扰》、《疯狂的赛车》等 7 部大陆影片在台湾亮相。(文化产业网 2009. 7. 3)

7 月 4 日　由文化部、上海市政府主办的第五届中国国际动漫游戏博览会（FantasyChina）在上海展览中心开幕。(中国文化产业网 2009. 7. 4)

7 月 5 日　“走进世博会——中国 2010 年上海世博会暨世博会历史回顾展览”在北京首都博物馆开幕。中共中央政治局委员、国务院副总理、上海世博会组委会主任委员王岐山启动开幕式并参观展览。(新华社 2009. 7. 5)

7 月 6 日　上海电影集团、西安曲江影视投资集团、香港毅诺进电影投资有限公司、宁夏电影制片厂、北京左岸唐人影视文化传播有限公司等五家颇具实力的公司，昨天在西安签约，组建“五方电影投资联盟”。该联盟将整合东、中、西部优势资源，共同投资、拍摄、发行电影，力促中国电影市场的繁荣发展，并推动中国电影走向世界。（文化产业网 2009. 7. 6）

7 月 7 日　以“落实数字化发展战略，推进出版业升级转型”为主题的第三届中国数字出版博览会在北京国际会议中心开幕。（《中国新闻出版报》2009. 7. 7）

7 月 7 日　新闻出版总署日前根据《出版管理条例》和《音像制品管理条例》的有关规定，制定了《复制管理办法》，并将于 8 月 1 日起实施。（《中国新闻出版报》2009. 7. 7）

7 月 8 日　江苏省推出新举措，设立初始规模约 20 亿元的省级文化产业发展基金。（《江苏经济报》2009. 7. 8）

7 月 11 日　第五届两岸经贸文化论坛在长沙开幕。国家广播电影电视总局负责人在长沙宣布，今后允许台湾有线电视网络服务公司经大陆主管部门批准后，在福建省提供有线电视设备和相关技术咨询服务。（中国文化产业网 2009. 7. 11）

7 月 15 日　新闻出版总署近日下发《关于加强对进口网络游戏审批管理的通知》，进一步规范网络游戏出版服务的前置审批和对境外著作权人授权的网络游戏作品的审批和监督管理工作，规范与进口网络游戏相关的会展交易活动。（中国文化产业网 2009. 7. 15）

7 月 19 日　2009 中国国际动漫教育与人才战略高峰论坛在哈尔滨举行，来自韩国、日本以及国内的动漫专家就如何提高青少年动漫文化素养、加快动漫人才培养等问题进行了演讲。（中国文化产业网 2009. 7. 19）

7 月 22 日　国务院总理温家宝主持召开国务院常务会议，讨论并原则通过《文化产业振兴规划》。会议指出，文化产业是市场经济条件下繁荣发展社会主义文化的重要载体。在当前应对国际金融危机的新形势下，在重视发展公益性文化的同时，加快振兴文化产业，对于满足人民群众多样化、多层次、多方面精神文化需求，扩大内需特别是居民消费，推动经济结构调整，具有重要意义。（中国政府网 2009. 7. 22）

7 月 22 日　亚洲第一大、全球第二大的游戏展会第七届 ChinaJoy 展会在上海开幕。这是中国游戏行业的最大盛会。（中国文化产业网 2009. 7. 23）

7月23日 国务院印发《关于进一步繁荣发展少数民族文化事业的若干意见》。(新华网 2009. 7. 23)

7月27日 中宣部、文化部制定的《关于深化国有文艺演出院团体制改革的若干意见》今日印发，提出了深化改革的一系列新思路、新举措，国有文艺演出院团体制改革进入攻坚期。(文化部网站 2009. 7. 27)

7月31日 在中央大力支持下，西藏自治区政府计划每年投入 2500 万元作为文化产业和文化创作专项资金，以进一步加快西藏文化产业的振兴步伐。(文化部信息中心 2009. 7. 31)

7月31日 中国下一代广播电视网（NGB）进入实质性推进阶段。科技部、国家广电总局和上海市政府在上海举行中国下一代广播电视网启动暨上海示范网合作协议签字仪式。(人民网 2009. 7. 31)

八月

8月4日 国家广电总局印发了《关于加快广播电视有线网络发展的若干意见》。(国家广电总局网 2009. 8. 4)

8月8日 第五届中国（长春）民间艺术博览会开幕。来自全国各省市区、港台地区以及俄罗斯、韩国、印度等 9 个国家的 2600 余名参展商，展出布艺、纸艺、铜艺、奇石、陶艺、锡器、牛角、葫芦艺、鱼皮画、发绣工艺等 45 大类 8 万多种民间艺术品。(新华网 2009. 8. 10)

8月10日 文化部公布《文物认定管理暂行办法》，自 10 月 1 日起施行。(文化部网站 2009. 8. 10)

8月12日 世界贸易组织对中美间持续多年的出版物市场准入问题纠纷作出裁定，认为中国在出版物、音像制品、电影等文化产业领域的政策不符合入世承诺，违背了 WTO 公平原则。中国商务部表示准备上诉。(《中国文化报》2009. 8. 14)

8月12日 北京动漫游戏产业联盟成立，本次大会讨论通过了《北京动漫游戏产业联盟章程》，选举产生了联盟第一届理事会和监事会。据业内人士介绍，联盟首届 30 多位领导成员几乎都是目前动漫游戏产业界的领军人物。(《中国文化报》2009. 8. 12)

8月14日 全国文化体制改革经验交流会在南京召开。中共中央政治局常委李长春在批示中强调，推动文化体制改革向纵深发展。中共中央政治局委员、中宣部长刘云山和中共中央政治局委员、国务委员刘延东出席会议并讲话。(《中国文化报》2009. 8. 18)

8 月 14 日 近日，深圳市召开政府机构改革动员大会，正式启动大部制机构改革。原深圳市文化局包括文化、广播电影电视、新闻出版、文物，这次改革又与旅游、体育和文产办整合。(《中国文化报》2009. 8. 14)

8 月 18 日 第十一届亚洲艺术节在内蒙古自治区鄂尔多斯隆重开幕。(《中国文化报》2009. 8. 19)

8 月 28 日 文化部发布修订的《营业性演出管理条例实施细则》和《文化部关于加强和改进网络音乐内容审查工作的通知》。这两份规范性文件以加强政府监督管理工作为重心，营业性演出管理更加细化，网络音乐审查力度加大。(《中国文化报》2009. 9. 7)

8 月 28 日 第三届中国东北文化产业博览交易会在沈阳拉开序幕。本届文博会展示、展览面积 15 万平方米，比上届增长 50%；展位数 6500 个，比上届增长 45%。美、俄、德、韩等多个国家和地区的近百家国际著名企业前来参展。(《沈阳日报》2009. 9. 2)

8 月 31 日 文化部、国家旅游局联合印发《关于促进文化与旅游结合发展的指导意见》。(中国文化产业网 2009. 8. 31)

九月

9 月 3 日 第 16 届北京国际图书博览会开幕，本届博览会有 628 家国内企业(含出版单位、文化机构和印刷企业) 和 1700 家国外出版企业参展。(中国新闻出版网 2009. 9. 3)

9 月 7 日 为推进网吧行业规模化、连锁化发展，加强网吧连锁企业的规范与管理，文化部印发《网吧连锁企业认定管理办法》(文化部网站 2009. 9. 7)

9 月 8 日 文化部制定《文化产业投资指导目录》。(文化部网站 2009. 9. 8)

9 月 10 日 文化部文化体制改革工作领导小组办公室公布首批 17 家拟在年内完成转企改制工作的省会城市直属国有文艺演出剧团名单。(《中国文化报》2009. 9. 10)

9 月 10 日 国内动漫玩具龙头企业广东奥飞动漫文化股份有限公司正式在

深圳中小板登陆上市。作为国家大力扶持原创动漫创意产业背景下上市的第一股，奥飞动漫主营业务为动漫影视片制作、发行、授权以及动漫玩具和非动漫玩具的开发、生产与销售。（中国国际电子商务网 2009. 9. 10）

9 月 15 日　广电总局下发了《广电总局关于互联网视听节目服务许可证管理有关问题的通知》。（国家广电总局网站 2009. 9. 15）

9 月 16 日　中央编办下发《关于印发〈中央编办对文化部、广电总局、新闻出版总署"三定"规定中有关动漫、网络游戏和文化市场综合执法的部分条文的解释〉的通知》，该通知解释称，文化部是网络游戏的主管部门，负责动漫和网络游戏相关产业规划、产业基地、项目建设、会展交易和市场监管。（文化部网站 2009. 9. 16）

9 月 25 日　盛大网络旗下游戏业务盛大游戏在美国纳斯达克挂牌上市，此次盛大游戏 IPO 融资额达 10. 4 亿美元，这也是今年美国融资规模最大的 IPO，并创下中国纳斯达克上市公司融资规模之最。（腾讯网 2009. 9. 25）

9 月 26 日　《文化产业振兴规划》正式发布。（人民网 2009. 9. 26）

十月

10 月 7 日　北京故宫博物院和台北故宫博物院 60 年来首度合办的展览"雍正——清世宗文物大展"，在台北故宫博物院开展。（中国网 2009. 10. 8）

10 月 9 ~ 10 日　全球 9 大知名媒体共同发起的世界媒体峰会在北京人民大会堂隆重开幕，国家主席胡锦涛出席开幕式并发表重要讲话。峰会闭幕式上通过了《世界媒体峰会共同宣言》。（新华网 2009. 10. 10）

10 月 13 日　国家副主席习近平与德国总理默克尔共同出席了法兰克福国际书展开幕式，并发表了题为《加强文化交流，促进世界和平》的重要演讲。这是中国首次以主宾国身份在法兰克福国际书展亮相，在文化展示和版权交易上获得了双丰收。（新华网 2009. 10. 13）

10 月 13 日　俄罗斯"中国当代电影周"日前在莫斯科拉开帷幕。中国电影《集结号》、《暖》、《梅兰芳》、《夜宴》、《叶问》和《如果·爱》将陆续与俄观众见面。（《人民日报》2009. 10. 13）

10 月 14 日　广电总局下发了《关于进一步加强电视动画片播出管理的通知》（广发〔2009〕78 号）

10月14日 北京市出台《北京市关于支持影视动画产业发展的实施办法（试行）》及《北京市关于支持网络游戏产业发展的实施办法（试行）》，坚持扶优、扶强、扶原创，在市文化创意产业发展专项资金中安排专项，以补贴、奖励等方式，鼓励多出精品、多出人才，支持动漫游戏产业发展。这标志着首都支持动漫游戏产业的政策保障体系日渐完善。（中国文化产业网 2009. 10. 14）

10月21日 上海广播电视台、上海东方传媒（集团）有限公司正式揭牌，这标志着上海在全国率先整体实施广播电视制播分离。（中广网 2009. 10. 22）

10月21日 “古今回响：欢庆中国文化”艺术节正式在闻名遐迩的美国卡内基音乐厅揭幕。这次中国音乐节演出场地遍布纽约全城，将展现中国多元的、富有朝气的文化，木偶戏、丝竹乐、古琴、侗族大歌、琵琶、皮影戏等这些在中国国内都难以一次欣赏到的古老文化艺术，将一一走上美国观众台前。（《中国文化报》2009. 10. 21）

10月21日 电影《建国大业》的票房超过4亿元，创造了国产电影票房新的纪录。（新浪网 2009. 10. 21）

10月23日 第二届中国国际动漫创意产业交易会在安徽芜湖隆重开幕，在项目发布和签约仪式上确定合作项目93个，投资总交易额达92亿元。（中国文化市场网 2009. 10. 23）

10月24日 由新闻出版总署（国家版权局）、中国国际贸易促进委员会和北京市人民政府共同主办的第二届中国国际版权博览会在北京国家会议中心开幕。（中国文化产业网 2009. 10. 24）

10月24日 “2009北京世界设计大会暨首届北京国际设计周”在中华世纪坛开幕。这是世界设计大会首次在中国举办，旨在积极推动北京国民经济和社会事业的发展，成为创新经济的行动主题和“助推器”。（艺术中国网 2009. 10. 24）

10月26日 经过近一年时间的精心策划和悉心筹备，首届中国动漫艺术大展在北京中国美术馆隆重开幕。作为一项中央财政支持举办的一次国家级、高水平、专业化、综合性的动漫艺术盛会，受到了社会各界的广泛关注和热切期待。（中央政府门户网站 2009. 10. 27）

10月28日 由福建省政府、中华文化联谊会、中华广播影视交流协会、中国出版工作者协会和台湾有关文化产业协会联合主办的第二届海峡两岸（厦门）文化产业博览交易会在厦门举行。（商务部网站 2009. 10. 28）

10月28日 台湾历史最悠久的交响乐团——台湾交响乐团跨越海峡来到北京，成为第一支亮相国家大剧院的宝岛乐团，为北京观众带来充满宝岛风情的交响组曲《台湾音画》，用一场声音与视觉的盛宴推动海峡两岸艺术文化交流。（中国文化产业网 2009. 10. 28）

10月30日 中国创业板首批28家企业集体挂牌上市，其中着力于华语影视内容制作的华谊兄弟备受关注，开盘涨幅最大，达122. 74%，并造出了9位亿万富豪。（人民网2009年10月30日）

十一月

11月4日 上海市人民政府新闻办公室宣布，上海迪士尼项目申请报告已获国家有关部门核准。落户在浦东新区的上海迪士尼乐园预计耗资244. 8亿元，征地面积超过6000亩，这将是美国迪士尼公司在全球占地面积最大的主题乐园，最早有望在2014年开放。（中国网 2009. 11. 4）

11月5日 中共中央政治局常委李长春在参观首届中国动漫艺术大展时指出，我国动漫产业正处于发展壮大的关键时期，要认真贯彻《文化产业振兴规划》提出的要求，加大工作力度，不断改革创新，推动动漫产业大发展大繁荣。（新华网 2009. 11. 6）

11月12日 由世界遗产旅游博览会组委会和澳门会议展览业协会主办的“第二届世界遗产旅游博览会暨第二届国际休闲旅游与旅游商、礼品交易会”在澳门威尼斯人会展中心举行。（意象网 2009. 11. 12）

11月12日 文化系统三家中央级集团有限公司同日成立。中国东方歌舞团转企改制组建的中国东方演艺集团有限公司，中国文化报社转企改制组建的中国文化传媒集团有限公司，文化部文化市场发展中心、中国演出管理中心转企改制共同组建的中国动漫集团有限公司同时在京成立。（文化部网站 2009. 11. 12）

11月17日 国务院总理温家宝近日签署第566号国务院令，公布《广播电台电视台播放录音制品支付报酬暂行办法》。办法对广播电台、电视台就播放已经发表的音乐作品向著作权人支付报酬的方式、数额等有关事项与管理相关权利的著作权集体管理组织进行了规定。（新华网 2009. 11. 17）

11月18日 第十届中国上海国际艺术节在上海大剧院圆满落幕。从1999～2008年，中国上海国际艺术节走过了不寻常的10年。10年间，五大洲50余个国家和地区的3万余名艺术家、300余个中外艺术团体造访艺术节，共上演中外剧（节）目606台，其中国外剧（节）目278台，国内剧（节）目328台，300余万观众走进剧场观看了演出。(东方网2009.11.19)

11月18日 文化部发出《关于改进和加强网络游戏内容管理工作的通知》，要求建立网络游戏经营单位自我约束机制，完善网络游戏内容监管制度，强化网络游戏社会监督与行业自律。(文化部网站2009.11.18)

11月19日 中国国际旅游交易会在昆明开幕，国家旅游局已将2010年确定为“中国世博旅游年”。(东方网2009.11.19)

11月19日 文化部出台措施支持海峡西岸经济区文化建设，支持福建省加强非物质文化遗产保护。(《人民日报》2009.11.19)

11月25～29日 第四届中国北京国际文化创意产业博览会在国家会议中心开幕。文博会以“激发文化创新活力，促进经济持续增长”为主题，举办展览会、论坛峰会、推介交易、创意活动、文艺演出五大系列数十场活动，共签署合作意向、协议322个，总金额55.2亿美元，为历届之最。文博会期间，还举办了“2009第四届中国文化创意产业高峰会”。(《北京日报》2009.11.26)

11月25日 国务院总理温家宝主持召开国务院常务会议，讨论并原则通过《关于加快发展旅游业的意见》。(新华网2009.11.25)

11月25日 由国家广播电影电视总局、北京市人民政府共同举办的中国电视节目制作基地揭牌仪式在北京市大兴区星光影视园举行。中共中央政治局委员、北京市委书记刘淇出席授牌仪式。中国电视节目制作基地是目前国家广电总局批复的唯一一个国家级的电视节目制作基地。(新浪网2009.11.26)

11月25日 工信部召开新闻通气会，针对近来媒体广泛报道的手机淫秽色情网站问题，宣布多项治理手机网络涉黄措施。2009年以来，工业和信息化部组织关闭未备案网站19万余个，依据相关部门指令组织整改关闭涉黄等违法违规网站33000个。(中新网2009.11.25)

11月26日 2009年国家动漫游戏产业振兴基地联盟年会在杭州召开，会议的主题是“规范管理、提高品质、科学发展”。会议提出，在联盟中错位发展，实现有序竞争。(《中国文化报》2009.12.4)

11月28日 由中国社会科学院文化研究中心、广东省委宣传部等单位举办的2009中国国际文化产业论坛在广州开幕，论坛主题是“全球金融危机背景下文化产业的机遇”。中外学者、官员和业界人士1000余人参加了论坛。会上发布了《文化蓝皮书:. 国际文化产业发展报告第二卷（2009）》。（《中国文化报》2009. 12. 4）

11月28日 第三届文化创意产业集聚区发展论坛在北京举行。会议认为，我国文化产业集聚区进入功能提升阶段。（《中国文化报》2009. 12. 4）

十二月

12月1日 东北区域动漫产业基地建设纳入国家战略，《中国图们江区域合作开发规划纲要——以长吉图为开发开放先导区》提出，要“发挥区域内民族风情和关东历史文化特色，加强文化产业设施和基础设施建设，打造东北区域动漫及创意产业中心”。（中国文化市场网 2009. 12. 1）

12月2日 中共中央政治局常委李长春在湖南考察时强调，大力发展新兴文化产业，走出文化科学发展之路。（《中国文化报》2009. 12. 4）

12月6日 知名BT影视下载索引网站“BTChina”因没有获取广电总局颁发的《信息网络传播视听节目许可证》最终关停，至此，国内前三大BT网站“伊甸园”、“悠悠鸟”以及“BTChina”全部关停。（《北京日报》2009. 12. 10）

12月8日 世界银行6000万美元贷款保护贵州文化自然遗产项目启动。这一项目是世行第一次在中国对以旅游为载体实现文化与自然遗产保护和发展项目进行贷款。（《中国文化报》2009. 12. 14）

12月10日 广电总局印发《关于电视购物频道建设和管理的意见》。（中新网 2009. 12. 10）

12月18～19日 新闻出版总署副署长李东东在河北调研新闻出版单位改革工作时表示，报刊业改革已有时间表、路线图和任务书。即将全面开始的报刊业改革将把全国报刊分为时政性、非时政性两类，要在坚持审批准入、主管主办、属地管理的原则下，通过明后两年全行业的努力，实现做强做大一批、整合重组一批、停办退出一批的改革目标。（中国新闻网 2009. 12. 22）

12月21日 由国家版权局组织编纂、中国人民大学出版社出版的《中国版权年鉴2009》在京举行首发仪式。这是我国首次出版《中国版权年鉴》。（《光明日报》2009. 12. 22）

12月21日 随着杭州西泠拍卖公司收槌，中国保利、中国嘉德、北京翰海、北京匡时、中贸圣佳、杭州西泠、北京华辰、北京荣宝八大文物与艺术品拍卖公司全年拍卖全部结束。八大公司全年共拍出文物与艺术品 26928 件，成交总额 866734.1 万元，与 2008 年成交总额 545037 万元相比，成交额提高 59%，与 2007 年成交总额 660861.8 万元相比提高了 31%。（《北京商报》2009.12.28）

12 月 28 日　中央电视台打造的国家网络电视播出机构中国网络电视台（CNTV）正式上线。中共中央政治局常委李长春在出席中国网络电视台开播仪式时强调，积极拓展互联网传播新领域，不断扩大主流媒体覆盖面和影响力。（新华社 2009.12.28）

12 月 29 日　中央电视台中国电视剧制作中心正式在其原名称后加上“有限责任公司”，身份由事业单位变为企业。这家已有 26 年历史的最大国家级电视剧生产机构的转企改制，成为中国电视媒体推进制播分离改革、将可经营性资产推向市场的重要标志。（中国日报网 2009.12.29）

（周建钢　惠鸣 整理）

约稿启事

文化蓝皮书《中国文化产业发展报告》（简称《文化产业蓝皮书》）是中国社会科学院文化研究中心与文化部、上海交通大学国家文化产业创新与发展研究基地合作，于2001年起着手编写的年度性国家文化产业报告，迄今已出版了九本（2001～2002年、2003年、2004年、2005年、2006年、2007年、2008年、2009年、2010年），赢得了广泛好评。《文化产业蓝皮书》的出版，配合了中央关于发展文化产业和推动文化体制改革的一系列重大决策的出台，产生了较大的社会影响，已经成为我国文化产业的权威性工具书。

为全面反映我国文化产业发展，《文化产业蓝皮书》总课题组特面向全国征集稿件。

《文化产业蓝皮书》提倡用产业经济的方法，联系体制改革和政策分析，对文化产业进行宏观扫描和跨学科研讨。本书的栏目包括：宏观视野、专家论坛、行业报告、区域报告、国际文化产业、个案研究、统计研究等，您可以自行选择针对不同栏目的合适的题目。请在确定选题后，于8月30日前将文章提纲发送给文化蓝皮书总课题组。

来稿要求观点明晰，论据充足，材料翔实，行文简洁流畅。篇幅在6000～10000字左右。文章体例要求请见已出版的《文化产业蓝皮书》。

来稿应当是未公开发表的学术论文，敬请作者自留底稿。来信请注明作者工作单位。如决定使用，《文化产业蓝皮书》总课题组将对来稿进行文字编辑，如有删改意见，将与作者联系。

《文化产业蓝皮书》撰稿人将享有以下权利：以蓝皮书撰稿人或者分课题主持人身份，在本单位立项，编委会根据撰稿人申请，发出课题立项通知；稿酬和赠送样书；参加与蓝皮书相关的其他学术研讨活动（如“《文化产业蓝皮书》年度撰稿人会议”）；等等。

联系方式：北京市建国门内大街5号中国社会科学院文化研究中心，邮编：100732。电子邮件：whyjzx@ vip. sina. com。

图书在版编目（CIP）数据

2010年中国文化产业发展报告/张晓明，胡惠林，章建刚主编．—北京：社会科学文献出版社，2010.4
（文化蓝皮书）
ISBN 978－7－5097－1388－4

Ⅰ.①2… Ⅱ.①张… ②胡… ③章… Ⅲ.①文化－产业－研究报告－中国－2010 Ⅳ.①G124

中国版本图书馆CIP数据核字（2010）第061075号

文化蓝皮书

2010年中国文化产业发展报告

顾　　问／江蓝生　谢绳武
主　　编／张晓明　胡惠林　章建刚

出 版 人／谢寿光
总 编 辑／邹东涛
出 版 者／社会科学文献出版社
地　　址／北京市西城区北三环中路甲29号院3号楼华龙大厦
邮政编码／100029
网　　址／http：//www.ssap.com.cn
网站支持／（010）59367077
责任部门／皮书出版中心（010）59367127
电子信箱／pishubu@ssap.cn
项目经理／邓泳红
责任编辑／田玉荣　安　蕾
责任校对／李海云　甄　飞
责任印制／蔡　静　董　然　米　扬
品牌推广／蔡继辉

总 经 销／社会科学文献出版社发行部
　　　　　（010）59367080　59367097
经　　销／各地书店
读者服务／读者服务中心（010）59367028
排　　版／北京中文天地文化艺术有限公司
印　　刷／北京季蜂印刷有限公司

开　　本／787mm×1092mm　1/16
印　　张／27.75
字　　数／474千字
版　　次／2010年4月第1版
印　　次／2010年4月第1次印刷

书　　号／ISBN 978－7－5097－1388－4
定　　价／59.00元

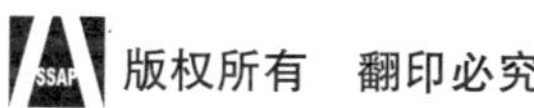